塔湖·書
TOWER LAKE BOOK

主　编　潞　潞　朱晋平

编　著　苏　婧　刘新华

编　委　潞　潞　孙俊峰　朱晋平　刘新华　孙铭浍　赵　锋　仝十一妹　骆冰兰　韩沛奇
苏　婧　何　欢　杜　萌　张　霞　张　璇　张芳莲　张建军　张　月　董　娟
董　霞　董树萍　董润泽　陈继东　范永慧　刘　昕　刘一豪　刘　颖　刘明星
刘　芳　钱　芳　韩　炜　王　沅　王娜娜　王永清　王玉萍　高　燕　翟惟一
赵春梅　杨霞芬　杨秀萍　李彦琪　李春花　李文荣　许艳秋　黄瑞霞　贾杨玉
李媛媛　宋献惠　王少霞　王桂平　裴志彬　焦天兰　孙素斌　冯素红　李　静

05

Reading plan

一生读书计划

传记书架

主　编－潞　潞　朱晋平
编　著－苏　婧　刘新华

山西出版传媒集团　山西教育出版社

目　录

政治与军事

文学与思想

艺术与人文

经济与科学

再 序

阅读，感受喜悦

潞潞

听编辑说这套丛书即将再版，这真是一个好消息，甚至多少让我有些意外。四年前，《一生读书计划》问世之际，正是电子书及各种线上阅读对传统纸媒大举倾覆之时，形势不可谓不严峻。作为主编，我知道这套丛书的编撰和运行已然跨过四个寒暑，团队集中了各个学科的优秀学者和编辑，他们日复一日为这套丛书贡献着思想和体力。我担心这么好的一个选题能否实现，更隐隐担忧它问世以后的命运。幸运的是出版者毅然决然坚守初衷，这套丛书如期和读者们见了面。

编辑当初，我们即预想到这套书不会“大红大紫”，因为这不是为市场流行制作的，并不企图为此赚个“盆满钵满”，这应该是为读书人和爱书人准备的一份礼品，符合他们的心意就好，是他们心头一条长久流淌的清澈的溪水。让人欣慰的是，尽管互联网时代大潮凶猛，阅读平台和阅读方式呈现种种演变，但万变不离其宗，纸媒阅读说到底还是阅读的“根儿”，不可能被不断翻新的花样所取代。《一生读书计划》能够再版，表明了读者的认可，表明了这套丛书的生命力。读者的不离不弃，是对我们最大的厚爱和奖赏。

《一生读书计划》到读者手里已经四年了，其间不断有一些反馈，比如，一些重要的作家或作品漏选了，一些新的更有时代感的作品需要补充，一些观点不够严谨需要商榷，等等。为此，再版时梳理了这些反馈，并做了补充和修订，以便尽可能使其完美，尽可能让读者满意。

既是作者又是读者的最著名爱书人博尔赫斯说：“身为读者的喜悦是超乎作者之上的，因为读者不需要体验种种烦恼焦虑：读者只要感受喜悦就好了。”作为编者，此时，我们的喜悦也是不言而喻。

2016 年 5 月

总　序

阅读，一种可能的生活？

▒潞潞

四年前，这套书的策划者孙铁女士跟我探讨是否有这种可能，像搞一个图书超市或图书馆那样，里面分门别类摆放着若干书架，读者可以根据自己的需求想看什么看什么，广告语似乎可以是：只要抽出你想看的，其余由我们来做。当然这是戏说，后来的广告语那要精彩得多。

开始，我觉得这个想法有点像读书指南，好像别人有搞过的。但是孙女士坚持她的想法，且让我听来和以往那些读书指南很是不同，尤其她把这套丛书命名为“一生读书计划”，不仅仅是读书，还涉及人生、涉及人的一生该如何度过。这可不是一个读书范畴的问题了。

想想，人生和读书还真是一个越来越掰不开的事儿。现代人如果从七岁读书算起，这是晚的，许多孩子两三岁读书都不稀奇。幼儿园、小学、中学、大学、硕士、博士、博士后，成人教育，个人爱好，一直到七老八十老眼昏花，皓首穷经、手不释卷，人之一生何其短暂，而读书生涯又何其漫长。说一生读书，一点都不夸张，孙女士要把一生读书做个规划，不是件容易的事。

转眼间，这套丛书已然堂皇矗之，付梓而出。对此让人不禁肃然起敬。当初孙女士热情邀请我做主编，我很是惶然，因为我只是个褊狭的读者，最多能在有限范围内说点话。好在有诸位学者和专家的参与，他们以专业眼光和判断力遴选出各类佳作，毫不吝惜贡献出自己的学识和睿见。

这是一个庞大的工程，大致分为两大系列，纵向看有“小学生书架”“中学生书架”“大学生书架”“女性书架”等，横向看有“经济书架”“国学书架”“法律书架”“文学书架”等，且可以一直繁衍下去。其纵横交错，编织细密，既像一张大网，把茫茫书海里有价值的真金白银捞取上来，又像一张巨细无遗的地图，古今中外、东西南北无不覆盖，给读书人以路标和方向，亦使胃口不同的读者拥有了可选择的佳肴。

中国古代有成语曰：“汗牛充栋”“学富五车”，以谓书之多，其实就是一堆刻了字的竹片儿，放到现在，大概连一个小芯片也存不满。多即是少，少即是多，少有少的难处，多有多的麻烦。“文化大革命”期间书遭劫难，我曾连夜手抄一本借来的诗集，不知东方之既白。现在多少人却在书市中四顾茫然，面对滚滚书海不知所措。套用莎士比亚的话，选择，还是选择，是个问题。

我是一个褊狭的读者，谁都可能是褊狭的读者，这是人的个性使然。书也有书的个性。把这么多的个性统一起来，然后各取所需其乐融融，难于蜀道之难。比如有人喜欢“经典”、有人为了“实用”、有人贪图“好看”，怎样在三者上找到平衡点，始终让编者们颇费踟蹰。有本书给了编者很好的启示，这本书叫《苏菲的世界》，你可以说它是小说，也可以说是哲学。人们想象中，哲学该是多么枯燥乏味，许多读者为此却步。但这本书里，从古希腊哲学到西方的中世纪、文艺复兴、浪漫主义、弗洛伊德等等，都通过一个小女孩爱丽丝漫游仙境般的故事娓娓道来。作者乔斯坦·贾德是挪威一个高中哲学教师，大概他对中学生讲授哲学之难有深切体会，所以写出这样一部融艺术与哲学、通俗与深奥为一体的书来，他也因此成为一位知名作家。此书自 1986 年出版以来，销量达几百万册，成为全世界的畅销书。

比如，在“文学书架”里，人们耳熟能详的《红楼梦》等未选入，而入选了一些不那么艰深、名气也不够大的书，它们可能是一般读者更感兴趣的。按照法国符号学家罗兰·巴特的观点，供市场消费的通俗小说应该排除文学之列，我个人同意罗兰·巴特的说法，但在编这本书的过程中，我还是赞同那种更宽泛的做法，即将很多通俗小说之类也摆进了文学书架。我们最终还是要相信读者，经典不会因为通俗而消失，阳春白雪和市场并非不能共存。

我的一位朋友曾在文章里问：阅读是一种生活吗？他说不知道。其实很多人愿意在书斋里度过一生，只是没有这种幸运而已。阿根廷作家博尔赫斯八岁时写出第一篇神话故事，此后一生都在读书和写书中度过，当他成为国家图书馆馆长时已经双目失明，这是他的宿命。尽管如此，他仍然继续买书，充实他的私人书架。他甚至断言：世界就是一本书。

我个人觉得，阅读起码是一种生活方式。人生虽然短暂，但消磨起来，也有许多空虚，读书不失为一种好的选择。再者，中国人一向注重传统，书本中尽是前人的经验和智慧；中国人注重人际关系，读书恰恰可以调整和疏离过于亲密和庸俗的人际来往；中国人向往城市化和现代化，岂不知在行囊里夹带一本书正是一个现代人和都市人所必备的。读书往小里说是一种个人生活方式，但连锁起来就可能成为一个民族的生活方式，而且可能内化为民族性格和精神。

阅读为什么不能成为一种生活呢？虽然它可能是奢侈的。

2011 年 8 月

前　言

“一生读书计划”丛书之《传记书架》为喜欢阅读名人传记的读者重点推介了最值得他们阅读的古今中外优秀人物传记以及大量的参考阅读书目。

漫漫历史长河之中，闪耀着许多明珠。他们是芸芸众生中出类拔萃的佼佼者，是对历史起着巨大推动作用的政治家、思想家、科学家、文学家、艺术家……他们通过艰苦卓绝、百折不挠的奋斗，加速了人类历史的进程。尽管这些名人的生活背景不同、性格特点各异，他们的成功也不乏客观条件，但更重要的是他们都具有崇高的志向、坚定的信念、拼搏的精神、顽强的毅力……这些名人中的大多数曾站在时代的风口浪尖上奋力拼搏，有的用深邃的睿智推动了世界文明的进步，有的用叱咤风云的政治生涯深刻地改变了历史的进程，有的则是用充满激情的文艺创作为我们带来了美的享受。

历史总是需要被书写和记录的。追寻真相是一场艰难的冒险，传记作者为我们捕捉到心灵的证据，拂去时间累积下的尘埃，拉近故去遥远的人物，鲜活斑驳褪色的情节。然而秘密依旧会存在，那些神秘的阴影、漏洞和空白也许将永不可知，也许在后人的耐心追索下有一天会重见天日。

传记向我们揭示命运的种种轨迹，细致到家庭的琐屑烦恼，重大到时代的动荡变迁。每一个生命情景的画格都顺利地沿着时间轴，被从容淡定地投射到银幕之上。无数生命中曾经被忽略的细节仿佛修复的电影拷贝，再次得到了确认，每一个镜头都是沧桑暗淡的，却又依然散发着宿命论般的悲天悯人的关怀。

本书中为大家推荐的传记作品都是人物、情节、笔法的完美结晶。一个在事业上取得杰出成就的人，往往有着与众不同的禀赋与气质。他们的故事中的磨难与挑战、希望与真情、悲伤与欣喜，不仅属于他们自己，也属于每一个渴望自由和幸福、追索生命意义的人。当他们打开心灵，跟我们一起探讨丰富的人生和浩瀚的精神世界，一定会引起我们的思考，激发我们的热情。大师对世界的体察和省思，在书中坦率而直接地表露无遗，为研究他们的思想和生平，打开了一扇方便之门。那些凭借自信和勇气，凭借激情与幻想，凭借勤奋与意志，直至取得辉煌胜利的动人故事，给人一种至深的感动，能够成为我们前进的动力，默默地激励着我们去超越自己的生命。对于我们原本不熟悉的领域，如出版界、金融界、科学界，传记也解开了一层层神秘的幕布。跟随某些人的成长记忆，我们还能了解一个时代或是一座城市的真实面目。有些作品尽管构筑在浩瀚的引文上，但又穿插种种趣闻逸事，或是富有绵长的诗意，令人百读不厌。

读传记作品不仅仅是读历史，更是深刻地认识现在。虽然他们已被埋藏在沧海烟云中，但这些名人的影响仍然存在于现实当中。

政治与军事

《希腊罗马名人传》

〔古希腊〕普鲁塔克　著

关于作者

普鲁塔克（约46—120），是一位用希腊文写作的罗马传记文学家、散文家、柏拉图学派的知识分子。他的家世显赫，出身于希腊中部波奥提亚地区喀罗尼亚城一个有文化教养的家庭。普鲁塔克的父亲是一位传记作家和哲学家，受父亲的熏陶，他很小就产生对知识的渴求。普鲁塔克青年时期游学雅典，曾受业于名师阿谟尼乌斯，受过数学、哲学、修辞学、历史学以及医学等方面的训练。他曾广泛游历希腊本土的历史名城，如底比斯、科林斯、佩雷斯等；遍访爱琴海诸岛，并到过埃及、小亚细亚、意大利。所到之处，普鲁塔克总是留心研究当地的宗教、政治问题，同时注意搜集历史文献和人物传说、趣闻逸事、谚语格言，他甚至还收集各种碑刻、绘画、图表等等。所有与历史有关的一切，只要是他感兴趣的，就无所遗漏。这就为他日后的写作积累了大量丰富的第一手资料。他通晓当时的多种学问，并能关心世道人心，成为当时一位学识渊博而又富有人道主义精神的饱学之士。

大约从公元69年至公元79年，普鲁塔克因公务被派往罗马，并在那里讲授哲学。其间他结识了很多名人，也游历了意大利的其他地方。这使他有机会更多地了解罗马的历史、政治和文化。普鲁塔克深知自己是来自僻壤小镇的外乡人，所以十分重视亲临大城市，博览群书，广交社会有识之士，搜集材料。尽管他获得了罗马公民权，但还是从罗马回到了家乡喀罗尼亚。他一边潜心著述，一边担任了许多公务职位，热心公益事业。他曾多次担任德尔菲阿波罗神庙的祭司。德尔菲位于喀罗尼亚以西约20英里，被称为普鲁塔克的第二故乡。普鲁塔克于公元120年去世后，德尔菲人为他树立了一座雕塑以纪念这位杰出的公民。

普鲁塔克性情温良敦厚，和善而豁达，恬静而不慕虚荣。文如其人，我们可以从他的作品中充分了解到他的性格，尤其被后世史家乐于称道的是他以孝涕友爱为立身之道。普鲁塔克的家庭生活和睦美满，他的妻子提摩泽娜贤惠朴素，夫妻相爱甚笃。这一点在他女儿4岁夭折时他写给妻子的安慰信中得以充分的表露。他的父亲和兄弟也时常在家宴上露面，这种家宴的席间漫谈也成了他写作的重要素材。普鲁塔克在家的生活平静而顺遂，朋友们也常来探访，讨论哲学伦理问题，他也常在作品中提到他朋友的名字。

普鲁塔克生平著作宏富，被称为古代罕见的多产作家之一。根据现存的《兰普利亚目录》，普鲁塔克著述共达277种，其中大部分已经亡佚。保存至今的100多种，由后人辑为两集，一为包括50篇传记的《名人传》，一为包括六七十篇论文和语录的《道德论集》。虽然普鲁塔克享有盛誉的传世之作是《名人传》而非《道德论集》，但后者探讨了伦理、宗教、哲学、科学、政治、文学等问题，内容极为广泛，反映了作者的伦理思想、宗教观、世界观以及所处的时代的背景、道德风尚与行为准则，是了解普鲁塔克生平和思想的重要文献。英国一位传记家鲍威尔，将普鲁塔克尊为“传记之王”。

荐读理由

普鲁塔克的《希腊罗马名人传》历来被称为西方古典文库中的瑰宝，是一部融历史、文学和人生哲学于一炉的鸿篇巨制。古代希腊、罗马许多历史人物的形象都是有赖于《名人传》中绘声绘色的叙述而流传下来的。

现存的《名人传》一共记述了50个人物，据译者的概述，他们中有开创希腊雅典、罗马城的建国大业者忒修斯和罗慕洛，有卓越的政治改革者梭伦和普布利科拉，有创造了辉煌业绩的伯利克里和费边，有建立起宏大“帝国”的亚历山大和恺撒，还有中兴复国者、开拓疆土者、统一帝国者、拥戴共和者、政坛雄辩者，也有改革遇挫者、离邦去国者、暴力专制者等等。如果我们再从广义的“政治”中细分出法律和军事，则在法律方面还有奠定国基和风尚的立法者吕库古和努马，执法严明的阿里斯提德和加图。在军事方面，既有扬威异域者、武功彪炳者、决胜千里者，也有奋战殒身者、远征失败者等等。这是古典世界最辉煌时期的政治，是一种政治家居首位的政治，也是一种投身者有望博取最高荣誉，但也必须奉献财产、精力、热血以至生命的政治。

《名人传》原是献给罗马皇帝图拉真的宠臣索西乌斯·塞涅基奥的，用以增进希腊人和罗马人之间的和睦和友谊。为了证明古代希腊也像罗马一样拥有自己杰出的立法家、军事家、演说家，普鲁塔克把一位希腊的杰出人物与他认为属于同一领域的罗马著名人物放在一起。《名人传》中有46篇用一个希腊名人搭配一个罗马名人，是名副其实的对传，每一组后面都有一个合论。其余4篇则为单独的传记，不作对比，也没有合论。原书各传的先后顺序只有部分可以确定下来。普鲁塔克一方面具有泛希腊主义的爱国情绪，为古希腊过去的辉煌和成就而感到自豪；另一方面拥护罗马帝国，赞扬罗马自建国以来的文治武功。

总体上来看，《名人传》中的每一个传记都有一定的写作模式。普鲁塔克总是首先交代人物的家世、家庭教养、少年时代的成长和遭遇，然后把重点放在主人公如何建功立业，最后用人物死时的情景及身后的影响为终结。尽管模式一样，但由于作者炉火纯青的语言艺术，其间镶嵌以绘声绘色的逸事趣闻，杂糅以伦理思想和评论，使得每一位历史人物都各具特性，栩栩如生，跃然纸上。更值得一提的是，普鲁塔克善于从所记人物的生平经历及诸多事件中提炼出一两件能反映出其性格的小事，作点睛之笔，使人物性格鲜明突出，给读者留下深刻的印象。

近两千年来，《名人传》以丰富多彩的史料、朴素生动的叙述以及渗透其间的伦理思想，一直为人们喜爱称道。尽管它不是严格意义上的历史专著，但因作者以其独特的风格，以古希腊罗马的重要历史人物为中心，详尽地描述了许多重要历史事件，保存了许多已散失的文献材料和难得的传说逸事，至今仍是研究希腊罗马历史所必不可少的典籍。普鲁塔克的笔调和文体风格也对欧美散文、传记、历史小说的发展产生了巨大的影响。因此普鲁塔克在西方史学、文学和伦理哲学方面都具有独特的重要地位。

先睹为快

在他的许多美德之中给群众印象最深的就是他的主持正义，这是他坚持不懈，身体力行的结果。所以虽然他贫穷而又是平民出身，他却获得了尊贵的、神圣的称号：“正义”。这个称号不是帝王或僭主所企求的，不，他们喜爱的是“围城者”、“霹雳”、“征服者”或“鹰”、“隼”之类的称呼，靠暴力和权势来树立声誉，而不是靠道德。可是这些人急于要求获得的神圣品德，一般认为必须具有三个优越的因素：不腐化、有权威、有美德，其中最受尊重、最神圣的就是道德。因为在真空和原始因素中均具有不腐的性质，而地震、霹雳、突然袭击的龙卷风、泛滥的洪水都能显示巨大的威力；但正义的本质却只有通过智慧理智的力量才能实现。

所以一般人对神圣的品德往往怀有羡慕、畏惧和敬仰这三种感情。人们似乎对于神明的永恒不朽表示羡慕和称颂；对于神明的统治权和威力怀有畏惧之情；而对于神明的主持正义则爱慕和尊敬。但是，人们虽然有这样的倾向，他们所迫切企求的却是永生和权势；永生是人们天生不可能得到的，而权势则又操之于命运之手。所以我们惟一力所能及的圣洁高贵的品质就是道德，可是人们却把它放在最后的地位，这也是不明智的。因为人的一生，即使赋有权势、幸运和威力，还必须具有正义才能臻于圣洁；如违反正义就沦为禽兽。

且让我们继续讲下去：起初由于正义这个称号，阿里斯提德为人所爱戴，但以后却被人怀有妒意地憎恶了。尤其是地米斯托克利在群众中散布一些谣言，说阿里斯提德在私下里裁定一切，已经抛弃了主持正义的公开法庭，说他私下建立起一个君主国，除了武装的卫士以外应有尽有。再加上人民此时也由于胜利而变得趾高气扬，觉得自己尽美尽善，毫无缺陷，因而对那些声望凌驾于群众之上的人心怀不满。他们召集全国各处的人在城里集会，对阿里斯提德施以贝壳放逐，名义上说是怕他实行僭主治政，实际上是出于对他的盛名的忌恨。

……

执行放逐法的规则，大致说来是这样的：每个投票的人拿一个贝壳或一块陶片，上面写好自己认为应该由城里迁出人的姓名，然后把贝壳带到四周用栏杆围起的广场。执政官们首先数一数投出贝壳的总数。因为投票人少于六千人，放逐法就无效。然后分别记录各个姓名，得票最多的人由执政官宣布放逐十年，有权享受他们产业的收入。

在我现在所说的那个时候，投票人正在贝壳上写着名字，据说一个不识字的粗鲁汉子把他的贝壳送给阿里斯提德，认为他是一个普通百姓，叫他在贝壳上写下阿里斯提德的名字。阿里斯提德惊住了，问这个人阿里斯提德什么地方错待了他。“什么也没有”这个人回答说，“我甚至还不认识这个人，但是到处都称呼他为‘正义’，我实在听烦了。”听到这里阿里斯提德一声不吭，只是在贝壳上写上自己的名字，并把它还给他。最后，当他离别这个城邦时，举起双手向天祈祷说（似乎与阿基琉斯的祷告正相反）：但愿不要有任何危机侵袭雅典人，使他们不能不怀念阿里斯提德。

延展阅读

《罗马史》

本书是英国古典学者迈克尔·格兰特关于古罗马历史研究的一部力作。作者认为，罗马文化不是对希腊模式的简单效仿，罗马的成就是别树一帜的。作者从社会、政治、经济、文化与艺术等诸多方面对罗马史进行了全方位的研究，既展示了罗马帝国从建立到形成多民族庞大社会的过程，也描绘了它达到光辉顶峰之后所经历的每况愈下或急剧变化的历史画面，并指出罗马社会演进的整个历史进程预示着近代世界民族国家的诞生。作者在撰写过程中夹叙夹议，使该书成为一部罗马研究领域中不可多得的作品。迈克尔·格兰特因此也被《泰晤士报》誉为是“能够同时拥有学术声誉和广泛读者的为数不多的几位古典历史学家之一”。

《宋徽宗》

董云卿　著

关于作者

董云卿，昌邑博物馆馆长，长期从事文字工作。曾任主笔、副主编，编纂了《昌邑县志》、《昌邑文化博览》，参编了《潍坊文化通鉴》、《潍坊诗词》、《潍坊历史人物》、《潍坊民间故事》等。个人散文诗词专集《潍河走笔》（中国文联），部分作品获省级一等奖，文章散见各大报刊。热爱小说创作，功力独具一格。

荐读理由

宋徽宗赵佶是北宋末年的亡国之君，也是中国历史上传奇色彩甚浓、知名度颇高的一位皇帝。宋徽宗是个极为矛盾而又复杂的历史人物。他聪慧睿智，博学多才，是中国历史上不可多得的艺术天才。他擅长书法，自创一体“瘦金书”，飘逸潇洒而又刚劲挺拔，为历代书法大家叹为观止；他精通绘画，其山水和花鸟人物，皆栩栩如生，呼之欲出，不仅为当时的大画家李公麟、张择端等极为推崇，就是流传至今的一些画帧，仍被人们誉为神品；他工于诗词歌赋，通晓音律，那些饱蘸泪水、哀怨低回的诗词，时隔八百年，至今仍放射着璀璨夺目的光彩。

但是，就是这样一位多才多艺的艺术巨匠，这样一位才情并茂、出类拔萃的天才人物，却是一位昏聩庸碌、荒淫骄奢的昏君。刚登基时，也曾有过励精图治的雄心壮志，可惜没有持之以恒，很快便被一群奸佞小人包围，自甘堕落。以他的才能，治理国家本可游刃有余，但他最终却演绎了一出牵头系颈、衔璧出降的亡国悲剧。徽宗及其子钦宗成了金人的俘虏，妻妾儿女数百人皆为阶下之囚。从此开始了凄惨、悲凉、辛酸的铁窗生涯。最后在屈辱、哀怨和令人难以忍受的折磨中，困死于北国“五国城”，结束了他大起大落、矛盾复杂的一生。

有了千年的时空距离，历史的辉煌和血污都已沉寂，留给今人更多的是沧桑和神秘。皇帝居于高塔的顶端，单独一人，任何普通人不仅无法类比更无法亲身体验，只有想象那高不可及深不可测的神秘皇座。有关皇帝的文学艺术作品满足了人们探究神秘的普遍性心理，也有汲取历史经验和教训的意义。今天的人们再去书写往昔的人物与事件，正是出于对历史的个人阐释与理解，出于知识分子的责任感。

《宋徽宗》的作者董云卿先生在忠于基本史实的基础上，采用文学创作的方法，以宏观的构思、细腻的笔触、优美的语言、丰富的想象、广博的宋金辽社会知识和引人入胜的情节，淋漓尽致地再现了徽宗一朝的君臣腐败、政治黑暗、宫闱隐秘、市井风情、人物百态、农民起义、战争风云等多姿多彩和奇幻诡谲的历史画卷，尽情地展现了北宋末期广阔的历史时代背景，悉心塑造了以徽宗赵佶为主的妃后、官宦、兵民等汉金辽各种人物群像，因而使这部小说内蕴丰富深刻，成为同类题材中的佳作。徽宗的才华洋溢，荒淫骄奢，君臣腐败，政治黑暗，声色犬马……一一跃然纸上，本书为读者再现了一个活生生的帝王人生。

先睹为快

当徽宗、郑太后的车驾行过东京市区，东京城里又一次万人空巷，千千万万的市民百姓都眼含热泪，跪拜于大街两旁夹道相送，一个个泪流满面，脸色沮丧。这是他们的皇帝，大宋王朝的象征，如今却做了亡国奴，做了金国的阶下囚，他们感到屈辱，感到愤懑。中国老百姓就是如此善良，皇上就是他们的家长，尽管这个家长平日里奢靡荒淫，挥霍无度，把家弄得破烂不堪，让他们吃尽了无数苦头，遭受了无数凌辱，可是一旦自己的家长被外人欺侮甚至掳获，他们又感到作为儿女没有尽到责任和义务，为此而羞愧难当、痛不欲生。

徽宗看着这人山人海般的含泪相送的人群，听着那震天动地的号哭之声，一阵阵无可名状的悲苦酸辛不断地涌上来，成串的泪水挂在他那已明显苍老的脸庞上和多日未加修整的胡楂上。面对这些跟着他遭殃的百姓，他没有一句话可说，只有不停地向他们拱拱手，不知道是在向他们表示内心深处深深的愧疚和忏悔，还是在与自己的子民们做着最后的永远的诀别。

蓦地，在千千万万的人群中，他发现了一个十分熟悉的面孔，青衣道冠，面色苍白，两眼中满含着泪水，在深情地目不转睛地注视着他。是她？是冲真？没错，是她，难道她还活着？他急忙再回头看时，那人却不见了，他着急地扶着车槛站起来搜寻，可是再也没看到那张熟悉而又久违了的面容。他颓然坐下，禁不住失声痛哭起来。徽宗哆嗦着从内衣里取出了一页旧纸，缓缓地打开。这是冲真的绝笔，上面还染着喜儿的血迹，他一直珍藏在贴身的衣衫里。他缓缓地泣声读道：

忧国偏是女儿身，才浅无力扶乾坤。此去泉台犹祷祝，大宋江山盼明君。

他看着跟在车旁走着的众妃嫔们，尤其是那个仍穿着杂役宫女衣着的乔春兰，猛地又想春兰在天宁节上即席吟诵的那首诗：

金菊不知晚秋凉，犹自摇曳满殿香。只恐繁华一夜尽，北风忽来袭汴江。

冲真、春兰以诗相谏，自己那时候为什么听不进去？现在这一切都变成了无情的现实。他一颗心在沉落，在碎裂。自己身边那么些大臣，怎么就没有一个能像冲真、春兰这样呢？倘若那些整日围在身边的心腹近臣，能有一个像这两个女人，铁骨铮铮，忠言直谏，或许……

万里迢迢，风尘仆仆。一路上，金人对北宋亡国君臣及其家人恣意凌辱，无情折磨，许多人不堪饥饿折磨相继而死，尸体枕藉于途。尤其是那些年幼的王子王孙，公子小姐，从小锦衣玉食，呼奴使婢，哪里经得如此颠沛之苦，一批又一批地病饿而死。高傲的佛王赵俣（徽宗的兄弟），拒绝食用金人提供的如猪食一般的粗粝食物，行至庆源境内就被活活饿死。蔡王赵偲，勉强支撑到韩州，也病饿而死。走到相州、磁州一带，金人知道这里仍有宗泽等大宋名将坚守着，为防止徽宗君臣被宋人劫走，便强令他们穿上金人服装，并把他们分散开来，藏于各队之中。宗泽、王棣等屡次出兵袭击金兵，但均未能救回一个重要人物。

延展阅读

作者还有下列精品：

《李世民大帝》

一代名帝唐太宗李世民，在惊心动魄的群雄争斗和喋血相弑的政治角逐中，诛兄戮弟，逼父让位，以滔天叛逆荣登九五，同样是这个盛世之主，把血与火的人间炼狱，推向诗与歌的太平盛世，被万国子民尊称为“天可汗”。

为了还读者一个生动逼真、有血有肉、伟大而又平凡的唐太宗李世民，让广大读者感受伟人的内心世界和精神风貌，董云卿在遵循历史基本框架的前提下，不仅条分缕析地记叙一些重大事件的来龙去脉，更全力透视事件发展的内部联系及实质；不仅力求形式上赏心悦目和喜闻乐见，更苦心追求内容上的深刻厚重和历史沧桑感；不仅注重刻画政治、军事斗争中的大起大落，更注重开掘置身于这种大起大落中的李世民的“人情”和“人性”的内涵。本书既有惊心动魄的战争场景、勾心斗角的政治角逐，又有扑朔迷离的后宫闱秘和温情脉脉的家庭生活；既有慷慨激昂的诤臣直言，又有和风细雨的后妃劝谏；既有血与火，又有诗与歌……

《赵匡胤》

宋朝开国皇帝赵匡胤是中国历史上的政坛神话，他凭借沉稳果断的手腕、老谋深算的远见，一步步在狼烟滚滚、哀号遍野、白骨饿殍、尸横沟壑中登上至尊大位，拉开大宋王朝辉煌的帷幕。他以黄袍加身登上九五之尊，以杯酒释兵权获得中央集权，以斧影烛光留下千古谜团，他的一生充满着大起大落的矛盾、冲突和神秘莫测的传奇色彩。

董云卿在尊重基本史实和史学家研究成果的基础上，以文学的语言、丰富的想象，展现了赵匡胤从少年罹祸到建立大宋王朝，前后几十年的军政生涯，反映了五代十国那个动荡黑暗的特殊时代的社会人情，精心塑造了以宋太祖赵匡胤为主的大宋王朝及各诸侯国的君、臣、军、民中的各式人物群像。

《朱元璋传》

吴晗 著

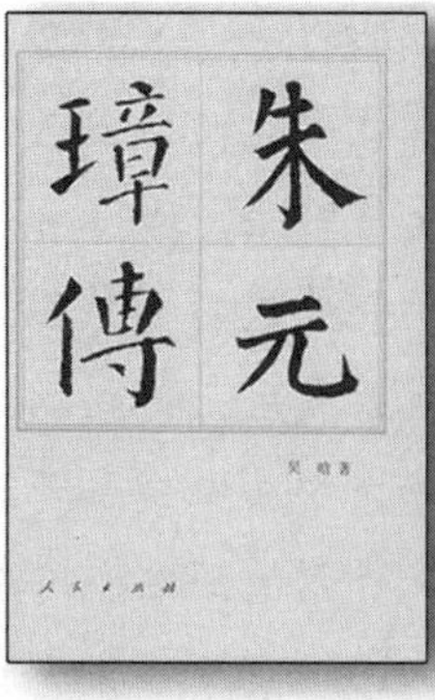

关于作者

吴晗（1909—1969）出生于浙江省义乌县吴店苦竹塘村。并非出身于书香世家的吴晗，读书很刻苦，尤其喜爱文史。1928 年，吴晗来到上海，考入著名的中国公学，在此他遇到了改变他一生命运的人——校长胡适。吴晗给胡适写信，谈自己的学术研究理想。胡适十分欣赏他的文史基础，对这个面临人生起步阶段的年轻人百般爱护，为他指明研究明史的方向及方法，从此奠定吴晗一生的学术基础。1931 年，吴晗直接考入清华大学史学系二年级，身无分文的他面临生活压力。胡适再次伸出援手，给清华大学的校长、教务长及史学系主任分别写信，为吴晗谋求了一个工读生的职位。在胡适的指导下，吴晗十分刻苦，开始了他的明史研究。他的研究集中在两个方面，一是洪武时期胡惟庸案，另一个就是建州女真时期的历史。胡适对吴晗的学习成果是满意的。1934 年 6 月 24 日，他在天津《大公报》上撰文，公开表扬两位 1934 年夏天毕业的大学毕业生，其中一位就是清华大学史学系的吴晗。

1937 年，抗战爆发，吴晗来到昆明，先任云南大学教授，后又担任搬迁至此的西南联大教授，讲授中国通史。1939 年他与中共早期党员袁震结婚，1943 年吴晗由袁震的中学同学介绍加入民盟——一个和共产党关系密切的政治团体，从此投入到反对国民党独裁的斗争中。抗战胜利后，回到北京任清华大学教授，仍继续从事政治运动。1948 年响应中共中央召开政治协商会议的号召，同夫人袁震一起奔赴解放区，受到毛泽东、周恩来的接见和鼓励。

1949 年 1 月北平解放，吴晗以军管会副代表身份接管清华大学，4 月出任全国青联秘书长，9 月担任政协委员，11 月被任命为北京市副市长，主管全市的文化教育和医疗卫生工作长达 17 年，达到一生事业的顶峰。期间，他也有过不少值得称道的政绩，如倡导修建北京天文馆、组织标点《资治通鉴》等，也有对北京古建筑的破坏，主持发掘明定陵破坏文物更被很多后来学者视为他一生的败笔。

1960 年，吴晗写成新编历史剧《海瑞罢官》。之后，他和邓拓、廖沫沙以“吴南星”为笔名，在《前线》杂志发表《三家村札记》专栏，歌颂光明、匡正时弊。1965 年，在江青、张春桥等人的策划下，上海《文汇报》发表姚文元《评新编历史剧“海瑞罢官”》一文，对吴晗进行“批判”。在“文化大革命”中他数次被迫跪在地上接受批斗，受尽羞辱；关押期间，他的头发被拔光，胸部被打得积血，最后在 1969 年 10 月 11 日死于非命。他的妻子也被迫害致死，收养的女儿精神错乱，后跳楼自杀，最终家破人亡。1979 年，中共北京市委决定并经中共中央批准为吴晗恢复政治名誉，平反昭雪。

荐读理由

朱元璋是我国历史上功勋卓著的一代帝王。其功劳在于统一全国，结束了元末二十多年战乱的局面，促进了农业生产发展和社会前进，为明朝前期的繁荣安定局面打下了基础。他毕生紧抓权力从未“放宽”，他通过特务政治和文字狱，屠戮功臣、知识分子和百姓。他反腐坚决，勤政爱民却又极其残暴，他的聪明、毅力、手段及手腕令人既惊叹又惋惜。

吴晗的《朱元璋传》高度凝练，信息和观念的密度极大，如轻舟过万重山，26 万字，写出了小流氓到大皇帝的传奇故事，精细阐述了他的统治术，批驳了他的恐怖政治，对这个极权主义的最佳样本进行了深刻的解析，字字珠玑。在他的笔下，一个历经艰辛磨难，乞讨度日的小流氓和英勇睿智、气度恢宏的统帅；一个勤政爱民、夙兴夜寐又猜忌心极重，杀戮成性的矛盾、复杂、多面的帝王形象鲜活地展现在读者面前。而吴晗本人的命运，毛泽东主席对此书的关切，都成为书里书外、以往和今天互相照映的话题，颇堪玩味，使此书成为富于传奇和悲剧感的不朽著作。

《朱元璋传》曾四易其稿。其中 1944 年的版本有两个，重庆胜利出版社版书名《明太祖》，在创出版社版书名《由“僧钵”到“皇权”》。1947 年末，此书增订稿的章节开始在一些刊物上刊出，1949 年正式以《朱元璋传》的书名由上海三联书店出版。作者 1948 年到石家庄时，曾将书稿进呈毛泽东。毛泽东曾对书中对起义领袖彭和尚“功成不居”的评价提出异议，还特地给吴晗写了一封信，着重谈到史学研究中的方法论问题：

辰伯先生：

两次晤谈，甚快。大著阅毕，兹奉还。此书用力甚勤，掘发甚广，给我启发不少，深为感谢。有些不成熟的意见，仅供参考，业已面告，此外尚有一点，即在方法问题上，先生似尚未完全接受历史唯物主义作为观察历史的方法论。倘若先生于这方面加力用一番功夫，将来成就不可限量。谨致

革命的敬礼！

毛泽东

十一月二十四日

1965年，作者将最后一个修订稿本交付三联书店出版。以史为鉴，鉴往知来，这是史家的理想。《朱元璋传》的写作处于旧的时代即将过去、新的时代就要来临之际，吴晗创作的主要目的是给新中国做借鉴，饱含着他对未来的美好期盼。吴晗对朱元璋的发掘可谓努力至勤，对封建帝王的解读读来令人惊心动魄，值得所有对明代历史感兴趣的读者品鉴。

先睹为快

朱元璋已先行封锁鄱阳湖到长江的出口，断敌退路关门打狗。两军对比：陈军号称60万，虽然经过洪都之围，兵力并未大损，朱军只有20万；陈军水兵装备有高船大舰，船舰连绵十几里，气势宏伟，朱军只有小船木橹，相对渺小可怜。论军队数量和装备优劣，朱元璋都处于绝对劣势。但是，这两点并不是战争胜负的唯一决定因素。就士气来说，陈军在洪都（今南昌）久挫，锐气大减，朱元璋则千里救危，生死决战，气势如虹。就装备来说，虽说陈军舰船高大，数十舰串联一起，气势逼人，但行动不灵，调转不便；朱元璋虽然小船木橹，但进退自如，运转灵活。就军事指挥而论，朱元璋有经验丰富远见卓识的幕僚，一大批忠贞勇敢的将帅，军纪严明，将士一心；陈友谅则性情暴躁多疑，将士多有不和，军纪涣散，战斗力大打折扣。更重要的是补给，元璋军队数量少，有洪都和后方源源接济；友谅则退路被堵，粮食被截，粮尽士疲，军无斗志。

但是，以20万战胜60万，绝非易事！这一战从七月一直打到八月，直杀得天昏地暗：天地为之哭泣，鬼神为之动容。其水战之规模也许是中国历史上最大的一次。两军主力苦战36天，最后以陈友谅的彻底失败和朱元璋的巨大胜利而告终。朱元璋彻底击溃了最强劲的最危险的军事对手，从根本上解除了应天的军事威胁，稳固了霸业的基础。

鄱阳一战，朱元璋充分发挥了火攻的威力。陈军舰船高大，又数船连锁，一船失火，数船同劫，无能幸免。朱元璋采取了两条措施：一是用火药和芦苇装满几条船，由敢死队驶着冲入敌阵，点起火来，和敌方几百条战舰同归于尽。二是分水军为20队，火铳长弓大弩分作几层，先发火铳，引燃敌舰，再射弓弩，最后趁其混乱冲上敌舰展开白刃战。短兵相接，杀声震天，战士们从这船跳到那船；头顶上火箭硝石乱飞，眼睛里一片火光闪耀，湖面上是漂流着的尸首和在挣扎着的伤兵。元璋激励将士拼死血战，多少次身边的将士都战死了，坐舰也被硝石打碎了，换了船又搁了浅动弹不得，亏得常遇春、俞通海誓死捍卫，才免于被俘。

战斗进行得异常惨烈，直到最后，陈军已经弹尽粮绝，右金吾将军建议烧掉舰船，弃舰登陆，直走湖南；左金吾将军则主张血战到底，决不后退。在粮道已断、退路已绝的情况下，弃舟登陆，保存一点实力以图东山再起，实为上策；继续打下去，只会全军覆没死路一条。友谅遂决定登陆。左金吾将军以为前途末路，临阵反叛，率军投奔朱元璋；右金吾将军一见大势已去，前途无望，也跟着投降。陈友谅大怒，“尽杀所获将士”，不得人心；“而太祖则悉还所俘，伤者傅以善药，善待其亲戚诸将阵亡者”，大得人心，并为进一步分化瓦解敌军起到了很好的宣传作用。这时，友谅军力益发削减，打算马上退兵，冲出湖口，不料迎面已有朱军把住，前后受敌，形势危急。陈友谅正待审度情势，决一死战，头刚伸出到窗外，“呼”地飞来一箭，正中面门，友谅随之亡命。友谅一死，军中无帅，大军狼狈溃逃。幸得友谅部将张定边保住尸首和太子陈理，连夜逃回武昌。

延展阅读

《张居正大传》

张居正是明朝后期杰出的政治家，他从荆州的一个普通家庭起步，经过不懈努力，成为万历首辅、神宗皇帝老师，以及明朝中兴的奠基人。张居正对明朝的弊政做了大刀阔斧的改革，取得了良好成效，在政治、经济和军事等方面都颇有建树。但是，为了推行改革措施，张居正也曾经使用过不光彩的手段，其个人生活也难说检点。生前，他位高权重，一言九鼎；死后，却被剥夺谥号，查抄家产，祸及子孙。否定了张居正改革成果的大明帝国，也走向了灭亡之路。

朱东润的《张居正大传》讲述了这位精英激励人心的成长经历和大明王朝惊心动魄的改革故事。读者会对张居正这位专制王朝的著名改革家有更深刻的理解与同情，对传主所置身的那个时代有更清醒的认识与反思。《张居正大传》不仅有相当突出的学术成就与研究价值，也有非常重要的现实指导意义与实用价值。

《大清相国》

王跃文 著

关于作者

王跃文，当代作家，湖南溆浦人。1984 年大学毕业后分配在溆浦县政府办公室工作，后调入怀化市政府办公室，都是写官样文章。业余写小说。1989 年开始文学创作，发表中短篇小说若干，曾获湖南省青年文学奖，从2001 年10 月起，专职写小说。现服务于湖南省作家协会。有中国官场文学第一人之美称。2010 年入围“免网杯”中国文艺网络奖（中国网络代表最高荣誉）最佳作家候选人。

十年前，王跃文以一部《国画》进入人们的视野之后，相继推出了《朝夕之间》、《梅次故事》、《亡魂鸟》等一系列描写当代官场的作品，从而引发了官场小说的流行热潮，而王跃文凭借这几本小说，成为中国当代官场小说界最负盛名的作家之一，甚至“王跃文”这三个字也成了畅销书的风向标，且一度成为盗版书商“重点关照”的人物。当代文学批评家、中国社会科学院文学研究所副研究员陈福民曾说：“王跃文之于官场小说，就相当于金庸之于武侠小说、琼瑶之于言情小说、二月河之于帝王小说。”这句判断颇见分量。

王跃文的主要作品是官场小说，写作内容比较翔实，擅长描写中层人物，注重人物内心细腻的刻画，可以说是当代官场作家的代表人物之一，其早年的作品《国画》更是轰动文坛。

主要著作有长篇小说《国画》、《梅次故事》、《亡魂鸟》、《大清相国》，中短篇小说《官场春秋》、《没这回事》、《官场无故事》，散文随笔集《有人骗你》、《我不懂味》、《胡思乱想的日子》等。

荐读理由

前不久，一篇题为《王岐山脸谱》的新闻报道被网络广泛转载，同时被引起关注的，还有《大清相国》一书。大家一夜之间都知道了这是王岐山极为推崇的一本著作，很多人也第一次注意到了陈廷敬这位帝王之师。

陈廷敬（1639—1712），汉族，清代名臣，字子端，号说岩，晚号午亭，清代泽州人。康熙王朝名臣辈出，千古传诵。然而宦海风高，沉浮难料。明珠罢相削权，索额图身死囹圄，徐乾学去官之后郁郁早逝，高士奇倍享尊荣却被斥退回籍。满朝重臣名宦少有善终，陈廷敬却驰骋官场五十多年，历任工、吏、户、刑四部尚书，官至文渊阁大学士，乞归之后仍被召回，最后老死相位。他原名陈敬，21 岁中了进士，因同科进士中有两个陈敬，顺治便赐名陈廷敬，从此声名鹊起。他和明珠、索额图恩怨难断，又经历了和徐乾学、高士奇的明争暗斗。俗话说“同僚似狼，君王如虎”，陈廷敬如履薄冰半辈子，终于成功立业，扬名于青史，并成为一代明相，实属不易。

陈廷敬是一个能官。比如他任左都御史时，官场上行贿受贿、营私舞弊成风。于是，他上书皇帝要求制定严厉的制度，以改变不良风气。他的建议被康熙采纳，责令都察院严惩不法之徒。此举对于治理国家起了积极的作用。比如，康熙二十三年元月，陈廷敬被调任为吏部右侍郎，管理户部钱法。针对存在的问题，陈廷敬于八月上疏：“自古所铸钱币，时轻时重，过不了多长时间就又要重新改铸。现在，百姓最为不便的主要是钱价。过去，一两白银可兑铜钱一千，今则仅兑九百。造成这种情况的原因，是私商熔化铜钱为铜，从中渔利。按说，销毁钱币，其罪至重，这是人人都知道的。然而，长久不能禁止，就因为私商能从中获取厚利。因为一两银子可买铜七斤，如果将一两银子兑成铜钱，则得一千，将这一千铜钱熔化，就得铜八斤十二两，从中获一斤十二两铜价。这些不法商人以此为盈利的捷径，使得市场上铜钱日趋减少。顺治十年时，每个铜钱重一钱二分五厘，后又增为一钱四分，原本是为阻止私铸，但结果呢？私铸依旧时常发生。因此，最好的办法就是不再增加钱币的重量，而应改重为轻。如果这样，那私铸之风就会不禁自绝。”同时他还指出：“由于近年来产铜之地收税过重，致使铜矿开采寥寥无几。应当减少税收，让百姓也来开采。开采的人多了，铜的产量自然就会增加。随着铜的增加，铜钱价值也自然会日趋稳定。”陈廷敬这一上疏，送至朝廷后，康熙很重视这个建议，很快就被采纳，并付诸实行。在《大清相国》中，陈廷敬督钱法，以聪明和机智抓住了罪魁祸首。

陈廷敬还是一个清官。当时清廷内不少官员贪污受贿，腐化之风十分严重，陈廷敬深切痛恨。他于二十四年正月向朝廷上疏：“贪、廉这两方面，是做一个合格官员的关键。然而奢、俭这两者，又是造成贪廉的根由。要使官员清廉，就先要使他们养成节俭的品质。古时候，从衣冠、车马到服饰器用，办理婚丧大事，都要‘贱不得俞贵，小不得加大’。现在由于奢侈之风未除，以至贫穷的人办事节俭反受讥笑，富有的人铺张而无人反对，使得大家竞相奢侈，成为一种风气。于是，贪污求利，触犯法律的事就跟着多起来，而且日趋严重。”康熙帝接到陈廷敬的上疏，表示赞同，指出，今后“务须返朴还淳，格循法制，以副朕敦本务实，崇尚书俭至意”。

陈廷敬还是一个才官。由于陈廷敬很有才华，在任翰林院学士时，曾和掌院学士喇沙里、侍讲学士张英受到康熙皇帝的赞赏，表扬他们“每日进讲，启迪朕心，甚有裨益”。康熙曾特赐予他和喇沙里、张英三人貂皮各五十张，表里绸缎各二匹。康熙二十五年，任工部尚书。同徐乾学奏进《鉴古辑览》，康熙认为这本辑览有参阅价值，决定留下来通读。他在工部尚书任内，还纂辑三朝《圣训》、《政治典训》、《方略》、《一统志》、《明史》等，陈廷敬并充总裁官。陈廷敬生平好学，诗、文、乐极备。他与清初散文家汪琬以文体相切磋，与著名诗人王士祯以诗唱和，“皆能得其深处，而面目各不相假”。他写的《晋国》一诗：“晋国强天下，秦兵限域中。兵车千乘合，血气万方同。紫塞连天险，黄河划地雄。虎狼休纵逸，父老愿从戎。”以回顾晋国昔时的强盛和山川的险要，歌颂了晋地人民同仇敌忾、保卫家园的爱国精神。

康熙四十九年（1710），皇帝下诏，命令张玉书、陈廷敬领导编纂一部大型字典。第二年，张玉书病逝，陈廷敬独任总裁官。这部大字典组织了三十多人的编辑班子，陈廷敬的儿子陈壮履也在其中。父子留名于一书，一时传为美谈。这部字典是在前人《字汇》和《正字通》的基础上增补充实而成的，共收四万七千多字，是我国古代历史上收字最丰富的字典。后来定名为《康熙字典》。虽然字典问世时，陈廷敬已经去世，但他为编纂这部字典所付出的心血和作出的贡献，为后人所铭记。

康熙五十一年（1712）三月，陈廷敬病危，康熙皇帝遣太医前往诊视。四月病卒，终年七十三岁，康熙率大臣侍卫奠洒，并令各部院满、汉大臣前往吊祭。康熙皇帝亲笔写了挽诗，赐祭葬典礼，十分隆重。谥曰文贞。

长篇历史小说《大清相国》塑造了以陈廷敬为主要代表的大臣群相，反映了一个特定历史境遇中官场人物的人格、道德和行为的艰难选择，再现了三百多年前的官场风云。以人为镜，可以正衣冠；以史为镜，可以明得失。陈廷敬的人生经历，对当代中国政治发展有很强的借鉴意义。他身上优秀的意志品质，也可以成为普通的读者学习的榜样。

先睹为快

索尼嘴里支吾着，望了眼鳌拜。鳌拜道：“不光李振邺自己胆大包天收受贿赂，向李振邺打招呼、塞条子的还有几个王爷、贝勒，居间穿针引线的有部院大臣，甚至有王府里的管家、部院里的笔帖式，总共十几人，另有行贿贡生二十几人！河南举人李谨也是李振邺家人所杀！”

皇上听着听着，忽然号啕大哭，悲愤不已：“王爷、贝勒，都是朕的伯父、叔父、兄弟！至亲骨肉啊！那些大臣，朕成日嘉许他们，赏赐他们！这天下是大家的，不是福临一个人的！他们狼心狗肺！”

皇上哭着喊着，突然双手按住胸口，“哇”地吐出一口鲜血。索尼跟鳌拜吓得使劲儿叩头，喊着皇上息怒，龙体要紧。明珠随侍在旁，吩咐太监快叫太医。皇上摆手道：“不要叫太医，朕一时半会儿死不了的！”

皇上要过折子，看着看着，双手就抖了起来，骂道：“都是跟汉人学坏的！满人是靠大刀和弯弓分高下的，原先并无贿赂、钻营这等恶习！入主中原不到二十年，汉人的好处没学着，污七八糟的东西全学到家了！查！查他个水落石出，让他们死个明白！”

京城里鸡飞狗叫，四处都在说着清查科场案。快活林里的那些读书人欢喜不尽，只说这回终于可以还公道于天下，哪怕落了榜也心甘情愿。只有张汧忐忑不安，生怕自己的事被捅出来。他带进考场的砚台自是天知地知瞒过去了，怕只怕李振邺已经出事，他托高士奇送银子的事被扯出来。他本想先回山西去，可手头已无盘缠，便想到祖泽深家去躲着。他把大顺托付给店家，只道自己有事出门几日。店家只认银子，也没啥话说。

卫向书半日没有说话，望了陈廷敬好大一会儿，才说："你没听懂我的话。李老先生是想让你将来做他的女婿！"

陈廷敬这下可吓了一大跳，道："卫大人，您是知道的，我早有妻室了呀！"

卫向书说："我知道，李老先生也知道。李家原是前明大户，人丁兴旺，家道富足，现在是败落了。李老先生是世上少有的散淡之人，只把荣华富贵当草芥，也不讲究什么传宗接代，不然他丧妻之后早续弦了。如今见自己身体一日不如一日，只可怜月媛今后无依无靠。他明知你是有家室之人，仍想把女儿许配给你，既不是高攀你这个进士，也不觉着就委屈了自家女儿。他同你相处这些日子，知道你是个靠得住的人。"

陈廷敬听着竟流起泪来，道："李老先生如此厚待，我自是感激不尽。只是月媛妹妹聪明伶俐，又是有门第的女子，怎能让她是这般名分？李家待我恩重如山，哪怕李老先生真有个三长两短，我就把月媛养大，当自家妹妹寻个好人家也是行的，万不能让她委屈了！"

延展阅读

《救时宰相于谦》

本书是由郦波主讲的一个《百家讲坛》系列。于谦是明代重臣，也是中国历史上有名的忠臣。他的《石灰吟》倡导一身清白正气，历来得到后人颂扬。于谦与岳飞、张煌言并称"西湖三杰"。本书从于谦少年时写起，通过"求学威龙"、"怀才'有'遇"、"两袖清风 "、"土木堡之变"、"北京保卫战"、"英宗复辟"等系列情节，勾勒出一位胆识超人、才华出众、性格刚正、清正廉洁的明臣形象。这位在大明王朝史上有着举足轻重地位的大臣被百姓誉为“救时宰相”。他的一生可用《明史》中“忠心义烈，与日月争光”来形容。然而，英雄末路，在明史上有名的“夺门之变”后，于谦含冤走向了身赴刑场的悲剧命运，令人扼腕叹息。本书生动再现了这位民族英雄传奇的一生。

《曾国藩》

唐浩明　著

关于作者

唐浩明，湖南衡阳人，1946年出生，又名邓云生，毕业于河海大学、华中师范大学，获硕士学位，后入岳麓书社工作，任编辑室主任、总编辑等职，长期致力于近代文献的整理出版与历史小说创作。

现为全国政协委员、湖南省政协常委、中国作协全国委员会委员、湖南省文联副主席、湖南省版协副主席、湘潭大学中文系兼职教授、湖南省文史工作研究会副会长、湖南省作家协会主席、中南出版传媒集团公司董事、岳麓书社首席编辑，被誉为“中国研究曾国藩第一人”。获“国家有突出贡献的中青年专家”、“中国出版政府奖·优秀人物奖”等荣誉称号。先后获过第一届、第二届姚雪垠长篇历史小说奖、国家图书奖、中宣部“五个一工程”奖等奖项。

著有长篇历史小说《曾国藩》、《彭玉麟》、《杨度》、《张之洞》等，整理出版《曾国藩全集》，《旷代逸才——杨度》获国家图书奖，《张之洞》获中宣部第九届“五个一工程”入选作品奖。《曾国藩》曾获首届姚雪垠长篇历史小说奖，发行量已逾百万，被香港《亚洲周刊》

评为 20 世纪中文小说百强。广受各界邀请，讲授中国近代史及湖湘文化。2005 年 2 月，曾为北京部级领导干部作有关曾国藩的专题讲座。

2006 年 12 月 15 日，“2006 第一届中国作家富豪榜”重磅发布，唐浩明以 820 万元的版税收入，荣登作家富豪榜第 6 位，引发广泛关注。

荐读理由

曾国藩（1811—1872），湖南湘乡人，初名子城，字伯涵，号涤生，是中国历史上最有影响的人物之一。他的人生，他的智慧，他的思想，深深地影响了几代中国人，以至他虽已去世一百余年，提起曾国藩，人们仍然津津乐道。有的评论者说：如果以人物断代的话，曾国藩是中国古代历史上的最后一人，近代历史上的第一人。这句话从某一角度，概括了曾国藩的个人作用和影响。

曾国藩出生于湖南长沙府一个普通耕读家庭。在道光十八年（1838），曾国藩殿试考中了同进士，从此之后，一步步地踏上仕途，并成为军机大臣穆彰阿的得意门生。在京十多年间，他先后任翰林院庶吉士，累迁侍读，侍讲学士，文渊阁值阁事，内阁学士，稽察中书科事务，礼部侍郎及署兵部、工部、刑部、吏部侍郎等职，曾国藩就是这样坚韧不拔地沿着这条仕途之道，步步升迁到二品官位。十年七迁，连跃十级。

虽然仕途发展顺利，但曾国藩真正成为一代名臣，还要从太平天国运动说起。咸丰二年（1852），曾国藩因母丧在家丁忧。这时太平天国运动已席卷半个中国，尽管清政府从全国各地调集大量八旗、绿营官兵来对付太平军，可是这支腐朽的武装已不堪一战。因此，清政府屡次颁发奖励团练的命令，力图利用各地的地主武装来遏制革命势力的发展，这就为曾国藩的湘军的出现，提供了一个机会。借着清政府急于寻求力量镇压太平天国运动的时机，他因势在其家乡湖南一带建立了一支地方团练，称为湘勇。在团练湘勇期间，他严肃军纪，开辟新的军队。曾国藩知人善用，并以身作则遵守军纪，大军所到之处百姓皆“各行其是”，湘军在军事素质落后的清朝武装力量中成为中国南方地区与太平天国军事力量作战的主力之一。曾国藩被封为一等毅勇侯，成为清代以文人而封武侯的第一人，后历任两江总督、直隶总督，官居一品。1864 年，湘军在其弟曾国荃的率领下攻下天京，成为镇压太平天国运动的功臣。

1870 年，正在直隶总督任上的曾国藩奉命前往天津办理天津教案。曾国藩到天津后，考量当时局势，没有与法国开战，“但冀和局之速成，不问情罪之一当否”，在法国的要求下，商议决定最后处死为首杀人的 18 人，充军流放 25 人，并将天津知府张光藻、知县刘杰革职充军发配到黑龙江，赔偿外国人的损失 46 万两银，并由崇厚派使团至法国道歉。这个交涉结果，朝廷人士及民众舆论均甚为不满，使曾国藩的声誉大受影响。1872 年 3 月 20 日，曾国藩在南京病逝。朝廷赠太傅，死后被谥“文正”，其墓地在今长沙市望城区坪塘镇伏龙山下桐溪寺后，“文化大革命”期间遭到破坏，现墓地仍残留石马等遗迹。

曾国藩是中国历史上真正积极实践的第一人。在他的指导下，建造了中国第一艘轮船，开启近代制造业的先河；建立第一所兵工学堂，肇始中国近代高等教育；第一次翻译印刷西方书籍，不仅奠定了近代中国科技基础，而且极大地开阔了中国人的眼界；安排第一批赴美留学生，为国家培养了大批栋梁之材，清朝另外一些名臣如左宗棠、李鸿章都与他有密切关系。民国第一任总理唐绍仪，中国“铁路之父”詹天佑、清末外交部尚书（部长）梁敦彦、清华大学第一任校长唐国安等就是此中佼佼者。李鸿章等称呼曾国藩为老师。曾国藩曾说“李少荃拼命做官，俞荫甫（俞樾）拼命著书”。

对曾国藩的评价，近百年来仁者见仁，智者见智，对曾国藩褒扬者有之，斥骂者也不乏其人。毛泽东和蒋介石都高度评价过曾国藩。毛泽东青年时期，潜心研究曾氏文集，得出了“愚于近人，独服曾文正”的结论。即使是在毛泽东晚年，他还曾说：曾国藩是地主阶级最厉害的人物。蒋介石对曾氏更是顶礼膜拜，认为曾国藩为人之道，“足为吾人之师资”。他把《曾胡治兵语录》当作教导高级将领的教科书，自己又将《曾文正公全集》常置案旁，终生拜读不辍。据说，他点名的方式，静坐养生的方法，都一板一眼模仿曾国藩。曾国藩的个人魅力，由此可见一斑。

唐浩明的长篇历史小说《曾国藩》，是曾国藩最好的传记作品。本书既写曾国藩的文韬武略，也写他的待人处民与生活态度；既写他的困厄与成功，也写他的得宠与失宠。曾国藩制胜的兵法、治军行政的方针，他独特的人生观、处世哲学，他的文化素养和人格品位等等，都在作品中得以表现。唐浩明也因此书一举成名。

先睹为快

曾国藩心里这时正是十五个吊桶打水——七上八下的不得安宁。到何处去？抄什么样的告示？倘若被别人知道，岂不是在为反贼做事？此中原委，谁能替你分辩？脑子里一边想，脚不由自主地向前走着。看看方向，却又是在向长沙那边走去，离湘乡是越来越远了。快到天黑时，这队士兵将他们带到一个村庄。

村庄里的人早走光了。士兵们将他们安置在一间较好点的瓦屋里。过会儿，一个十五六岁的童子兵端一大碗热气腾腾的狗肉进来，摆在桌子上，又放上两双筷子。小家伙脸上油汗混在一起，兴高采烈地说：“你们真有口福，刚才打了几只肥狗。韦卒长说，优待教书先生，要我送来两碗，趁热吃吧！只可惜没有酒。”曾国藩闻着狗肉那股骚味就作呕，何况炎暑天吃狗肉，是湖南人的大忌。他紧皱双眉，直摇头。荆七对童子兵说：“小兄弟，我们不吃狗肉，你拿去吃吧！请给我们盛两碗饭，随便挟点菜就行。”

童子兵一听这话，高兴得跳起来：“这么好的东西都不吃，那我不讲客气了。”

小家伙出去后不久，便端来两碗饭，又从口袋里掏出十几只青辣椒，说："老先生，饭我弄来两碗，菜却实在找不到。听说湖南人爱吃辣椒，我特地从菜园子里摘了这些，给你们下饭。"

曾国藩看着这些连把都未去掉的青辣椒，哭笑不得。既无盐，又无酱油，如何吃法！湖南人爱吃辣椒，也没有这样生吃的本领呀！无奈，只得扒了几口白饭，便把碗扔到一边。

延展阅读

《曾国藩家书》

《曾国藩家书》内容广博，既有治军为政之道，又有人生处世之谈，自 1879 年初刊以来，广为流传，是研究其人及这一时期历史的重要资料。曾氏家书行文从容镇定，形式自由，随想而至，挥笔自如，在平淡的家常事中蕴含真知良言。曾国藩一生勤奋读书，推崇儒家学说，讲求经世致用的实用主义，成为继孔子、孟子、朱熹之后又一个"儒学大师"；他革新桐城派的文学理论，其诗歌教文主持了道光、咸丰、同治三朝文坛，可谓道德文章冠冕一代。

《冰鉴》

《冰鉴》一书是曾国藩总结自身识人、用人心得而成的一部传世奇书，它是曾国藩体察入微、洞悉人心的心法要诀。因其具有极强的实用性、启迪性和借鉴性而受到各界人士的重视和喜爱。编者力图通过简明的体例、精练的文字、新颖的版式、精美的图片等多种要素的有机结合，全方位立体地解读曾国藩识人、用人的神秘之学，为读者打造一条走近曾国藩的彩色画廊，感受他独到的识人、用人策略。

《李鸿章传》

梁启超 著

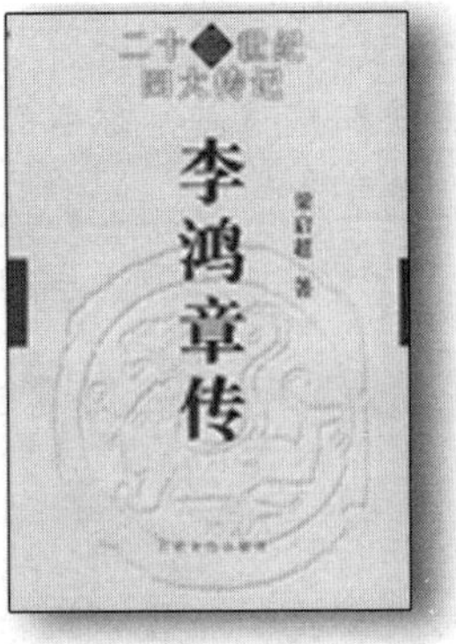

关于作者

梁启超（1873—1929）出生于广东新会茶坑村。1890 年，在同学陈千秋的引荐下，18 岁的梁启超拜访了 33 岁的康有为。初次见面，两人竟从早上 8 点聊到晚上 7 点。梁启超感觉康有为以“大海潮音，作狮子吼”，给了他当头棒喝，决定拜康有为为师。

此前的梁启超，接受的完全是传统教育。12 岁即考中第一名秀才，17 岁在广东乡试中考取第八名举人，主考官李端棻和副主考官都认为他“国士无双”，李端棻把堂妹李蕙仙许配给梁启超。

甲午战争中国惨败，康有为联合 3000 举人上书请求变法，作为康有为最得力的弟子，梁启超积极参与了这桩震动中国的大事。公车上书第二年，黄遵宪在上海办《时务报》，梁启超任主笔，撰写了大量呼吁变法的文章。1898 年，他回京参加“百日维新”。7 月，受光绪帝召见，奉命进呈所著《变法通议》，赏六品衔，负责办理京师大学堂译书局事务。变法失败后，政局紧张，朝廷大肆捉拿维新党。梁启超剪掉辫子，穿上西服，东逃日本，一去 14 年。到他回国的时候，清王朝已经葬身在革命的滔天巨浪之中。在日本和欧美流亡期间，他被当做中国新的政治和知识领袖来接待。但是他主要靠卖文维持生计，生活相当清苦。

刚到日本的梁启超，曾与革命派领袖孙中山走得很近，渐渐倾向于革命，与康有为的政见日渐不同。辛亥革命爆发，清政府被推翻之后，梁启超回国，并介入政权内部的实际操作，两度出任阁员，先任司法总长，后任财政总长，一战期间还曾参与外交。起初，他对袁世凯抱有共和及立宪的希望，因此做了袁世凯政府的司法总长，等到洪宪帝制复辟，他又联合自己在湖南时务学堂时的得意门生蔡锷，发动讨袁的护国运动，迫使袁世凯下台。袁世凯宣布称帝后，梁启超写了著名文章《异哉所谓国体问题者》。

张勋复辟时，康有为在《上海周报》上发表《为国家筹安定策者》，公开主张清帝复辟，梁启超立即发表《辟复辟论》，矛头直指康有为。他还随段祺瑞誓师马厂，参加武力讨伐。他不仅代段祺瑞起草了讨逆宣言，而且以个人名义发表反对通电，斥责其师为“大言不惭之书生，于政局甘苦，毫无所知”。至此，康梁公开决裂，康有为当着梁启超学生的面痛骂“梁贼启超”。1927 年康有为去世后，梁启超见他“身后萧条得万分可怜”，赶紧电汇几百块钱，才草草成殓。之后，又戴孝守灵，大哭三日。

1918 年底，梁启超赴欧，了解到西方社会的许多问题和弊端，回国之后即宣扬西方文明已经破产，主张光大传统文化，用东方的“固有文明”来“拯救世界”。梁启超的最后十年，多在书斋与大学讲坛度过，把精力放在培养“新民”上。

梁启超得病多年，直到 1926 年初，尿毒症加剧，小便中时常带血，才去协和医院治疗。协和医院是当时中国最好的西医医院，却在梁启超身上进行了一次失败的手术，误割了健康的肾，这是导致梁启超早逝最重要的原因。手术失败后，舆论一片哗然，反对西医的声音越来越大。梁启超写了一篇题为《我的病与协和医院》的文章，详述了自己手术的经过，公开为协和医院和西医辩护："我还是继续吃协和的药，病虽然没有清除，但是比未受手术之前的确好了许多。"不到三年，梁启超在协和医院病逝。

他的墓碑是长子梁思成、长媳林徽因共同设计的。墓碑上，没有任何表明墓主生平事迹的文字。梁启超曾说："知我罪我，让天下后世评说，我梁启超就是这样一个人而已。"沈商耆的挽联，是对此话的呼应："三十年来新事业，新知识，新思想，是谁唤起？百千载后论学术，论文章，论人品，自有公评。"

荐读理由

四十年来，中国大事，几无一不与李鸿章有关系。故为李鸿章作传，不可不以作近世史之笔力行之。著者于时局稍有所见，不敢隐讳，意不在古人，在来者也。

——梁启超

李鸿章是中国近代史上一个极为重要的人物，也是最具争议的人物。他在就任直隶总督兼北洋大臣期间，处于左右朝局的地位。当时中国大事，几无一不与李鸿章有关系。《清史稿》也说他"独立国事数十年，内政外交，常以一人当其冲……近世所未有也"。但是长期以来，人们只论及他对内如何镇压太平天国革命，对外如何签订不平等条约，而对他的其他活动或避而不谈，或语焉不详。虽然有关的论著很多，但大都失之过偏。因此，一提到李鸿章，人们自然要说他是刽子手和卖国贼。事实表明，这样评价李鸿章是有失全面的。其实，李鸿章在中国经济的现代化和外交的现代化上作出过不可磨灭的贡献。在经济现代化方面，李鸿章倡导洋务运动，创办江南制造局、天津机器局、北洋舰队、轮船招商局、电报局、开平矿务局，派遣中国第一批学生留美，等等。这些实业对中国的现代化进程起到了举足轻重的作用。在外交现代化方面，中国真正与世界列国平等外交应该是从李鸿章开始的，李鸿章可以说是中国近代外交的先行者。而至于那些丧权辱国的条约乃国力使然，时局使然，非李鸿章之过。

梁启超先生著就的《李鸿章传》一书，力图还读者一个真实的李鸿章，一段真实的历史。“天下惟庸人无咎无誉。举天下人而恶之，斯可谓非常之奸雄矣乎。举天下人而誉之，斯可谓非常之豪杰矣乎。虽然，天下人云者，常人居其千百，而非常人不得其一，以常人而论非常人，乌见其可？故誉满天下，未必不为乡愿；谤满天下，未必不为伟人。”

开篇第一段话就定下了整个文章的基调，作者秉着“天下惟庸人无咎无誉”的独特历史视角和批判精神，“全仿西人传记之体，载述李鸿章一生行事，而加以论断”，又与同时代的欧美政治进行比较，既有英雄相惜，也有批评叹惋——“吾敬李鸿章之才，吾惜李鸿章之识，吾悲李鸿章之遇”。梁启超在此书中意识创新，论述严谨，旁征博引，评判公允，《李鸿章传》可谓是人物传记中的经典之作，读来让人耳目一新，启人心智。其中文字涉及甲午战争、《马关条约》、《辛丑条约》等，实在不由让人感叹“以一人而敌一国”的无望与悲恸。

《李鸿章传》有别于传统的人物传记“类皆记事，不下论赞”的模式。梁启超通过学习借鉴西方近代传记的经验形成的体例特点主要是：夹叙夹议，叙议结合，传中有评，评中有传，评传相间，有助于丰富和扩展传记作品的基本要素以及相应的表现力。梁启超治史自有原则，不罔事实，不下主观臆断，这是那个时代文人的气质底蕴。若想了解一个真实的李鸿章，梁启超的《李鸿章传》不可不读。

先睹为快

世界之人，殆知有李鸿章，不复知有北京朝廷。虽然，北京朝廷之于彼，必非深亲信者，不宁惟是，且常以猜疑憎嫉之眼待之，不过因外部之压迫，排难解纷，非彼莫能，故不得已而用之耳。况各省督抚，满廷群僚，其不释然于彼者，所在皆是。盖虽其全盛时代，而其在内之势力，固已甚微薄，而非如对外之有无限权力，无限光荣也。

中日之役，是彼一生命运之转潮也。彼果自初蓄意以主战乎？不能深知之。但观其当事机将决裂之际，忽与俄使喀希尼商请其干涉弭兵，则其始之派兵于朝鲜，或欲用威胁手段，不战而屈日本，亦未可知。大抵自视过高，视中国过大，而料敌情颇有不审者。彼盖未知东亚局面之大势，算有遗策，不能为讳也。一言蔽之，则中日之役，实彼平生之孤注一掷也。而此一掷不中，遂至积年之劳绩声名，扫地几尽。

寻常人遇此失意，其不以忧愤死者几希。虽然，彼以七十三岁之高龄，内则受重谴于朝廷，外则任支持于残局，挺出以任议和之事，不幸为凶客所狙，犹能从容不辱其命，更舆榇赴俄国，贺俄皇加冕，游历欧美，于前事若无一毫介意者，彼之不可及者在于是。

彼之末路萧条甚矣。彼之前半生甚亲英国，其后半生最亲俄国，故英人目彼为鬻身于俄廷。以吾论之，彼之亲俄也，以其可畏乎？以其可信乎？吾不得而知之，要之彼认俄国为东方最有势力之国，宁赂关外之地，托庇于其势力之下，以苟安于一时，此其大原因也。彼之《中俄密约》、《满洲条约》等事，或视之与秦桧之事金，同为卖国贼臣，此其论未免过酷。盖彼之此举，乃利害得失之问题，非正邪善恶之问题也。

彼自退出总理衙门后，或任治河而远出于山东，或任商务而僻驻于两广，直至义和团事起，乃复任直隶总督，与庆王同任议和全权，事方定而溘然长逝，此实可称悲惨之末路，而不可谓耻辱之末路也。何也？彼其雄心，至死未消磨尽也。

使彼而卒于中日战事以前，则彼为十九世纪之一伟人，作世界史者，必大书特书而无容疑也。彼其容貌堂堂，其辞令巧善，机锋锐敏，纵擒自由，使人一见而知为伟人。虽然，彼之血管中曾有一点英雄之血液否乎？此吾所敢断言也。彼非如格兰斯顿，有道义的高情。彼非如俾斯麦，有倔强的勇性。彼非如康必达，有爱国的热火。彼非如西乡隆盛，有推心置腹的至诚。至其经世之识量，亦未有能令我感服而不能已者。要而论之，彼非能为鼓吹他人，崇拜英雄心之偶像也。

虽然，彼之大横著，有使人惊叹者。彼支那人也，彼大支那人也，彼无论如何之事，不惊其魂，不恼其心。彼能忍人所不能忍，无论若何失望之事，视之如浮云过空，虽其内心，或不能无懊恼乎？无悔恨乎？然其痕迹，从何处求之见之？不观乎铁血宰相俾斯麦乎，一旦失意退隐，其胸中瞋恚之火，直喷出如焰，而李鸿章则于其身上之事，若曾无足以挂其虑者。然其容忍力之伟大，吾人所尊敬膜拜而不能措者也。

延展阅读

《梁启超传记五种》

百花文艺出版社出版的《梁启超传记五种》，包括梁启超先生在20世纪初撰写的《管子传》、《王荆公传》、《袁崇焕传》、《南海康先生传》、《殉难六烈士传》五本人物传记，如今读来历久弥新。梁启超做《管子传》，以管子的政事活动为中心，认为管子在先秦时就已经初步主张在中国实行立宪政治。在《袁崇焕传》中评袁崇焕为“以一身之言动、进退、生死，关系国家之安危、民族之隆替者”，从而将古人的爱国精神、民族主义置于近代民族危亡的环境下进行解读。他在《王荆公传》一书中，大力肯定了王安石的以富国强兵为目的的新法改革，“往往以今世欧美政治比较之”。在他眼里，“今世欧洲诸国，其所设施，往往与荆公不谋同符”。梁启超对王安石及其新法的评价一改近千年来的否定而为肯定，代表了 20 世纪前半叶的主流观点。《南海康先生传》是最早研究康有为生平和思想的著作，《殉难六烈士传》则记述戊戌变法中殉难的烈士，梁启超作为当局者，其著作当然具有很高的学术价值和历史价值。

《我的前半生》

爱新觉罗·溥仪　著

关于作者

爱新觉罗·溥仪（1906—1967），光绪三十二年（1906）正月十四生于北京什刹海边的醇王府。他是道光皇帝的曾孙，光绪皇帝胞弟载沣的长子。

光绪三十四年（1908）十月，慈禧太后和光绪同时生了重病。慈禧太后在中南海召见军机大臣，议定立三岁的溥仪为帝，并让溥仪的亲生父亲载沣监国。接着，光绪、慈禧在两天中相继死去。半个月后，溥仪在太和殿正式登基，由光绪皇后隆裕和载沣摄政。就这样溥仪初次登上了清王朝末代皇帝的宝座。溥仪作为清朝第十二代皇帝，三岁首次当皇帝时国运已气数将尽。他登基时由任摄政王的父亲抱上殿，鼓乐轰鸣、百官跪拜时，他被吓得大哭。其父怎样哄也不灵，只好拿来玩具说："快了！快了！快要完了！"不少大臣私下说这话不吉利。果然，不出三年，1912 年初，清廷面对辛亥革命的风暴，溥仪名义上的母亲（其实是他伯母）隆裕太后抱着小皇帝宣布退位了。

退位后的溥仪被周围清朝遗老灌输了满脑子复辟意识。1917 年 7

月，封建军阀张勋率兵入京，拥立溥仪复辟，却在 11 天后被赶下台。此后，溥仪把复辟的希望寄托于外国，先是受英国公使馆派来的师傅庄士敦鼓动准备到西洋寻找支持，因英美政府的对华政策是维持民国而未成行。后来，他与制造“满蒙独立”以分裂中国的日本侵略者联手，在九一八事变后去了东北，先当“执政”，1934 年，第三次登基。日本人却未兑现帮助其恢复“大清”的许诺，只让他当“满洲国”的“康德”皇帝，对外言论全要由关东军拟稿，连走出宫的自由都没有。1945 年，日本投降，溥仪被苏军逮捕，于 1950 年移交中国，以叛国和协助侵略者发动战争罪在战犯管理所关押了近十年，完全是罪有应得。

1959 年，中华人民共和国主席毛泽东发布特赦令：“该犯关押已经满十年。在关押期间，经过劳动改造和思想教育，已经有确实改恶从善的表现，符合特赦令第一条的规定，予以释放。”从此，溥仪成为中华人民共和国公民。1960 年 3 月，溥仪被分配到北京植物园工作，1964 年被调到全国政协文史资料研究委员会任资料专员，并担任人民政协第四届全国委员会委员。

1967 年，溥仪因患尿毒症病倒。周恩来总理闻讯，亲自打电话指示政协工作人员，一定要把溥仪的病治好，后指示将他安排到首都医院进行中西医会诊。在病情最危急时，周总理又指派著名老中医蒲辅周去给他看病，并转达对他的问候。溥仪终因医治无效，于 1967 年 10 月 17 日凌晨去世。

荐读理由

末代皇帝爱新觉罗・溥仪于 1967 年 10 月 17 日病逝于北京，身后留下了一本极具价值的著作——《我的前半生》。爱新觉罗・溥仪的一生，是从皇帝向公民转变的一生，更本质地说，是从封建主义向社会主义转变的一生，是从卖国者向爱国者转变的一生。这是体现在一个人身上的历史性的转变，周恩来称之为“世界上的奇迹”，确实很了不起。在中国乃至世界历史的册页上，他是从“真龙天子”被改造成为普通公民的唯一例子。他的传奇经历和重获新生都引人注目，因此其作品畅销不衰，如今已再版40余次，国内总发行量近187万册。

当初在抚顺战犯管理所里，许多被押人员都写了自传，内容无非是反省自己所犯罪行，名字都一样:《我的前半生》。溥仪的这本著作，是由溥仪口述、溥杰执笔写成的，最初是一本油印的小册子。1960年由群众出版社印刷出版了这本小册子，印数只有几千份，供内部参考。由于溥仪是个特殊的人物，他被改造的经过具有代表性，因此群众出版社想公开发行这本小册子。出版社的编辑李文达重新采访溥仪、管理所的人员、伪“满洲国”的王公大臣以及曾在溥仪身边的人，搜集到大批新鲜的材料，经过溥仪同意后重新写作，多次修改后出版。后来的历次出版都有所增补，刊发了大量以前未经发表的部分。

最早的《我的前半生》的基调即“我罪恶的前半生”，是一本具有忏悔性质的作品。该书按时间顺序叙述，先从家世开始介绍，然后对童年、在位、逃难、改造等这几个人生大片段按顺序介绍。全书语言通俗，故事情节强，适合对末代皇帝的生活感兴趣者阅读。

溥仪三度当皇帝，是中国近代特定历史环境作用的结果，他的人生道路凝聚着近现代社会的变迁，其改造过程则折射出国家进步的曙光。溥仪晚年的愿望，是写一部《我的后半生》，可惜因过早去世而未成。

当然，溥仪写作此书时正被关押，并接受社会主义改造。在书中，他的很多用语也显得谨小慎微，我们并不能判定其所述事实全部出自真心。但以溥仪留存下来的日记与此书相互参校，我们依然能够寻找到溥仪的心路历程，从而加深对其的理解。

先睹为快

看了这个消息之后不久，在我面前也发生了一个让我得到同样感觉的故事。这天，所长陪着一个生人出现在楼梯口上。听他们边走边谈的对话，我猜测来的这生人必定又是一位上级首长。他身材粗壮，年岁总有五十上下，面色红润，神情愉快。（每次有首长来，向例不向犯人介绍，因此，到现在我不知道他究竟是谁）他和别的首长一样，仔细地看了监狱建筑，看了铁栏里的环境，犯人的用具，随便问问正学习什么，生活如何。他走到我住的监房这里，所长向他报告了犯人们的名字。我听到念了我的名字，习惯地走到跟前，准备第一个回答他的问题。我这个举动是很叫同犯讨厌而嫉妒的，但由于某种愚蠢想法，我总无法克制自己这样做。首长问我们正在干什么，我回答说，我正响应所方号召，写检举日寇在东北的罪行的材料。

“这和我的罪恶分不开，由于我自己认贼作父，日寇给东北人民造下极大的灾难，大批屠杀我们的同胞。今天我以悔罪的心情，尽量揭发他们的血腥罪行……”

“你知道日寇在东北的罪行吗？”首长问。

我把佟济煦曾告诉过我的，几万修建秘密工事的民工被屠杀灭口的惨案说了，这是我正在写的一份材料。这位首长听我叙述这个惨案时的面容，我到现在还记得，刚才还在脸上的愉快的神气全没有了。我这个残缺不全的故事使他受到这样大的刺激，殊非我意料所及。我不安地说：

“我当时也很受刺激，想不到日寇是这样残忍……”

“你当时为什么不向日本鬼子抗议呢？”

他的严峻的目光逼视着我的脸，他的严峻的声音震动着我的耳鼓，又像棒子似的打在我的头上。我一向被同犯说成“干活愚笨、外交擅长”，也被问得张口结舌，半晌才低声回了一句：

“我不敢……”

“你不敢，你怕日本人，是不是?”他的神色和声音又恢复了平静。

我还是仓皇失措，想不出回答的话来，结果又是那老一套的空洞地责骂自己，说一切都是我的罪恶造成的。“我只有向人民认罪，我犯的罪，虽万死也不足以蔽其辜……”

我不知他听见我这老一套的话没有，他在审视着我们的被褥、洗脸用具，以及甬道里的环境。然后点点头，对我说：

“好好学习，好好改造吧。要真正地认识自己。要用事实和行动而不是用嘴巴来说明自己进步。共产党说话算数，同时，也是实事求是的。”

他走了之后，我的心沉重得厉害。我拿起了今天刚写的“揭发日寇罪行的补充”，从头再看一遍，似乎今天才感觉到这些事情的严重性。我用心回味首长刚才说的话和神情，测度其中包含的吉凶，我有了一种一时说不出来的和看到报纸上那则通讯时相似的感觉。这是一种承受重压的感觉。我又一次感觉出了那股不追究到底誓不甘休的冲力。在这种冲力面前，是躲也躲不开，瞒也瞒不住的。

首长最后的几句话也让我觉得不是滋味。“要用事实而不用嘴巴”，“共产党说话算数，同时也是实事求是的”，这不是明明表示对我是不相信的吗?我这时还不懂得马列主义的透视灵魂的威力，我却从这位首长的眼里似乎看出这么一句话：“你骗不了人的，你瞒不过去的，你不老实!”

延展阅读

《溥仪日记全本》

溥仪一生除伪满时期的日记已经被他自行焚毁外，在北京紫禁城内当“关门皇帝”时期的日记、在天津张园和静园当“寓公”时期的日记、在抚顺战犯管理所改造时期的日记均有存世，这些日记真实、充分、生动、可靠地留下了溥仪的生平轨迹和人生转变。特别是溥仪获得特赦后作为中华人民共和国公民写于 1959 年至 1967 年期间的日记，内容极为丰富，记录了这位末代皇帝在北京植物园、全国政协工作，在全国各地参观的经历，在“文化大革命”中，在病中的学习、工作和生活状况，记录了他参与的政治活动、社会活动和外事活动，记录了党和国家领导人毛泽东、周恩来，以及中央统战部和全国政协许多首长对他的关怀和教育，令人信服地表现了他在这一时期的思想风貌、道德和人品。《溥仪日记》中整理者的研究和注释，也有助于读者对这本日记的理解，有助于加深我们对溥仪这位历史人物的认识。

《紫禁城的黄昏》

〔英〕庄士敦　著

关于作者

庄士敦（1874—1938），1874 年生于苏格兰首府爱丁堡，原名雷金纳德·弗莱明·约翰斯顿。1894 年，他从爱丁堡大学毕业。后进入牛津大学玛格德琳学院学习，主修现代历史、英国文学和法理学并获学士学位。1898 年，他被英政府派往香港，先后任辅政司助理和港督卜力的私人秘书。从此，庄士敦以学者兼官员的身份在华工作了 34 年。

他原先是信仰基督教的，到了中国后开始对中国佛教感兴趣。他为此阅读了大量的佛家经典，并遍访中华名山宝刹，与众高僧、法师探讨研究佛教理论的玄奥和释典的妙谛，从此不再到教堂做礼拜。1901 年，庄士敦以“林绍阳”的笔名在伦敦出版了《一个中国人关于基督教传教活动向基督教世界的呼吁》一书，指责基督教会传教士试图改变中国社会的做法，引起英国宗教界的猛烈抨击，称他为“古怪的佛教徒”。1904 年，庄士敦被英国殖民部派往威海卫，先后出任政府秘书、正华务司和南区行政长官等要职。他还特别爱好出外旅游，先后穿越中国云南和越南，然后又到缅甸考察；还曾沿长江而上去了四川、西藏；以及到五台山、九华山、普陀山等地，考察佛教圣地，为他研究佛教理论掌握、搜集了第一手基础资料。他撰写了大量有关中国问题的论著，如《佛教徒在中国》、《威海卫狮龙共存》、《儒教与近代中国》等。

1919年2月，庄士敦来到北京，成为中国几千年帝王史上第一位也是最后一位具有“帝师”头衔的外国人。这一年溥仪刚好14岁，而庄士敦已45岁，他被溥仪称为“苏格兰老夫子”，赐他头品顶戴、“御书房行走”等职。

作为“帝师”，庄士敦无微不至地关心溥仪，向他介绍西方文明，为古老的皇宫带来了新的气息，使溥仪大开眼界，因此，他对溥仪的一生影响颇大。同时，他也是清室的保护人，溥仪被逐出宫时，他曾通过英国使馆向民国政府施加压力。庄士敦努力传播西方文化，而他自己却被中国文化同化了。他穿着长袍马褂，头上是顶戴花翎，像前清遗老一样迈方步，见人时拱手作揖。他还参与了溥仪复辟帝制的活动，并与当时中国的革命派针锋相对。

溥仪去天津后，庄士敦到威海卫当专员。回国后他接受了爵士爵位，任伦敦大学的汉学教授兼外交顾问，还曾当过当代中国文学大师钱钟书的老师。九一八事变后，他代表英国外交部来中国办理归还威海卫等遗留问题，顺便又到天津去看过溥仪，并请溥仪给他的著作《紫禁城的黄昏》写了一百多字的序言。1935年溥仪在长春时他也曾去看望过他。

庄士敦一生未婚，老年用其著作的版税，在苏格兰买了一个小岛，并升起了满洲国的国旗，在其住所办了一个陈列馆，陈列着溥仪赏赐给他的朝服、顶戴及饰物等。每逢年节，他就穿起清朝的服装，邀请亲友到岛上相聚。如此数年，从未放弃。1938年3月6日庄士敦逝世，享年64岁。

荐读理由

庄士敦在中国生活三十多年，走遍中国二十多个省。是近代来华的外国人中最富于传奇色彩的，而其传奇经历中最神秘的部分，莫过于担任溥仪英文教师的那五年。很多年后，溥仪在回忆录《我的前半生》里承认，庄士敦已经成为他灵魂中的重要部分。

当时，中国媒体对庄士敦本人和溥仪有诸多的责难，为了回应对他和溥仪的批评，庄士敦描绘了在紫禁城那个奇异、封闭的世界里独特而令人憧憬的生活图景。他谙熟中国历史与文化，写出了那个时代丰富的历史细节。他与溥仪以及那个时代许多大人物有密切的私人关系，这使他能够详尽地描述当时中国政治舞台上的众生相，记录诸多鲜为人知的逸闻与宫廷生活内幕。该书是了解晚清历史无法绕过的第一手资料。

《紫禁城的黄昏》这本书，是庄士敦心血的结晶，把自己在华的经历放在近代中国的大背景中，记述了困居紫禁城中“清室”的黄昏时期——从中华民国成立到溥仪出宫期间的历史。庄士敦从一个谙熟中国文化，继而又身为帝师的外国人的特殊视角，对他耳闻目睹和亲身经历的大小事件，写下了真实的记录，字里行间浸透着他的审视和思考。在庄士敦的笔下，末代皇帝溥仪脱去了神秘的面纱。他只是一个普通的十几岁的少年，有着当时普通的中国少年所拥有的优点，比如在诗画方面的一些才能，对于新事物有着强烈的好奇心，对时事有着浓厚的兴趣，并能够作出自己的判断。溥仪性格中也有着致命的弱点——浮躁，安于现状而不思进取。

作为晚清和民国的亲历者，他的叙述真实、生动、鲜活；作为帝制的拥护者、英国政府的官员，他对某些问题的看法却也有失偏颇，有时候甚至无视中国人民的利益和感情，比如说，他对“满蒙帝国”的推崇、对于日本人的偏袒、对于冯玉祥的敌视、对于伪满洲国的认同，都体现了他的狭隘之处。

本书的叙述略带忧伤，寄哀于近代中国不断沉沦的命运。庄士敦在书中表达了对中国和中国人民的诚挚情感。他在英文版扉页上写道："谨以此书呈献给溥仪皇帝陛下，以志纪念十五年之前建立于紫禁城的友好友谊，并谨以此书对陛下本人以及生活在长城内外的他的人民，致以衷心的祝福。历经这个黄昏和漫漫长夜之后，正在迎来一个崭新而更加美好的黎明。"

1934 年，本书在伦敦一经出版，即轰动欧洲，之后不久，中文版与日文版也相继问世，给庄士敦带来巨大声誉。1987 年，贝尔托鲁奇拍摄的《末代皇帝》即以本书为底本。

先睹为快

从民国建立的 1912 年到 1924 年底，在混乱的中国政治生活之中，有一处地方一直吸引着访问北京的外国人，引起他们的兴趣和好奇。这些外国人十分了解"共和"内阁的上下更替；国会有失体面的被解散，又徒有其名的被重新召集；政府部长和军队将领们周期般地躲进这个或那个外国使馆寻求庇护；无视总统的命令，无情地蔑视人民的利益，在首都的大墙下，军阀们演出了一出又一出武装冲突的闹剧；就连总统本身也是由某一派系集团拥戴上台，又被另一派系集团拉下台。他们在所有这些相类似的情形中，还观察到：骚乱，分裂，土匪，饥饿和内战，阴谋和国会的战略，诡计多端的政治家，以及军事冒险家的残忍和头脑发热的学生的滑稽戏。他们也一定看到了，在首都的中央地区还有一个小小的堡垒，似乎那里还保持着古朴的安宁；在中国的土地上还有一小块地方，那里至少在外表上还显示出稳定和庄重；中国还有一个从未陷落过的要塞，正在消逝的古老礼仪仍构成这里日常惯例的一部分。象征着古代精神的威严礼仪和宁静的汇聚之所，被筑有城垛的高墙和堂皇的大门所包围。仿佛，这种古代精神已在那仍旧显得神秘莫测的大内宫殿里，找到了它最后的避难所。

然而，外表所呈现出来的一切，多少总会让人产生错觉。不仅紫禁城城墙内的宁静、礼仪和尊严，并不及人们通常所想象的那样令人肃然起敬，而且那威风凛凛的城墙也已经出现了一些显眼的裂痕，只有那些固执的盲人才看不出它迟早要坍塌。从前被包括在紫禁城内的一部分重要宫宇，如今也已丧失了它颇富于传奇色彩的权力。南面用围墙围起来的很大一部分（虽然没有东西大门的守护），在皇帝退位后，即被民国当局占据。两个最大的宫殿建筑（武英殿和文华殿）变成了博物馆，收藏了部分以前用来装饰热河和沈阳行宫的精美艺术品。这些艺术品现在是被“借”来而尚待民国政府购买的皇室藏品。三大殿——太和殿、中和殿、保和殿，连同周围的建筑，也划归民国所有。

整个紫禁城的北部，以及三大殿两边的大片宫宇，仍由宫廷独占。除了那些获准进入者，它对整个世界仍是最严格意义上的“禁城”。许多其他的建筑，包括完整的宫殿，仍由皇帝和那些有权居住在宫内的皇室成员居住使用。这些地方还包括御花园，文渊阁，一幢供藏书的大楼阁，其中藏有皇室图书中最有价值的部分，包括规模宏大的丛书《四库全书》；内务府的官衙；军机处（一处不起眼的平房，革命后改成朝觐者的候见室）；建福宫，藏有价值连城的肖像画、金佛像和其他珍宝，差不多所有的收藏都毁于1923年的火灾；还有许多的亭台楼阁，它们在紫禁城的“黄昏”时期，丧失了所有实际的用途。还应该提一下奉先殿。每月朔望，皇帝或由帝王代表他在这里举行通常的祭祖仪式。紫禁城南部的附属建筑群——雄伟宏大的太庙，则因供奉着皇帝的祖宗灵位，具有特别的尊严，只用来举行重大的祭祖仪式，与奉先殿不可互相混淆。

延展阅读

《德龄公主回忆录》

德龄，满洲汉军正白旗人，1886 年生于武昌。1895 年起，先后随父亲裕庚出使日本和法国。1903 年春，17 岁的德龄随父回到北京，不久和妹妹容龄一起被慈禧太后召进宫中充作“御前女官”。在宫里，她窥见了一个没落王朝在历史的烟云中慢慢走向衰亡的最后挣扎，亲历了中国封建君主制在社会变革思潮冲击下的剧烈震荡。1905 年 3 月，她因父病出宫赴沪。同年 12 月，其父在上海病逝，德龄以“百日孝”为由从此没再回宫。1907 年，德龄和美国驻沪领事馆副领事（后改做报馆记者）撒迪厄斯·怀特结婚，后随夫去美国。

1911 年德龄的第一部英文著作《紫禁城两年》（即本书）出版，在国内外引起强烈反响。辜鸿铭欣然为之撰写英文书评，大为赞赏。在本书中，作者以亲身经历为叙事依据，记述了其随侍慈禧期间的亲身见闻，披露了许多常人无法得知的宫廷内幕。其中以大量的篇幅，描写了当时中国的最高女统治者慈禧太后的饮食起居、服饰装扮、言行举止和习性品格。书中的许多章节，足以和曾经发生过的重大事件相互印证，因而以其无可辩驳的充分可信性，显示出了其应有的历史价值。

《拿破仑传》

〔德〕埃米尔·路德维希　著

关于作者

埃米尔·路德维希（1881—1948）是国际知名的德国作家，尤以脍炙人口的名人传记而享誉国际文坛。他在大学时代攻读法律，25岁后，开始创作诗歌和剧本。第一次世界大战期间，他担任德国一家报社的驻外记者，继续从事文学创作。1920年，因推出《歌德传》而一举成名，开创了传记文学写作的新流派。由于对德国法西斯的深恶痛绝，他迁居瑞士。1940年以后，他又迁往美国并定居在那里。继《歌德传》后，路德维希又先后发表了众多的名人传记。著名的有《拿破仑传》、《俾斯麦传》、《林肯传》、《罗斯福传》、《三人肖像：希特勒，墨索里尼，斯大林》、《贝多芬传》等。他的传记作品以描写传主的心路历程、着重性格分析而享有盛名。

荐读理由

一场摧枯拉朽的大革命，将一个普通的科西嘉岛岛民拿破仑·波拿巴推上了时代的最前沿。从此，这位其貌不扬的矮个军人，在欧洲的历史舞台上不断地绽放出璀璨的光芒：驰骋沙场所向披靡、发动政变青云直上、创建法兰西第一帝国加冕称帝、颁布影响欧洲百年的《拿破仑法典》、东征西讨走上不归路，到最后成为圣赫勒拿岛的囚徒……这位为战争而生的"天才侏儒"叱咤风云数十载，其文治武功和人格魅力，注定成为欧洲史上乃至世界近代史上无法抹去的不朽传奇！拿破仑是中国读者最为熟悉的西方历史伟人之一，代表了欧洲的一个时代。早在半个多世纪以前，毛泽东就将拿破仑与华盛顿并提为"西方资产阶级英雄"，就是这样一位英雄人物的传奇一生，一直引发着人们的兴趣和崇敬。

一个人凭借自信和勇气，凭借激情与幻想，凭借勤奋与意志所能得到的，拿破仑全得到了。对于这样一个历史人物，如何来评价他的功过是非呢？正如法国著名史学家索布尔说的那样："拿破仑的历史，正和法国大革命的历史一样，将是永远不能完成，也是永远不能全部写成的。一代又一代，它将无间断地引起人们的思考，激发人们的热情。"

德国著名传记大师埃米尔·路德维希以其生花之笔，将这个时代的神韵、将拿破仑的人格魅力和文治武功栩栩如生地展现在读者面前。他以时间为线索，以史实为基础，以戏剧化为原则，描述了拿破仑最有趣、最吸引人的故事：他的战争艺术、他的果敢坚毅、他的博学多识、他的传统守旧、他的风流多情……展示了他由炮兵少尉至称帝法兰西直至最后在囚禁地圣赫勒拿岛去世的传奇经历和心路历程。他的人格体现在他政治生涯的每一步，他作为众多国家的缔造者与立法者的思想，他对革命与正统主义的态度，对社会秩序及欧洲问题的观点——都是描述拿破仑的宝贵素材，拿破仑指挥的历次战役和各国的历史状况在这本书中是次要的。在路德维希看来，拿破仑跟诸兄弟或妻子的每次龃龉，他每时每刻的情绪，或消沉，或欢跃，他的勃然大怒与脸色发白，他对友人或敌人的善举或诡计，他对将领或女人们的每句话（根据可靠的谈话记录），都远比马伦哥战役的战斗序列，远比吕内维尔和约的条款或大陆体系的细则重要。他所关注的，不只是法国作家写的拿破仑秘史，而是在公私两方面能作为人间一种类型的拿破仑的总体形象。探讨这个人的内心世界，说明他的决心与隐忍，他的功业与他的痛苦，他的种种幻想和盘算等发自他内心深处的情绪，并揭示这一系列的情愫，就是写作本书的手法与目的。

本书除了内心独白外，所有资料都是有案可查的史实。拿破仑的一生是一首由命运之手写成的伟大史诗，它的全部内涵，耽于想象的人将无从领会，只有崇尚真实的人才能理解。

先睹为快

12月2日清晨，天刚蒙蒙亮，杜伊勒里宫的人就开始忙活来了。这一天是拿破仑的正式加冕日，整个宫中充满着节日的气氛。

9点钟，教皇的仪仗离开了杜伊勒里宫。仪仗前列是一头系着饰带的驴子，手持十字架的摄影师骑在驴背上。教皇的轿车由8匹灰色大马拉着，车上放着皇帝赐的镀金青铜三重冠。车队神情庄重地穿过街道。道路两旁跪着成千上万的民众。10点钟，教皇一行进入了圣母院。大批观礼者把圣母院挤得水泄不通。庇护七世下车后，进入主教宫，坐在早已为他安排好的坐椅上，开始祈祷，等候皇帝的驾到。

2个小时以后，礼炮响了，一辆由黄金装饰的华丽马车在8匹浅栗色的高头大马的牵引下，朝圣母院飞奔而来。车队在教堂前空地停了下来，围观的群众高呼“皇帝万岁！”皇帝的扈从行列开始进入教堂。走在前头的是衣着华丽的一般朝臣，其次是佩带勋章的帝国元帅，随后是皇帝的重臣和高官，最后才是衮冕盛装的皇帝。皇帝身穿深红色天鹅绒大袍和金搭扣短外套，脚着高帮皮鞋，异常激动地出现在观众面前，刹那间欢呼声直冲云霄。

教皇登上祭台，弥撒开始。隆重的仪式持续很长时间，拿破仑不知是因为不耐烦，还是因为太疲劳，一个劲地打着呵欠。最后，皇帝和皇后走到祭台前面，跪在跪凳上，教皇过来为他们履行礼仪。教皇正准备将皇冠戴在拿破仑的头上，谁知拿破仑伸手接过皇冠，自己戴在头上。接着，他又拿起一顶小皇冠戴在约瑟芬的头上。瞬息之间一切都办妥了，至高无上的拿破仑心潮澎湃，思绪万千。他想起了悲惨的童年、阿雅克修城的简陋房屋以及最初年代的困窘，他扭头对哥哥约瑟夫说："约瑟夫，爸爸要是看见我们今天这个派头，该有多好啊！"

返回杜伊勒里宫时已是晚上10点钟。大街上灯火通明，如同白昼。拿破仑举行了一个盛大晚宴，这次教皇仅坐在第三席位上。

加冕典礼的第二天，在巴黎的部队全部集合在马斯广场上，等待着拿破仑发给他们鹰旗以替代共和国旗帜。在雄伟壮丽的检阅台上，皇帝一身戎装，坐在宝座上。随着一声令下，各路纵队都向宝座靠拢。拿破仑起立，下令分发鹰旗，并向各军团发表了如下演说："士兵们，看看你们的旗帜吧！这些鹰旗永远是你们的集合地点。鹰旗永远在你们的皇帝认为保卫他的宝座和他的子民所必需的地方。誓为保卫鹰旗而牺牲生命吧！誓为能够永远把鹰旗保持在胜利的道路上而鼓起勇气吧！"这番演说之后，军队中欢声雷动，士兵们举着枪，向这位新皇帝欢呼着、跳跃着。在场的每个人无不为军队所爆发出的巨大热情而动容，拿破仑更是激动万分。

延展阅读

《拿破仑传》

麦克林恩的《拿破仑传》是一部"纪史"性著作，它对拿破仑作为一位历史人物和具有一种人格的两面性，给予尽情揭露。与路德维希的《拿破仑传》不同的是，麦克林恩以大量篇幅、浓墨重彩地描述了拿破仑一生中经历过的各次重大战役及其辉煌的军事成就。书中还包含着万花筒般的私隐逸闻，以此寻求这位非凡人格从生成到泯灭的心理轨迹，探索拿破仑及其帝国悲剧命运的蛛丝马迹。在全面和充分肯定拿破仑的伟大历史地位、他的卓越才华和功绩的同时，也将他“方方面面拆开来看”，以一种冷峻的眼光，撇开加在拿破仑头上的种种光环，还他以一个非虚拟的、实实在在的伟人形象。书中充满深刻的评点和辛辣的剖析，读来往往妙趣横生，发人深省。

《拿破仑传》

作者是艾伦·肖姆。与以往拿破仑传记只侧重其生活中的某些“片段”（重要战役、外交政策、治国方略等方面）不同，作者穷十余年之心血，走访了欧美各大图书馆和档案馆，借用目前所能收集到的文献，全面、客观地呈现了拿破仑风云变幻的一生。这本书资料翔实，持论有据，是一部融合了目前所有研究成果的集大成之作，将让你全面、深刻地了解一位天才军事家横扫千军的神奇卓越，去领略一位野心政治家力挽狂澜的无畏气魄，去体验一位英雄帝王高居万邦的绝世荣耀，去感受一位伟大男人的爱恨情仇。

《丘吉尔传》

〔英〕马丁·吉尔伯特 著

关于作者

马丁·吉尔伯特，1936年出生于伦敦。著名历史学家，著有81部作品，代表作品有《丘吉尔传》、《第一次世界大战》、《第二次世界大战》、《二十世纪史》、《大屠杀：犹太人的悲剧》、《英国历史地图》、《美国历史地图》、《俄国历史地图》等。他是牛津大学默顿学院研究员、密歇根希尔斯代尔学院荣誉研究员、丘吉尔传记的权威作者。

1962年，他成为牛津大学默顿学院的研究员，同年成为温斯顿·丘吉尔的助手之一，撰写了丘吉尔官方传记的前两卷。1968年，丘吉尔去世，吉尔伯特受邀完成这部传记。传记的最后一卷，即第八卷，于1988年出版。除了传记，吉尔伯特还继续编辑了丘吉尔的信件和文件集。1995年，由于对英国历史和国际关系所作出的贡献，吉尔伯特被授予爵士爵位。

荐读理由

温斯顿·伦纳德·斯宾塞·丘吉尔（1874—1965），政治家、画家、演说家、作家以及记者，1953 年荣获诺贝尔文学奖，曾于 1940—1945 年及 1951—1955 年期间两度任英国首相，被认为是 20 世纪最重要的政治领袖之一，带领英国获得第二次世界大战的胜利。

丘吉尔的一生经历了许多重大事件。第二次世界大战，特别是英国孤军作战时期，可以说是丘吉尔一生最光辉的时期。在那黑云压城城欲摧的年代，是他取代了执行绥靖政策的首相张伯伦，挑起了抗战的大旗。他看到美丽的伦敦惨遭破坏，人们倒在血泊之中，便大声向群众疾呼："即便伦敦化为灰烬，也比沦为德国奴隶强!""不管付出多大牺牲，不管道路如何艰难，我们一定要战斗下去!"因此，每当人民谈起第二次世界大战反法西斯的胜利时，英国人民和世界人民就自然地会想到温斯顿·丘吉尔，想到这位叱咤风云的政治家，这位曾经统帅英国海陆空三军同法西斯作战的著名统帅。战后，丘吉尔又主导了战后世界秩序的重建，并发表了著名的"铁幕演说"，力主对社会主义阵营进行对抗和封锁。可以说，丘吉尔是左右 20 世纪世界基本态势的主要人物之一。

丘吉尔退出政坛前后，创作了大量关于一战和二战的回忆录，成为世人了解这两次惨烈战争难得的参考资料。丘吉尔雄辩的文风也得到了人们的认可，他甚至还获得了诺贝尔文学奖。

1965 年 1 月初，丘吉尔患了感冒而卧床不起。1 月 15 日又因脑溢血而昏迷。这种昏迷状态持续了一个多星期，后因抢救无效，1 月 24 日温斯顿·丘吉尔与世长辞了。英国政府为这位举世闻名的大政治家举行了国葬。英联邦各国和许多其他国家的政府代表团参加了葬礼。丘吉尔在逝世前好几年就详细安排了自己的葬礼仪式，并以《葬仪手册》为题作了书面记载。葬礼持续了好几天，最后在布拉顿古老教堂的小小墓地举行了丘吉尔遗体的安葬仪式。

《丘吉尔传（插图本）》是马丁·吉尔伯特耗时 25 年撰写的八卷本《丘吉尔传》的单卷本。马丁·吉尔伯特为我们生动描述了丘吉尔的一生，探究了我们这个时代最激烈、最吸引人的政治事件背后的故事。

马丁·吉尔伯特是温斯顿·丘吉尔的助手之一，撰写了丘吉尔官方传记的前两卷。1965 年，丘吉尔去世，吉尔伯特受邀完成这部传记。该传记的权威性立即得到了各方面认可，被公认为丘吉尔的官方传记，玛格丽特·撒切尔夫人盛赞这部传记是我们这个时代最伟大的历史记录之一。

先睹为快

丘吉尔的夫人克莱门蒂娜很快地注意到儿子身上日益增长着的危险情绪。丘吉尔的朋友林德曼教授和布伦丹·布雷肯也都认识到了这种危险。尽管他们提出警告，丘吉尔本人却坚持其错误，继续宠惯伦道夫，并鼓励他好高骛远。这是一件蠢事，结果使伦道夫在狂妄不羁的道路上愈滑愈远。丘吉尔的儿子伦道夫，早年曾去美国作过一次成功的讲演旅行。在美国，他的潇洒仪表，他的讲话才能和他的充沛精力博得了好评。不久，他离开牛津，不同父亲商量就在韦弗特里的补缺选举中进行竞选。他分散了保守党的选票，由于他的干扰，工党候选人获胜了。后来，他拥护丘吉尔对印度的政策，这项政策同鲍德温政府的政策截然相反。但是，他还违反丘吉尔的意愿，在另一次补缺选举中全力支持邓肯·桑兹的反对者，结果完全失败了。由于伦道夫经常闯乱子，因此同他父亲的关系不再像以前那样好了。每当他回家时，总要高声抱怨政府的政策，抱怨将军们的战略和政府成员的素质。在契克斯别墅的午宴上，他会跟他父亲进行争辩，说话的用词使在座的将军或大臣感到震惊和困窘。伦道夫骂起人来也是别具一格的，往往具有独创性。在一次宴会上，他同他的东道主进行了激烈的争论。另一个客人，英国石油公司的一位经理，也参加了争论。伦道夫对着他大声嚷道：“你没有什么可说的，你只是石油店里的一个伙计。”由于伦道夫狂妄，不服管教，因此树敌太多，同时也给丘吉尔找了不少麻烦。毫无疑问，造成不幸的部分原因是，他是在一棵大树底下长大的，一棵小树在大树的庇荫下，很难茁壮成长。

事实上，当春天一天比一天暖和起来的时候，英国和法国政府就开始对捷政府施加压力，要它给予苏台德日耳曼人以范围极广的让步。5月3日，德国新任驻伦敦大使赫伯特·冯·狄克森向柏林报告说，哈利法克斯勋爵曾告诉他，英国政府不久将在布拉格采取一项步骤，其目的在于劝说捷总统贝奈斯对苏台德日耳曼人表示最大限度的和解。四天以后，德国公使向柏林报告说，驻布拉格的英、法公使就在5月7日采取了这一外交步骤，敦促捷政府"尽最大限度"来满足苏台德人的要求。希特勒和外长里宾特洛甫看到英法政府如此热心帮助，甚为高兴。为了加速这一出卖工作的进行，8月3日，张伯伦又派伦西曼勋爵，带着一项奇怪的使命到捷克斯洛伐克去充当苏台德危机的"调解人"。所谓调解只不过是个骗局。从伦西曼到达捷克斯洛伐克的当天晚上以及此后几天的活动看，捷克斯洛伐克人完全知道伦西曼是张伯伦派来为把苏台德区转交希特勒而铺平道路的。这是一个卑鄙的外交花招。现在，1938年的夏天已经几乎过去了。伦西曼风尘仆仆地往返于苏台德区和布拉格之间。对苏台德日耳曼人的友好姿态越来越多，对捷克斯洛伐克政府的要求也越来越苛刻，苏台德人要什么，就要捷政府给什么。伦西曼扮演的为泛日耳曼主义服务的角色，纳粹头目是很欣赏的。他们非常了解伦西曼使命的真正意义。所以捷克斯洛伐克的政治活动家费林格指出，伦西曼的使命是，"遮盖英国公民的眼睛，使之看不到苏台德区被割让的情况，苏台德区的命运预先在伦敦就决定了。"

延展阅读

《二战回忆录》

本书为丘吉尔战后写的回忆二战历程的作品。

他出身贵族，毕业于皇家军事学院，1900 年参加保守党竞选获胜，进入国会。1904 年转为自由党议员，1908 年任政府商务大臣，1911 年改任内政大臣，同年 10 月转任海军大臣，1917 年出任军需部长，1919 年出任国防大臣，1921 年改任殖民大臣，1924 年出任财政大臣，1929 年下台后专事写作。二战初任海军大臣，1940 年 5 月继任英国首相，参加了德黑兰三国首脑会谈和雅尔塔会议。1951 年至 1955 年再度出任首相，1953 年获得嘉得勋位和诺贝尔文学奖。12 月参加英、美、法三国首脑百慕大会议。1955 年正式退休。著有《第二次世界大战回忆录》（六卷）、《英国民族史》（四卷）等。

《罗斯福传》

〔加拿大〕康拉德·布莱克　著

关于作者

康拉德·布莱克，加拿大霍林格公司的董事长兼总裁，一个经营当代报业极其成功的企业家。他自 20 世纪 80 年代冲出加拿大，进入世界新闻出版领域，先后接管了英国影响最大的《每日电讯报》，以色列《耶路撒冷邮报》和美国《芝加哥太阳时报》等世界知名报纸，控制了澳大利亚报业主力军约翰·费尔法克斯集团，控制了美国数百家城镇报纸，在短短 10 年间成为全球报业王国里一个举足轻重的人物。

布莱克 1944 年 8 月 25 日出生在加拿大一个世代经商的家庭，父亲是一个成功的管理人员和投资者。布莱克大学一开始学习的是新闻专业，第二学期他就转到历史专业去了，然而，后来他做得最成功的就是报业。

1966 年他帮助一位朋友一起办报纸，这是两家很小的报纸，一家发行量不到千份，一家大一点的也不过 1 万多份。布莱克的总投资是 500 加元。布莱克全身心地投入到新的工作中，写社论、编辑、排版、发行，忙得不亦乐乎。1969 年他在当地小小的《纪事报》上发表了一篇短短的颂扬美国下台总统约翰逊的文章，被当地的美国领事寄给了前总统。约翰逊因越南战争大大失分，读了文章后如遇知音，特地给布莱克回了一封亲笔信。第二年布莱克到西贡旅行，美国大使馆把他作为前总统的朋友隆重接待，还安排他采访南越总统阮文绍。布莱克写的采访文章被全世界报纸转载，包括影响极大的《纽约时报》，这下子布莱克成了知名人物。布莱克还写了一本关于魁北克省总理的传记——《杜普莱西斯》。这是一本厚达743页的著作，显示了他的研究和表达能力。

《每日电讯报》是英国最重要的日报，创刊于1855年，1985年每天平均发行1.22万份，比《卫报》、《泰晤士报》和《金融时报》加在一起还要多。但由于经营不善，效益并不好。布莱克趁机入股并控制了《每日电讯报》，这成为他事业最重要的一个转机。布莱克对报社进行了一系列改革，降低生产成本，重新制定报道方针。《每日电讯报》的经济状况开始好转。1986年亏损890万英镑，1987年赢利62万英镑，1989年赢利4150万英镑。全球最大的媒介大王、国际新闻集团执行董事长默多克在1990年说，《每日电讯报》如果出售的话，价值10亿英镑。

荐读理由

富兰克林·德拉诺·罗斯福是美国人心目中最伟大的总统之一。这位美国历史上唯一连任四届的总统，在1933年3月至1945年4月长达12年的任期中，使美国摆脱了大萧条的阴影，使濒临绝境的美国经济得以复苏；在第二次世界大战中，他又使美国放下孤立闭关的观念，投入到反法西斯战争的洪流之中，并最终赢得了胜利；通过战争的胜利，以及联合国的建立，确立了美国在世界上的影响力。可以说，没有罗斯福，就没有美国今天的国际地位。

富兰克林·罗斯福，1882 年 1 月 30 日出生于美国纽约。先后就读于哈佛大学，哥伦比亚大学法学院。1910 年任纽约市参议员，1913 年任海军副部长。1932 年竞选总统，提出“新政”计划，以压倒多数选票获胜。在他统治美国时期，总统手中的实权空前加大。1933 年就职时，美国大多数银行纷纷倒闭，农民极为贫困。罗斯福在就职演说中表达了他对复兴国家经济的决心。因而怀抱各种不同政见的人都成为他的同盟者，其“新政”得以顺利实施。虽然直到第二次世界大战爆发为止，美国的经济仍未能完全复苏，但基本摆脱了经济泥潭。

第二次世界大战爆发后，罗斯福最初保持中立政策。1940 年竞选总统时，罗斯福和另一位候选人均表示美国不介入国外战争。但主张对希特勒采取强硬手段者均支持罗斯福，结果罗斯福获胜连任第 3 任总统。他提出的租借法案在国会通过。这一法案使美国可在财政上对英国及其盟国给予援助。

1941 年 12 月 7 日，日本突然偷袭珍珠港，太平洋战争爆发。罗斯福决定对日宣战。参战后，罗斯福动员了全部工业积极从事军事生产。战争期间，他将精力专注于战略问题，与盟国磋商未来之和平规划。1943 年 1 月宣布轴心国必须无条件投降这一原则。1943 年罗斯福、丘吉尔与斯大林在德黑兰会晤。1945 年 2 月，三巨头再度在克里米亚的雅尔塔会晤。德黑兰会议、雅尔塔会议等一系列国际会议，构建了战后世界秩序的基本格局，罗斯福居功至伟。

1944 年在总统竞选中，罗斯福曾发挥其最后活力，战胜杜威州长，第四次连任总统。任职后不久即赴温泉休养。1945 年 4 月 12 日罗斯福在佐治亚州的温泉因突发脑溢血去世。富兰克林·罗斯福连任了四届，12 年又 39 天的总统，是第一位任期超过两届、打破华盛顿先例的总统。由于 1951 年通过的宪法修正案第二十二条的限制，他成了美国历史上唯一一位任期达四届的总统。罗斯福连任四届总统，对于美国政治制度和世界反法西斯战争都是极为重要的。

罗斯福无疑是一个时代的伟人，但又是一个执著地追求美国现实利益的总统，他的行为方式更多地体现出了实用主义的倾向。正是这种不拘泥于教条理论的务实态度，才使罗斯福在内政和外交方面取得了前所未有的成就。

美国著名记者约翰逊在罗斯福传记中写道：“他推翻的先例比任何人都多，他砸烂的古老结构比任何人都多，他对美国整个面貌的改变比任何人都要迅猛而激烈。然而正是他最深切地相信，美国这座建筑物从整个来说，是相当美好的。”罗斯福是20世纪最受爱戴的美国总统。他受人爱戴是因为，虽然他出身贵族，但他相信平凡人的价值，并且为维护百姓的权利而战，他受人爱戴的另一个原因是，他有着慑人的魅力。他愉快地工作，对未来充满信心。他带领美国走出经济困境，改变了美国人的生活方式。然后为了捍卫民主政体，帮助世界实现了安全。

康拉德·布莱克撰写的《罗斯福传》一书，为读者详细揭示煊赫功绩背后真实的罗斯福——他复杂的个性、他的事业理想、他的视野，以及他与那个时代许多著名人物的关系等，让读者真正全面客观地了解罗斯福及他生活的那个特别的时代。

先睹为快

在此后的八年中，他从事着各种各样的商业冒险活动，但绝大部分都以失败告终。许多年后，他的政敌仍以幸灾乐祸的口吻谈到20年代经济繁荣时期的罗斯福在商务活动方面的失败。他参与其中的各类公司都具有很强的投机性，在1929年到来的大萧条中，除一家之外全倒闭了。

罗斯福并未因接二连三的失败而遭到巨大损失，因为他很少在一笔买卖上大量投资。对此詹姆斯·M. 伯恩斯认为它反映了罗斯福作为一位不肯对一次选举进行孤注一掷的政治家的谨慎作风和保守性的一面。似乎只有一次投机给他带来了收益：他帮助一家加拿大公司买进贬值的德国马克，用于购买各种德国公司的股票，尔后在出手股平时赚了一笔。罗斯福还加入过一些金融联合公司——康普·邦德公司、联合银行公司等，他大胆的闯入姿态引起了金融界的某些不安。1923 年夏，罗斯福与一家行为可疑的企业发生联系时，金融情报协会秘书长 F. 安德烈写信给他说："我非常痛心地发现，有人正在利用您的名字发售新股票，这尽管是出于良好动机，但从商业观点来看，终究是非常冒险的……十分令人惋惜的是，您的光荣而令人尊敬的名字正在被此类商业交易所利用。"罗斯福答复说："您应当了解，对于一个从事社会活动的人来说，避免让他的名字在他一无所知的情况下为各种企业所利用，有多么困难，不过我一定尽量设法注意这些问题。"罗斯福总是热衷于不停顿地提出新计划并参与试验，他喜欢新鲜事物。

正值欧洲战云密布，世界笼罩在法西斯主义的阴影之下时，美国举国上下却生活在一种浓郁的孤立主义氛围之中。绝大多数美国人对战争的危险、对如何阻止和打击德、意、日法西斯势力等这类问题漠不关心。他们倾身心地对付大萧条引起的无穷无尽的个人危难，厌倦和反感那些把他们的注意力引向国外的劝告。他们反对美国卷入欧洲那似乎是永无尽头的恩怨和纠纷之中。宾夕法尼亚州州长乔治·厄尔的主张就典型地代表了这种心理。他宣称："让我们把眼睛转向国内。如果世界将变成一个荒芜、仇恨和苦难的原野，那就让我们更加坚定地守护和保全我们自己的自由绿洲。"

延展阅读

《罗斯福传》

作者爱德华·史密斯。本书是对罗斯福卓越人生的出色解读，作者从罗斯福总统图书馆、哥伦比亚大学口述历史馆，以及其他渠道搜集资料，采访许多相关历史人物，在对大量详实的历史资料的把握上，对罗斯福的政治生涯和个人生活进行了详尽的描述。真实地再现了罗斯福如何从一个带点贵族气的、笨拙的政坛新手成长为一位臻于完美的政治家的历程。这部传记过半的篇幅都是围绕着罗斯福从 1933 年至 1945 年任美国总统而展开，展现了罗斯福非凡而功勋卓著的一生。

《斯大林评传》

〔苏联〕列昂·托洛茨基 著

关于作者

列昂·托洛茨基，本名列夫·达维多维奇·布隆斯泰因。20 世纪国际共产主义运动的左翼领袖，苏俄工农红军、第三国际和第四国际的主要缔造者。以对古典马克思主义的“不断革命”和“世界革命”观点的独创性发展而闻名于世。

托洛茨基是十月革命的主要领导者之一，十月革命为托洛茨基赢得了不朽的历史地位。革命后若干年里，托洛茨基与列宁的画像时常双双并列挂在一起；十月革命之后到列宁病逝之前，布尔什维克历次全国代表大会上，代表大会发言结束均高呼口号：“我们的领袖列宁和托洛茨基万岁!”

苏联建国之后，托洛茨基也是国内的主要领导者之一，为苏联建设作出了卓越贡献。但他与斯大林的矛盾也日益激化，甚至演变成公开的决裂。斯大林在 1924 年提出了著名的“一国建成社会主义论”，是对经典马克思主义理论的重大修正，形成斯大林主义路线。斯大林派从他们的观点出发将马列主义者攻击为所谓的“托洛茨基主义”、

“托派”。1926 年托洛茨基与季诺维也夫结成联盟，公开批判斯大林。然而，他们却最后在权力斗争中失势。1927 年，托洛茨基被开除出党。1928 年被流放到阿拉木图。1929 年 2 月 12 日被逐出国。1932 年被取消苏联国籍。

1937 年 1 月，苏联最高人民法庭开庭审讯所谓“托洛茨基反苏案”，13 名“托派分子”被判处死刑。而托洛茨基被当作“人民公敌”被控为各种旨在颠覆苏联政府的阴谋、破坏、暗杀活动的主谋和指使者。1938 年 3 月，莫斯科又宣判，托洛茨基与纳粹德国和法西斯日本勾结，还与英国和波兰的政府达成卖国协议；同时被控暗杀基洛夫和企图谋害斯大林等人，又指控其谋害高尔基等人。就这样，托洛茨基被足足三次缺席判处死刑。

苏联内务部从 1931 年起就成立了一个专门负责暗杀托洛茨基的小组。1940 年，托洛茨基在墨西哥家中被苏联情报单位特务拉蒙·麦卡德用冰斧残忍地凿入后脑杀害。随着档案的披露，证明斯大林对这次暗杀行动负责。

荐读理由

斯大林 1879 年 12 月 9 日出生在格鲁吉亚古老的城镇哥里。斯大林这个姓氏是他成年后自己改的，意思是钢铁。1898 年 8 月，斯大林加入了俄国社会民主工党。1903 年，俄国社会民主工党分裂，他选择加入以列宁为首的布尔什维克，并最终在战争的洗礼中成长为布尔什维克党的主要领导人之一，并显示出卓越的军事才能和政治才能。

不过，斯大林残暴的性格在革命中也展露无遗。列宁逝世前提到：“斯大林同志当了总书记，掌握了无限权力，他能不能永远十分谨慎地使用这一权力，我没有把握。”信中写道：“斯大林太粗暴，这个缺点在我们中间，在我们共产党人相互交往中是完全可以容忍的，但是在总书记的职位上就成为不可容忍的了。”1923 年 1 月 4 日，列宁对 12 月 24 日的信作了具体的补充，建议免去斯大林的总书记职务。斯大林根据列宁遗嘱的建议提出辞职，而加米涅夫、季诺维也夫等人不同意，他们认为列宁的建议是不合适的，并一致选举斯大林为中央委员会总书记。

列宁去世后，托洛茨基写下《论列宁》和《十月的教训》，直言不讳地批评了加米涅夫、季诺维也夫等人，促使两人与斯大林联手形成共同对抗他的局面。三人发表文章称“托洛茨基主义”并非真正的列宁主义，斯大林还表示“党的任务就是要埋葬托洛茨基主义这一思潮”。被孤立的托洛茨基在政治斗争中失败，被解除了革命军事委员会主席的职务。随后，斯大林逐渐掌握并巩固了自己的权力，一步步走向权力顶峰。

斯大林掌握权力之后，对内领导了社会主义建设，一手将苏联打造成社会主义工业化强国和军事强国。但他也对国内进行整治大清洗和迫害，无数人为此丢掉了性命。在二战中，斯大林带领苏联一步步从退败中奋起反击，并最终将苏联国旗插到了德国国会大厦的楼顶，取得了反法西斯战争的伟大胜利。但他在冷战时期与西方采取的一系列对抗政策，也造成了世界局势的紧张和动荡。

1953 年 3 月 1 日，斯大林因中风陷入昏迷。3 月 5 日，因脑溢血去世，他的遗体被装入水晶棺，安放在列宁墓中。但赫鲁晓夫上台之后，对斯大林进行了揭露和抨击，将他从神坛上拉了下来。1961 年，斯大林的遗体被迅速地移出了列宁墓，安葬在克里姆林宫围墙下。这座匆匆造就的斯大林新墓上，只有一块白色的大理石墓碑，简单地写着斯大林的姓名与生卒年份。

关于斯大林的功过是非，现在依然众说纷纭。丘吉尔在斯大林 80 诞辰之际在下院发表演说：“对俄罗斯万幸的是，在她经受艰难考验的年代里，领导她的是天才而且坚韧不拔的统帅约瑟夫·斯大林。他是一位杰出的人物，赢得了他所生活的我们这个残酷时代的敬仰”，“斯大林缔造了一个庞大的帝国并使其臣服于他。斯大林的确是一个世界上无人可与之相比的最大的独裁者。但他接手的是一个犁耕手种的、落后的俄国，而留下的却是装备有原子武器的苏联”。而毛泽东对斯大林的评价是：“斯大林是三分错误，七分成绩。”

《斯大林评传》一书作者为苏联的重要缔造者之一列夫·托洛茨基。列夫·托洛茨基是苏联共产党早期伟大的领导人，其威望甚至一度与列宁不相上下，并被认为是列宁最合适的继承人选。

托洛茨基在与斯大林的权力斗争中失势之后，就过上了流亡的生活。1939 年开始，他把写《斯大林评传》作为自己的主要工作。然而，就在书稿快著成的时候，托洛茨基被苏联特工暗杀于墨西哥。托洛茨基既是斯大林的政敌又曾与斯大林并肩战斗过多年，对斯大林以及克里姆林宫有着旁人无可比拟的了解，且因本书的写作而遭到暗杀。因此他写出的《斯大林评传》，其内容的可信性、其言辞的尖刻性就可想而知了，相信读者肯定不会失望。

先睹为快

斯大林在流放地是否学习？学习些什么？他早就过了人们满足于漫无目的地随便看书的年纪了。只有研究具体的问题，记笔记，设法把他自己的主张系统地写下来，他才能进步。然而除了所提到的关于民族问题的文章以外，没有人谈过斯大林在这 4 年中的写作生活。斯维尔德洛夫根本不是理论家或作家，然而他在这几年中写了 5 篇文章，翻译外文，定期向西伯利亚报纸投稿。他以乐观的口气写信给他的一位朋友说：“这样，我的情况还不坏。”毫不爱好理论的奥尔忠尼启则逝世以后，他的妻子在写到已故丈夫的监狱年代时说：“他无休止地学习和看书。在监狱当局向谢尔戈发的很厚的油布面笔记本中，保存着他从在当时所看的书中记下来的长篇摘录。”每一个革命者都从流放地和监狱带出这种油布面笔记本。不错，有许多东西在逃跑和搜查期间丢失了。但是斯大林在最后一次流放中，本来可以完整无损地带出他喜欢带出的任何东西。至于在以后的年代，不是他受到搜查，相反，是他使别人受到搜查。然而，要想寻找他在这一整个孤独和悠闲时期的文化生活的任何痕迹，却是徒劳。在这 4 年中——俄国革命运动高涨的年代，世界大战的年代，国际社会民主党崩溃的年代，关于社会主义思想的激烈斗争的年代，为新的国际奠定基础的年代——斯大林不可能一直没有拿过笔。然而在他当时所写的东西中，看来没有一句话可以用来提高他在后期的声望。战争年代，为十月革命铺平道路的年代，在斯大林的思想史上是一块空白。

列宁希望谁来继任他呢？一直到 1922 年 12 月 16 日他的病第二次发作使他躺下来之前，他并没有认真考虑过这个问题，他满心期望可以恢复健康，重新担负起领导的责任来。他在几天以后写的遗嘱中，显然是试图就各个继任人选提出坦率的意见，而不是作出硬性的决定。正因为他的压倒一切的威望使他握有大权，他才不愿意把自己的意志强加于人。他提出他赞成和反对的方面，推荐人选，特别提到了由于斯大林的“粗鲁”和“不忠”应该免除他的总书记的职务，但是除了提出关于他的继任人怎样才能合作得最好的忠告，以及关于托洛茨基和斯大林之间的严重争执会给党和布尔什维克的事业带来灾难的警告之外，就再也没有说什么别的。然而，不到两个月之后，他就发现不得不采取决然而义无反顾的措施，正式同他的助手之一的斯大林断绝了同志关系——这意味着断绝一切政治上的和私人的联系。这个“革出教门”的行动发生在第十二次党代表大会的筹备期间，列宁在他的病第三次严重复发之下卧床不起，没有能参加这次代表大会。这是第一个没有列宁参加的代表大会，也是第一个充满着由总书记亲手挑选的代表的大会，它标志着列宁主义政权末日的开始，标志着斯大林主义这个新的政治方向的降临。

延展阅读

《斯大林的战争》

本书作者杰弗里·罗伯茨，英国皇家历史学会会士，科克大学历史学教授。这是对斯大林在其最重要的一段生涯中的军政领袖作用的易引发争议的重估。本书出版之后广受赞誉。《BBC 历史杂志》认为：“这本书对苏联独裁者作了惊人的辩护……它会引发热烈的争论，是任何对斯大林及其时代感兴趣的人的必读书。”英国《军事画刊》则指出，这本突破性的著作详实地再现了斯大林从第二次世界大战爆发直至去世时的领袖作用。杰弗里·罗伯茨利用来自俄国档案中的新材料，挑战了通常对于斯大林的许多看法：他作为领导者的品质、他与自己将领的关系以及与其他伟大的世界领袖的关系、他的对外政策以及他在挑起冷战方面所扮演的角色。

《希特勒传：从乞丐到元首》

〔美〕约翰·托兰 著

关于作者

约翰·托兰，美国著名作家、历史学家。1912 年生于威斯康星，参加过二战。1954 年，有人约托兰写一部有关大飞艇的书，他利用在空军服役时的关系，走访了众多飞艇时代的亲历者，掌握了大量独家的第一手材料。这本《天空中的船只》使他一举成名。也正是从这一年起，他开始了“在历史中的生活”。托兰摈弃了传统史学著作的生涩与枯燥，代之以丰富的细节描写和对话，使读者身临其境。他的书见解独特、富有文学性和感染力。因此，每有新作问世，必能引起轰动，占据销售排行榜首位。约翰·托兰的代表作有《希特勒传——从乞丐到元首》、《最后一百天：希特勒第三帝国覆亡记》、《日本帝国的衰亡》《占领日本》和《漫长的战斗：美国人眼中的朝鲜战争》等。

荐读理由

如果有人问：有谁曾经给那个风云变幻的 20 世纪留下了不可磨灭

的印记？那么，毫无疑问，希特勒当是其中首屈一指的一个。在 20 世纪，恐怕再也没有一个人像希特勒那样，给德国人民、欧洲人民乃至世界人民带来过如此之多的恐怖、灾难、血腥和死亡！

阿道夫·希特勒（1889—1945），生于巴伐利亚和奥地利的边界城市布劳瑙，卒于柏林。希特勒是德国国家社会主义工人党即纳粹党的总裁和德意志第三帝国的元首。早年曾因暴动入狱，并在狱中写下《我的奋斗》一书，表达出他多方面的观点。1933 年后，希特勒逐渐掌握了国家政权，并建立了高度集权的政治体制。在第三帝国初期阶段，他的某些经济措施一度使得德国经济走出第一次世界大战后的泥潭，也因此以极富有煽动性的群众运动而获得下层民众的支持。不过在政治体制上，希特勒领导下的德国相对魏玛共和国时期是倾向于极端民族保守主义的。他和墨索里尼领导的意大利、东条英机领导的日本联盟结成轴心国，直接策划了第二次世界大战。

希特勒与法国的拿破仑一样野心勃勃，他们都选择了武力统一欧洲的战略。但两人的历史评价却截然不同。关键在于拿破仑顺应了资本主义的发展，他的很多政策迎合了时代的发展规律，摧毁了没落的封建制度。而希特勒则完全是一名暴君。虽然他解决了德意志的经济问题，但却实行法西斯式的一党恐怖专政，仇视且排斥其他非纳粹政党和思想，包括共产主义运动，他建立的第一个集中营即为关押共产党之用，他还鼓吹民族优越，仇视其他民族。在国内建立冲锋队、党卫军、盖世太保等独立于国防军外的纳粹军事组织。实行种族灭绝政策，在希特勒领导第三帝国期间，德国以及其占领国在领土上大量建造死亡集中营，犹太人以及其他人种遭到了大屠杀。根据粗略估计，其间总共有约 600 万犹太人、数千万其他人种因为希特勒的种族灭绝政策而被屠杀。

1945 年 4 月 28 日，苏联红军攻入柏林市区。当天夜里希特勒与爱娃·布劳恩举行婚礼。30 日 15 时 30 分，希特勒夫妇双双自杀身亡。1945 年 5 月 8 日夜，纳粹德国正式投降。

目前，关于希特勒的传记，最有影响力的当属希特勒的自传《我的奋斗》和约翰·托兰的《希特勒传——从乞丐到元首》两本书了。希特勒的自传《我的奋斗》好比是一篇慷慨激昂的演讲词，语言中充斥着集权、暴力、复仇，充斥着狭隘的民族主义理论。沉浸在希特勒扭曲的逻辑中，一切都难以辨明正轨。而约翰·托兰则为我们铸就了另外一部可以客观地理解希特勒的不朽著作《希特勒传——从乞丐到元首》。在本书中，你可以看到希特勒在政治上的欺骗力、对部下的控制力、对群众的煽动力、对敌手的迷惑力、对女人的吸引力，以及他个性中的乖戾、残忍、暴虐、狂躁、偏执、变态等等隐秘的侧面，是迄今为止关于希特勒的军政生涯和个人生活的最全面、最完整、最生动的记述。

先睹为快

希特勒虽然同情激进派，但他的头脑告诉他，除非德国从经济灾难中恢复过来，并重建起武装部队，否则，进一步革命是行不通的。这点，若没有工业界和军队的全力支持又是做不到的。与此同时，为了息事宁人，他让罗姆在内阁担任不管部长，还答应让他出任国防部长。于是，他便于1934年1月1日书面表扬了他。表扬信很出色，因为通篇用的都是第二人称单数的昵称“你”。希特勒的原意是，一方面称赞他，另一方面要婉转警告他，保卫国家的事情还是要留给军队去做，但罗姆未领会这点。他以为有希特勒撑腰，胆子便大了，竟向国防部发去一份照会，声称保卫国家的安全是冲锋队的特权。

这便使矛盾激化了。冯·勃洛姆堡将军于是便请求希特勒裁决。1934年2月的最后一天，希特勒懊丧地把冲锋队和国防军的领导人请到国防部的用大理石作柱的训导厅里开会。在他的“动人的，揪心的”演讲中，希特勒劝双方妥协。他说，党解决了失业问题，但在8年后，经济又会衰退，唯一的补救办法是为过剩的人口创造生存空间。这可能会有必要先在西方然后在东方采取短暂的、决战决胜的军事行动。然而，罗姆所建议的民兵“一点儿也不适于国防”。解决的办法是建立人民军，对他们进行严格的训练，并用最新式的武器武装他们。冲锋队必须将自己限制在内部政治事务的范围内。

希特勒宣布，苏联已被打败，全面胜利已在握。这不仅仅是宣传，在国内提高士气；而且他是相信自己所说的。但是，他并未令他的宣传部长完全信服。10月4日，约瑟夫·戈培尔以狄特里希的乐观精神向部下发表讲话：“在军事上，这场战争的胜负已决。余下的，就国内外而言，主要是政治性事务。”接着，他又自相矛盾地警告说，德国人民必须准备在东面再战10年。因此，德国报纸的任务是要加强德国人民的“坚持力”，只要这样做了，“其他便会自动跟上来，这样，在短期内，谁也不会注意到，和平根本没有实现。”

希特勒如果也有类似的保留看法，那末，当他听说莫斯科的外交使团于10月15日朝东面600英里外的古比雪夫逃跑时，这些看法也就烟消云散了。全城确实惊惶失措。有人说有两辆德国火车已开进郊区，火车站里便人潮汹涌。高级党政官员，坐着小汽车，也加入了狼狈逃窜者的行列，引起了苏联有史以来的交通大堵塞。行人朝进退不得的小车涌去，向车内的人敲诈勒索，特别是那些被认为是犹太人的人。

一群群的逃亡者和工人在店铺里大抢出手，因为没有警察前来阻止。有谣言说，列宁的遗体已移出红场另行保管；另有谣言说，斯大林自己已溜之大吉。只有少得可怜的人们在街上构筑路障，准备决一死战，不让一个纳粹通过。大部分的莫斯科人士气低落，以半是期望半是冷漠的复杂心情，等待德军进城。许多人买了德俄字典，以便用征服者的语言向他们致意。

在柏林，在威廉大街的大厅小厅里，人们在谈论，说斯大林已通过保加利亚的国王鲍里斯向德国求和。弗里茨·赫塞问里宾特洛甫这是否属实。里宾特洛甫绝对秘密地告诉他，希特勒已拒绝了这个请求，“拒绝得很明确，因为他坚信他能经受目前的考验，最终取得胜利。”希特勒的大部分将领也有同样的信心。例如，约德尔就毫不怀疑，说苏联已用尽了后备力量。17日进晚餐时，希特勒所谈的，大都与光明的前途有关。就他而言，生存空间论已变成了事实。

延展阅读

《我的奋斗——希特勒自传》

《我的奋斗》这本书是由希特勒口述，由其党徒鲁道夫·赫斯执笔撰写的。该书系统地阐述了希特勒的“理想”——“创建第三帝国和征服欧洲”。全书充满了民族主义狂热和对马克思主义、民主制度及犹太人的仇恨。他认为日耳曼人是上帝选定的“主宰民族”，宣称“新帝国必须再一次沿着古代条顿武士的道路进军，用德国的剑为德国的犁取得土地，为德国人民取得每天的面包”，夺取新的“生存空间”。《我的奋斗》一书，后来成为德国法西斯内外政策的思想基础和纲领，是德国法西斯发动第二次世界大战思想和行动的纲领，给世界人民带来一场空前的灾难。世界上一切善良的人们无不诅咒它，但是，一些法西斯残余势力和帝国主义的战争狂人，仍将其奉为至宝。

《共和之路——孙中山传》

陈廷一 著

关于作者

1947 年，陈廷一出生在河南鹿邑一个贫困农民的家庭里。他从记事起没吃过一顿饱饭，自称是吃地瓜干长大的血性男儿。父亲去世后，为了让儿子成才，母亲作出了一个惊人的抉择——哪怕要饭也要供儿子上学！于是陈廷一以第一名的成绩升入了高中。但就在陈廷一兴高采烈地准备进入大学的时刻，“文化大革命”一声闷雷把他的大学梦击得粉碎。

就在上大学无门的情况下，陈廷一毅然穿上了绿军装，来到了北国边防长白山下的一个白桦林哨所，开始了他的军人之旅和枪杆诗的写作。后来，他的散文《哨所》在《吉林文艺》发表，他的小说《铁骑怒火》又相继发表。不久，一张大红喜报寄到了哨所，陈廷一被聘为《吉林文艺》编辑部工农兵编辑。陈廷一在尔后的岁月里开始写自己身边的人和事，后来开始了人物传记的写作。

凭着他的智慧，当年在“活人不能立传”的时候，他开始了许世友将军的传记写作。那时他还是一位热血青年，为了重走长征路，有三个春节行走在长征路上，饿了啃干粮，渴了饮山泉。一路下来人瘦了一圈，掉了20多斤肉，然而却换来了厚厚的几十本采风日记。作品出版后发行100万册之多，使他一炮走红。1987年4月20日，在人民大会堂云南厅，由中国青年出版社和河北作协联合召开了陈廷一《许世友传奇》作品研讨会，他的重走长征路引起了与会者的震惊，老作家王愿坚、刘白羽、魏巍先后发言，盛赞他的勇气。

“文化大革命”后期，身着军装的陈廷一，终于圆了大学梦，进入吉林大学中文系。接着，他又适时拿出了让国人耳目一新的《宋氏三姊妹》、《查理·宋大传》、《毛氏三兄弟》、《共和之路——孙中山传》等优秀作品，它们一版再版，名声大振，足有千万字。从这千万字的书目中，我们不难看出陈廷一对历史的博学和研究的精细。当代传记文学有“南叶北陈”之说：南有作家叶永烈，北有作家陈廷一。“读传记文学不读陈廷一不可，写传记文学不写陈廷一不行。”

后来，陈廷一又把关注点从个体转到国家的命运上来。他利用担任《国土资源报》记者时获得的大量素材，写出了《皇天后土》及《21世纪谁来养活中国》等一系列关注资源、民生的作品。

陈廷一质朴的文风和人格力量，以及在特殊环境下养成的创作韧劲，在当代作家群中是不多见的。早在20世纪90年代初期，他就将两部书稿的稿费捐出，设立了“老子文学基金会”晨光奖，每年奖励六位有成绩的新人，如今已有近百人次获得他的奖励。他的作品代表着他的人格，他的人格融进了他的作品。

荐读理由

怎样才叫天下为公？怎样才是赤子之心？怎样才为百折不挠？坦荡荡的君子，铁铮铮的伟人，孙中山先生用他的传奇一生，向我们展现了一种罕见的金子般闪光的人品。且不说他高举义旗、推翻帝制、开创共和的历史伟绩和不朽功勋，也不说他曾以君子之心度小人之腹，几次上当受挫，但壮志不泯，屡败屡战，当他终于找寻到联俄、联共、扶助农工的正确道路之后，却溘然长逝，留下人生和事业的巨大遗憾。只看他初次卸去总统职务后再度挂帅在战火纷飞中东征北伐；站在中国地图前反复描摹勾勒他建筑二十万里铁路的蓝图。他纯真朴实的喜怒哀乐，情浓意切的爱恨情仇，都会使我们在阅读中时时发出“伟哉”的感叹。

孙中山先生的一生，是为近代中国民族独立、民主自由、民生幸福而无私奉献的一生，是为实现国家统一、振兴中华而殚精竭虑的一生。孙中山先生追求真理的开拓进取精神和矢志不渝的爱国主义情怀，孙中山先生天下为公的博大胸怀和放眼世界的开放心态，孙中山先生生命不息、奋斗不止的坚强意志和鞠躬尽瘁、死而后已的高尚品德，是他留给我们的宝贵精神遗产。

《共和之路——孙中山传》是一本优秀的孙中山传记，为读者介绍了孙中山的生平经历。作者陈廷一娓娓动人、深入浅出的文笔，钩沉网罗、入木三分的史笔，定能帮助读者从书中获取有益于自己的知识和信息。他用文学和历史相结合的方式，让中山先生的故事更具感染力。“除了革命事迹，他的生活琐事，婚姻爱情经历，内心世界，都是我关注的，我想把他还原成为一个最普通的人。”把伟人放在时代大背景下去写，不溢美，不隐恶，本着这种精神，陈廷一的作品不仅赢得了赞誉还赢得了市场，获得了当年“优秀畅销书奖”。

写伟人也学伟人，孙中山坚忍的革命性格对陈廷一影响很大，“我至今成为高产作家，孙中山先生的影响很大”。在陈廷一看来，写孙中山更为深远的意义在于，“他迈出了盛世中国的第一步”。陈廷一说，孙中山让全国人醒过来，毛泽东让全国人站起来，邓小平让全国人富起来，江泽民让全国统一起来，胡锦涛让全国强大起来，“这一切根源要追溯到孙中山”。

先睹为快

协和医院位于城中心，是北京当时最现代化的大型医院。到1925年1月，医院明确诊断：肝脓肿转为肝癌后期。

夕阳西下，落霞的余晖挤进了协和医院的急救室。化疗后的孙中山从昏迷中苏醒过来，脸上露出微笑，不无幽默地说："我和列宁见了一面，列宁没有收下我这个弟子。"

"大夫，还需要手术吗?"守在床前的庆龄急问。

"手术方案已经定了下来，请夫人放心，我们会尽力的。"大夫回答。

1月26日动了手术。孙中山顽强地同病魔抗争，精神尚好，各种慰问电函及来探视者络绎不绝。庆龄日夜守护床前，明显地消瘦了。2月9日，庆龄终生之好友——廖仲恺夫人何香凝听闻此讯，千里迢迢特意赶来襄助庆龄，使孙中山夫妇得到了极大的安慰。

在给孙中山放射治疗的日子里，何香凝常把庆龄拉到隔壁房间进行劝慰："先生的病，主要是长年艰苦工作、颠沛流离、备受煎熬所得。多亏婚后十年，你对他无微不至的照顾和在饮食上的精心调理。要不，还到不了这个时候。"

"中间，他的健康是大有好转，胃病几乎痊愈。他也告诉我，我可以加倍工作了。"庆龄又道，"这次病的突发，主要是因为他带病北上，长途跋涉、几度转换车船所致，再加上一路天色不好，雨雪交加，在船上饱受风浪之苦。每到一地，还要接见中外记者、当地要人、参加欢迎会、发表讲演等，使他精疲力竭。12月4日，抵达天津大沽口时，朔风呼啸，天气很冷。他站在船头上同簇拥在码头的欢迎群众见面，又受了风寒。"

"这种情况下，段祺瑞还在继续作恶，外崇国信，实不像话，对先生的病无疑是雪上加霜。这个账我们要记在心里。"何香凝语气坚定地说。

……

3 月 11 日下午，孙中山病情恶化。此时他想的不是自己而是庆龄还年轻，今后的日子……他特意把何香凝喊来，把庆龄托嘱给她，千叮咛万叮咛地交待：他死后要“善视孙夫人”，“弗以其夫人无产而轻视”。说着说着，舌头硬了，话也讲不清楚了。何香凝立时表示：“先生，我亲近先生二十多年，同受甘苦。万一先生不测，我们当尽力保护夫人及先生遗族。我虽然知识能力都很薄弱，但是总算能够亲受总理三民主义的教训。我有一分力量，必定尽力宣传。”此时，庆龄在旁悲痛欲绝。孙中山含泪望着何香凝，握着她的手说：“那么，我很感谢你。”

孙中山由泪流满面的庆龄托着手，在三个遗言文件上签了字——这个最后的行动，是因为不愿庆龄过分伤心而被推迟了的。

他的家事遗嘱全文是：

余因尽瘁国事，不治家产。其所遗之书籍、衣物、住宅等，一切均付吾妻宋庆龄，以为纪念。余之儿女，已长成，能自立，望各自爱，以继余志。此嘱！

他的政治遗嘱全文是：

余致力国民革命，凡四十年，其目的在求中国之自由平等。积四十年之经验，深知欲达到此目的，必须唤起民众，及联合世界上以平等待我之民族，共同奋斗。

现在革命尚未成功。凡我同志，务须依照余所著《建国方略》、《建国大纲》、《三民主义》及《第一次全国代表大会宣言》，继续努力，以求贯彻。最近主张开国民会议及废除不平等条约，尤须于最短期间，促其实现。是所至嘱！

3 月 11 日下午已只能听到他说一些单词。4 点半时他唤“亲爱的”，是叫庆龄；6 点半时，他唤“精卫”，是指他当时的亲密追随者汪精卫。

孙中山关于国事的最后的话是："和平……奋斗……救中国。"3月12日晨，他的心脏停止跳动，时年五十九岁。他没有留下万贯家产，留下的只是未竟的事业和无可估量的精神财富。

延展阅读

《宋氏三姐妹：一个家庭和一段历史》

陈廷一的《宋氏三姐妹》以宋蔼龄、宋庆龄、宋美龄三姐妹的个人成长为主线，故事追求有头有尾；又以她们的婚姻为重点，着重描写三姐妹"一个爱钱，一个爱国，一个爱权"的鲜明个性；突出宋氏家族的两次大分裂与中国革命的关系。三姐妹的个人情感历程与姐妹间的深情，深刻地表现了政治分野使她们分离，但亲情又割不断血浓于水的这一"人间真情永在"的主题。

《革命逸史》

本书作者冯自由1882年出生，1895年孙中山在日本成立兴中会支部，冯自由随其父冯镜如一同入会，时年13岁，自称"马前一小童"，后成为首批同盟会会员，"三民主义"简称亦是冯自由首创。1907年后，先后指挥或参与了潮州、惠州、钦州、广西、云南、广州等多次革命起义活动。1912年1月1日，参加孙中山的就职典礼，并出任总统府机要秘书。1958年在台湾病逝。

《革命逸史》是冯自由根据香港《中国日报》及他自己多年笔记、往来书信、稽勋局调查表册等编写的，所记载的都是最有根据、最有价值的正史材料，只是"暂以革命逸史名之"。《革命逸史》所载"吉光片羽，弥足宝贵"，"一切记载皆有来源可寻"。晚清至民国之要人，几乎全收笔下，且记述多为非亲历者不能知之趣事，有关孙中山先生的记述相当多。《革命逸史》还忠实地记录了革命史上无数无名英雄抛洒热血、舍生取义的业绩。冯自由以革命的亲历者、以严肃的史家态度编写革命史，为后世留下了难得的信史。

《毛泽东传》

〔美〕罗斯·特里尔　著

关于作者

罗斯·特里尔，港台地区使用其汉语名“谭若思”。他出生于澳大利亚，1962 年毕业于墨尔本大学，1965 年赴美学习，获哈佛大学哲学博士学位。之后，他破例留哈佛任教 6 年，循例从助教升为副教授，同时兼任哈佛费正清中心的研究员。在读书期间，正好赶上尼克松总统访华后掀起的“中国热”，他作为澳大利亚总理随员，在北京拜见过周恩来，访问过郭沫若，回美国后仅用三四个月时间就写出了他的第一本著作《八亿人》。该书出版后立即成为美国的畅销书，一时洛阳纸贵。大约在 1975 年以后，哈佛政府系和东亚系教授匿名遴选投票，特里尔因只差一两票而落选，而他又不想申请二三流大学的教授教职，于是转向专业政治传记写作。特里尔后任美国哈佛大学费正清中心的研究员，东亚研究中心研究员，《大西洋月刊》编委，美国政治学协会会员。

迄今为止，特里尔已发表各种政治传记著作 10 余部，其中最为著名、享誉世界的，当属名著《毛泽东传》。在西方数百种毛泽东传中，这本《毛泽东传》是最受推崇、最畅销的作品之一，在全球范围内广泛传播。后来，特里尔又撰写他的个人传记作品《我与中国》。在该书“前言”中，特里尔回忆了1971年，在中国驻英大使马毓真的引见下，他受到周恩来总理接见的情形：“周恩来总理微笑着问我：‘你在哪学的汉语？’‘美国’，我回答道，同时对这个世界著名的总理竟然能够听懂我不标准的澳大利亚口音的汉语感到有点震惊，更没有想到他会对我的研究感兴趣。”特里尔还在这本个人传记中写道：“澳大利亚、中国和美国是影响我人生的三个国家。来自澳大利亚的一个小孩成为哈佛大学的教授，又通过个人和职业的方式接触到全球化时期的中国。一个乡村男孩最后来到中国的城市，观察到那里人们的生活。一个在对中国充满恐惧的社会中成长起来的孩子，在朝鲜战争后，渴望叙写他与中国人民的交往。”不难看出，描写中国，介绍中国，研究中国，已经成为特里尔生命中离舍不去的价值和“志业”。

荐读理由

毛泽东是举世公认的20世纪极其重要的政治家、革命家和思想家之一，同时也是一位天才诗人。由于他对现代中国之思想、制度和社会产生的深刻影响，也由于他对建构20世纪国际政治格局作出的重要贡献，几十年来，对毛泽东本人及其思想体系的研究已经成为一个具有深远意义的学术课题。

罗斯·特里尔的《毛泽东传》自1980年出版后，就被翻译成至少八国文字。作者根据后来得到的最新的资料，在斯坦福大学出版社出版了增订版。相比第一版，该版本增加了很多新的资料，尤其是中国改革开放以来所最新编辑和研究的成果。特别值得关注的是，作者据此对书中关于毛泽东在新中国成立后的活动的叙述进行了大幅修改。而大量精美、珍贵图片的运用，使历史伟人以真切、感人的形象展现在读者的面前。根据这个版本，中国人民大学出版社于2006年1月出版了《毛泽东传》的中文最新全译本，同样受到了中国读者的重视和欢迎。

这本书将学者视角独特的研究与新闻记者优美流畅的笔法很好地结合起来，不仅体现出作者对于历史事件高度的敏感性，而且也渗透着政治学视角的理论穿透力，对于人物的情景分析更使历史出神入化，引导读者体味“故事”背后的时代困惑和制度机制，把毛泽东丰富的情感与挑战性的理论创造联为一体，从而全方位地展现了中国革命的壮丽图景。特里尔充分发挥自身把握西方信息资源的优势，他访问过不少同毛泽东相见相知的外国领导人，比如美国总统尼克松、澳大利亚总理惠特拉姆、新加坡总理李光耀等，记录下他们对毛泽东的印象，这是国内作者难以做到的。另外，与中国国内同一类型的“毛泽东传”相比，特里尔更加注重传主的私人起居生活、言行举止、待人接物等“小事”的细微描述，为读者所提供的不仅是一个伟岸肃立的领袖形象，更是一个生动真切的人，对毛泽东形象的真实刻画持续不断地、令人着魔地贯穿于全书的始终。

毛泽东虽然已离世多年，但他和他的同志们改变了中国的命运，也给20世纪的中国和世界打上了深深的烙印，投下了自己巨大的身影。当代中国人必须明智地对待毛泽东的历史遗产，因为毛泽东已经与中国历史融为一体，不可分割。所以有人这样说：毛泽东的历史，本身就是一部浓缩的中国现代史；读懂了毛泽东，也就读懂了中国的过去、现在和未来，读懂了中国人和中国的事。

虽然我们并不能把特里尔的《毛泽东传》看作是毫无瑕疵的信史，但此书代表了西方人看待中国近代史、看待毛泽东的普遍态度，其中记录的众多西方领导人对毛泽东的评价也很具参考价值。以此书与国内相关历史文献参校，我们可以更全面地把握这位20世纪最伟大的中国政治领袖。

先睹为快

在延安这座小城，毛泽东的举止行踪足能家喻户晓。很多人都认识他，老乡们常常看到“主席”走在灰尘飞扬的小巷里。这种环境中，个人崇拜不会走向极端以使其超出凡人的身份。这种崇拜还没有发展成为一种宗教，以致人们对之哭天抢地，即使他们对自己崇拜的神灵一无所知。

在延安时期，毛泽东的权威是职务上的，但他仍然是一位可以接触到的人。即使驱车外出，他也不避人耳目。他的“轿车”是一辆雪佛莱，车上写着：“救护车：纽约华裔洗衣工人救国联合会捐赠”。他常常是坐在前排，看上去像是司机的助手。毛泽东不停地写文章，不断地发表演讲。在这种小地方，他的指示可以直接告诉执行者而不需要中间环节。政治局每周有例会。

在延安以前的岁月中，毛泽东有丰富的思想观点，但没有多少权力。进入50年代，他拥有了权力，但这个地球上最大国家的庞大的官僚机构使人们只能听到这位导师的声音。而延安之所以令人激奋，是因为他在那里既教导着人们又统御着人们的行动。延安的岁月是毛泽东作为中共领袖的黄金时代。

作为一名政治领袖，毛泽东文武双全。

他曾持枪跋涉于中国大地一年之久，这在中国的统治者中没有先例。他坐之于书房建构了自己的思想，几个大国的近代统治者中——戴高乐算是一个——都未能做到这一点。

毛泽东的行为并没有沾染中国军阀所具有的封建习气，比如坐轿子，朝孔，华丽住宅，在床上拥着小老婆接见来访者——山东一位军阀就是这样。

同时与28个布尔什维克、蒋介石、民主同盟（介于共产党和国民党之间的左翼第三势力）的领导者相比，毛泽东则显得更受中国传统的影响。他喜用毛笔写字，潜心于中国历史经典作品。

“我在他的住处没有见到过西装或正式的长袍。”伊斯雷尔·爱泼斯坦写道。这位美国记者在1944年曾游历了中国西北。如斯言，毛泽东既不穿西装也不着长袍，他（和政府其他官员）穿的衣服与农民一样，宽大的裤子，对襟上衣。

标准的棉布服似乎反映了一种新型的身份关系：没有阶级之分，也没有代际之别。延安精神肯定不是洋的，但是在中国历史上又没有先例。

某种新的东西在黄土群山中萌发。

延安是属于毛泽东的岁月。已经存在的稳定的政权可以说是毛泽东的政体。萌发状态的“毛泽东主义”其各方面的特征都有所显露。

相比之下，在江西时期度过的凄迷的岁月里，毛泽东很少能干自己想干的事。他的社会主义思想既没有得到充分发展，也没有受到地位高于他的中共领导人的赏识。

毛泽东证明他不是一个军阀。对军阀来说，枪杆子就是事业，权力就是目的。一种社会视野引导着毛泽东要塑造出新的社会制度。这种制度使他赢得那些长途跋涉来到黄土高原的人的赞颂——甚至迷恋。

延展阅读

《历史巨人毛泽东》

长期以来，世界史学界都热衷于出版研究毛泽东生平的传记性著作，这部由研究当代中国问题的国外知名学者迪克·威尔逊撰写的《历史巨人毛泽东》，就是这一领域重要的代表作。迪克·威尔逊用西方人的眼光客观地描述了毛泽东的一生，完整、准确、生动地再现毛泽东这位历史人物的本来面貌，并对其功过是非作出令人信服的评说，这正是本书所尽力追求的目标。作者尊重历史，尊重事实，采取以毛泽东的政治生涯为主线，兼顾其他领域并穿插个人生活的写法，再现了毛泽东极富特色的个人风貌，作出了较为客观的描述和评价，使本书具有很高的历史价值和可读性。

《找寻真实的蒋介石》

杨天石　著

关于作者

杨天石，我国著名的民国史学家，江苏省人。1949 年 4 月无锡解放，当时在无锡市第一中学读初二的杨天石 12 月就加入了新民主主义青年团（后来的共青团）。19 岁考入北京大学中文系。反右时，他为被错批、错划的同学说话，被定为“严重右倾”。又因为积极钻研业务，“个人主义”突出，在“拔白旗，插红旗”运动中成了“白旗”，是北大中文系 1955 级的“白专”典型。

1960 年他从北大毕业，被分配到北京八一农业机械学校任教，他教过语文，也看过传达室。杨天石不甘心一直留在这样的学校里，想从事科研工作。他每个星期六下午进城，去图书馆看书，星期天晚上赶到永定门坐郊区车回校，有时误了车，就要步行几十里。在培养拖拉机手的那个学校，杨天石写了平生第一本书《南社》。两年后，学校下马了，他被北师大附中调走。

这时，《光明日报》哲学版先后发表了他的两篇学术文章，在那个年代，利用业余时间做研究、写文章就是求名求利，领导批评，同事也歧视，政工人员总觉得他是异类。他是好老师，学生非常崇拜，学校搞公开课、教学示范，都找他，但是，就因为放弃不了业余的学术研究，总要不断自我批判，检查个人主义思想。不过他依然坚持做学问，《南社》写完之后又写《黄遵宪》。“文化大革命”期间，杨天石无事可做，便研究鲁迅，还用很长一段时间研究佛学。中华书局约他写《王阳明》，他两个半月完成，印了302000册。当时没有稿费，只拿到30本样书，不够送人，自己又掏钱买了50本。然后他又接着写《泰州学派》和《朱熹》。

1974年，作为中学语文老师的杨天石参加了近代史所的民国史研究工作，应邀协作编《南社志》和参加《中华民国史》第一编的写作。1978年，他调入近代史所的民国史组。

从20世纪80年代开始，杨天石长期阅读并深入研究保存在大陆和台湾的蒋介石日记的“类抄本”和“仿抄本”，多次赴台湾阅读蒋介石的“大溪档案”，多次赴美、英、日等国阅读与蒋介石相关的历史档案，完成了一系列有关蒋介石和民国史的论文。2006年、2007年，美国斯坦福大学胡佛研究院开放部分蒋介石日记的手稿本，他又受邀前去阅读调查。

如今，在海内外近代史学界，杨天石享有很高声誉。他是中国社会科学院荣誉学部委员、研究生院教授、近代史研究所研究员，兼任清华大学教授、浙江大学客座教授、中国现代文化学会常务副会长等。曾任日本京都大学客座教授，美国哥伦比亚大学、斯坦福大学、哈佛大学费正清研究中心访问学者。就研究领域而言，他贯穿了晚清史、近现代史和当代史，对中国古代史也有涉猎。能够在几十年时间里锲而不舍地寻求原始资料，年过七旬还不顾年高体弱，坚持自己的学术研究原则，对于学术研究者来讲，杨先生树立了鲜活的典范。

荐读理由

蒋介石生于1887年，逝世于1975年4月5日，活了88岁。他戎马一生，毁誉参半。他曾经是孙中生遗志的继承者，中国的救星；也曾作为中国革命的刽子手，反动派。早年追随孙中山，参加辛亥革命，讨袁、护法；孙中山逝世后，领导北伐、清党、剿共、抗日、内战，很长时期内担任中国党、政、军三方的最高领导人，位居“元首”。既和中国共产党有过两次合作，又有两次分裂。1949年后退到台湾直至去世。在部分人的口中笔下，他被神化、美化为千古完人；但是，在另一部分人的口中笔下，他则被判定为人民公敌、民族败类、千古罪人。简单的捧和骂，都背离蒋介石的实际，只有拨开历史的层层迷雾才能找到真实的蒋介石。

杨天石是我国著名的民国史专家，尤长于蒋介石和中国国民党史的研究。《找寻真实的蒋介石》是作者长期研究蒋介石日记的成果精选。所收各文，或为新作，或据日记手稿修订、增补。由于胡佛档案馆珍藏的蒋中正日记最近几年才开放到1945年的记录，他这本新书也以1945年为限。

全书可以分成四个部分，第一部分探讨辛亥革命至五四运动时期年少轻狂的蒋中正。杨天石呈现的蒋中正既是上海十里洋场的浮浪子弟，也是性格暴躁易怒的革命志士。第二部分主要探讨蒋中正追随孙中山以俄为师的心路历程。杨天石将问题的焦点集中在蒋中正1923年访苏、1926年发动中山舰事件和1927年领导北伐等三件大事上面。第三部分所占篇幅最长最大，详细探讨1927年北伐胜利到1945年抗战结束的蒋中正，最重要的论点是蒋中正在考虑和战问题时，面对日本强敌，虽有时畏战、避战或不知所措，但绝对不是令人发指的失败主义和投降主义者。第四部分探讨蒋中正与宋美龄的婚姻问题，厘清了流传在民间的许许多多有关两人感情的各种传闻。

日记，记录个人经历和内心世界，在各种历史文献中有其特殊价值。杨天石运用解密的蒋中正的日记，终于把真实的蒋中正从各种政治迷雾和个人私密之中找寻了回来。我们看到的蒋介石不再是僵化的没有生命的恶魔，而是一个有血有肉、有爱有恨的政治领袖。他有不少人性弱点，却总力图超越自己；也有严重的传统文化限制，却总力图做一个胜任的近代民族国家领导人。这是一本雅俗共赏的好书。专家可以知道蒋中正鲜为人知的许多方面，一般读者也可以在轻松的心情下理解领导中国大陆二十多年的真实的蒋中正。另外，蒋介石作为民国时期的领袖人物，其个人举手投足、喜怒哀乐，都映现出中国大变革时代的历史脉搏。因此，这本书对还原历史本来面目也有重要意义。不过，这本书止于1945年，还不足以概括蒋介石丰富、复杂的一生，也不足以表现蒋介石日记的丰富内容，随着新资料的浮出水面，我们期待着续集、三集的出版。

先睹为快

1945年8月10日。下午8时多，蒋介石做完默祷，忽然听到设于附近求精中学的美军总部传来一阵欢呼声，紧接着，是噼里啪啦的爆竹声。蒋介石问身边的蒋孝镇，怎么回事，为何如此嘈杂？蒋孝镇回答：听说敌人投降了。蒋介石心头一阵惊喜：日本投降了?!他让蒋孝镇再去打听。不久，各方传来正式报告，日本政府宣布，除保持天皇尊严外，其余均按照中、美、英《波茨坦公告》所列条件投降。消息证实，日本确实投降了。苦熬八年、日盼夜想的这一天终于来到了。

当时，蒋介石正在宴请墨西哥驻华大使。抗战胜利，蒋介石有许多事急待决定、处理。偏偏这位大使不识相，不断提出各种问题，纠缠不休。外交部次长吴国桢两次提醒，这位大使才很不情愿地离去。蒋介石立即召开军事干部会议，按照早就拟定的令稿向前方各战区发电，并令吴铁城、陈布雷提出宣传与各党部应办之事，已经深夜12点了。

8月11日清晨，蒋介石约见美国大使赫尔利（蒋介石日记作哈雷），对杜鲁门总统提出的咨询意见做出答复。蒋称：自己一贯主张，日本国体由日本人民自选。至于要求天皇出面签订降书以及将日本置于联军统帅之下各条，完全同意总统的意见。9时，再次约见赫尔利和魏德迈，就沦陷区军事紧急处置等问题表示看法。11时，到国民党中央临时常会，提出今后大政方针与各种处置。

蒋介石最焦虑的是接受日军投降问题。早在8月10日深夜12时，朱德就以延安总部总司令的名义发布第一号命令，要求敌军“于一定时间内向我作战部队缴出全部武装”，如“拒绝投降缴械，即应予以坚决消灭”。第二天，又连发第二至第七号令，命令中共所掌握的抗日部队“积极举行进攻，迫使敌伪无条件投降”。当时，在华日军有百万之众，不仅占有中国许多城市和交通线，而且拥有大量战略武器和物资。谁最早、最多接受日军投降，谁就将取得最多、最大的胜利果实。因此，11日这一天，蒋介石给各方发了许多电报，其中一份最紧急的就是给第十八集团军总司令朱德和副总司令彭德怀的。该电声称：“政府对于敌军之缴械、敌俘之收容、伪军之处理及收复地区秩序之恢复、政权之行使等事项，均已统筹决定，分令实施”，要求该集团军“应就原地驻防待命”，不得“擅自行动”。这份电报实际上剥夺了共产党人接受日军投降的权利。8月14日，蒋介石做出了又一个重大决定，邀请毛泽东到重庆来“共商大计”。电云：

倭寇投降，世界永久和平局面可期实现。举凡国际、国内各种重要问题亟待解决，特请先生克日惠临陪都，共同商讨，事关国家大计，幸勿吝驾。临电不胜迫切悬盼之至。

抗战八年中，蒋介石和共产党维持着一种复杂而微妙的关系。他的日记中时而称“共党”，时而称“共匪”，飘忽不定。现在，他要邀请毛泽东到重庆来，葫芦里卖的是什么药？

延展阅读

《丢失中国的人：蒋介石全传》

美国历史学家兼政治传记作家布赖恩·克罗泽以访问各国政要之多、文章之权威而闻名于世。写这本传记的过程中，他多次赴台访问蒋介石本人，也多次采访了国民党权贵如蒋经国、陈立夫、王世杰等人。同时，他手中也有大量关于蒋介石的历史资料。克罗泽经过仔细的分析和审慎的探讨，最终把这本书定名为《丢失中国的人：蒋介石全传》。从这个书名就可以看出克罗泽对蒋介石的态度——他认为蒋介石的一生是一个悲剧，蒋介石自己是一个悲剧人物。

克罗泽按照时间顺序分为24章记叙了蒋介石的一生：1911年加入革命，但是籍籍无名。1926年39岁的他翻云覆雨，可以颠倒中国。1938年51岁的他成为决定国家和民族命运的“统帅”。1949年黯然离开大陆，成为孤岛的岛主。1975年逝世，悲剧落幕，曲终人散。几乎在每一章里克罗泽都会谈到蒋介石的悲剧性格如何让他从无名之辈攀登上权力的顶峰，而他不断犯下的错误又是如何一点点侵蚀他的胜利基础，最终使得他的一生以失败收场。在克罗泽看来，蒋介石幼年时缺少教育、意识形态落后、作为一名军事家精于战术而非战略，三大缺陷注定他的一生是一个悲剧。跳出对立的观点和结论，从第三方的角度重新审视一下西方学者眼中的蒋介石，我们对这位历史人物的认识可能会更加深入和全面。

《邓小平时代》

〔美〕傅高义　著

关于作者

傅高义，哈佛大学亨利·福特二世社会学荣休教授，费正清东亚研究中心前主任。1930年7月出生于美国中西部俄亥俄州的一个小镇。1950年毕业于俄亥俄州韦斯利大学。1958年获哈佛大学社会学博士学位。在1963—1964年成为哈佛的博士后，学习中文和历史，被认为是美国唯一的一位对中日两国事务都精通的学者。

他1961年开始在哈佛学习中文和中古历史，在哈佛有着“中国先生”的称号。1972年他作为费正清的继任人，成为东亚研究中心的第二任主任。1998年被选入美国人文社会科学院，一直是受中国政府重视的汉学家和中国问题专家。曾撰有《日本第一》、《日本的中产阶级》、《重整旗鼓——重建美国实例分析》等著作。70年代始，对我国广东社会经济情况进行考察和研究，撰有《共产主义制度下的广东：一个省会的规划和政治（1949—1968年）》等。

荐读理由

当代中国人提起邓小平，都充满了无限的崇敬与怀念。我们崇敬他的魄力、胆识以及为中国现代化事业所作出的卓越贡献，我们怀念他的亲民、朴实和作为“中国人民的儿子”的那种真诚，我们尊称他为中国社会主义改革开放和现代化建设的总设计师。伟人已逝，但丰功永存。傅高义的《邓小平时代》，在中国掀起了新一轮的邓小平热潮。

邓小平是四川广安人，原名邓先圣，学名邓希贤。1920 年夏赴法国勤工俭学，在法国参加中国共产党。1926 年初到苏联学习。1927 年春回国后，被派往西安冯玉祥国民军联军从事政治工作。第一次国共合作破裂后，改名邓小平。年底随中央机关迁往上海。1928—1929 年任中共中央秘书长。1929 年夏，作为中央代表前往广西领导起义，化名邓斌，同张云逸等先后发动百色起义和龙州起义。

抗日战争爆发后，任国民革命军第八路军政治部副主任。1938 年 1 月任八路军 129 师政治委员。和师长刘伯承深入华北敌后，创建了太行、太岳等抗日根据地。解放战争时期，任中国人民解放军晋冀鲁豫野战军、中原野战军、第二野战军政治委员，晋冀鲁豫中央局书记，中原局、华东局第一书记。1947 年夏，刘邓大军挺进大别山地区，由此揭开了人民解放军对国民党军队的全国性战略进攻的序幕。

邓小平在新中国成立前战功卓著。但他最辉煌的岁月却是在新中国成立后。他经历了“三起三落”的考验。

自 1952 年 7 月调往中央工作后，任中央人民政府政务院副总理兼财经委员会副主任，后又兼任政务院交通办公室主任和财政部部长。1954 年任中共中央秘书长、组织部部长、国务院副总理、国防委员会副主席。在八届一中全会上，当选为中央政治局常务委员、中央委员会总书记。1966 年“文化大革命”开始以后，失去一切领导职务。

1969—1973 年间下放到江西省新建县拖拉机修造厂劳动。

1973 年 3 月恢复国务院副总理职务。1975 年 1 月任中共中央副主席、国务院副总理、中央军委副主席和中国人民解放军总参谋长。周恩来病重以后，在毛泽东的支持下，他主持党、国家和军队的日常工作，针对“文化大革命”造成的混乱局面进行全面整顿，得到全国人民的衷心拥护，收到显著的成效。由于“四人帮”的诬陷，1976 年 4 月又被撤销一切职务。

1976 年 10 月“四人帮”被粉碎，“文化大革命”结束。中共十届三中全会恢复了他原来担任的党政军领导职务。他首先推动思想路线的拨乱反正，反对“两个凡是”的错误方针，领导和支持开展真理标准问题的讨论，提出必须完整地、准确地理解毛泽东思想。他还提出要尽快把全党工作重心转移到经济建设上来。

1978 年 12 月召开的中共十一届三中全会上，邓小平对中国共产党政策的历史转变起了决定性的作用。中共十一届三中全会以后，他坚持解放思想、实事求是，创立和发展了建设有中国特色的社会主义理论。他倡议兴办经济特区，开放 14 个沿海城市，开发开放上海浦东新区，推动中国全面对外开放格局的形成。他积极推进政治体制改革，强调发展社会主义民主，健全社会主义法制，在建设物质文明的同时，高度重视精神文明建设。他提倡干部队伍革命化、年轻化、知识化、专业化，主张废除干部领导职务终身制。他提出要把军队建设成为强大的现代化、正规化的革命军队。他为解决香港、澳门、台湾问题，实现祖国和平统一，从实际出发创造性地提出“一个中国，两种制度”的构想，按照这个构想，香港于 1997 年回归祖国，澳门于 1999 年底回归祖国。在他的主持下，中国同美国建立了外交关系，同日本缔结了中日和平友好条约，恢复了中苏两党两国的关系，发展了同周边国家和第三世界国家的友好关系。

1989 年 11 月在中共十三届五中全会上，他辞去了中央军委主席职务。退休以后，他仍然关心党和国家的事业。1992 年视察中国南方的武昌、深圳、珠海、上海等地，发表重要谈话，总结改革开放以来的基本经验，从理论上回答了一些重大问题。1997 年 2 月 19 日邓小平在北京逝世。没有亲自踏上香港的土地，成为邓小平最大的遗憾。

邓小平深刻影响了中国历史和世界历史的走向，也改变了每一个当代中国人的命运。解读邓小平的政治生涯及其行为逻辑，就是解读当代中国，解读个人命运背后的历史变局。

哈佛大学傅高义教授倾十年心力完成的巨著《邓小平时代》，是对邓小平跌宕起伏的一生以及中国惊险崎岖的改革开放之路的全景式描述。作者以丰富的史料、国内外重要的研究成果、档案资料和为数众多的独家访谈为基础，对邓小平个人性格及执政风格进行了深层分析，并对中国改革开放史进行了完整而独到的阐释。全书人物、事件众多，既有对毛泽东、周恩来、邓小平、陈云等人相互关系的细致解读，又有对三中全会、权力过渡、中美建交、政改试水、经济特区、一国两制、政治风波、九二南巡等重大事件和决策的深入分析。全书持论严谨、脉络清晰、观点鲜明、叙述生动，力图使人物言行符合历史情境，对改革开放的历史进程亦时有独特看法，引人深思，被誉为邓小平研究“纪念碑式”的著作。

读懂《邓小平时代》，就是读懂“仍然生活在邓小平时代”的我们自己的现在和未来。

先睹为快

被毛泽东当作接班人和“最亲密的战友”的人神秘死亡，转眼间成了阴谋夺权的叛徒，即使普通人也会因此怀疑毛的判断力。毛泽东为此身心交瘁，有两个月的时间很少起床。后来他又逐渐下床，但在 1972 年 2 月 12 日轻微昏迷过一次，肺里的毛病也影响到心脏，不时的咳嗽使他难以入睡，只好躺在沙发上睡觉。虽然他已行动不便，但至少在某些时候，在大事上，他的头脑依然清楚。他在政策上做出让步，给予别人更多的决策权，但自己仍是当家人。

毛泽东需要抓紧建立一个林彪之后的新领导班子。按规定党要在1974年——即党的第九次代表大会5年之后——召开“十大”，但他想在两年以内让新领导班子到位，以便能在1973年8月召开“十大”，比原定日期提前一年。为此，他必须物色新人，他虽然能依靠妻子江青及其同伙，可是他们都缺少必要的经验、良好的判断力以及同其他人合作治理国家的能力。他的现实选择只能是起用富有经验的老干部，而他们大多数都是“文革”的受害者。他们在“文革”之前能够身居高位，至少部分原因是他们的领导能力。毛泽东需要他们老练的治国才能。周恩来向他汇报了很多老干部的遭遇，毛泽东说，没想到会有那么多人受到如此严重的迫害。

为了进一步巩固自己的地位，华国锋决定继续批邓，拖延恢复邓小平的工作。他在10月26日宣布，当前要批“四人帮”，可以附带批邓。党内对邓小平的批判虽然没有像当初“四人帮”那样极端，但仍持续了数月。华国锋还没准备好让邓小平回来。邓太有经验、太自信，也随时能够掌控大局。叶帅也认为，华国锋需要时间巩固自己的领导地位，还是让邓小平晚一点回来为好。临近1976年底时，叶剑英元帅和李先念等老干部才提议恢复邓小平的工作。

邓小平一向愿意接受权力的现实，他是最早表示拥护华国锋的领导人之一。10月7日，邓榕的丈夫贺平从叶帅的家人那里听到“四人帮”被捕的消息后，立刻骑自行车飞奔回家，向邓小平一家报告了这个喜讯，因此他们是先于公众知道此事的。邓小平在10月10日写了一封信，请汪东兴转交华国锋。他在信中祝贺党在华国锋同志领导下采取果断行动，取得了对阴谋篡权者的伟大胜利。他说：“我衷心地拥护中央关于由华国锋同志担任党中央主席和军委主席的决定，我欢呼这个极其重要的决定对党和社会主义事业的伟大意义……华国锋同志是最适合的毛主席接班人。”

延展阅读

《邓小平传》

本书作者理查德·伊文思，曾是英国驻华大使，一生与中国结下不解情缘。20 世纪 50 年代、60 年代和 80 年代，他三度赴华任职，前后在中国生活了 8 年，与邓小平有过数次面对面接触，直接参与了香港问题谈判。30 多年来，他始终关注着中国，关注着邓小平，精心搜集第一手资料，完成了本书。

《领袖们》

〔美〕理查德·米尔豪斯·尼克松　著

关于作者

理查德·米尔豪斯·尼克松（1913—1994），第36任美国副总统（1953—1961）与第37任美国总统（1969—1974）。

1913年1月9日，尼克松生于美国加利福尼亚州洛杉矶附近的约巴林达镇。父亲是汽车加油站和百货店老板。他毕业于惠蒂尔学院和杜克大学，后进杜克大学专修法学，获法学学士学位。1937年至1942年在加利福尼亚州惠特尔当律师。1938年6月加入共和党。1940年，尼克松与特尔玛·凯瑟琳·罗恩结婚，有两个女儿。1942年至1946年在海军服役，升为海军少校。

1946年，尼克松当选为美国众议院共和党议员，开始步入政界。1950年当选为美国联邦参议员。1952年，他作为艾森豪威尔的竞选伙伴，当选为美国副总统，任副总统4年。1956年他再度当选为美国副总统。1960年尼克松竞选总统，以微弱票差被约翰·肯尼迪击败，又在1962年竞选加利福尼亚州州长时落败而暂时离开国家权力中枢。竞选失败后，尼克松先后在洛杉矶和纽约从事律师工作。1968年尼克松重返政坛，在当年的美国大选中，他击败民主党人汉弗莱和独立竞选人华莱士，当选为美国第37任总统。1973年1月连任。执政后，尼克松对内的目标是抑制通货膨胀，重振美国经济。对外，他提出“尼克松主义”，与中华人民共和国直接接触。

1972年2月，尼克松访华，打开了两国关系的大门，成为访问中国的第一位美国总统，对中国7天的访问被称为“改变世界的一周”。在尼克松访华期间，中美两国政府发表了著名的《上海公报》。尼克松为打开中美关系大门并为改善和发展中美两国关系作出了重要贡献。尼克松在任期内，逐步将美国军队撤出越南。1973年1月27日，美国签署《关于在越南结束战争、恢复和平的协定》。3月29日，美军完全从越南撤出。至此，这场美国历史上持续时间最长，也使这个国家陷入危机的越南战争结束。

1974年8月8日，尼克松因“水门事件”被迫辞去总统职务，成为美国历史上第一个为了躲避国会对其滥用职权进行制裁和定罪而辞职的总统。在此后20年的时间里，尼克松不断反思自己，积极参与国际事务，为美国的在任总统出谋划策，在国内外讲演数百次，写出了包括《尼克松回忆录》、《六次危机》和《领袖们》在内的8部畅销书。这期间，每年的6月17日——水门事件的纪念日，对尼克松来说都是一个痛苦的关卡，因为许多媒体会举行各种各样的活动来反思那段对尼克松来说极不光彩的日子，不断有新的录音资料公布出来，记者会在不同的场合发出攻击性的提问责难尼克松。尼克松以极大的耐心和真诚的忏悔来求得公众的原谅，并用实际行动来等待时间的裁决。他的行为终于让美国人感动了，他重新赢得了人们的信任。

1993年4月11日，美国第37任总统尼克松最后一次访问中国。1994年4月18日傍晚，尼克松在新泽西家中突患中风，当即被送往康奈尔中心急救。22日在纽约康奈尔医疗中心逝世，享年81岁。在他的墓碑上雕刻着这样一句话：“历史所能赋予的最高荣誉是和平缔造者。”

荐读理由

在伟大领袖人物的脚步声中，我们听到历史隆隆的惊雷。几个世纪以来——从古希腊人，经过莎士比亚，直到今天——难得有几个主题能像伟大领袖人物的性格那样持续不断地、强烈地吸引着剧作家和历史学家。怎样区别他们呢？怎样解释领导者与被领导者之间存在的那种特有的、难以确切表达的相互关系呢？并不只是这些领袖们的戏剧性事件，而是他们的重要性——他们的影响引起了人们对这些领袖们那么大的兴趣。当戏剧的最后一幕结束时，观众从剧院鱼贯而出，回到家中又开始他们的正常生活。然而，当一位领袖人物的政治生涯的帷幕落下时，观众的这种正常生活就发生了变化，历史的进程也许就有了深刻的变更。

曾是美国总统的尼克松访问过 80 多个国家，不仅和这些领袖们打过交道，而且目睹过他们进行领导的情况。第二次世界大战以后的重要领袖人物中，除了斯大林以外他都认识。在这种近距离的接触中，他更加能够写出领导者本来的面目。由于饱受宦海生涯的沉浮，他有机会从自身经历的角度去分析他们成败的原因，对领导的本质和技巧有其经验式的独到见解。

本书叙述的是领袖人物以及他们在事件形成过程中所起的作用，关于这些领袖人物是如何举足轻重，又是如何迥然相异和关于领袖人物能够产生其影响的一些素质以及他们是如何施展其影响的。

尼克松选择领袖，有的是因为他们有卓越的才能，或者是因为他们对历史的进程具有巨大的影响，有的是因为他们有一种人们所具有的内在的兴趣，有的是因为他们在那个动荡不定的历史时期成为推动世界前进的力量的范例。除了道格拉斯·麦克阿瑟外，他没有把美国的领导人包括在本书中，麦克阿瑟不朽的贡献是在现代日本的形成过程中所起的作用。

尼克松在这本著作中推崇和他意识形态相近的伟大领袖，比如丘吉尔、戴高乐、阿登纳。但是他也详细地描写了赫鲁晓夫、周恩来等共产党的领导人。本书中论述到的每个人都有目标、远见和事业心。有些领袖因为功勋卓著，在世界范围内被人牢记；而有些领袖多年如一日潜心于为国为民操劳，贡献巨大却并不享有世界范围的盛名；还有一些领袖则在历史上短暂的闪亮一时，终归平淡。但他们都在自己该把握住时机的时候作出了自己伟大的贡献，他们的内在特质也值得世人学习和传承。

先睹为快

我 1972 年访问中国期间，周恩来无与伦比的品格是我得到的最深刻印象之一。通过多次长时间的正式会谈和非正式交谈，我终于了解了他，并对他产生了极大的敬意。“恩来”译成英文是“恩惠降临”之意。这个名字很能概括他的风度和气质。他待人很谦虚，但沉着坚定。他优雅的举止，直率而从容的姿态，都显示出巨大的魅力和泰然自若的风度。在个人交往和政治关系中，他都忠实地遵循着中国人古老的信条：决不“伤人情面”。

周恩来的外貌给人的印象是：仪态亲切，非常直率，镇定自若而又十分热情。双方正式会谈时，他显得机智而谨慎。

他穿着一套做工精细的灰色中山服，上衣口袋上方别着一枚“为人民服务”的小徽章，端坐在谈判桌对面，身子稍向前倾，双臂放在桌子上，有时，他双手交叉置于胸前，右臂显得有些瘦弱——这是长征途中一次受伤留下的永久性的纪念。他已是七十三岁的人了，但他那向后梳的头发仅仅略呈灰白，而且有一点弯曲：黝黑的肤色则差不多与地中海人相似，和其他的中国人不大一样。

在正式的会议上，他轮廓清晰的面部的表情始终比较严峻；在听我讲话时，头总是侧向一边，同时两眼紧盯着我。亨利·基辛格曾经把周恩来比作眼镜蛇：静静地蜷伏着，保持着出击的姿势，以便伺机猛扑过去。曾经用来描述查尔斯·帕纳尔这位十九世纪的爱尔兰伟大爱国者的警句，完全可以用到周恩来身上：他是重冰覆盖下的一座火山。

周恩来懂英语、法语、德语、俄语和日语。所以在他听完翻译前，就已经知道我所说的意思了，这是一点也不奇怪的。

他偶尔还纠正翻译的译文，使之能够更精确地表达他的思想及各种差别细微的词义。他讲话时不用提纲，并且很少带他的助手参加讨论。他讲话很有逻辑，完全使人信服。为了加强话语的分量，他有时还降低声音，或点头以示强调。

周恩来身材瘦削，似乎显得有些虚弱。然而，他精力之充沛却超过他许多年轻的助手。

由于肩负了大量的工作，他工作很长时间，总是起早睡晚，在他担任总理兼外长时尤其如此。

他经常利用清晨的零星时间会见外国来访者，谈话继续到日出，谈话结束时，精神却仍然星烁如初。

随着非正式的宴会和观光活动的增加，我们的互相了解加深了；周恩来的姿态也更加开朗，表情更加丰富了。他经常靠在椅背上，用富于表现力的手势来增强谈话效果。当要扩大谈话的范围，或是从中得出一般性结论时，他经常用手在面前一挥；在搁浅的争议有了结果时，他又会把两手放在一起，十指相对。在正式会谈中，他对一些俏皮话暗自发笑；在闲聊时，他又变得十分轻松自如了，有时对善意的玩笑还发出爽朗的笑声。他开怀大笑时，两眼闪射出快乐的光芒，脸上皱纹显露，显示出这是发自于内心的真正的喜悦。

延展阅读

《超越和平》

《超越和平》是尼克松在苏联解体、世界冷战格局刚刚结束的大历史背景下重新评估世界走势，对于美国的世界战略及内外政策的剖析。在当时是一部颇具前沿性的国际政治论著。“超越和平”是作为解决冷战后“和平困境”提出的，至今仍有战略意义。

《伟人与大国》

赫尔穆特·施密特，曾任德国总理，德国和世界政坛备受尊重的前辈政治家。施密特1975年应周恩来之邀来到中国，是第一位访问中国的德国总理，也是唯一与毛泽东见过面的德国总理。他从政期间，积极促成德国与中国的建交。在西方世界，施密特被认为是在经济政策上卓有建树的“伟人”，在政治、军事上“杰出的战略思想家”。《伟人与大国》是施密特从政期间，特别是就任德国总理8年中，与苏联、美国、中国三大国领导人会晤的回忆录，精辟解析了大国伟人们鲜为人知的言论，是20世纪70年代以来一部难得的国际风云录。书中见解之深刻和远见之富有被西方媒体评价为施密特留给世界的最后遗嘱。

《我的回忆》

张国焘　著

关于作者

张国焘（1897—1979），字恺荫，又名特立，江西萍乡上栗人。1916年进入北京大学读书。五四运动时期，张国焘是学生领袖之一。他追随李大钊和陈独秀，很快成为马克思主义的信仰者，并且在中共创立的过程中发挥了重要作用。中共一大，他是会议主持人。在中国共产党公开指导工人运动的“中国劳动组合书记部”中，他是第一任领导人。在共产国际召开的远东大会上，他是中国代表团团长，也是中共领导人中唯一获得列宁接见的人。土地革命时期，作为中共鄂豫皖中央分局书记，他为扩大鄂豫皖革命根据地和发展壮大工农红军作出了重要贡献，带领红四方面军开创了川陕根据地。

然而，张国焘又是一个有着重大错误和耻辱的人。他曾被北洋军阀逮捕入狱，在严刑逼从下出卖了李大钊等人。在鄂豫皖根据地和川陕根据地，他执行了错误的“肃反”政策，制造了许多冤假错案。长征时期，第一、四方面军会合后，他与中央在一系列问题上产生分歧，最终“另立中央”。

1938 年 4 月，时为陕甘宁边区政府代理主席的张国焘借祭拜黄帝陵之机逃往重庆，投入蒋介石的怀抱。在国民党中，张国焘先后委身于军统、设计委员会等处，官场的倾轧令他郁郁不得志。新中国成立前夕，张国焘随着国民党反动派败逃台湾。在台湾，他的处境更加恶劣，不仅没人重视他，就连自己看好的住宅也被强占，在这种情况下，心灰意冷的张国焘在 1949 年冬偕妻子杨子烈和三个儿子离开台北，来到了香港。

在香港，张国焘办过杂志，做过买卖黄金的生意，但都不遂心。1953 年和 1958 年，张国焘曾两次有过重回大陆的要求，但最终都未成行。他曾与美国中央情报局接触，提供中国党政军领导人的有关情况。1968 年，红卫兵运动一度波及香港，张国焘甚为惊恐，便与妻子投奔在加拿大多伦多研究数学的大儿子张海威。1979 年 12 月，82 岁的张国焘病死于多伦多。

荐读理由

对于“张国焘”这个名字，可能有人熟悉有人陌生。他是五四运动时期的北大学生领袖，中国共产党的创始人之一，与李大钊、陈独秀都有着极为深厚的友情，是中国共产党高层中唯一受过列宁接见的人，也颇受孙中山的赏识，并与孙中山就国共合作、中国的前途多次作过深入交流。他还是中国工农红军早期的主要领导人之一，昔日红四方面军和鄂豫皖苏区的最高领袖，也是中共历史上最有名的叛徒之一。他既有过投身革命的英雄人生，也有过为人不齿的叛徒生涯，更有着令人唏嘘的凄凉晚景。

张国焘是我党和我军的创始人之一，多年担任党和红军的重要领导工作，有罪恶也有功绩，其在革命史上的地位需要有一个实事求是的评价。早期党的重要领导人，或在革命中牺牲，或终生未提笔撰写回忆录，只有张国焘写了长篇回忆录《我的回忆》，该书因此具有了非凡的价值。

《我的回忆》是张国焘1966年旅居香港时，应《明报月刊》之邀撰写的回忆录。一百万言详述中共创建历程、发展经过及作者和中共诸政要的交往。书中对建党前后，第一、二次国内革命战争时期以及抗日战争前夕的重大事件均有所述评，毛泽东、刘少奇、周恩来、朱德、贺龙、彭德怀等中共重要领导人的言行个性，跃然纸上，可说是关于中共最详尽生动的第一手史料，而历年来中共和苏联党要之间的斗争冲突过程，书中更一一说明其来龙去脉。书中还透露了一些与我们现在知晓的很不相同的史实，可以作为参考。例如影响深远的西安事变的结局，竟然是中共和张学良都始料未及的，也不完全取决于国民党的军事压力，起关键作用的是斯大林的命令——和几乎已成定论的中共主导和设计了和平解决西安事变方案的历史表述相比，这样的披露可以说让人耳目一新，书中这样的例子还有很多。

但需要注意的是，张国焘写作《我的回忆》的动机并非还历史一个本来面目，而是迫于生活压力。在这部回忆录中，张国焘没有忠实地回顾历史，而是凭借一些似是而非的东西为自己辩护。虽然这本回忆录有这些瑕疵，但仍不失为一个让我们探求当年历史轨迹的参照物，书中有些地方也还是具有一定参考价值的。在阅读的时候，需要对照同期历史资料以求真实客观。

先睹为快

六月二日，我所主持的讲演部职员会议通过决议：不服从禁令，恢复大张旗鼓的讲演活动。这决议立即得到评议会的认可。讲演部立即执行这个决议，发挥以身作则的精神，首先由我和十几位本部的重要职员出发，经东安市场、王府井大街到天安门这一带中心区域，高举旗帜恢复讲演。我们不顾警察的制止，向听众大声疾呼，终于与警察发生冲突。我和其他六位同学于当日下午六时左右被警察逮捕，拘禁在警局的监房里。这是我生平第一次尝到铁窗风味。

我们被捕的消息，像电流似的激起了各学校学生的公愤。使大规模恢复露天讲演的决议，执行得更为热烈。六月三日晨，各校学生分队出动，布满北京城内外；讲演团的旗帜到处飘扬。“牺牲自由和身体来救国的时间到了”的声音在人群中传播着。六月四日，讲演人数更为增加。事先已有布置的军警在这两天内大捕讲演者，结果抓去了近千名的学生。因监狱不敷收容，又临时以北大第三院做禁闭学生的拘留所。这种压迫学生的手段引起了北京市民的惊慌和不满，一部分商店并关闭店门，停止营业，以表示对学生的同情。各女学校的女学生也都跑到街头游行讲演起来了。城外兵营里一部分士兵也有响应学生的风声。军警当局不得不关闭城门，防止更大混乱。

北京政府“六三”大捕讲演学生之举，震动了全国。上海、天津等重要城市的学生、商人、工人首先响应，纷纷罢课、罢市、罢工。其他各地也随着有同样的表示。舆情鼎沸，举国骚然。

颟顸的当局到此时才认识到事态的严重；不得不于六月五日下令释放学生，并接纳学生要求，于六月十日命令将曹汝霖、陆宗舆、章宗祥三人免职。北京政府被逼让步的事实，更鼓励了同学们不愿轻易甘休的心情。北京学生联合会通电号召举国继续奋斗，非做到拒绝承认日本继承德国在山东的权益不止。巴黎的中国留学生也同样热烈，强力阻止中国代表陆徵祥等出席和会。中国代表团在民众的压力之下，终于在六月二十八日正式向和会表示拒绝签字。至此，这具有历史意义的五四运动是胜利的告一段落了。

如果我们更广泛的理解到中国多年受屈辱的经历和当时的处

境，那末我们将更能认识五四运动的重要性。五四运动为欧战和日本侵略所诱发，直接受着新文化运动的滋润；在内政上表示了人民的力量，在外交上表示了中国的意志，使举世开始认识中国的民意不可轻侮。这一青年运动能够摆脱过去中国政治恶习的束缚，以崭新的姿态、近代的思想、通俗易懂的语言文字、有效的组织方法，发挥了它的巨大作用。这是时代的进步，也是中国觉醒的标志。

延展阅读

《张国焘传》

张国焘一生百味杂陈，成年后的前20年是中国共产党党员，对中国革命和中国共产党作出过很大贡献，后40年投奔了国民党，最终又遭国民党遗弃。由陕西人民出版社推出的《张国焘传》，是姚金果、苏杭两位博士积十余年的研究成果。全书依据大量的第一手历史文献，尤其是苏联和共产国际的绝密档案，揭开了笼罩在张国焘身上的层层迷雾，回答了长期以来人们所不解的问题，从而使读者有了接近和了解张国焘的一个平台。本书尽可能真实地记录了张国焘与李大钊、陈独秀、瞿秋白、王明、毛泽东、朱德、徐向前、陈昌浩、曾中生、许继慎等共产党人之间的恩恩怨怨，描述了张国焘与孙中山、蒋介石、汪精卫、戴笠、毛人凤、沈醉、蔡孟坚等国民党人的合作与冲突。这对于读者更深切地了解在中国现代历史上有重大影响的人物和事件，无疑大有裨益。

《历史的回顾》

徐向前（1901—1990），山西五台县人。中共军事家，十大元帅之一。党的重要人物的回忆录是党史的一部分，十大元帅中，正式写过回忆录的，只有聂荣臻和徐向前两人。他们的回忆录都在20世纪80

年代中期出版，此时限制仍然有，但确实少了一些。由于长征中第四方面军与毛泽东及中央红军的矛盾，第四方面军的历史与徐向前本人的政治命运都受到影响，所以《历史的回顾》不但思想较为解放，且有浓郁的个人感怀，特别是作者以亲历者的身份，对红军“肃反”以及西路军失败经历进行回顾和反思，使历史的面目更加丰富形象。

《陈诚回忆录——抗日战争》

陈诚　著

关于作者

陈诚（1898—1965），字辞修，别号石叟，1898年1月4日出生在浙江省丽水市青田县一个世代农家。1922年6月从保定军校炮科毕业。1924年6月，黄埔军校正式建立。陈诚被该校教练部副主任邓演达、学生队副总队长援引，于9月调到学校，任炮兵科教官，兼炮兵队区队长。有一次，他跟邓演达访友归营，见天将黎明，不能再睡，便读起《三民主义》。校长蒋介石巡视路过，发现他正襟危坐，聚精会神恭读，便停步问道："你叫什么名字?"陈诚抬头一看，是蒋校长，立即立正回答。随后，蒋介石又接连问："孙总理倡导的三民主义是什么?""你记得本校开学时总理对本校师生的训词吗?"陈诚挺着胸脯，都一一背了出来。蒋介石听了连连点头，拍拍陈诚的肩："好的，好的。诗曰'风雨如晦，鸡鸣不已'，你努力吧!"

北伐后陈诚带第11师参加蒋桂战争，中原大战时因功升18军军长。陈诚是蒋介石的亲信，也是自黄埔成立后蒋介石执政的心腹之一，有"小委员长"之称。他在军阀混战和"围剿"中共革命根据地中竭力为蒋介石效命，由陈诚领导的军队派系系统中亦有土木系之称。

西安事变时，陈诚与蒋介石同时被扣，整个过程中，他表现出对蒋的极大忠诚。西安事变后陈诚负责改编张学良、杨虎城部队。抗日战争期间，他主张抗日，先后任第三战区前敌总指挥，武汉卫戍总司令，第九、第六战区司令长官和军政部长等职，指挥所部参加淞沪、武汉、宜昌诸战役。

1946 年 5 月陈诚任参谋总长兼海军总司令，力主内战，妄称在 3 至 6 个月内消灭人民解放军主力，协助蒋介石指挥国民党军向解放区发动全面进攻，被挫败。1947 年 2 月晋升为陆军一级上将。8 月兼任东北行辕主任，妄图集中 14 个军的优势兵力与东北民主联军决战，又遭失败。1948 年 5 月被免职，10 月去台湾。

在台湾，陈诚成为蒋介石以外的第二号人物，历任台湾省主席兼警备总司令、台湾当局“行政院”院长、“副总统”、国民党副总裁等职。他主政台湾期间，整编来台部队、改革币制、稳定金融、推行土地改革、规划地方自治，在民生、军事、经济各方面皆有政绩，对稳定国民党在台统治作用甚大。

1964 年病重之际，陈诚最后向蒋介石提出辞去“行政院长”的要求，终于得到了批准。1965 年 3 月 5 日，陈诚因肝癌病逝于台北，享年 68 岁。陈诚死后，蒋中正曾题一挽联：“光复志节已至最后奋斗关头，那堪吊此国殇，果有数耶；革命事业尚在共同完成阶段，竟忍夺我元辅，岂无天乎。”

荐读理由

曾官至台湾“副总统”、国民党副总裁的陈诚，素有“小委员长”之称，是追随蒋介石最久、最为忠诚又最受信任的得力助手。历史是错综复杂的，而历史人物更是各有特点的。在以往的史籍中，陈诚被认为“积极追随蒋介石，发动反共反人民的内战”，而被冠以“蒋介石的影子”，但实际上面临若干重大历史事变，他往往有自己的分析与判断，不一定与蒋介石亦步亦趋。

抗日战争有两个战场：正面战场和敌后战场。陈诚是抗日战争中正面战场上重要的指挥官。在淞沪会战中，他是一个方面的指挥者，武汉会战和后来的鄂西会战，他都是总指挥，这三次会战是正面战场上重要的战役。他非常会打仗，武汉会战令日本军队死伤十万以上，牵制了日军很大一部分兵力，让日军在泥沼中越陷越深，这才赢得了大后方；鄂西会战不仅守护了战时陪都重庆的大门，而且令日本“几无所得”。

《陈诚回忆录——抗日战争》是《陈诚回忆录》系列丛书之一，记述了抗战时期国民党高级将领陈诚主持参与和亲历的有关重大历史事件，分析和评价了国民党对日作战的成败得失，此书对于了解陈诚的生平、思想和政治性格等是最直接的历史资料。该套书由陈诚的女婿余传韬策划，历时四年著就，它的出版首先是一种出版观念的改变，其次也是一种历史观念的改变。它能够让历史学家“耳聪目明”，更全面地掌握历史事实，利于读者从特定视角进一步了解抗日战争。

陈诚历经半个多世纪中国主要历史事变，其自身作为及见闻极为丰富，而涉及蒋氏集团高层重大决策及核心机密之处尤多。这一大批珍贵历史文献的公布，必将促进民国史研究更为深入地发展。由于陈诚非常注意保留资料，回忆录能完整还原几场重大战役的原貌，大量地描述了国民党在抗日战争正面战场的作战情况，这对研究抗日战争具有极高的参考价值。

先睹为快

敌人打通津浦路后，并未能击破我野战军，乃不得不转由长江仰攻，企图占领武汉后，再迫我屈服。计敌纠集兵力，约在十二个师团以上，配合海军陆战队，及飞机五百余架，分四路进犯：

一路沿南浔路（九江至南昌铁路）南进，掩护其左翼安全 江南方面

一路沿瑞武路（瑞昌至武宁公路）西进，以迂回武昌之南 属九战区

一路沿长江北岸，径扑汉口 江北方面

一路沿大别山麓，进犯信阳 属五战区

另以舰队溯江而上，到处登陆窜扰。

我为抵抗进犯之敌，除于武汉外围之九宫山、幕阜山、庐山、大别山等山岳地带，配置纵深与强韧之兵力，迎击进犯之敌外；对江北进犯之敌，先后于安庆、黄梅、广济、武穴、田家镇等地予以打击；对江南进犯之敌，先后于湖口、庐山、万家岭等地予以重创。其沿大别山麓窜扰之敌，则先后于富金山、满川、信阳以东等地予以迎头痛击。十月中旬，江南敌迫近大冶；十月下旬，江北敌迫近汉口；沿大别山进犯之敌，企图窜入武胜关以西，截断我襄花公路。我遂依照既定计划，放弃武汉，时为十月二十五日。

从六月十二日，敌在安庆登陆起，至放弃武汉之日止，此保卫大武汉之战争，历时凡四个半月，专就消耗敌人兵力而言，至少当在二十万人以上。经此一战后，我军屹立如故，敌军则厌战情绪渐深，结束“中国事件”的希望，已自知其甚为渺茫矣。

武汉会战中，战地指挥事宜，因由五、九两战区分别负责，我于六月下旬即身临战地，故对于江北战况反不甚了了。九战区江南方面的军事完全由我负责，知之较详，不妨再稍做进一步的分析。

七月二十五日，敌军陆海空协同登陆九江。九江之于武昌，其距离尚较沪、宁之间为短，敌沿江西犯情形，由沪而宁，与由九江而武昌亦大体相若。但上海于十一月九日撤守，仅一月，南京于十

二月十三日亦随之失陷。这次武汉会战，由九江至武昌之间的战斗，历时三个多月。两相比较，敌军的攻势显然已经顿挫，我军的守势显然已有进步，这是无待赘言的。

敌自占领九江后，以主力趋瑞昌，企图占领武宁，以迂回武汉；以一部沿南浔路南下，企图占领南昌，以震撼我长（长沙）、衡（衡阳），切断我浙赣路；另以海军舰队溯江西上，企图随时随地登陆，以与其陆空军协同作战。八月十日，敌在海空掩护下，登陆港口，二十四日陷瑞昌，另以一部由鄱阳湖登陆，于二十日陷星子。其占领瑞昌之敌，又分兵南袭武宁，西犯阳新。至此，九战区方面已然开辟了五个战场：南浔路是一个战场，星子庐山一带是一个战场，瑞武路是一个战场，端阳路是一个战场，沿江岸一带又是一个战场。起初，北岸田家镇要塞也由本战区负责，至九月十七日，始划归五战区。敌人每一攻击箭头所指，可能是某一处，也可能是某几处，我们已定的守势战略自然要守其所必攻，还得要守其所可能攻。五个战场，当守之处不知有多少。九江失陷前后，我们控制在前方的部队有二十几个师，同时间敌人使用的部队顶多不过一个多师团。我们以十敌一，好像我们中国军队太不济事。可是我们备多力分，在任何一个接触的当面，我们的兵力都不占优势。则在装备、训练显居劣势，尤其制空权完全操之于敌的情况之下，我们的屈居下风，实在也是无可奈何的事。

延展阅读

《陈布雷回忆录》

陈布雷（1890—1948），号称国民党的“领袖文胆”和“总裁智囊”，素有国民党“第一支笔”之称，本为报界名笔，后进入政坛权力中枢，历任蒋介石侍从室第二处主任、国民党中央政治会议副秘书长、国民政府军事委员会副秘书长、最高国防委员会副秘书长等职，长期为蒋介石草拟文件。1948 年 11 月在南京自杀。

陈布雷以文为生，一生所撰政论、时文及代拟之文稿，难以计数。然而对后世影响最大的，还是他在 1936 年及 1940 年手写之日记式体裁的《回忆录》一、二集。作者论该书云：“余于民国二十五年夏，在庐山追忆少年旧事，为回忆录第一册。所记皆个人经历，并及家庭事，至民国十年余 32 岁为止。今忽忽且五年也。诸儿女妻请续记 33 岁以后事……今年 6 月，养疴于老鹰岩，事简多暇，乃就所记忆者分年追述之，至十八年终为止，为回忆录第二册。”大陆出版的《陈布雷回忆录》，比台湾版本增添了许多内容，如陈布雷的政论、书信等，友人回忆、评说部分与台湾版本也略见出入，有删也有增。这本回忆录，对研究蒋介石政权和了解历史全貌有重要参考价值。

《粟裕回忆录》

粟裕，中国现代杰出的军事家、战略家、革命家。1955 年被授予大将军衔。他是淮海战役、上海解放战役等一系列重大战役的指挥者，新中国成立后历任中国人民解放军总参谋长、国务院业务组成员、中国共产党中央军事委员会常委、第五届全国人大常委会副委员长。

《粟裕回忆录》不同于绝大多数的回忆录以人物或作者生平为主线，除开头一章对其参加革命的过程有所交代外，其余各章都是以战争事件来展开叙述的。讲的基本上是战争事件的战场背景、作战对象、力量对比、战役对策以及征战过程，最后都有对战事的检讨、总结，很少涉及对人物事件的议论。他的军事学术的造诣、战争理论的素养在书中得到了充分体现。

《在宋美龄身边的日子：机要秘书详谈宋美龄》

张紫葛　著

关于作者

张紫葛（1919—2006），湖北松滋县人。1938 年毕业于武汉大学中文系，1939 年初到重庆，进入《大公报》工作，曾经担任宋美龄机要秘书。20 世纪 40 年代中期，张紫葛出任新疆学院教授、新疆中央军校第九分校少将高级政治教官、《新疆日报》副社长兼总编辑、新疆警备司令部高级参议、新疆省府编译委员会主任等职，兼任《大公报》记者及专栏作家，一度主持当时新疆联合省政府主办的《新疆日报》。新中国成立以后张紫葛出任重庆女子师范学院、西南师范学院、西南政法学院教授等职。反右运动中被划为右派，次年以“反革命骨干分子”被逮捕判刑，服苦役十五年。入狱前，右眼、左耳已分别被打瞎、打聋。出狱时左眼也几近失明。70 年代末得以平反昭雪，回到西南政法学院（现西南政法大学），定居成都，重执教鞭。

1991 年时，他不慎跌入窨井，左眼仅存的光感消失，腿亦跌断。但张紫葛坚持写书立传，在夫人的帮助整理下，先后出版了《在宋美龄身边的日子：机要秘书详谈宋美龄》、《心香泪酒祭吴宓》、《在历史的夹缝中——忆张治中先生》、《X个人与三个畜生》、《血域黄沙（中国革命战史纪实文学系列·大西部战火风云卷）》等上百万字的著作。这些作品在文坛及学术界引发了激烈争议，直到今天，争论声依然没有平息。拥护他的人称赞他的作品是“敢于正视历史的警世力作”，反对他的人直斥其为“利令智昏、欺世盗名”的“妄人”。张紫葛的作品之所以会在业界引来如此大的震动和风波，在于其作品皆为带传记意味的“回忆录”，且涉及的主人公皆是20世纪的“重量级人物”。

2006年6月，张紫葛老人因肺部感染、呼吸衰竭住院。2006年10月1日早晨8时31分，张紫葛老人在四川大学华西医院逝世，享年87岁。

荐读理由

蒋介石的夫人宋美龄，曾在历史的风云际会中光芒四射。她有与生俱来的聪明、美丽和手腕，加上孔宋家族的强力支援与美国背景，使她在权力、财力与魅力的交织中，成为中国近代百年史上最有影响力又最有争议的女人。有关她的史实，在一定范围内，具有较高的历史价值。她的千秋功过，亦应评说。

《在宋美龄身边的日子：机要秘书详谈宋美龄》一书作者张紫葛1939年3月初来重庆，找到《大公报》总主笔张季鸾及于右任等前辈，在《大公报》得到了一个临时工作。他参加了中国战时儿童保育会，在接受华侨捐赠物质交接仪式大会上结识了当时“鹊尾淡妆”的宋美龄。宋美龄鉴于他有过目不忘的能力，将他安排在全国妇女指导委员会工作，并一度充当她的机要秘书。张紫葛因此有机会获悉许多国民党高层机密，包括从未曝光的宋美龄代表蒋介石秘密会见希特勒密使的真实经过。

本书以大量的第一手鲜活历史资料，详尽记载了宋美龄当年在抗日战争时期的部分活动、工作和生活情景。有宋美龄主持全国妇女指导委员会和战时儿童保育会时的工作、活动细节；有带领名门闺秀春游劳军的细腻镜头；有抢运难童深夜奔波的特写；有访医、煎药、家宴、野餐、村镇并肩漫步的家庭生活记叙；有谈及自己婚姻，对社会各种流言、议论的坦率谈话；有与卢作孚、史良、邓颖超、郭沫若等人的交往；有当年协调将领关系，面斥外国密使的政治外交密记；更有从未披露的解中共新疆出狱人员西安之围的各种史实。书中也回忆了当年她在日本飞机轰炸重庆时，冒险视察轰炸现场的险遇，以及在武汉保卫战中四次上前线、五次差点被炸死的惊险场面。

同时，本书还写到了抗日战争中浴血奋战的广大将士，为国家、民族抛头颅洒热血的中华儿女，在侵略者的屠刀和轰炸下牺牲的无数平民，以及在战火烽烟中受苦受难的难童等。

张紫葛先生在双目完全失明的艰难条件下，靠空镂格板一笔一画“摸写”成这部沉甸甸的传记，就是希望能够记录真实的历史。他在这本书中的所述都是他的亲身经历，“一概本其原貌”是他创作本书时坚持的原则。该书在台湾出版后，曾托台湾有关人员赴美时面呈宋美龄本人手中。该书是我们了解宋美龄及当时中国社会的一本可靠资料。

先睹为快

这批难童，几乎全是贫苦农民的孩子。1938 年 5 月，日军开始向武汉猛攻。长江北岸自黄梅县以西各县战斗激烈，农民扶老携幼，滚滚西逃。日本飞机天天追击逃难人群，投弹、扫射，难民死伤不计其数。幸存者中有一些孤儿，被各个救护队抢救出来，辗转运至鄂北山区。这批孩子受难最深。

……

这些孩子经过了长时间长途跋涉——最长的十一个月，最短的也有两个月。主要靠他们小小的脚板儿，几寸一步地迈过了几百至千多公里的旅途，迈过无数激流险滩和高山峻岭，才于上月——1939 年 4 月，到了湖北巴东，然后搭上民生公司的康定客轮，荣幸地做了它的“活统”乘客，驶向重庆。所谓“活统”，就是活动的统舱，没有铺位，只能在过道、舷边，找隙坐睡。客轮沿途停躲日机空袭，停停走走，历时七天，才于今晚到埠。可以想见，这些孩子们何等困顿。

……

宋美龄接上我的话，也学湖北方言，叫：“伢们，莫伤心。从今起，我就是你们的妈妈！……来，上面有汽车，把你们送到我那里，家里煮好了稀饭，馒头蒸好，等你们去吃啦！”

……

按照宋美龄的布置，湖北的总领队在码头上，一个一个交孩子给宋美龄，走过来一个，宋美龄摸摸孩子的头，数一个数。我在旁边登记，妇指委四十多位干部分布在坡坎沿线，照料孩子们登坡上坎，亮电筒给他们照路。史良在过街楼照应上车，计点上车人数。

……终于将孩子们全部送达了妇指委。

接收到一千二百六十五名，再没孩子走过来了。总领队却说，还有七个病了，在囤船上。

湖北来的领队、总领队共十二人，其中有八条男子汉。宋美龄命令他们，分别背、抱着病孩，一齐奔上过街楼。

七个病孩全部发烧，其中有三个显然高烧。有一个年仅八岁的女孩闭目喘息，勉强喂了三口粥，她就不再张嘴了。

宋美龄当即命令十五辆汽车司机回去稍事休息，并对带班的驾驶员说：“叫组长再派十五辆车，共三十辆，赶明晨七时到这里，装载孩子们到北碚；不管是否空袭警报，运行不误。”

……

吩咐已毕，她就叫上我、小陈和四个女干部，带上七个病孩，坐上妇指委的客车，直奔歌乐山中央医院。我们七个成人，每人抱一个病孩，宋美龄抱的是那个病得最严重的小女孩。

七个病孩都烧得热烘烘的，而宋美龄抱的那一个女孩简直是个火炉，热得烤人。大概在她父母身边就没吃饱，发育很差，据说已经八岁，看上去却不过六岁的样子，骨瘦如柴，和其余病孩一样，臭气熏人。她身穿穷乡常见的老蓝布右襟衽纽的上衣，下着白布便裤，光脚丫子，泥垢污黑。就着车灯，宋美龄从头到脚，反反复复细看手里的病孩，情不由己地搂紧了她。她那乱发如蒿的脑袋正好捂在夫人的鼻子下。

宋美龄低下脸去，挨了挨病孩的前额，皱了皱眉，抬头瞅了瞅我们。那几位小姐很嫌弃手里的病孩污脏，尽力偏头避臭。望见宋美龄的视线，都像触了电，连忙摆正自己的脑袋，并将病孩抱拢一点。宋美龄没理会她们，轻轻地说了两个字："开车。"

延展阅读

《心香泪酒祭吴宓》

吴宓是中国现代文化史上一代大师，红学家，学衡派的灵魂人物，中西文化"会通派"的代表性人物，中国比较文学的先驱。他曾经主持过清华大学国学研究院，因礼聘了王国维、梁启超、赵元任、陈寅恪等大师到国学院任教而成为清华的经典美谈。他的一生充满了矛盾与传奇，同时也屡遭社会与舆论的误解，他为中国文化所做的种种努力使他成为文化理想坚忍而光荣的使者。他那悲剧性的一生，实乃"独立之精神，自由之思想"的写照。吴宓的人生遭遇及悲惨结局，在中国 20 世纪知识分子中极具代表性。1978 年吴宓去世后，人们对其生活和命运、学术和人格的关注度越来越高。张紫葛 1997 年出版的《心香泪酒祭吴宓》及时满足了读者的需求，张紫葛在扉页上声称“以泪酒之悲，心香之诚，纪其实而存其真”，凭借与吴宓相交三十八载的密友身份记录了吴宓从 1949 年前后至去世的“人生第三个二十八年”的主要经历。这本尊重历史的巨著刚一面市即在畅销书排行榜上居高不下，被人称作《陈寅恪的最后 20 年》的姊妹篇。因为揭露了许多鲜为人知的历史事实，尤其是揭开了一些已改头换面的人物试图掩盖的历史真相，引起了知识界的广泛关注，喝彩声和质疑声同样炽烈，关于该书的争议成为 1997 年文坛一大风景。

《加尔文传》

〔美〕茜亚·凡赫尔斯玛 著

关于作者

茜亚·凡赫尔斯玛是著名的作家和演说家，工作于密歇根州大激流城改革宗圣经学院。

荐读理由

16世纪的宗教改革运动是人类历史上的伟大事件。一个伟大的事业总是有一批杰出的领导者，约翰·加尔文就是其中之一。1509年，加尔文生于法国北部努瓦。1523年到巴黎就学；后赴奥尔良大学学习法律，深受人文主义思潮影响。1531年回到巴黎，专攻神学。1534年成为新教徒。因受政府迫害，化名逃往瑞士巴塞尔。1536年在巴塞尔出版《基督教要义》，该书对新教教义作了系统的阐述，是一部影响很大的新教百科全书。此后，加尔文除短期被迫离开外，一直在日内瓦领导宗教改革。

加尔文提出“先定论”，认为人是否得救皆由上帝事先决定，与本人努力无关；上帝的选民注定能得救，上帝的弃民一定要遭殃。他主张允许经营致富、借贷取利。他主张民主选举教职人员，建立民主的廉俭教会，适应了新兴资产阶级激进派的要求。根据他的建议，日内瓦成立由加尔文宗长老、议员和官员组成的宗教法庭，密切监视人们的思想和行动。在他的领导下，日内瓦成为政教合一的神权共和国和宗教改革的中心，加尔文宗传播到欧洲各国。因此，有人称加尔文是新教的教皇，日内瓦是新教的罗马。1564 年加尔文在日内瓦去世。

如果说马丁·路德对罗马教廷强悍有力的挑战，是属于对堕落信仰的拔除和倾覆，那么加尔文则以一部《基督教要义》建立了新教系统神学的典范，他在日内瓦的精耕细作，则是属于信仰归正的建立和栽植。路德点燃的火有璀璨辉煌的历史意义，而加尔文的影响则更加源远流长，他的思想范围扩展了此后欧洲、北美等地所有改革宗教会，时间上在若干个世纪中一直都有其脉络，深度上则是深入到了我们这个世界的方方面面。德国历史学家兰克说："加尔文是美国真正的立基者。"法国历史学家论到加尔文宗信徒时说道："这些人是英国真正的英雄。他们建立了苏格兰，他们也建立了美国。"这些都说明了加尔文深远的历史影响力。

研究加尔文不仅仅是研究历史，更是深刻地认识现在。现代西方文化持续不断地受到过去记忆的塑造。虽然加尔文已经被埋藏在日内瓦某处一个没有任何标记的墓穴中，但他的思想和影响仍然活在他所帮助创建的文化中。

茜亚·凡赫尔斯玛的《加尔文传》较全面地介绍了加尔文的一生。其中谈到不少加尔文的思想向新教的转变过程、加尔文的努力和重重困难当前坚持不懈的毅力，以及加尔文一生的行事准则，其中不免要提到火烧塞尔维特事件，从中我们可以看到在此事件中加尔文的立场、当时政治的立场以及宗教的立场，从而否定了由此事件引发后人所争议的认为他是火烧塞尔维特的刽子手、是日内瓦的暴君和"教皇"一说。加尔文自有其错误，但是以讹传讹，一些错误的认识成为思维定式，如此不应是我们对待历史和信仰的方式。阅读《加尔文传》或许可以还原历史的本来面目，寻找当年的人和事情，澄清一些长久以来被各种原因遮蔽的历史真相。

《加尔文传》用历史资料和加尔文自己的文字，还原了历史中一个伟人的生命经历，我们也可以看到信仰在历史前进上的推动作用，也看到了它对个人的拣选和造就，基督教信仰改教运动带来了独立自由坚定的信仰，纯洁的道德品性，以及“毋自由，吾宁死”的历史渊源，加尔文就是一个活出信仰的人。如约翰·派尔帕所总结的：“加尔文一生致力的目标，即：教导人，让人知道人生最主要的动力应该是热心彰显神的荣耀。”

先睹为快

“你自己知道，或者至少你应该知道，我是怎样的人。无论发生任何事情，我天上主人的法律对我来说是那么宝贵，我存一颗清洁的良心来维护它，地上没有任何人可以使我畏缩，哪怕后退一寸!”说出此番铮铮之言的人，字字当真，绝非儿戏。他是被要求回到日内瓦来的。现在，他正在把日内瓦变成一座这样的城市——在那里，他天上主人的法律将成为至高无上的权威。这就意味着争战，一连串的争战。

从1541年到1555年，那14个暴风骤雨的年头里充满了争战。加尔文也用他的笔与日内瓦城外的异端与逼迫作战。在这一系列的争战中，他在自己的时代已经名扬四方。他是如此的强硬而才华横溢，人们不是热切地跟随他，就是切齿地厌恨他。1551年，在老家努瓦永，教士们召集大会庆祝他的死，后来才知道那是误传。1552年，努瓦永的那场大火烧毁了市区绝大部分的房子，他家位于米市广场的房子曾奇迹般地幸免，但后来却被人愤怒地焚毁。在里昂，报告他死亡的消息不下十次。他的敌人们迫不及待地等着他的死。罗马教廷视他为头号敌人。

一个勇敢、坚强的斗士，仅仅这些就是约翰·加尔文吗？许多人知道，他比这更丰富多彩。他们知道，因着基督的缘故，他是成千上万人的朋友；他们看到，他是怎样选择过一种谦卑的，几乎是贫困的生活；他们知道，在这一切的难处之中，他仍然享受上帝所创造的美丽大自然；加尔文玩游戏，也开怀大笑。尽管他每天被日内瓦的麻烦所缠，他的双眼从未离开过世界。他以他的言行为他的主影响着这个世界——他也以他的言行，影响着这个世界。目的是为了他的主。他非但不喜欢斗争，而且毕生都致力于新教各教会的和平与合一。若要真正认识约翰·加尔文，你必须以这种方式来看他：他的斗争是为了使耶稣基督的教会得以纯洁，是因为忠诚于上帝的话语而进行的战斗。

约翰·加尔文是一位朋友，一位诚实、慷慨而全心全意的朋友。他一生都有极亲密的朋友。他在基督里有着千千万万的朋友，许多人从未见过这位写信安慰、激励他们的人。法雷尔与维雷是加尔文后半生28年中的挚友。前者雷厉风行、勇猛无畏而充满活力；后者稳重、慈祥而学识渊博。法雷尔比他大12岁，维雷比他小2岁。加尔文在他的《提多书注释》的序中说："我不知道在常人的生活里是否会有像我们这样的朋友，会有我们这种在工作上的紧密联结。我将此书献给基督的两位重要仆人，在主里最亲爱的弟兄与同工威廉·法雷尔、彼得·维雷。将此《提多书注释》献给他们俩，是因为我要像提多那样完成保罗在克里特已经开始的建造教会的工作（见《圣经·提多书》第1章第5节）。我所做的是法雷尔和维雷在日内瓦冒着极大危险、成功地开始了的工作。"加尔文现在正在努力完成他们已经开始的工作。说到他们之间迅速建立起来的友谊，加尔文接着写道："我与你们都在此做牧师，你我之间非但没有任何嫉妒，反而合而为一。”

延展阅读

《加尔文传》

麦格拉思的《加尔文传》详尽叙述了加尔文从求学到立志成为一个人文主义学者，以及经历突如其来的转变，成为一个宗教改革运动家的生平事迹，其间也描述了加尔文在治理教会和执行教会纪律方面的改革措施，在改教过程中与其他改教家之间的相互影响，以及他与日内瓦市议会间错综复杂的关系。也展现了加尔文的神学思想，并用一章的篇幅介绍了凝结加尔文毕生心血的《基督教要义》。麦格拉思还竭力为我们澄清对加尔文的误解，并帮助我们认识加尔文这个人、他的神学思想及其对现代西方文化的影响。

《异端的权利》

茨威格的《异端的权利》是记述加尔文、卡斯特利奥和塞文特斯等鲜为人知的经历的传记。在茨威格的笔下，宗教改革英雄加尔文此时已经是日内瓦君临一切的最高统治者和暴君。而温和的充满人道主义气质的学者卡斯特利奥，以“苍蝇战大象”式的勇气，对加尔文的倒行逆施展开了英勇的对抗。它的可读性和感人的力量，尤其是其中所透射出来的那种对人类信仰自由与宽容精神的吁求和激情，并不亚于房龙的那部名震遐迩的著作《宽容》。茨威格动笔时正值希特勒的魔爪肆虐之时，此书可谓有影射之意。

《马丁·路德·金自传》

〔美〕马丁·路德·金 著

关于作者

马丁·路德·金（1929—1968），美国著名的民权运动领袖。他是将“非暴力”和“直接行动”作为社会变革方法的最为突出的倡导者之一。

1929年1月15日，马丁·路德·金在亚特兰大出生。在结束了亚特兰大莫尔浩司学院的学业后，金又在宾夕法尼亚州的克劳泽神学院和波士顿大学就读，在学习中，他加深了对神学的认识并探究“圣雄”甘地在社会改革方面的非暴力策略。1953年，金和柯瑞塔·斯科特结婚。第二年，他在阿拉巴马州蒙哥马利的德克斯特大街浸信会当了一名牧师。1955年，金获得了系统神学的博士学位。

1955年12月5日，民权积极分子罗莎·帕克斯拒绝遵从蒙哥马利公车上的种族隔离政策，在此之后，黑人居民发起了对公共汽车抵制运动并选举金作他们蒙哥马利权利促进协会的领头人。公共汽车抵制运动在1956年持续了一年，12月，美国最高法院宣布阿拉巴马州的种族隔离法律违反宪法，蒙哥马利市公车上的种族隔离规定也被废除。

为了寻求蒙哥马利胜利后的进一步发展，金和其他的南部黑人领袖于1957年建立了南方基督教领袖会议。1959年，金到印度游历并进一步发展了甘地的非暴力策略。那年年底，金辞去了德克斯特的职务并返回亚特兰大，和他的父亲共同成为一名埃比尼泽浸信会牧师。

1963年春天，金和南方基督教领袖会议领导人在阿拉巴马州的伯明翰领导了群众示威。此地以白人警方强烈反对种族融合而著称。徒手的黑人示威者与装备着警犬和消防水枪的警察之间发生了冲突，成为报纸头条新闻遍及世界各地。总统肯尼迪对伯明翰的抗议作出了回应，他向国会提出放宽民权立法的要求，这促成了1964年民权法案的通过。稍后在1963年8月28日，群众示威行动在“华盛顿工作与自由游行”的运动过程中达到高潮，此次示威运动中有超过25万的抗议者聚集在华盛顿特区。在林肯纪念馆的台阶上，金发表了“我有一个梦想”的著名演讲。

随着1963年成为时代周刊的年度人物和1964年获得诺贝尔和平奖，金的声望持续上升。然而，除了名气和赞美，运动内部领导层也出现了矛盾。不仅金的努力效果受到黑人领导层分裂状况的干扰，而且他也遭受到来自国家行政领导人日渐增强的阻挠。

1967年年底，金发起了意在对抗经济问题的穷人运动，这项活动并没有得到早期民权革新运动者的支持。其后一年，在支持孟菲斯清洁工人的罢工中，他发表了最后演讲“我已到达顶峰”。第二天，1968年4月4日，金被刺杀。当时他正倚着栏杆与站在楼下的民权活动家杰西·杰克逊谈话。他生前曾说过，“我甚至有可能死去。但是，即使在斗争中我死去了，我要人们这样说：‘他是为使我获得自由而死的。’”美国政府从1986年起，将每年1月的第三个星期一（金的生日）定为马丁·路德·金全国纪念日。

荐读理由

马丁·路德·金家喻户晓，但是他的思想、行动、力量来源和精神追求，我们还知之甚少。《马丁·路德·金自传》的出版是一个非常有益的帮助。本书以第一人称视角呈现出马丁·路德·金人性的一面。金生动而饱含感情地回顾了他作为学生、牧师、丈夫、父亲和著名领袖人物的一生，同时也给读者展现了一幅美国以及美国黑人在强大变革前的巨大历史画卷。阅读此书，仿佛金在字里行间与我们对话，雄辩且有力，向读者提供了一个了解其内心和情感的机会。这是极富感染力的一本书，创作了一幅令人过目难忘的金的自画像，既没有夸大，也没有神化，而是刻画了一个有血有肉、真实可信的马丁·路德·金：幽默风趣，虚怀若谷，高尚正直。

另外，在这本书中金讲述了他们如何组织黑人站起来抵抗社会不公，讲述领导者如何引导民众，如何依法公开斗争，如何保持克制，如何与当局的分化瓦解作斗争，如何面对匿名威胁、暴力、监狱和死亡，如何坚持非暴力行动引发公众对社会问题的关注，如何激发对手的良知，非暴力抵抗为什么不同于消极抵抗……它几乎是一个非暴力运动的读本、一个操作手册。

纵观马丁·路德·金丰富而坎坷的一生，他留下了许多令人感动不已的故事。不过，也许真正为金赢得尊敬、肯定的，不只是那些曲折的人生传奇故事，还有他的高尚德性，最重要的当是他为黑人平等政治权利而斗争的那种“以他人为中心的”伟大的爱。他一生致力于为改变不平等状况而斗争，为了实现其理想，不顾个人安危。听着他那豪迈的宣言，我们激动不已：“我有一个梦，为了梦想放弃生命又有何所惜！”

先睹为快

今天，我很高兴和你们一起参加这个将载入美国史册的争取自由平等的最伟大的示威游行。

一百年前，一位伟大的美国人（在他的象征性的影响下，今天我们站在这里）签署了《解放宣言》。对于无数黑奴来说，这一重要的法令如同希望的灯塔，因为他们一直呻吟在灭绝人性的种族歧视之中。它就像是在被囚之后的无尽长夜中实现的、令人欣喜万分的黎明。

但是，在一百年之后，黑人仍然没有自由。一百年之后，种族隔离的镣铐、种族歧视的锁链一直使得黑人过着非人的生活；一百年之后，美国已经是物质富足的海洋，但美国的黑人却被搁浅在贫困的孤岛上；一百年之后，黑人仍然煎熬在美国社会的边缘，竟然流亡在自己的家园！

所以，我们今天来到这里，向世人揭示这一悲剧。从某种意义上说，我们是到我国首都来兑现支票的。当我们共和国的缔造者们撰写宪法和《独立宣言》这样重要的文献时，他们签署了一张期票，而每一个美国人都将有权继承。这张期票承诺，所有人——不仅是白人，而且也包括黑人——的不可剥夺的“生存权、自由权以及追求幸福的权利”必须得到保障。

我们千万不能沉浸在绝望的幽谷里。朋友们，我要对你们说：虽然我所面临当下的和未来的重重困难，我仍然有一个梦。这个梦深深地扎根于美国梦。

我梦想有一天，这个国家将崛起，履行它的信条的真谛——我们认为这些真理是不辨自明的，所有人生来平等。

我梦想有一天，在佐治亚的红山上，奴隶和奴隶主的儿女们会像兄弟姐妹一般同围一张桌子共同用餐。

我梦想有一天，甚至是密西西比这样处于种族歧视和压迫的水深火热的州，也被改变为自由和公平的绿洲。

我梦想有一天，我的四个孩子可以生活在一个国度，那里不再以肤色取人，而只重视他们的品格。

我今天就有这个梦！

我梦想有一天，在充满着邪恶的种族主义分子、其州长口出狂言的南方的亚拉巴马州，就在那里，黑人的儿女们可以和白人的儿女们像兄弟姐妹一样手拉手。

我今天就有这个梦！

我梦想有一天，每个沟壑都被填满，每座山包都被削平，凹凸之处变为平地，崎岖的地方被拉直，这样，上帝的荣耀才得以彰显，普天下的生灵可来同享。

这是我们的共同愿望。这是我回南方时要带走的信心。有了这样的信心，我们才能够在绝望之山凿出希望之石。

有了这样的信心，我们才能够把我国不和谐的杂乱无章变成令人心旷神怡的美丽的交响曲。有了这样的信心，我们就能够一同工作，一同祷告，一同斗争，一同坐牢，一同捍卫自由，因为我们坚信必定会自由。

它将会是这一天，这将会是这样一天，当上帝所有的孩子会唱出这首歌的新的含义：“我的祖国，美丽自由的故乡，我为你歌唱。你是父辈逝去的地方，你是开国之父的自豪，让自由之声响彻每个山冈。”如果美国要想成为一个伟大的国家，这个愿望必须实现。

所以，让自由之声从新罕布什尔的巍峨巅峰响起来！

让自由之声从纽约州的崇山峻岭中响起来！

让自由之声从宾夕法尼亚雄伟的阿勒格尼山脉响起来！

让自由之声从科罗拉多冰雪覆盖的落基山脉响起来！

让自由之声从加利福尼亚蜿蜒崎岖的山峦响起来！

但不仅是这些，还要让自由之声从佐治亚的石山响起来！

让自由之声从田纳西的瞭望山里响起来！

让自由之声从密西西比的一座座山丘、一座座山峰响起来！让自由响彻每一个山冈！

当我们让自由之声响起，当我们让自由之声响彻每一个村落、每一个州镇，我们就可以加速那一天的到来。那时，上帝的孩子们，黑人和白人，犹太教徒和非犹太教徒，基督新教徒和天主教徒，将能携起手来，同唱那首古老的黑人圣歌："终于自由了！终于自由了！感谢全能的上帝，我们终于自由了！"

延展阅读

《甘地自传》

莫罕达斯·卡拉姆昌德·甘地，被世人尊称为"圣雄"。他是印度独立运动领袖，国大党领袖，20 世纪非暴力主义倡导者。生于吠舍家庭，信奉印度教中的毗湿奴派，1891 年毕业于英国伦敦大学，取得律师从业资格后回国。1893 年赴南非从事律师职业，领导当地印度侨民摆脱种族歧视，争取公民权利。1915 年返回印度，此后带领印度人民开展非暴力不合作运动，争取民族解放，脱离英国人的殖民统治。1948 年 1 月 30 日，甘地在晚祷的会场被一名极端的印度教徒枪杀。

《甘地自传》为甘地亲笔撰写的精神自传，生动再现了他饱经忧患、历尽坎坷、追求真理的一生。但他本人却并不认为这是一部严格意义上的自传，他只是把自身体验真理的经历以一种平和、谦逊的态度写了出来，将其禁欲、非暴力、独身生活等行为原则展示给读者。这位精神、理智、心灵上的王者，感召和引导着印度人民通过几十年不屈不挠的非暴力斗争和不合作运动，赢得了自己国家的独立。也正是他的精神，给迷茫和狂乱世界带来了一种希望，一种光明。

《切·格瓦拉画传》

师永刚 詹 涓编著

关于作者

师永刚，曾从军十五载，现为香港凤凰周刊杂志社执行主编，作家，图书策划人，媒体研究人。曾策划编著的《宋美龄画传》、《蒋介石图传》、《邓丽君画传》、《切·格瓦拉画传》、《三毛私家相册》、《邓丽君私家相册》、《雷锋1940—1962》、《红军1934—1936》等丛书在中国掀起画传热潮，发行总量上百万套。他研究凤凰卫视的专著《解密凤凰》成为媒体焦点，研究《读者》杂志的专著，先后以《读者时代》、《读者传奇》图文版、《读者故事杂志版》、《解密读者》四个版本发行，创下媒体研究专著发行量超过30多万套的全新纪录。其之前出版的长篇小说，如《天苍茫》、《西北望》和诗集《仰望灵魂》等有十多部。其中《天苍茫》更被改编成十九集电视连续剧《最后的骑兵》在央视播出。长篇小说《迷失的兵城》即将改为电影。曾参与CCTV1999年澳门回归直播现场报道、六集电视纪录片《西北望》的撰稿工作。2008年出版的博物馆馆书《国人到此，低头致敬》，开拓创新了博物馆的表达方式。其后，他策划出版了《向前进，王宝强自传》

等数十本畅销书。2009 年，与邹明合编出版新书《中国时代（上、下）》。2008 年被聘为南京大学等数所院校客座教授，现为香港凤凰周刊杂志社执行主编。

荐读理由

切·格瓦拉出生于阿根廷罗萨里奥，是一个西班牙和爱尔兰裔家庭的长子。格瓦拉自出生便患上了严重的哮喘。受家庭的影响，格瓦拉从小便对政治十分热衷。由于庇隆政府当时在阿根廷的独裁统治，担心儿子被征用做军医的母亲让格瓦拉逃离阿根廷。

格瓦拉在中南美洲多个国家游历，也有机会接受到了共产主义思想。在危地马拉，格瓦拉结识了许多由于反抗独裁统治者而被迫流亡的革命者，格瓦拉与这些革命者一起投入保卫阿本斯政权的斗争，积极为阿本斯民主政府服务。在这一时期，格瓦拉得到了他知名的绰号“切”。

后来，他前往墨西哥，并在此结识了劳尔·卡斯特罗和菲德尔·卡斯特罗。格瓦拉迅速加入了卡斯特罗领导的军事组织，开始积极投身于古巴革命事业。经过艰苦卓绝的战斗，1959 年，革命军成功占领古巴首都哈瓦那。战争结束后，古巴新政府成立。格瓦拉帮助卡斯特罗在古巴建立了社会主义制度。虽然一切看似顺利，但格瓦拉是一个激进的共产主义战士。他与卡斯特罗逐渐在很多问题上产生了分歧，并最终辞职。他开始进行一项更加雄心勃勃的计划：他要解放被压迫的第三世界国家！

从刚果开始，到达累斯萨拉姆、布拉格和东德，格瓦拉最终将革命的火焰烧到了玻利维亚。玻利维亚总统勒内·巴里恩托斯得知他的存在后，扬言要杀死格瓦拉。格瓦拉只是准备应付玻利维亚军政府及其一支训练和装备皆极差的军队，却没有在意玻利维亚身后的美国。

当美国政府得知他的革命活动地点后，派出了 CIA 人员进入玻利维亚援助反革命。在美国的帮助下，玻利维亚政府步步紧逼，最终在雨林中抓获了格瓦拉。格瓦拉在 1967 年 10 月 9 日被处死在拉伊格拉的一间校舍。

后来，格瓦拉等人的遗骨被辗转运回古巴。1997 年 10 月 9 日，古巴国务委员会发出通知，确定当月 11 日至 17 日为国丧日，并确定将格瓦拉的遗骨以国葬的规格安葬在他生前战斗过的圣克拉拉。古巴政府为格瓦拉举行了最为隆重的悼念活动和安葬仪式。卡斯特罗在葬礼上发表讲话，颂扬格瓦拉对古巴革命的杰出贡献，称赞他是革命者和共产党人的楷模。

格瓦拉死后，随着他尸体照片的传播，格瓦拉的事迹也开始广泛为人所知。全球范围内发起了抗议将其杀害的示威，同时出现了许多颂扬、记录他生平以及死亡的文学作品。特别是在 60 年代晚期，在中东和西方的年轻人中，他成为一个公众偶像化的革命的象征和左翼政治理想的代名词。

格瓦拉无疑是拉丁美洲桀骜不驯、浪漫骑士化的游击战传统的最后一位伟大继承人。当这个共产主义的堂吉诃德端起长矛时，曼德拉还是个默默无闻的南非律师，南美洲诸多国家仍然是一个个分裂的新殖民地国家，整个拉丁美洲被形形色色的军人独裁政府占据。在他死后，拉美的革命游击战争再没有能达到他期望的效果和高度。

格瓦拉的牺牲激发了拉美乃至整个发展中世界对于经济、政治、社会公正的追求。从 60 年代中期开始席卷拉美的“解放神学”运动，很大程度上吸收了“切”的影响。巴西的卢拉和委内瑞拉的查韦斯则把在拉美湮没已久的“民众主义”，与格瓦拉式的社会平均分配理想重新拾起，当作反击国际经济贸易不平等和自身经济结构恶化的全新武器。《时代》杂志将格瓦拉选入 20 世纪百位影响力人物。阿尔贝托·科尔达为他拍摄命名为《英勇的游击队员》的照片，被美誉为“世上最知名的照片”。

师永刚、詹涓编著的《切·格瓦拉画传》从内容到形式，都有一个新突破，为传记文学提供了一种新思维，值得珍藏。这位20世纪最后的征服者，甚至影响到了中国。没有人知道为什么，只知道自己被这位硬汉征服了，这本书讲述的正是这样一个秘密的传奇。本书是切·格瓦拉秘密一生的呈现：切·格瓦拉家人独家提供的数幅图片，首次解密的切·格瓦拉拍摄的照片与手迹，古巴权威机构支持，首次披露了切·格瓦拉死前离开古巴的独特原因……相信读者可以从此书中领略格瓦拉的真正魅力，从他身上学习到为理想而奋斗终身的崇高品质。

先睹为快

父亲身上流淌着爱尔兰人和西班牙人的血液。他的曾祖父帕特里克·林奇曾经一路漂泊，从英国辗转来到西班牙，最后在阿根廷落脚。在18世纪下半叶，他成为巴拉那河地区的总督。他的祖先甚至还跟美国沾点关系：事实上，他的母亲安娜·林奇就是在加利福尼亚出生的，而父亲罗伯托·格瓦拉同样来自美国。不过这只是出于巧合——1848年，在加州淘金热那会儿，罗伯托的父母曾去过美国，几年后才带着孩子们回到阿根廷。这个家族在阿根廷的上流社会拥有举足轻重的影响力，祖先恩里克·林奇是19世纪末阿根廷寡头政治的统治者之一。不过，埃内斯托的祖母安娜·林奇显然是这个家族中的异数，她是个无神论主义者，生性崇尚自由，她是埃内斯托热爱的祖母和偶像，他最终选择了学医，也是因为她去世的缘故。

1965年2月初，格瓦拉突然去了中国，这是他第二次来中国。与他同行的还有古巴建设部长奥斯马尼（好友卡米洛的哥哥）以及社会革命爱国联盟秘书阿拉贡。他们与邓小平和刘少奇进行了会谈，可是毛泽东这一次并没有见他们——中苏关系紧张，古巴在公开场合是站在苏联一边的。对于自己为什么要转个弯去中国，格瓦拉的解释听来有些空洞："中国之行是一次闪电式的旅行，目的是和中国共产党交换一系列意见，为了研究发展我们互相帮助的方式方法，我们谈了各自的意见和看法。"人们分析说，格瓦拉此行的目的是要斡旋中苏关系，他始终认为中苏之间关系紧张不是件小事，这意味着反对帝国主义的力量遭到削弱。

访华结束后，格瓦拉再次去巴黎，仔细参观了卢浮宫，然后折返非洲的坦桑尼亚和刚果。坦桑尼亚之行给他很深的印象，在日记中他写道："访问特别有教育意义。一大批争取自由的战士留驻在这里，他们大多数住在舒适的酒店里，把他们的遭遇变成了一种真正的职业，一种有时有油水，而且几乎总是很顺利的营生。他们个个都叫喊着要去古巴接受军事训练，让我们给点资助，这简直成了他们的口头禅。"显然，对这群黑人兄弟，格瓦拉的印象并不是太好。

延展阅读

《切·格瓦拉传》

作者乔恩·李·安德森。《切·格瓦拉传》堪称记录切·格瓦拉一生的权威巨著。从革命之都哈瓦那和阿尔及尔，到玻利维亚和刚果的战地，从莫斯科和华盛顿的权力殿堂，到流亡者的天堂迈阿密、墨西哥和危地马拉，《切·格瓦拉传》讲述了引人入胜的革命故事、隐秘诡诈的国际阴谋、世人鲜知的秘密行动，展现了那个年代里超级大国的你争我夺，全球格局的风云变幻、波诡云谲。乔恩·李·安德森获得特别许可进入古巴政府资料库掌握了极其充分的材料。他得到了切·

格瓦拉的遗孀阿莱伊达·马奇的全力配合，这让安德森拥有迄今为止未曾发布过的第一手资料，包括切·格瓦拉的一些私人日记。在查找资料的过程中，他还意外解开了一个长久以来不曾破解的秘密——切·格瓦拉的遗体埋葬的具体位置。

《勇者曼德拉自传：漫漫自由路》

〔南非〕纳尔逊·曼德拉　著

关于作者

纳尔逊·罗利赫拉赫拉·曼德拉，1918年7月18日出生于南非特兰斯凯，先后获南非大学文学士和威特沃特斯兰德大学律师资格。曾任非国大青年联盟全国书记、主席。于1994年至1999年间任南非总统，是首位黑人总统，被尊称为南非国父。

在任职总统前，曼德拉是积极的反种族隔离人士，同时也是非洲国民大会的武装组织“民族之矛”的领袖。当他领导反种族隔离运动时，南非法院以密谋推翻政府等罪名将他定罪。依据判决，曼德拉在牢中服刑27年。1990年出狱后，转而支持调解与协商，并在推动多元族群民主的过渡期挺身而出领导南非。自种族隔离制度终结以来，曼德拉受到了来自各界的赞许，包括从前的反对者。

曼德拉在40年来获得了超过一百项奖项，1993年10月，诺贝尔和平委员会授予他诺贝尔和平奖，以表彰他为废除南非种族歧视政策所作出的贡献。2009年11月，联合国大会为表彰南非前总统对和平文化与自由的贡献，宣告7月18日为“纳尔逊·曼德拉国际日”。2013

年 12 月 6 日（南非时间 5 日），曼德拉在约翰内斯堡住所去世，享年 95 岁。

曼德拉著有《走向自由之路不会平坦》、《斗争就是生活》、《争取世界自由宣言》、自传《漫漫自由路》。

荐读理由

曼德拉是打不倒的勇者，更是时代的传奇。纳尔逊·曼德拉，1918 年 7 月 18 日出身于南非特兰斯凯一个大酋长家庭，先后获南非大学文学士和威特沃特斯兰德大学律师资格，当过律师。曼德拉自幼性格刚强，崇敬民族英雄。他是家中长子而被指定为酋长继承人。但他表示："决不愿以酋长身份统治一个受压迫的部族"，而要"以一个战士的名义投身于民族解放事业。"他毅然走上了追求民族解放的道路，经过 40 多年的奋斗，最终完成了废除种族隔离，建立民主南非的壮举。

美国黑人总统奥巴马对曼德拉崇拜至极。奥巴马曾站在曼德拉曾经被关押的囚室说："此时距离我在加利福尼亚大学校园内首次涉足政治生活，参加撤资运动已经过去了二十几年。如今，罗本岛监狱已经变成了一座纪念碑，用来纪念为实现南非的和平过渡而作出牺牲的众多志士。站在这间囚室内，我试图回溯 466/64 号囚犯曼德拉在这里度过的那段岁月，那时他的斗争是否能够取得胜利还是个未知数。我也试图把这位改变了历史的传奇人物想象为一名普通人，一名为改变社会作出巨大牺牲的普通人曼德拉。"

中国歌手黄家驹在 1990 年创作了一首《光辉岁月》。黄家驹以此向曼德拉致敬，歌颂了曼德拉伟大而辉煌的一生，充分地表达了自己对种族歧视的厌恶与憎恨。曼德拉在听到这首歌曲之后，立即找人来翻译了歌词内容，当他听完歌词的含义之后，不禁潸然泪下。这首歌也鼓舞了一代中国人，至今依然传唱不衰。2013 年 12 月 6 日（南非时间 5 日），曼德拉去世，享年 95 岁。南非为曼德拉举行国葬，全国降半旗。有 91 个国家元首、政府领导人以及国际组织的代表参加曼德拉的追悼会和葬礼。

在曼德拉的一生中，他用纸和笔记录着自己的所思所想、大小事件、艰难险阻以及诸多成就。现在，他将这些私人档案公之于世，让我们有这次前所未有的机会去了解他波澜壮阔的一生。本书是曼德拉迄今为止唯一的自传作品，也是全球超级畅销的励志经典，书中从他出生到罗本岛监狱岁月的一部分，是他在罗本岛监狱中创作完成的，罗本岛之后的文字是出狱后增补的。

从曼德拉最黑暗的 27 年牢狱生活的信件，到《勇者曼德拉自传——漫漫自由路》未出版的书稿，这本书将带我们走入一个公众人物的私人世界。这里有他在会议中的纪要，甚至涂鸦，有他在罗本岛的牢房中记录在台历上的踟蹰的梦境；也有他在 20 年代 60 年代反对种族隔离制度时那段逃亡岁月的日记，还有他与朋友近 70 个小时的对话录音。从他第一次萌生政治理想，到他在世界舞台上发挥举足轻重的作用，曼德拉在《勇者曼德拉自传》一书中坦诚地面对人生。阅读本书也将是一次与作为一个普通人的曼德拉沟通的机会，一次聆听他的心声的机会。

先睹为快

两位酋长对我的行为感到吃惊，责备我太无礼。我解释说，我仅仅是以其人之道还治其人之身。两位酋长没能理解我，显然认为我是一个自找麻烦的年轻人。这两位酋长就是我打算劝他们反对班图管理体制的人，显然，我没给他们留下什么好的印象。这件意外的事情提醒我，回到了家乡，我已经不再是 13 年前离开家乡的那个我。

特兰斯凯的警察是不识时务的，自从我离开那家寄宿公寓，他们就一直跟着我，我与任何人讲完话后，总有警察走到与我谈话的人的面前说："如果你与曼德拉谈话，我们就来逮捕你。"

我与一位当地南非非洲人国民大会领导人进行了短暂的会晤，并且得知南非非洲人国民大会缺少资金，对此我很吃惊。但是，此时此刻我主要想到的不是组织，而是我的下一站：库奴。我是在那里长大的，我母亲仍然在那里居住。

我叫醒了我母亲，她猛然看见我似乎有些吃惊。但是，她非常高兴。我给她带来了食物，有水果、肉、糖、盐和鸡。然后，我母亲为我生炉子沏茶。我们没有拥抱和亲吻，因为拥抱和亲吻不是我们的习惯。尽管我回到家里很高兴，但是看到她老人家一个人生活在那样差的环境中，我感觉很内疚。我试图说服她随我去约翰内斯堡住在一起，但是，她说她不愿意离开她热爱的农村。我不止一次地想，一个人置自己家庭的幸福于不顾，而为别人的幸福去奋斗，这是否是合理的。难道能有比照顾自己年迈的母亲更重要的事情？难道政治就是推卸自己的责任和原谅自己没有尽职的借口？

对我们这些身在狱中的人来说，时间似乎是静止不动的，但是，对监狱外的人，时间则是不停步的。当我母亲于1968年春天来探望我的时候，我就有这样的感觉。自从利沃尼亚审判结束之后，我就再也没有见到过她。变化是逐渐地、一点一点地发生的。当你生活在你自己的家中，你很少注意到家人的变化。但是，当你多年不见你的家人的时候，他们的变化则让你感觉是非常明显的。我母亲似乎一下子变得很老了。

她在我儿子马卡托、我女儿马卡紫薇和我妹妹巴贝尔的陪同下从特兰斯凯来岛上探望我。因为有四个人来访，并且他们又是远道而来的，当局把探视时间从半小时延长到45分钟。

自从利沃尼亚审判之前，我就没见过我的儿子和女儿，在这期间，他们已经长大成人。我端详着他们，感到由衷的高兴和自豪。但是，尽管他们已经长大了，我恐怕多多少少地仍然拿他们当我来监狱时的孩子对待。他们可能变了，但是，我却没有变。

延展阅读

《曼德拉传》

作者查伦·史密斯，出生于南非，曾是《洛杉矶时报》等众多知名报纸的驻南非记者，20世纪80年代开始积极从事反对南非当局种族隔离政策的斗争。她是曼德拉结束27年牢狱生涯后第一位受邀采访曼德拉本人的记者，两人从此开始有了充满尊重和敬意的友谊。该书也是曼德拉亲自授权的传记，曼德拉偕他的几名重要家庭成员一起莅临了该书的首发式。

《吴虞和他生活的民国时代》

冉云飞　著

关于作者

冉云飞，1965年生于重庆酉阳，土家族，毕业于四川大学中文系，现任职于《四川文学》，长居成都。他是著名的青年学者、文化评论人、四川省作家协会作家。著有《沉疴：中国教育的危机与批判》、《庄子我说》、《从历史的偏旁进入成都》、《尖锐的秋天：里尔克》、《陷阱里的先锋：博尔赫斯》等数十本专著，曾获各种奖项数十次，"2008年度百位华人公共知识分子"之一，被媒体誉为"民间教育家"。他的学术随笔《庄子使我上瘾的几个理由》入选高中语文阅读教材。20世纪90年代初，他就以"学问流沙河，写戏魏明伦，做诗张新泉，文章冉云飞"而被称为"川军四杰"之一。川中文坛宿儒流沙河则夸奖冉云飞"广猎深搜，旁通侧悟，完成了作家向学者的腾跳，飞起来了"。

荐读理由

身为成都人的冉云飞在写时事评论之外，也写过不少关于四川跟成都的往事。而吴虞就是一个大半辈子基本上都住在成都的民国的文化人。他的洋洋数十万言的《吴虞和他生活的民国时代》独辟蹊径，从吴虞的日记入手，在新视角下梳理，给我们展示了一个“老英雄”的寂寞往事，使得115万字的吴虞日记显示出了令人意想不到的价值。

吴虞（1874—1939）［又有（1871—1949）一说］，字又陵，号黎明老人。四川新繁（今新都区）人。启蒙思想家、学者。早年留学日本，归国后任四川《醒群报》主笔，鼓吹新学。1910年任成都府立中学国文教员，不久到北京大学任教，并在《新青年》上发表《家族制度为专制主义之根据论》、《说孝》等文，猛烈抨击旧礼教和儒家学说，在五四时期影响较大。胡适称他为“中国思想界的清道夫”、“四川只手打到孔家店的老英雄”，这样的定位性评语，使得吴虞在当时名声大振，仿如新文化运动主将。但实际上吴虞并没有建设性的思想和著作，最多只能算一个因缘际会，并因胡适不经意的夸赞而暴得大名的普通的中国转型时期的知识分子。

冉云飞认为他是一个病人，“既是中国社会的病人，也是中国社会之病的参与者，清理者，治疗者，他是一种古怪的结合体”。吴虞一生最失败的地方恐怕就是他的家庭关系。他既因与其父亲关系至恶，最后竟然对簿公堂，因而被当时的旧派人物所不容——其实新派人物也不见得对他这种行为以为然；又因自己颇有资产，却拒绝为女儿提供学费而与女儿关系势同水火。当他以59岁高龄娶一位只有16岁的小姑娘作妾时，他所遭到的来自新派旧派、文化人和普通人的唾沫，恐怕足以将其淹没。

显而易见，吴虞的一生是寂寞的，也是被误读的。《吴虞和他生活的民国时代》重现了这个普通文化人的寂寞。冉云飞用充满细节的往事，还原了一个曾经鲜活的历史人物，刻画了一个孤独的老派文人形象，并通过这个历史人物，展示了民国时期成都生活的诸多方面和民国时期文化人之间的交往关系，让我们得以看见大半个世纪以前，文化人的生存状态和那个时代的白云苍狗。作者冉云飞自信地认为此书

“与其他写民国史的书不同”。他相信，此书在历来崇尚权威的社会里是有现实意义的。“不管多么了不起的人，都应注意他吃喝玩乐的细节表现，因为没有一个真正的人，是只会做那些被宣传出来的伟大事情的‘死人’。我是个喜欢从生活角度来观察包括学者在内的不少‘大人物’诸种行为的人，我认为只有这样才能把那些经过诸种文字包装过的‘大人物’，看得比较清楚。”凤凰卫视主持人、书评人梁文道在为此书作序时称此书“格外珍贵”。

先睹为快

学生除了读书，还有他们自身的权利保护问题。本着胡适的教导，一个人要想为社会作贡献，就是首先要把陶铸成器。陶铸成器当然有许多方式，其中学生最重要的一种就是读书，但读书是为了明理，明理了是首先学会保护自己的权利不受侵害。现在的学生很难理解因为发放讲义的原因，学生会闹起风潮，那是因为现在只有统一教材，很少老师各自为教、各有己见的讲义，其实这大大地影响了老师的创造性和学术自由。“七时过西老胡同，始知昨日因讲费事，风潮扩大，校长及各系主任，均停止办公。予同术伯至北大一观，见诸人宣言，又见学生告白。午前九时，在三院大礼堂开会议办法，明日再开教员学生全体大会，以求解决。学校经费支出，风潮时起，此后银钱，不可妄用，以免受窘求人。”（1922 年 10 月 19 日）。因为学校其他经费无着，教育部、交通部等方面拨给北大的费有限，因此学校想收一点学生的讲费来补充不足，但学生因为享受免费的老师讲义，久已成为传统，乍一收费，没有谁能够对此“不当”支出无动于衷。吴虞这人有时还是比较实在，看到学生闹事，想到的却是不可乱花银钱，免得自己无法领到薪金而左支右绌。本来第二天是要上课，但马幼渔、周作人、沈尹默、吴虞、朱希祖等人同情学生，亦主张暂时停课，弄得蔡元培要辞职，后来在大部分教师学生的挽留下，10 月 24 日北大送来蔡元培复职的启事。学潮好像是近现代中国大学的一个保留节目，也是学生社会参与的表达方式。因章士钊欲合并八校，“午后一时过北大，门外警察多人，荷枪而立，学生游行，约二万人，遂无人上课。予以《书目》一份给游国恩而归”。(1925 年 5 月 9 日) 游国恩显然有自己的判断与主张，没有去游行，而是径自去上课，颇遵循蔡元培、胡适的“爱国不忘读书”的训导。吴虞在北大四年的教书生涯里，游国恩应该算是他学生中比较著名的学者了。

学生是青年，青年必有理想，不像那些久于世故的江湖油子一样，只顾自己的实际，完全抛却相应的社会责任。发生任何于国有碍的问题，学生都比较先于其他阶层起而动之。上海五卅惨案的爆发是工人因为自己的实际利益率先而动，但学生是激于英人捕杀工人的爱国热情，亦算是真正的道义奥援。“北大因上海英捕枪杀学生事件，从今日起，议决停止上课”(1925 年 6 月 3 日)；“北大学生募捐，付洋一元。十二时过澄华园洗澡，归途雷雨大作，行至大栅栏，国民大会学生散会、游行经此。予停车让之。男女学生周身皆水湿，仍高呼经济绝交不止，予几为堕泪。徐旭生、戴夷乘同学生步行泥途中，甚可感也”。(1925 年 6 月 10 日) 吴虞虽没像徐旭生、戴夷乘一样与学生一起游行，但赞佩他们，为学生的爱国热情所感动，几欲堕泪。不特此也，吴虞还专门给五卅惨案捐款十二元，从工资中扣除，显然这也是许多老师也是学校的共同选择，否则没有从工资中扣除之理。“北大来薪洋一百〇四元，扣去前欠沪案捐款十二元，止收洋九十二元”(1925 年 7 月 15 日)。这说明在表达此种爱国热情上，学生、老师、学校达成了空前的共识。

延展阅读

《从历史的偏旁进入成都》

1999 年出版的冉云飞的《从历史的偏旁进入成都》是“老成都”系列丛书之一，由流沙河作序。作者从传闻、笔记、笑话、民间故事、私家史乘和方志谱牒中细心搜集，力图以鲜活有趣的细节，切入成都这座历史文化名城的内部，复活先人们的生活面貌，揭示成都生长的年轮和过往人民的生存状况，从历史中打捞成都市的文化特征。本书是一部别致的成都的城市史，全书共分九章，分别从成都市的起源来历、生动的历史逸事、道路交通、水利工程、出版印刷业和纺织业、成都历代的割据政权和独特的文化心理、风俗习惯、风味川菜、人文景观等多方面介绍了成都的历史，文笔活泼流畅，将深邃的历史思考和生动的叙述融为一体，是一部别开生面的史学著作。

《隔代的声音：历史劲流中的知识人》

范泓的《隔代的声音：历史劲流中的知识人》是一本极具温故意义的书，内容别开生面，作者以隔代人的视角，对中国近现代史上若干人物或重大事件重新阐释和反思，再现了这些知识分子不为人知的另一面，不仅是对他们传奇经历和人生态度的探寻，更是对中国当代历史的重温与回顾。书中展现了胡适、鲁迅、雷震、苏雪林等这些民国名人的陌生一面。立足今天盘点对历史的事后之明或许不难，难能可贵的是，作者对当事人饱含温存的那份了解之同情。

《民国人物列传》

吴相湘　著

关于作者

著名历史学家吴相湘（1912—2007），湖南省常德人，北京大学历史系毕业。曾在中央研究院历史语言研究所负责校勘《明实录》。抗日战争爆发后，投笔从戎，进入国民党第九战区司令部工作，专事收集战争资料编纂战史，多次随军在前线参战，到敌后了解情况，不仅经历了长沙会战，而且在衡阳守卫战中跑到了战争的第一线，撰有《第三次长沙会战》等文稿。他阅读过日本军部及外交档案，掌握了中日战争大量鲜为人知的史料。他在20世纪70年代编著出版的两巨册《第二次中日战争史》，最早记录了中国军民长期抗战的历史，也是学术界公认的迄今为止最为权威和优秀的抗日战争史著作。

抗日战争胜利后，吴相湘历任北平故宫博物院编纂、兰州大学副教授等。1949年1月，乘中兴轮离上海赴台。后曾任台湾大学、新加坡南洋大学、台湾中国文化学院（今中国文化大学）等校教授。1962年11月，因编纂民国史料触犯时忌，被中国国民党开除党籍。1975年赴美定居。1996年曾回大陆参加孙中山130周年诞辰国际学术会议，并游历北京、武汉、广州、上海等地。

许多学者出自他门下。据“中研院”近代史研究所兼任研究员张存武回忆，吴相湘努力提携后进，“但他的脾气像湖南骡子一样硬，得罪不少人”。台大历史系教授李永炽曾修过吴相湘的中国近代史课程。他回忆，吴相湘身材高壮，教学认真，家里堆满了书，但很少对学生公开。因为那些资料许多是“从大陆带来的禁书”，还有台大从日据时代以来搜集的历史文献，极为珍贵。

他的治学态度十分严谨，对清史、抗战史等近代历史有深入见解。特别长于直接搜集引用中外第一手资料，参考稽证，提出自己的创见。除了早年翻阅故宫档案的绝佳机遇外，为了搜集资料，吴先生跑了许多地方，有两次都是从美国到欧洲然后再到亚洲的环球旅行。美国国会图书馆、英国公共档案局、梵蒂冈教廷图书馆、日本外务省、新加坡国立图书馆等都留下了吴先生仔细翻阅的身影，足履遍及日本、韩国、东南亚与欧美各国，阅历丰厚，交游广阔。20世纪60年代，吴相湘前往美国哥伦比亚大学研究中华民国人物史，协助哥大编纂“民国名人传记辞典”，返台后出版《民国百人传》。他引用英国、日本外交档案写成《孙逸仙先生传》，披露了大量国内书刊从未涉及的史料。

2007年9月21日，吴相湘先生在美国伊力诺州自由市逝世，享年95岁。

荐读理由

在中国近代化进程中，民国无疑是一重要阶段。几千年帝制轰然坍塌，“共和”新制尚无准备，政治纷争、军阀混战不断。大动荡年代，既有惊天动地的英雄豪杰，也有横行霸道的枭雄奸佞，也正是在这新旧交替、中西文化碰撞中，产生了不胜枚举的学术大师和文化先驱。那些对民国历史产生重要影响的民国人物，是民国历史的参与者、推动者，因此，为民国人物作传，对于深入认识民国历史，无疑具有重要意义。

《民国人物列传》是著名历史学家吴相湘先生所撰民国时期著名人物传略汇辑。这部《民国人物列传》同样具有重要的史料价值，是在他的《民国百人传》的基础上，加以新史料、新事实，修订补充而成。

上下两册的人物列传，介绍的民国时期政治、法律、外交、文化、艺术、科技等各方面著名人物名单如下：梁敬錞、晏阳初、陈受颐、吴芳吉、章炳麟、钱玄同、易君左、胡汉民、伍廷芳、廖仲恺、孔祥熙、梁士诒、王宠惠、蒋方震、陈介、詹天佑、伍连德、凌鸿勋、齐白石、熊希龄、颜惠庆、吴佩孚、张作霖、张发奎、曹汝霖、章宗祥、陆宗舆、陈公博。

他们在吴相湘的笔下，都是有血有肉的形象，性格鲜明、人人皆有特定年代的狂狷之气。如伍连德这个普通读者感到陌生的人物，在中国近代医学上有着里程碑的地位，1908 年，哈尔滨等地发生“黑死疫”，伍连德受命前往疫区，采取了一系列雷厉风行的专业措施，制止了瘟疫的传播，使防疫工作走在国际前列。作为“四大家族”之一的孔祥熙，在大陆声名狼藉，吴相湘却给予其崇高的赞扬和谅解。孔祥熙年幼之际曾奋勇保护在义和团运动中遭劫的传教士，李鸿章因此召见慰勉他，教会学校感恩资送他负笈美国，成为一段传奇佳话。抗战八年期间，孔祥熙的财政改革，对苦撑战局起到了极大作用。还有在外交战场筚路蓝缕的颜惠庆、在抗战期间赶筑大量铁路的凌鸿勋、一腔热情大办教育的晏阳初等，这些被时间尘沙埋没的记忆和人物，被吴相湘挖掘出来，让后世的人读起来是无比动容。

本书叙述生动、资料翔实，开民国史研究中人物研究的先河，是中国史学界研究民国史及民国人物的必备参考书。

先睹为快

一九二九年，晏阳初和“平教总会”全体同仁自故都迁往河北省定县，居住乡村。深入民间，与农人为邻。虚心诚意向农民学习，以农民作师友，完全改变千百年来“万般皆下品，惟有读书高”的积弊恶习。

“平教总会”先自定县翟城村开始，应用现代社会调查方法，明了乡村居民生活各种情况，了解农民实际迫切的需要是什么？再进行研究试验各种可行的方法——这些方法特别注重适用农民良好传统和经济负担能力。例如随识字教育之后推行的生计教育，就是以土产土法为主，研究其得失，再就西洋科学原理和方法加以改良。生产工具、生产方法、生产品种，逐渐融合中西，推广于农村。且采用“表证农家”方式，选择接受识字教育的中青年农家先试用这些新方法新品种。单位产量大大增加，邻近各村农民闻讯前来参观，欣慕之余，要求“平教总会”加以指导，这样也促成农民自动精神，后来合作社等方式的引进，都是青年农民自动逐渐组成。

但农村环境肮脏，毫无医药保健设备，甚至传统草药店及中医也极缺乏。农民本身及家人身体多生疾病，传染病流行，从未加以预防。“平教总会”眼见这一现象：多病体弱的农民如何能长久耐劳做工？妇婴卫生不讲究，更影响后代。因此，又根据“经济”“实用”原则，试验卫生保健教育。训练平民学校结业青年农民担任各村保健员，负责治疗沙眼皮肤病以及每年布种牛痘及猩红热预防针。如有病情较重农民，即送区卫生所。所中医生视病情治疗，或再转送县卫生院。

晏阳初倡行平民教育，发源于法国战场。“定县实验”进行期间，正当国内外患内战最甚。“平教总会”不问政治，埋头工作。面对空前国难，华北已是国防最前线，因推行公民教育、培养定县居民民族意识以及自卫所需要的军事训练。从此，文艺教育、生计教育、公民教育连环进行，不分轻重先后，效果显明。中央政府因此决定采用这种效果，在全国设立县政实验县，定县自然是其中之一。素主“村治”的梁漱溟也认定一乡村单位大小，试验研究、不仅多耗人力财力，且缺乏相互比较可能。也采用“平教总会”多年来“以县作实验”单位的主张，在山东邹平主持实验县，并采用定县实验成功的“乡村保健卫生制度”及“导生制”。华北几所著名大学教授也分别参加定县邹平研究实验工作，大学毕业生也应考为研究生（如现在台湾的叶楚生女士等）分别在定县邹平实地学习。这是中国现代学术界一大转变：“知识分子下乡”当时就有事实表现。

延展阅读

《宋教仁传》

宋教仁是同盟会的重要领导人之一，国民党三元首之一，中国伟大的民主革命先行者、中华民国的缔造者，是中华民国初期第一位倡导内阁制的政治家，在中国近代史上具有十分重要的地位。他 1913 年被暗杀于上海，享年 32 岁。《宋教仁传》是吴相湘先生有关中华民国史研究的第一本著作，可以说是海内外有关宋教仁研究的奠基之作。本书以详实的史料，对宋教仁的历史活动做了充分的考察，澄清了以往的误传和错误，提出了许多开创性的结论，某些判断已经为后来的史料所验证，这也证实了吴先生观察的细密和运用史料的能力。

《民国那些人》

《民国那些人》是中国《中国青年报·冰点周刊》最佳专栏“钩沉”的结集，专栏主笔徐百柯从故纸堆里或人们的记忆中，以独立的判断和诗一般低徊的笔触，“钩”起 79 个人物，唤醒一段正在消逝的历史，让已经模糊的身影清晰可感。既有故去的名校校长、铁肩辣手的报人，也有在世界面前代表中国的外交家，甚至有传教士……围绕着他们一幕幕鲜为人知的传奇轶事，通过本书在历史零散与完整的记忆中生动再现。他们中有的人至今仍被频繁地提起，有的人虽然当时名博四方，之后却变得默默无闻，然而，这些人的思想、学识、情操、气节、志趣等，今天仍然深深影响着我们。他们曾经的理想，他们的面容和言行，他们的风度、气质、胸襟、学识和情趣，在徐百柯的文字中一一复活。他们每一个人的一生都可以写成大部头的传记，用千字文来状摹，诚非易事。徐百柯的高明之处就在于：三言两语，人物的性情、品格、相貌、风度等立即跃然纸上。

文学与思想

《孔子传》

钱穆　著

关于作者

钱穆（1895—1990）生于江苏无锡的七房桥村，这是一个很小的江南村落，村中多为钱姓聚族而居。就在这个很不起眼的小村落里，产生了许多钱姓名人，其中最重要的莫过钱穆、钱伟长叔侄俩了。钱穆在常州府中学堂读中学时，全年级集体提议，请求校方对第二年的课程作些改动，学生公推钱穆等五人为代表与校长商谈，但他们的请求被校方拒绝。钱穆于是拒考，自动退学。钱穆退学后即转入南京钟英中学就读。不久武昌起义爆发，学校停办，钱穆就此辍学。1912 年春到 1922 年秋，钱穆先后在秦家水渠、荡口鸿模、梅村县四、后宅初小担任了 10 年半的乡村小学教师。

在 20 世纪中国著名学者群中，钱穆是自学成才的典型。他来自中国社会最底层的乡村，没有读大学接受现代意义的正规学术训练，更没有出国留学，完全靠自学成为著作等身、享誉海内外的学术大师。1922 年秋，钱穆应厦门集美中学聘请担任教师，期间先后写完了《论语要略》、《孟子要略》、《国学概论》、《墨子》、《王守仁》等著作，他早年最重要的学术著作《先秦诸子系年》也在这一时期大体完成。1929年秋，著名史学家顾颉刚在苏州中学见到了钱穆，翻阅他的《先秦诸子系年》书稿后深为佩服，对钱穆说，“君不宜长在中学里教国文，应去大学里教历史”，于是推荐钱穆到燕京大学任教。1930年9月，钱穆来到了人文荟萃的文化古都北平，担任燕京大学国文系讲师，这是他人生道路上的重大转折。这一年，钱穆刚好36岁。

“七七事变”后，钱穆随北大南迁，在西南联大主讲中国通史，吸引了大批学生。他撰写的通史著作《国史大纲》新义迭出，创见尤多，被当时的教育部定为全国大学用书而一时风行。

1949年国民党政权垮台，钱穆入港，他与唐君毅、张丕介等人一道，在香港创办了新亚书院。1965年6月，筚路蓝缕创办新亚书院的钱穆主动卸去了书院院长职务。随后潜心学术，再创学术新生命，写下了五大册的皇皇巨著——《朱子新学案》。

1967年10月，钱穆定居台湾。1990年8月30日，钱穆先生在台北杭州南路寓所无疾而终，平静安详地走完了他人生最后的一刻。一代大师隐入历史，享年96岁。

荐读理由

孔子是我国古代最伟大的教育家和思想家，儒家学派创始人。在封建时代被尊为“至圣先师”，而在现代则作为中华文化的象征，在世界范围内广受追捧。由于种种原因，孔子在政治上没有太大的作为，政治上的不得意，使孔子将很大一部分精力用在教育事业上。他打破了贵族教育垄断，开创了私学。孔子弟子多达三千人，其中贤人七十二人，有很多成为诸国栋梁。他因此也被看作是最伟大的教育家。

在孔子以前，中国历史文化当已有两千五百年以上之积累，而孔子集其大成。在孔子以后，中国历史文化又复有两千五百年以上之演进，而孔子开其新统。孔子对中国历史进程和文化理想的影响和贡献，无人能比。1988 年，75 位诺贝尔奖的获得者在巴黎发表联合宣言，呼吁全世界“21 世纪人类要生存，就必须汲取两千年前孔子的智慧”，由此可见孔子的伟大及其在世界上非同一般的影响力。

孔子生平言行，由他的门人弟子记载，结集而成《论语》。《春秋左氏传》也记载了很多他的政治活动。其他有关孔子言行和家世的记载又散见于先秦古籍中。西汉司马迁《史记》采集以前的材料而作成《孔子世家》，是记载孔子生平的第一篇传记。

国学大师钱穆是最早对孔子进行系统研究的近代学者。钱穆有关孔子的撰述，最早见于《论语要略》（1925 年）。与此同时，钱穆也已开始为先秦诸子（包括孔子在内），进行一项重要的史事系年的考订工程。1930 年，《先秦诸子系年》一书初稿已成，1935 年正式出版。其中第一卷，是属于孔子相关的生平行事及孔门弟子事迹的，计有 30 篇，就孔子一生的重要史事及其学术思想的时代定位，都已考订详确。而他日后有关孔子的论述及先秦儒家的学术思想、学术观点，基本亦不离于此。而我们向读者推荐的这部 1974 年在台湾出版的《孔子传》，首尾更加连贯，考证尤见详密。

钱穆的《孔子传》综合司马迁以及各家考订所得，重新为孔子作传，采用的材料以《论语》为主，重心在孔子的治学和教育事业，其次才是政治事业。这是因为钱穆认为，要复兴中国文化，就要重振孔子儒家传统，当务之急便是发扬孔子生平最重视的自学和教人精神。本书并不仅仅是讨论孔子的生平，也是对中国五千年文化传统的研究，旨在引领读者了解孔子思想乃至中国传统文化之大义。

钱穆先生与当时学术界最大的不同点是，他要超越学派之间的门户和壁垒，摆脱尊孔与反孔的政风与学风的羁绊，以慎疑为始，以考信为终，把孔子一生的重要事迹及其学术思想与人格风范科学而平实地写出来。钱穆在其中曾做疑辨二十五条，对孔子的出生、生平及言行等诸多方面提出了一些质疑，为了方便读者略去了繁琐的考证辨订过程，直接给出了自己的见解。钱穆提出的这些疑问，很多依然是研究孔子需要考查的热点问题。

钱穆写作力求浅显，意在普及。这本书由浅近的文言写成，虽然引用了较多古书材料，但是内容丰富而不芜杂，措辞干净，是读者用现代眼光重新认识孔子的一本很好的引路书。

先睹为快

孔子晚年反鲁，政治方面已非其主要意义所在，其最所属意者应为其继续对于教育事业之进行。

子曰："先进于礼乐，野人也。后进于礼乐，君子也。如用之，则吾从先进。"

先进后进，乃指孔门弟子之前辈后辈言。孔子周游在外十四年。其出游前诸弟子为先进，如颜闵、仲弓、子路等。其于礼乐，务其大体，犹存淳素之风。较之后辈转似朴野。其出游归来后诸弟子，如子游、子夏等为后进。于礼乐讲求愈细密，然有趋于文胜之概。孔子意，当代若复用礼乐，吾当从先进诸弟子。盖孔子早年讲学，其意偏重用世。晚年讲学，其意更偏于明道。来学者受其薰染，姑先进弟子更富用世精神，后进弟子更富传道精神。孔门诸弟子先后辈风气由此有异。

子曰："从我于陈蔡者，皆不及门也。"德行：颜渊、闵子骞、冉伯牛、仲弓。言语：宰我、子贡。政事：冉有、季路。文学：子游、子夏。

孔子在陈，思念在鲁之弟子。及其反鲁，又思及往年相从出游诸弟子。或已死，或离在远，皆不及门，谓不及在门墙之内，同其讲论之乐也。德行、言语、政事、文学四科十哲，乃编撰《论语》者因前两章孔子所言而附记及之，以见孔门学风之广大。言语指使命应对，外交辞令。其时列国交往频繁，政出大夫，外交一项更属重要，故言语乃列政事前。文学一科，子游、子夏乃后辈弟子，其成就矫然，盖有非先辈弟子所能及者。至于德行一科，非指其外于言语、政事、文学而特有此一科，乃是兼于言语、政事、文学而始有此一科。

《孟子·公孙丑》曰：

昔者窃闻之，子夏、子游、子张皆有圣人之一体。冉牛、闵子、颜渊则具体而微。

冉、闵、颜三人皆列德行，正谓其为学之规模格局在大体上近似于孔子，只气魄力量有不及，若偏于用世，则为言语、政事。偏于传述，则为文学。盖孔子之学以一极单纯之中心为出发点，而扩展至于无限之周延。其门弟子各就才性所近，各视其智力之等第，浅深高下，偏全大小，各有所成，亦各有所用。《论语》记者虽分之为四科，然不列德行之科者，亦未尝有背于德行。其不预四科之列者，亦未尝不于四科中各有其地位。此特指其较为杰出者言耳。

延展阅读

《孔子》

井上靖是20世纪日本文坛一位杰出的文学家，曾多次获得日本文学、文艺大奖，被日本评论家誉为“置座于文坛顶峰的大师”。井上靖深受中国文化的影响，他以中国历史为题材创作了大量的小说，《孔子》便是他经过二十余年的酝酿，创作出来的最后一部文学巨著。本书以虚构的孔门弟子蔫姜回忆老师孔子的方式，塑造了一个弟子眼中作为平常人的孔子。蔫姜的讲述没有偏离历史的记载，但同时也加入了一些虚构和评价孔子的话语，用以展现孔子慈爱、忧国忧民、沉着冷静的一面，探讨儒学思想的博大与精深。《孔子》可以说是井上靖人生与艺术的一部总结性的作品。这部小说出版后，发行量超过了70万册，成为日本当年十大畅销书之最，被誉为“历史小说中的明珠”，并于1989年获野间文艺奖。

《论语新解》

钱穆的《论语新解》非常适合和他的《孔子传》配套阅读。这部新解汇集了前人对《论语》的注疏、集解，力求融会贯通，“一以贯之”，再加上作者自己的理解予以重新阐释。钱穆《论语新解》对于《论语》学习的意义在于，不但初学者可以从中了解常识，帮助扫清文字障碍，懂得《论语》读法；一般研究者亦可从中明白读书当先知人，学习《论语》当先学习孔子之人品、道德、风范。以文论，在章节布局上，多数地方采用了朱熹《论语集注》的观点，虽然部分见解的个人特色很浓，但也值得一看；以质论，虽然通篇采用文言写作，但稍有些古文基础的都能读畅。

《陶渊明传论》

李长之　著

关于作者

李长之（1910—1978），山东利津县人。1910 年出身于书香门第，父亲是清末秀才，母亲毕业于省立女子师范，爱好艺术。李长之幼年随父在济南上学，先后在济南第一师范附属小学、山东省立第一中学、山东聊城师范就读，接受的是新式教育，学用白话文写诗歌和散文。从 12 岁起所写新诗、散文分别发表在《儿童世界》、《少年》和《小朋友》等杂志上。

1929 年高中毕业后，考入北京大学预科甲部。在北大学习期间，为北京《益世报》编辑副刊“前夜”。并在《自由评论》上发表了《我所认识的中山先生者》一文，颂扬孙中山先生的为人及其民主革命精神。

1931 年秋，他考入清华大学生物系，后转哲学系，曾与吴组缃、林庚、季羡林并称为“清华四剑客”。九一八事变后，他参加了清华大学南下请愿团去南京要求蒋介石抗日。1933 年至 1936 年，担任许多进步刊物的编委，并且刊行第一部诗集《夜宴》。

在1935年主编《益世报》副刊时，他的《鲁迅批判》曾在该报副刊上连载。到1935年9月上旬，他将全书结稿，在北新书局出版。李长之这部专著的出版，曾得到鲁迅先生的大力支持和帮助，鲁迅亲自看过李长之的稿件，并订正过其中著作。此外，鲁迅还赠送给他一张照片，刊印在书面上。不到一年，鲁迅先生就去世了。《鲁迅批判》在鲁迅研究史上，是第一部成系统的专著，在学术界影响很大，可惜命运坎坷。李长之出版《鲁迅批判》之后，屡遭批判和查禁，在国民党统治时期，它被视为左派读物予以排斥；在日伪统治时期，它被列为禁书；新中国成立伊始，也受到严厉批判。李长之在1957年被划为"右派"，《鲁迅批判》成为黑书，被封存于图书馆，不许借阅。在"文化大革命"中，一名工宣队队员指着李长之的鼻子说："就冲着'批判'，你就罪该万死。"1976年"四人帮"已经粉碎，某出版社曾找李长之接洽再版《鲁迅批判》事宜，条件是将书名"批判"改为"评论"或"分析"之类云云。李长之脾气耿直，他坚持不改。他说："批判其实就是分析评论的意思。我为《鲁迅批判》遭一辈子罪，不改，不出，也罢!"

后来，李长之先后在中央大学、北京师范大学等校任教，是著名的诗人、翻译家、学者，发表了《苦雾集》、《文学史学与文艺科学》、《司马迁之人格与风格》等重要著述和译著20余部。

1957年，李长之被错划为"右派"；"文化大革命"中，又因被当作"资产阶级反动学术权威"遭受迫害。但他依然尽心竭力从事教学工作和学术研究，积极参加《红楼梦》的注释和《新华字典》的修订等工作。李长之不仅在中国文坛上享有盛名，而且在国际汉学界也颇有影响。

李长之晚年身残多病，仍积极从事学术研究和著述。1978年12月13日他病逝于北京，终年68岁。

荐读理由

陶渊明是一位伟大的田园诗人，他以自己纯真平淡的笔触，开创了中国文学史上田园诗派的先河。有人说，陶渊明出现在东晋的诗坛上，似乎是一个奇迹。不过无论从哪个方面看，陶渊明都是一个奇迹，他的行止与诗文总是给人一种平和、宁静、淡远、闲适的感受，让人可亲可近、向往叹慕，而又恍如误入桃花源，怅然难以企及。

在相当长一段时间里，陶渊明几度陷于“一心处两端”的矛盾之中，他每次似乎都抱着希望入仕，又每次因为失望而退出仕途，一直在仕与隐的纠缠里辗转反侧。41 岁那年他出任彭泽县令，仅仅八十多天，终因不肯“为五斗米折腰向乡里小儿”毅然离去，从此归隐。然而理想中的田园并不是现实中的田园，陶渊明的家境本来就艰难，归隐之后，要靠自身的力量以耕植谋求一家大小的温饱，实在不易，他付出了很大的努力，仍然经常陷家人于饥寒贫困之中。面对沉重的生活压力，陶渊明表现出惊人的勇气与执著。

陶渊明既超脱又执著，既平淡又沉郁。这种矛盾的统一，伴随着诗人的一生。他的文字，就是这种思想、经历、感受的生动记录，是异常丰富多彩的。但是，在他生活的当时和死后的上百年间，他只是作为一个浑身静穆、高标卓立的著名隐士而受到人们的注意的，至于其精彩绝伦、清新飘逸的文学作品，却没有得到应有的重视和很高的评价。到了唐代，陶渊明的田园诗开始得到了许多诗人的高度评价，在思想内容和艺术风格等方面，都对后代产生了极为深远的影响。他那种“不为五斗米折腰”的精神促进了中国人崇尚气节、重视个人品德修养的民族传统的形成，“结庐在人境，而无车马喧”的冲淡襟怀，对中国人安静自守、消化深重痛苦的传统人格的形成，也有一定的影响。他的人生道路成了后世争相效法的样板，成为一种文化精神的象征。

李长之的《陶渊明传论》的主要内容包括陶渊明的两个重要先

辈——陶侃和孟嘉，陶渊明的一生及其作品以及陶渊明论，资料翔实可靠，内容丰富深刻，观点鲜明，多有新见，是一部价值很高、不可多得的传记文学作品。作为一个优秀的批评家，在作品的解读、人物的解析和评价上，李长之信手拈来，言简意赅而精彩纷呈。他尤其善于融会贯通陶渊明的诗文作品，把它们前后串联起来，再现陶渊明诗文的发展和变化，给人以流动的完整的陶渊明的影像。

如果在现当代有所谓“陶学”的话，那么李长之的《陶渊明传论》大概是其中最惹人瞩目和引起争议的著作了。根据不完全的统计，新中国成立之后至1953年《陶渊明传论》出版之前，大陆报纸、杂志发表的有关陶渊明研究的论文不过两三篇，而在此之后，研究陶渊明的论文如雨后春笋般涌现，至50年代末，已发表论文近百篇，而且基本上都是围绕着李长之《陶渊明传论》的相关话题进行的。从这个意义上说，李长之的《陶渊明传论》的发表，在陶学领域可谓一石激起千层浪，引起了巨大反响。因此，此书是读者理解陶渊明及相关文献的必读书目。

先睹为快

桓玄的失败，陶渊明是一定会很惋惜的。他的《拟古》诗最后一首这样说：

种桑长江边，三年望当采。枝条始欲茂，忽值山河改。柯叶自摧折，根株浮沧海。春蚕既无食，寒衣欲谁待。本不植高原，今日复何悔。

此中有“忽值山河改”一语，可知必为政治诗无疑。它的意义有很多可能，或指孙恩，或指收复失地，或指桓玄。黄文焕则说是指恭帝。我们却认为惋惜桓玄的可能为最大。“种桑长江边”是说桓玄的政权建自江陵，“三年望当采”正是指桓玄从入京到失败之年，“忽值山河改”是指刘裕把桓玄消灭了。“本不植高原”是说桓玄的建国太鲁莽，不够稳固。总之，这是指一个倏起倏灭的政权，本来还给人们带来一些希望的，但基础不稳，两三年失败了，于是人们像靠桑叶吃食的蚕一样，桑树完了，蚕也有绝粮之虞了。这只有桓玄的政权是符合的。

桓玄失败的这一年，陶渊明年四十。人在四十岁的时候，是容易反省过去，思索未来的吧。因为，这时的社会经验也丰富了，已得到一些便于作出结论的材料；况且“人生七十古来稀”，到了四十岁，也就是走了一多半，因而在情感上也就容易触动瞻前顾后的念头；加上古人“四十而不惑”，熟读古书的人无异于先有一个这是临于思想成熟的阶段的暗示；假如就陶渊明论，他这时又是饱经世变和风波的，住的地方得阳更是此出彼入的争夺之地，当然就更容易有所感发了。《荣木》，就是这样理智的、反省的诗：

荣木，念将老也。日月推迁，已复有夏，总角闻道，白首无成。

采采荣木，结根于兹。晨耀其华，夕已丧之。人生若寄，憔悴有时。静言孔念，中心怅而。

采采荣木，于兹托根。繁华朝起，慨暮不存。贞脆由人，祸福无门。匪道曷依，匪善奚敦？

嗟予小子，禀兹固陋。徂年既流，业不增旧。志彼不舍，安此日富。我之怀矣，怛焉内疚。

先师遗训，余岂云坠。四十无闻，斯不足畏。脂我名车，策我名骥。千里虽遥，孰敢不至。

从这首诗看出他早年所受的儒家思想之深以及他这时依然有努力的决心。“贞脆由人，祸福无门”，却是对时代的感触了。桓玄被杀于五月，他的诗作于“已复有夏”，其中有这个时代中政权的变换的深刻印象在！

还有《连雨独饮》一诗，也应该作于这时：

运生会归尽，终古谓之然。世间有松乔，于今定何间？故老赠余酒，乃言饮得仙；试酌百情远，重觞忽忘天。天岂去此哉？任真无所先。云鹤有奇翼，八表须臾还。自我抱兹独，僶俛四十年。形骸久已化，心在复何言？

这首诗中的“运生会归尽”，也就是《荣木》篇中的“人生若寄，憔悴有时”的同样感觉。《连雨独饮》的诗题也和《饮酒》序中所说“顾影独尽，忽焉复醉”有些相似，这就转证《饮酒》的一部分正作于同时。像《饮酒》的第一首，“衰荣无定在，彼此更共之”，那主题是尤其相近了。

延展阅读

《陶渊明》

俞樟华、陈兴伟先生的《陶渊明》这本书比较全面地介绍了我国古代文学史上的第一个田园诗人陶渊明由仕而隐的生平经历和直率坦荡的为人处世，以及对其诗文创作的重要影响，具体分析了他首创的田园诗的丰富内涵和平淡自然的独特风格，对其感情真挚、清新朴素的散文和辞赋的杰出成就也做了充分肯定，对陶渊明研究中历来争议颇多的问题也做了实事求是的评价。全书文笔生动活泼，内容深入浅出，评价公允平实，具有融知识性与学术性为一体的特点。

《司马迁之人格与风格》

《司马迁之人格与风格》一书是我国第一部用新的方法全面介绍和评价司马迁和《史记》的专著，充分体现了李长之文学批评的浪漫风格和宽广的文化视野。李长之以他特有的优美的笔调，高度评价了司马迁和《史记》，并从哲学、史学、美学、文学的角度全面分析、论证了司马迁及《史记》的思想和艺术。全书充满了闪光的语言、精辟的论断、深刻的论述和翔实的引证，尤其是其中许多富于开创性的见解，更给人以无限的启发。

《苏东坡传》

林语堂 著

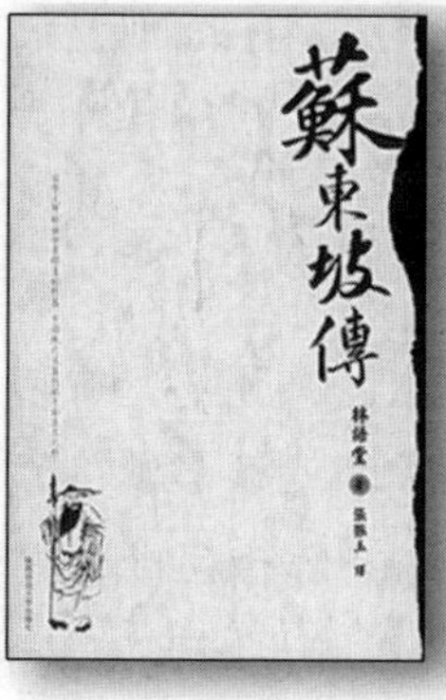

关于作者

林语堂（1895—1976）出身于基督教牧师家庭，但他在详尽地探索中西方哲学思想后，晚年才真正成为一名基督徒。他的哲学探索历程记载于《信仰之旅》一书，他曾经自题一副对联曰：“两脚踏东西文化，一心评宇宙文章。”

林语堂1912年进入上海圣约翰大学，毕业后在清华大学任教。1919年秋赴美哈佛大学文学系。1922年获文学硕士学位。同年转赴德国入莱比锡大学，专攻语言学，回国后担任北京大学教授、北京女子师范大学教务长和英文系主任。1924年后为《语丝》主要撰稿人之一。1926年到厦门大学任文学院院长。1927年到武汉任中华民国外交部秘书。随后的几年当中，他创办多本文学刊物，提倡“以自我为中心，以闲适为格调”的小品文，对之后的文学界影响深远。1924年5月他将英文的“humor”译为“幽默”，是首次把英文中的“humor”对译为中文中的“幽默”的人。

20世纪30年代林语堂编著的开明英文读本，成为全国各校通用之教材。1935 年后，他在美国用英文写成《吾国与吾民》、《京华烟云》、《风声鹤唳》等文化著作和长篇小说。《吾国与吾民》介绍和译述中国的传统思想、哲学和文化艺术，对中国社会的发展和中华民族的性格、精神作出了叙述，成为当代欧美人士了解中国文化的重要著作，有许多著作都被再翻译成其他语言。

1947 年，林语堂担任联合国教科文组织美术与文学主任，后到巴黎写小说《唐人街家庭》。1948 年又返回美国从事写作。1954 年新加坡筹建南洋大学，受聘担任首任校长，但后来由于经费等问题，与南洋大学董事会意见不合，在大学开学前离职。

由于当时中文检字技术不够发达，学术界普遍不满意传统的部首检字法，于是林语堂倾家荡产全心研究中文检字法则，在 1947 年发明了“明快中文打字机”，1952 年获美国专利；“上下形检字法”后来也用于《当代林语堂汉英词典》，并曾授权给神通电脑公司作为其中文电脑之输入法，神通称其为“简易输入法”。

1966 年后林语堂定居台湾，继续写作论古说今的杂文。1967 年受聘为香港中文大学研究教授。他曾在 1972 年和 1973 年被国际笔会推荐为当年诺贝尔文学奖候选人。

1976 年 3 月 26 日，林语堂在香港逝世，同年 4 月移灵台北，葬于台北阳明山仰德大道的故居后园中。

荐读理由

苏轼，字子瞻，一字和仲，号东坡居士，北宋眉州眉山人。作为中国历史上最伟大的文学家之一，苏轼以其优美的文笔、深刻的思想内涵、丰富的人生故事赢得了千秋美名。几乎没有哪一位文人不喜欢苏轼，他似乎成为中国文人心中的理想形象而被世人牢记。

《苏东坡传》是文学大师林语堂最得意的作品，堪称中国现代长篇传记开标立范之作。林语堂对苏东坡的热爱超越了一般界限，在整本书里充满了他对苏轼的仰望和倾慕。在前言他就开始了激情的讲述："苏东坡是一个无可救药的乐天派、一个伟大的人道主义者、一个百姓的朋友、一个大文豪、大书法家、创新的画家、造酒试验家、一个工程师、一个憎恨清教徒主义的人、一位瑜伽修行者、佛教徒、巨儒政治家、一个皇帝的秘书、酒仙、厚道的法官、一位在政治上专唱反调的人。一个月夜徘徊者、一个诗人、一个小丑。但是这还不足以道出苏东坡的全部……苏东坡比中国其他的诗人更具有多面性天才的丰富感、变化感和幽默感，智能优异，心灵却像天真的小孩——这种混合等于耶稣所谓蛇的智慧加上鸽子的温文。"这样的言语已经完全概括了一部书，一部生平，直教人神往。

从人生经历上看，苏东坡的遭遇坎坷、磨难深重，亦十分罕见。33 岁时苏东坡一度进入中央政权的中心，但很快由于政见不为皇帝接受而开始了大半生的颠沛流离。35 岁时他正当盛年，被贬往杭州任通判，从此开始了噩梦般的贬谪流放生活，总的趋势是离政治中心越来越远，而离黎民百姓却越来越近。让人感叹的是，虽然经受了重重苦难，苏东坡还是那样乐观、豁达，随遇而安，乐天知命。所以，林语堂感叹他是个"秉性难改的乐天派"。

面对卑鄙小人与无耻政客的中伤、流言、攻击、陷害，他不屑反驳与回击。能放下个人恩怨以及功名利禄，而牵挂着百姓万民的忧乐。兴修水利、赈济灾民、减免租税、平反冤情、为民请命……每到一地，苏东坡总是造福一方。所以，林语堂称他是"百姓之友"。

苏东坡总能找到人生快乐的理由。在杭州，他欣赏的是"湖山信是东南美"。在密州，他体验的是"老夫聊发少年狂"。在文化荒漠的南方，他看到的是"岭南万户皆春色"，以至于"鸡犬识东坡"，感慨"不辞长做岭南人"。即使是在湿热的海南，他也为"唯有一幸，无甚瘴也"而欣慰。

苏东坡兼容儒释道的精髓，透悟人生，洞悉自然。他对弟弟说，我上可陪玉皇大帝，下可陪卑田院乞儿。在我眼里，天下没有一个人不是好人。真是一语悟透人生真谛。林语堂分析道，“他对人生了解得太透彻，也对生活太珍惜”，“他是爱自然的诗人，对人生抱有一种健康的神秘看法”。

在中国文化史上，苏东坡无疑是一座巍峨的高山。对于诗词、文赋、书法、绘画，苏东坡几乎无一不精，无一不能。林语堂评价说：“苏东坡在中国历史上的特殊地位，一则是由于他对自己的主张、原则，始终坚定而不移，二则由于他诗文书画艺术上的卓绝之美。”

在林语堂笔下，千年前的苏东坡仿佛复活在我们眼前：这是一位亦倜傥亦潇洒亦豪迈亦旷达亦俊秀亦从容亦淡泊亦宁静的智慧长者，身披蓑衣，脚蹬芒鞋，拄着竹杖，面带微笑，向我们缓缓走来。

先睹为快

苏东坡这种解脱自由的生活，引起他精神上的变化，这种变化遂表现在他的写作上。他讽刺的苛酷，笔锋的尖锐，以及紧张与愤怒，全已消失，代之而出现的，则是一种光辉温暖、亲切宽和的诙谐，醇甜而成熟，透彻而深入。倘若哲学有何用处，就是能使人自我嘲笑。在动物之中，据我所知，只有人猿能笑，不过即使我们承认此一说法，但我信而不疑的是，只有人能嘲笑自己。我不知道我们能否称此种笑为神性的笑。倘若希腊奥林匹亚圣山的神也犯人所犯的错误，也有人具有的弱点，他们一定常常自我嘲笑吧。但是基督教的神与天使，则绝不会如此，因为他们太完美了。我想，若把自我嘲笑这种能力称之为沦落的人类唯一自救的美德，该不是溢美之词吧。

在苏东坡完全松弛下来而精神安然自在之时，他所写的随笔杂记，就具有此种醇甜的诙谐美。他开始在他的随笔里写很多漫谈偶记，既无道德目的，又乏使命作用，但却成了最为人喜爱的作品。他写了一篇文字，说自己的贫穷，又说到他门人的贫穷。他说："马梦得与余同岁月生，少仆八日。是岁生者无富贵人，而仆与梦得为穷之冠。即吾二人而观之，当推梦得为首。"另有一篇随笔，是两个乞丐的故事：有二措大相与言志。一云："我平生不足惟饭与睡尔。他日得志，当吃饱饭后便睡，睡了又吃饭。"另一则云："我则异于是。当吃了又吃，何暇复睡耶？"不管在什么情况之下，幸福都是一种秘密。但是凭苏东坡的作品而研究其内在的本性，藉此以窥探他那幸福的秘密，便不是难事了。苏东坡这位天纵大才，所给予这个世界者多，而所取自这个世界者少，他不管身在何处，总是把稍纵即逝的诗的感受，赋予不朽的艺术形式，而使之长留人间，在这方面，他丰裕了我们每个人的生活。他现在所过的流浪汉式的生活，我们很难看做是一种惩处，或是官方的监禁。他享受这种生活时，他给天下写出了四篇他笔下最精的作品。一首词《赤壁怀古》，调寄《浪淘沙》，也以《大江东去》著称；两篇月夜泛舟的《前后赤壁赋》；一篇《记承天寺夜游》。单以能写出这些绝世妙文，仇家因羡生妒，把他关入监狱也不无道理。赤壁夜游是用赋体写的，也可以说是描写性的散文诗，有固定的节奏与较为宽泛的音韵。苏东坡完全是运用语调和气氛。这两篇赋之出名不无缘故，绝非别人的文章可比，因为只用寥寥数百字，就把人在宇宙中之渺小的感觉道出，同时把人在这个红尘生活里可享受的大自然丰厚的赐与表明。在这两篇赋里，即便不押韵，即便只凭文字巧妙的运用，诗人已经确立了一种情调，不管以前已然读过十遍百遍，对读者还会产生催眠的作用。人生在宇宙中之渺小，表现得正像中国的山水画。在山水画里，山水的细微处不易看出，因为已消失在水天的空白中，这时两个微小的人物，坐在月光下闪亮的江流上的小舟里。由那一刹那起，读者就失落在那种气氛中了。

延展阅读

《林语堂自传》

本书为林语堂先生的自传。他将他的生活用幽默轻松的笔调娓娓道来，让读者可在一个清闲的午后放松优哉地阅读。在自传的最后，林语堂先生说："我一写完那好几百万字的巨册的最后一行时，那最后一行便成为我脚步走过的最后一条踪迹。"

《杜甫传》

《杜甫传》是诗人冯至结合自身的流亡经历，以切身的感触和体会所写就的一部对诗人杜甫诗化生涯的佳作，它是一部将诗与人、诗与社会、诗与时代相糅合的诗人传记。杜甫写他的时代和他自己的生活都是蘸满血泪，沉郁悲哀，但是读者读了他的诗，并不因此而情绪低沉，反倒常常精神焕发，意气高昂，这正是因为他那百折不回的乐观精神在字里行间感染着读者。从诗人起伏的人生经历中，我们可以感悟到个人与国家兴亡的关联，读出杜甫诗中的意境及蕴涵的情感和思想。世称杜诗为"诗史"，杜甫的一生，其实也是一部动人心魄的"诗史"。让我们像古人一样，在"慷慨激烈、歔欷欲绝"中，在此书中去感受那长留天地间的千古绝调吧！

《无法直面的人生：鲁迅传》

王晓明　著

关于作者

王晓明，著名的中国现当代文学研究专家。1955 年出生于上海，1977 年考入华东师大中文系本科，1979 年转读中国现代文学专业硕士研究生，师从许杰、钱谷融教授。1982 年获文学硕士学位并留校任教。现任上海大学文化研究系主任、教授，中国当代文化研究中心主任，中国文艺理论学会副会长，中国现代文学学会常务理事，《文艺理论研究》副主编；兼任浙江大学、南京大学、华东政法大学教授，同济大学电影学院艺术顾问，不列颠百科全书（芝加哥）英文版中国部分修订顾问。他的主要研究方向为 20 世纪中国文学、当代中国都市文化、中国近现代思想史。主要作品有《无法直面的人生：鲁迅传》、《潜流与旋涡：论二十世纪中国小说家的创作心理障碍》、《半张脸的神话》等。

王晓明是 20 世纪 80 年代一场著名的“重写文学史”讨论的主要发动者和积极参与者。在那个年代，热爱形而上的思维，反对教条、反对权威是当时年轻人的精神状态，教条化的中文系教材显得很不合时宜。因此“文学回到自身”和“把文学史还给文学”都成为当时呼之欲出的一种声音。1985年，在一次中国现代文学的创新座谈会上，北大的陈平原宣读了他和钱理群、黄子平酝酿已久的关于“二十世纪中国文学”的基本设想。而王晓明和陈思和应《上海文论》主编毛时安之邀，从1988年7月起，主持“重写文学史”专栏。由此，南北青年彼此呼应，以集体力量构成了一个大运动。作为20世纪80年代后期文学研究乃至思想文化界的一个重要“事件”，“重写文学史”的浪潮可以看作是20世纪80年代一场广泛思想、文化“重写”的结果。当时《上海文论》的很多专栏文章陆续收录在《20世纪中国文学史论论文选》中，至今，这仍是一本中国大陆与海外中文研究生的重要参考书目。

近年来，王晓明一方面继续从事现代文学史的写作，另一方面在上海大学建立了一个中国文化研究中心，开展都市文化研究。他仍然以文学为一种信仰，相信文学的力量。他在2004年曾出现在大众的视线中，是因为一则“百万元高价薪酬，明星教授从华东师大‘转会’上海大学”的假新闻。

荐读理由

我不再像先前那样崇拜他了，但我自觉在深层的心理和情感距离上，似乎是离他越来越近；我也不再将他视作一个偶像，他分明就在我们中间，和我们一样在深重的危机中苦苦挣扎。

——王晓明

鲁迅在中国历史上是一个特殊的存在。他唤醒了一个时代国人的心智和良知，也被时代神化为一种精神的象征。无数人依然狂热地崇拜他，无数人以他的呐喊为武器，向社会的不公宣战。而记叙鲁迅生平的传记作品也俯拾皆是。许多关于鲁迅的传记都采取了客观的态度讲述鲁迅的生平，而这部传记却从鲁迅的角度出发去看待他的处境、感受和人生，可以感受到作者渗透在其中的炽烈的情感，以及他对鲁迅所处的时代以及中国历史、社会、文化的独特感悟和生命体验。他不仅写出了鲁迅所处时代的世相，也感受着鲁迅所处时代的世相；不仅写出了鲁迅的悲苦，也感受着鲁迅的悲苦；不仅写出了鲁迅人生的难以直面，也感受着这难以直面的人生。因此，这部《无法直面的人生：鲁迅传》的字里行间有着深刻的历史感悟和生命体验，能让鲁迅的悲苦遭遇和悲凉气息打动人心。

在王晓明的笔下，鲁迅被还原为一个有血有肉的人。他没有用膜拜神灵的眼光来仰视鲁迅，也没有用居高临下的姿态来俯视鲁迅，而是与鲁迅站在同一个平台上，直视鲁迅，直视鲁迅的人生，全面展示鲁迅作为一个“人”的平凡和作为一名战士的伟大，给我们道出了一个真实的鲁迅。鲁迅并非凯旋的英雄，而是带着满身伤痕的失败的英雄，他最终不得不承认自己一生努力的徒劳，不得不承认自己最终被残酷的命运之神俘获，而且他无力再反抗绝望了，因为他的生命就要结束了，他只能承认自己的失败与虚无。而这承认，又需要多么大的勇气和多么强的心理承受力！这失败，又显得多么的悲壮！鲁迅的路走得真的不易——矛盾、挣扎、清醒、沉重……但他无愧于“伟大”二字！

我们已经从鲁迅的铁屋走出了很远，但我们绝大多数人对鲁迅的认识依然很浅薄。鲁迅今日若在，他又会写些什么呢？鲁迅说：“跨过那站着的前人。”我们真的超越了吗？鲁迅屡次说，他希望自己的文字能够尽早被人遗忘；在一封给青年朋友的信中，他更说，倘若有谁以他为是，他就会觉得悲哀。他辞世已经 60 年了，他生活的这块土地上，依然有人对鲁迅这样一位半个世纪多之前的“绝望的抗战”者产生强烈的兴趣，甚至愿意引他为同道和先驱，这又是怎样可悲悯的事情！王晓明写下的，已经不止是对鲁迅和他那个时代的理解，也包含对他这一代知识分子和这个时代的理解。

先睹为快

还有更确实的迹象在。鲁迅一生以写作为基本的生存方式，每当夜深人静，临桌而坐的时候，他就会像一架高速运转的机器，全身的每一个细胞都活跃起来。在这时候，文思就成了他的生命活力的最重要的表现，他的文字风格，也就成为他生理和心理状态的最准确的注解。

在我看来，鲁迅的文思和文风当中，最能够显示他的生命活力的，自然是那种非常生动的幽默意味了。无论读他公开的文章，还是看他的私人通信，只要遇上那些幽默调侃的文字，我就总忍不住要发笑，仿佛亲眼看见了他写这些文字时的狡黠的神情，甚至会一直记起他在三味书屋里捉弄那取巧的同学时的调皮的样子。因此，就是陷于再严重的困境，只要他笔下还能流出幽默的文字，总说明他的心境还是从容的，恶劣的环境还不能挤扁他的灵魂，至少在文字的世界里，他还能保持居高临下的精神姿态。可是，从三十年代初开始，先是在他的私人通信中，幽默的情致日益稀薄，尤其是一九三四年以后，你简直难得再读到一封像他一九二九年三月十五日致章廷谦那样的生动有趣的信了，似乎通信这一件事，在他已是一种负担，他只顾匆匆地将信写完、封掉、寄走，再也不能从容地品尝与友朋笔谈的乐趣了。接着是他的杂文，大约也从这时候起，逐渐失去了从前那样的调侃和幽默的意味，虽然笔锋依旧锐利、抨击依旧有力，但失了幽默的底衬，气势也就弱了许多。在他的三本“且介亭”杂文集中，像《“题未定”草·六》和《的“关”》那样仍能迸射出一线幽默闪光的篇章，是越来越少了。

特别是《且介亭杂文末编》中的文字，会使每一个用心的读者都感到悲哀。无论是描述往事，还是针砭现实，也无论是稍长的散文，还是短小的杂文，作者的文气似乎都衰竭了，文字常常显得有一点干巴，段落之间的起承转合，时时会显出生硬，甚至上一句和下一句之间，有时候也会像缺乏润滑油似的，给你一种涩的感觉。他的杂感越做越短，抄一段报刊上的文字，再发几句感慨，几句评论，就完了，原先那种纵笔挥洒的气势和笔力，都难得再见到，好像鲁迅只有那么一口气，不够支撑他写长文章了。倘遇上较大的题目，像《这也是生活》,《死》和《关于大炎先生二三事》，必得要写得长一点，就每每会显出文气接不上的模样，缺乏有力的控制和提勒。至于《因太炎先生而想起的二三事》，更是散漫杂乱，近乎是一路随想，想到什么便写什么，而且确实因为生病，而无力将它写完。《且介亭杂文末编》中的文笔是泼辣的，也是老到的，但在这泼辣和老到旁边，分明还站着文思的枯涩和文气的衰竭。

一个作家在文章上都显出了老相，是真的老了。

一九三六年十月十八日凌晨，鲁迅的气喘病突然发作。挨到天明，仍撑持着写下一封短信，由许广平带去内山书店，并在那里打电话，请来了医生。他靠坐在椅子上，整整喘了一天，话也不能说，流汗。医生和看护的人们用了各种办法，都不能缓解病情。这一天晚上，许广平每次给他揩手汗，他都紧握她的手，仿佛是要握住自己的生命。可是，到第二天凌晨六时，他还是未能挺过去，与世长辞了。

在苦苦地跋涉了五十六年之后，他终于走到了生命的尽头，那尽头是一个字：死。

延展阅读

《鲁迅：自剖小说》

如果不算《故事新编》，鲁迅创作白话小说的时间并不长，从1918年4月以《狂人日记》向《新青年》投稿，到1925年11月写完

《离婚》，总共才七年半。作品也不多，两本小说集《呐喊》和《彷徨》，一共收入25篇作品。但是，鲁迅却为中国现代小说标出了一个鲜明的高度，直到今天，还很难说有谁在整体上超过了他，他的独特魅力吸引着文学研究者，也深深吸引着广大读者。

这本《鲁迅：自剖小说》是王晓明选编的鲁迅小说集。这些作品的共通之处在于清晰地展现出鲁迅通过自我描述和自我解剖来把握自己艰难的内心历程。在鲁迅一生的精神发展中，自我剖析始终是一个关键的环节；越是一个优秀的作家，就越不可能仅仅只描写他人。因此，鲁迅的这一批自剖小说，正构成了他小说创作的一个极其重要的方面。

《鲁迅的最后十年》

林贤治的《鲁迅的最后十年》是一部体例独异的传记："凡是在鲁迅的最后十年与鲁迅有密切交往并对鲁迅的创作和思想产生重要影响的人物，其照片和评介文字都被排列于书页正文的一侧，重要团体所办的刊物以及记录国外政治和文化史等重要内容的图片资料，也都一样随机附于书页正文一侧，他们连同大量的鲁迅照片和手迹，既构成对此书的注解，又勾勒出《鲁迅的最后十年》一书所涉事件和思想所产生的具体社会环境和思想环境。"此书的基本思路依照着与国民党、"左联"以及青年的论战而写，包含鲁迅对各个派别言辞的抨击，其中又对理论多有论述，不单有鲁迅对这些理论的看法，兼而引述了很多西方学者的研究。

林贤治可以说是当代文坛里极少数几位深谙鲁迅精神，又注重关怀现实的写作者。学者摩罗也认为："林贤治真正深入到鲁迅的内心，对他的理解准确而细腻，堪称鲁迅的传人。"由于对鲁迅近乎信奉的热爱，林贤治一方面是能够从个人体验的角度接近鲁迅，深入到鲁迅的内心；但另一方面就难免有美化鲁迅之嫌。然而这本书确实是瑕不掩瑜的佳作，值得对鲁迅和鲁迅那个时代有兴趣的读者细读品味。

《名人传》

〔法〕罗曼·罗兰　著

关于作者

罗曼·罗兰（1866—1944），法国思想家，文学家，音乐评论家和社会活动家。1866 年生于法国中部高原上的小市镇克拉姆西。15 岁时，随父母迁居巴黎。1899 年，罗曼·罗兰毕业于法国巴黎高等师范学校，通过会考取得了中学教师终身职位的资格。其后入罗马考古学校当研究生。归国后在巴黎高等师范学校和巴黎大学讲授艺术史，并从事文艺创作。这时期他写了 7 个剧本，以历史上的英雄事件为题材，试图以“革命戏剧”对抗陈腐的戏剧艺术。

20 世纪初，罗兰的创作进入一个崭新的阶段，为让世人“呼吸英雄的气息”，替具有巨大精神力量的英雄树碑立传，他连续写了几部名人传记：《贝多芬传》、《米开朗琪罗传》和《托尔斯泰传》（共称《名人传》）等。同时发表了以贝多芬为原型的长篇小说杰作《约翰·克利斯朵夫》，这是他的代表作，被高尔基称为“长篇叙事诗”，被誉为 20 世纪最伟大的小说。该小说于 1913 年获法兰西学院文学奖金，由此罗曼·罗兰被认为是法国当代最重要的作家。

1914 年，第一次世界大战爆发，罗曼·罗兰定居在日内瓦，他利用瑞士的中立国环境，写出了一篇篇反战文章，他的立场受到了德国作家托马斯·曼等人的指责，但他没有屈服。1915 年，为了表彰“他的文学作品中的高尚理想和他在描绘各种不同类型人物所具有的同情和对真理的热爱”，罗兰被授予诺贝尔文学奖。但由于法国政府的反对，结果拖到第二年，瑞典文学院才正式通知他这一决定。罗曼·罗兰将奖金全部赠送给国际红十字会和法国难民组织。

1917 年，俄国十月革命爆发，罗曼·罗兰与法朗士、巴比塞等著名作家一起反对欧洲帝国主义国家的干涉行动。两次大战之间，罗曼·罗兰的创作又一次达到高潮，1919 年发表了写于 1913 年的中篇小说《哥拉·布勒尼翁》，1920 年发表了两部反战小说《格莱昂波》和《皮埃尔和吕丝》，1922 至 1933 年又发表了另一部代表作《欣悦的灵魂》。这一时期还发表了音乐理论和音乐史的重要著作七卷本《贝多芬的伟大创作时期》，此外还发表过诗歌、文学评论、日记、回忆录等各种体裁的作品。

1940 年德军占领巴黎，罗曼·罗兰本人被法西斯严密监视起来，1944 年 8 月，纳粹败退，巴黎解放，他才又见到了光明。1944 年 12 月 30 日，罗曼·罗兰去世，享年 78 岁。

荐读理由

《名人传》是法国作家罗曼·罗兰所著《贝多芬传》、《米开朗琪罗传》和《托尔斯泰传》的合称，它们均创作于 20 世纪初期，无论在当时还是在后世都产生了广泛而深远的影响。本书的三位传主都是人类历史上极富天才的人物，他们的人生丰富多彩，他们的作品精深宏博，他们的影响历经世代而不衰。

在这三部传记中，罗曼·罗兰没有拘泥于对传主的生平做繁琐而无当的考述，也没有简单地追溯他们的创作历程，而是紧紧把握住这三位统领各自领域的艺术家的共同之处，着力刻画他们在忧患困顿的人生征途上历尽苦难与颠踬而不改初衷的心路历程，凸现他们崇高的人格、博爱的情感和广阔的胸襟。贝多芬的“在伤心隐忍中找栖身”，米开朗琪罗的“愈受苦愈使我喜欢”，托尔斯泰的“我哭泣，我痛苦，我只是欲求真理”，无不表明伟大的人生就是一场无休无止的战斗。罗曼·罗兰称他们为“英雄”，用豪爽质朴的文笔刻画了在时代风浪中为追求正义、光明而奋勇前进的知识分子形象，以感人肺腑的笔墨写出了他们与命运抗争的崇高勇气和担荷全人类苦难的伟大情怀，可以说是为我们谱写了另一阕“英雄交响曲”。

在提到写作的艺术风格时，本书作者罗曼·罗兰表示，除了“诚恳”二字，他不希望别人承认他有什么别的优点。他真诚地相信艺术应该描绘真实的情感，传达出使人变得高贵的道德感。他无间断地呼吁自由和人类精神的尊严，支持被压迫者。他是一个有广泛国际影响的作家，也是著名的社会活动家，一生为争取人类自由、民主与光明进行了不屈的斗争，被称为“欧洲的良心”。

在《米开朗琪罗传》的结尾，罗曼·罗兰说，“伟大的心魂有如崇山峻岭，我不说普通的人类都能在高峰上生存。但一年一度他们应上去顶礼。在那里，他们可以变换一下肺中的呼吸与脉管中的血流。在那里，他们将感到更迫近永恒。以后，他们再回到人生的广原，心中布满了日常战斗的勇气”。对于我们的时代，这实在是金石之言。我国著名的翻译家傅雷先生说他从《名人传》中得到的启示是：“惟有真实的苦难，才能驱除浪漫底克的幻想的苦难；惟有克服苦难的壮烈的悲剧，才能帮助我们担受残酷的命运；惟有抱着‘我不入地狱谁入地狱’的精神，才能拯救一个萎靡而自私的民族……”

《名人传》中洋溢着一股旺盛的激情。每一个阅读《名人传》的读者首先都会强烈地感受到作品中无法抑制的热情，都会因罗兰那极富感召力的语言而怦然心动。

先睹为快

耳朵完全聋了。丢开耳聋不谈，他的健康也一天不如一天。从一八一六年十月起，他患着重伤风。一八一七年夏天，医生说他是肺病。一八一七至一八年间的冬季，他老是为这场所谓的肺病担心着。一八二〇至二一年间他患着剧烈的关节炎。一八二一年患黄热病。一八二三年又患结膜炎。从一八一五年秋天起，他和人们只有笔上的往还。最早的谈话手册是一八一六年的。值得注意的是，同年起他的音乐作风改变了，表示这转折点的是作品第一〇一号的奏鸣曲。贝多芬的谈话册，共有一一〇〇〇页的手写稿，今日全部保存于柏林国家图书馆。一九二三年诺尔开始印行他一八一九年三月至一八二〇年三月的谈话册，可惜以后未曾续印。关于一八二二年《菲岱里奥》预奏会的经过，有申德勒的一段惨痛的记述可按。

“贝多芬要求亲自指挥最后一次的预奏……从第一幕的二部唱起，显而易见他全没听见台上的歌唱。他把乐曲的进行延缓很多；当乐队跟着他的指挥棒进行时，台上的歌手自顾自地匆匆向前。结果是全局都紊乱了。经常的，乐队指挥乌姆劳夫不说明什么理由，提议休息一会，和歌唱者交换了几句话之后，大家重新开始。同样的紊乱又发生了。不得不再休息一次。在贝多芬指挥之下，无疑是干不下去的了；但怎样使他懂得呢？没有一个人有心肠对他说：‘走罢，可怜虫，你不能指挥了。’贝多芬不安起来，骚动之余，东张西望，想从不同的脸上猜出症结所在：可是大家都默不作声。他突然用命令的口吻呼唤我。我走近时，他把谈话手册授给我，示意我写。我便写着：‘恳求您勿再继续，等回去再告诉您理由。’于是他一跃下台；对我嚷道：‘快走！’他一口气跑回家里去；进去，一动不动地倒在便榻上，双手捧着他的脸；他这样一直到晚饭时分。

用餐时他一言不发，保持着最深刻的痛苦的表情。晚饭以后，当我想告别时，他留着我，表示不愿独自在家。等到我们分手的辰光，他要我陪着去看医生，以耳科出名的……在我和贝多芬的全部交谊中，没有一天可和这十一月里致命的一天相比。他心坎里受了伤，至死不曾忘记这可怕的一幕的印象。”申德勒从一八一四年起就和贝多芬来往，但到一八一九年以后方始成为他的密友。贝多芬不肯轻易与之结交，最初对他表示高傲轻蔑的态度。

两年以后，一八二四年五月七日，他指挥着（或更准确地，像节目单上所注明的“参与指挥事宜”）《合唱交响曲》时。他全没听见全场一致的喝彩声；他丝毫不曾觉察，直到一个女歌唱演员牵着他的手，让他面对着群众时，他才突然看见全场起立，挥舞着帽子，向他鼓掌……一个英国游历家罗素，一八二五年时看见过他弹琴，说当他要表现柔和的时候，琴键不曾发声，在这静寂中看着他情绪激动的神气，脸部和手指都抽搐起来，真是令人感动。

延展阅读

《伏尔泰》

伏尔泰（1694—1778）原名弗朗索瓦·马利·阿鲁埃，法国启蒙思想家、文学家、哲学家，是 18 世纪法国资产阶级启蒙运动的旗手，被誉为“法兰西思想之王”、“法兰西最优秀的诗人”。他不仅在哲学上有卓越成就，也以捍卫公民自由，特别是信仰自由和司法公正而闻名。他的论说以讽刺见长，常常抨击基督教会的教条和当时的法国教育制度。伏尔泰以他毕生的斗争经历证明，他是一个健全而伟大的人，是他的时代的肖像。正如维克多·雨果曾评价的：“伏尔泰的名字所代表的不是一个人，而是整整一个时代。”他提倡天赋人权，认为人生来就是自由和平等的，一切人都具有追求生存、追求幸福的权利，这种权利是天赋予的，不能被剥夺，这就是天赋人权思想。戴金波的《伏尔泰》记述了法国启蒙思想家、作家和哲学家伏尔泰护卫正义和真理的一生。

《白石老人自述》

齐白石　著

关于作者

1864年（清同治三年），湖南省湘潭县杏子坞村一户穷苦的齐姓农民家庭中，一个名唤齐纯芝的孩子呱呱坠地了。幼年家极贫，随祖父识得300余字，至七岁随外祖父读书一年，便在家帮衬家务。因身体太差不能事农，转学木匠，两年后遇到一名名师，学会雕花的“细木”匠艺，雕工极佳并能创新，乡人称为“芝木匠”，到这时总算能自谋生路。成年后，他把自己的名字改为齐璜。27岁开始学画、学书法、学治印。并以全唐诗的字都认不全的水平，开始学诗文，经半年而有小成。自此，人生大不相同。

1902年至1908年对齐璜来说是重要的七年，他踏遍华山、庐山、嵩山、蜀山、巫峡、阳朔、长江、黄河、珠江、洞庭这些名山大川，艺术境界明显地高了一层。也是在这七年间，他广结画友，见到许多古今名家的书画作品。1910年，齐璜集历年远游的画稿编成借山图卷52幅，借山翁之号即由此而来。篆刻方面他也有创新，形成雄伟刚健的篆刻风格。之后，齐璜在家中潜心读书作画，赋诗治印，并植树栽花、种菜养鱼，修炼身心。

1919年，齐璜经历了人生中的一次动荡，举家迁往北京，在那里以卖画治印为生，用号有白石山人、寄萍堂主、木居士、三百石印富翁、杏子坞老民、借山馆主者等。从此齐白石（1864—1957）这个名号为世人所知。此时他结识了一生之中也许是最重要的一位友人——陈师曾。这两人的关系后来被人概括为“没有陈师曾就没有齐白石，没有齐白石也就没有陈师曾”。在他的鼓励和指引下，齐白石毅然以十年工夫改变自己的画风，大写意花鸟畅快淋漓，呈现出为世人所熟知的面貌。

1927年，声名鹊起的白石老人开始任教于北京艺术专科学校，学校更名为北平艺术学院后，他被民国史上最年轻的美院校长林风眠聘为教授，专职教授花鸟，在校极受尊敬。1937年北京沦陷后，齐白石辞去教职，开始深居简出，表示“画不卖与官家”。1946年才重新开始卖画治印生涯，同年赴南京、上海举办个展，在多年挚友徐悲鸿的邀请下，回到北平艺专任名誉教授。

新中国成立之后，齐白石被中央人民政府文化部授予“人民艺术家”的称号，获得了同辈画人中最高的荣誉。1951年，齐白石为祝贺亚洲与太平洋地区和平会议在京召开创作了“百花与和平鸽”，歌颂人类进步事业，并于1956年荣获世界和平理事会颁发的国际和平奖。1953年，被选任中国美术家协会主席。1954年，齐白石以高龄当选为第一届全国人大代表。1957年，北京中国画院成立，公推齐白石为名誉院长，9月16日，一代大师病逝于北京。

荐读理由

他不相信艺术是士大夫的专利，他使士大夫从此不敢轻视工人，而包办艺术……许多人荣达以后便不认微时的处境，这种忘本的事，是他平日所痛恨的。他无力改造这种士大夫的恶习，但却为平日被士大夫所鄙视的工人复了仇。

——钱歌川《记齐白石》

齐白石，出身于农民家庭，家贫，仅上过几年私塾，种过庄稼，做过木匠，却最终成为一代中国艺术大师。“好学犹未晚，当如借山翁”，这便是我们从齐白石的人生经历中获得的启示。

《白石老人自述》是白石老人亲述，由门人张次溪记录，原是请吴江人金松岑为白石老人作传所备的素材。可惜终未成文，传便成了“自述”。又因为白石老人到了晚年体力渐衰，屡续屡断，所以自述止于1948年。很庆幸，没人帮他“润色”，我们才有这样的好文章读——纯朴、自然、富有乡土气、文白交杂、简练如其画风。这一切都让这本书变得真实，一个活生生的齐白石跃然纸上。正应了东坡居士的话：诗不求工，字不求奇，天真烂漫是吾师。

自述记载了白石先生从一个小木匠最终成为一代画坛宗师的历程，其中不乏温情而浪漫的故事。如40岁前一直未离开湘潭的白石先生，因为游历西安的经历，而开阔了眼界，画风发生了变化，有了《灞桥风雪图》这样的作品。而由于当年交通的不便，白石先生去西安征程漫漫，因而他且走且画，这是何等的风雅！而他所描述登华山时所见到的“一路桃花，长达数十里”的人间美景如今又如何见得！

《白石老人自述》也记述了他在不同历史阶段卖画为生的苦楚，写了他与梅兰芳大师的交往，写了日军侵占中国时他的忧愤之情，更催人泪下的是，它记叙了陈春君与胡宝珠两个与他相濡以沫而又相继先他而去的女人的故事。战争的阴影、家庭的离散，都给晚年的白石先生带来了无限的苍凉之感。

在谈艺方面，此书亦有妙论。如“我刻印，同写字一样。写字，下笔不重描，刻印，一刀下去，决不回刀”。从此意义上讲，此书是后人研究白石老人艺术的必读书目。

为在大历史背景下关注白石老人的命运，编者还特别在书中增加了以白石老人一生为参照的编年史。书中还附有其大量的绘画、篆刻作品，诗文笔迹等。

总之，本书充分反映了白石老人对艺术的执著追求和他淡泊名利的为人，不掩饰，不玩弄笔调，以诚挚的心情，说质朴的故事。读罢全书，读者会有一种淡淡的伤感，为远去的白石老人，为那些至今仍让我们赏心悦目的画，也为他所写的那些韵味独特的诗。

先睹为快

我这次到京，除了易实甫、陈师曾二人以外，又认识了江苏泰州凌植支（文渊）、广东顺德罗瘿公（惇曧）、敷庵（惇暖）兄弟，江苏丹徒汪蔼士（吉麟）、江西丰城王梦白（云）、四川三台萧龙友（方骏）、浙江绍兴陈半了（年）、贵州息烽姚茫父（华）等人。凌、汪、王、陈、姚都是画家，罗氏兄弟是诗人兼书法家，萧为名医，也是诗人。尊公（辑者按：指本文笔录者张次溪的父亲，下同）沧海先生，跟我同是受业于湘绮师的，神交已久，在易实甫家晤见，真是如逢故人，欢若平生（次溪按：先君篁溪公，讳伯帧，尝刊《沧海丛书》，别署沧海）。还认识了两位和尚，一是法源寺的道阶，一是阜成门外衍法寺的瑞光，后来拜我为师。旧友在京的，有郭葆生、夏午诒、樊樊山、杨潜庵、张仲飏等。新知旧雨，常在一起聚谈，客中并不寂寞。

不过新交之中，有一个自命科榜的名士，能诗能画，以为我是木匠出身，好像生来就比他低下一等，常在朋友家遇到，表面虽也虚与我周旋，眉目之间，终不免流露出倨傲的样子。他不仅看不起我的出身，尤其看不起我的作品，背地里骂我粗野，诗也不通，简直是一无可取，一钱不值。他还常说：“画要有书卷气，肚子里没有一点书底子，画出来的东西，俗气熏人，怎么能登大雅之堂呢！讲到诗的一道，又岂是易事，有人说，自鸣天籁，这天籁两字，是不读书人装门面的话，试问自古至今，究竟谁是天籁的诗家呢?”我明知他的话，是针对着我说的。文人相轻，是古今通例，这位自称有书卷气的人，画得本极平常，只靠他的科名卖弄身分。我认识的科甲中人，也很不少。像他这样的人，并不觉得物稀为贵。况且画好不好，诗通不通，谁比谁高明，百年后世，自有公评，何必争此一日短长，显得气度不广。当时我作的《题棕树》诗，有两句说：

任君无厌千回剥，转觉临风遍体轻。

我对于此公，总是逆来顺受，丝毫不与他计较，毁誉听之而已。到了九月底，听说家乡乱事稍定，我遂出京南下。十月初十日到家，家里人避兵在外，尚未回来，茹家冲宅内，已被抢劫一空。民国七年（戊午·一九一八），我五十六岁。家乡兵乱，比上年更加严重得多，土匪明目张胆，横行无忌，抢劫绑架，吓诈钱财，几乎天天耳有所闻，稍有余资的人，没有一个不是栗栗危惧。我本不是富裕人家，只因这几年来，生活比较好些，一家人糊得上嘴，吃得饱肚子，附近的坏人歹徒，看着不免眼红，遂有人散布谣言，说是：“芝木匠发了财啦！去绑他的画！”一般心存忌妒、幸灾乐祸的人，也跟着起哄，说：“芝木匠这几年，确有被绑票的资格啦！”我听了这些威吓的话，家里怎敢再住下去呢？趁着邻居不注意的时候，悄悄带着家人，匿居在紫荆山下的亲戚家里。那边地势偏僻，只有几间矮小的茅屋，倒是个避乱的好地方。我住下以后，隐姓埋名，时刻提防，惟恐给人知道了，发生麻烦。那时的苦况，真是一言难尽。到此地步，才知道家乡虽好，不是安居之所。打算从明年起，往北京定居，到老死也不再回家乡来住了。

延展阅读

《彩色的生命：艺术大师齐白石传》

本书的作者林浩基为齐白石大师历尽沧桑、奋进不已的生命力和开宗成派、独树一帜的辉煌艺术成就所激动折服，将收藏的几十万字散乱的资料编织成文，让齐白石传奇的一生在笔下蜿蜒而出，令读者生出几许思绪，几多感慨。

《徐悲鸿一生》

本书是徐悲鸿的妻子廖静文为纪念丈夫而作，介绍了他的一生和他各个时期的代表作品。徐悲鸿是中国近代最伟大的画家，艺术上融合古今中外的技法并继承了中国民族色彩，使他在世界画坛上都占一席地位。这本回忆录影响深远，被译成英、法、日、捷克等多种文字，畅销海内外。

《胡适口述自传》

胡适口述、唐德刚译注

关于作者

唐德刚（1920—2009），生于安徽省合肥县西乡山南馆唐家圩。他幼时在私塾念书，国学功底深厚，十多岁即已圈点过一遍《资治通鉴》。1939 年秋考入重庆国立中央大学历史学系。

1948 年，唐德刚赴美求学，一边打工一边于哥伦比亚大学攻读历史学博士。拿到博士学位后，唐德刚在哥伦比亚大学当讲师，自称"纽约的华裔知识界流浪汉"。就是在这时，他结识了处在人生最低点的胡适。当时胡适在纽约当寓公，经常去哥大东亚图书馆看中文报纸。唐德刚正好是那里的管理员，而且跟胡适一样都是安徽人。他乡遇故知，唐德刚深得胡适的赏识。他替胡适打理一切事务，由借书、查书、录音、整理回忆录，到开车载他外出购物，他都一一做好。这段日子虽苦，唐德刚却幸得胡适"单传"，常跟胡适辩论问题。胡适的夫人江冬秀曾对人说："唐德刚是胡老师最好的学生。"

1972 年，唐德刚在哥伦比亚大学任教，同时在纽约市立大学等多所院校兼课，他的课有很大的吸引力，班上总是人头攒动，满堂生辉。

后来他还担任了亚洲系的系主任，一上台就大刀阔斧地把原有的课程砍掉了一半，接着又开出了十几门美国教育史上史无前例的“亚美学”课程，将那些西方史学家有意无意避而不谈的、百年来华侨移民美洲的血泪史搬上了大学讲坛。

唐德刚一生都不是象牙塔里的学者，他的历史著作也大多面向普通读者。二十多年来，他积极投入人道主义团体发起的运动，揭露日本的侵略罪行和暴行，要求日本道歉和赔偿。无论集会、演讲、游行，他都亲自参加。20 世纪 70 年代初，钓鱼岛被日本占领，唐德刚是海外保钓运动最早的参与者之一，曾代表纽约地区华人撰写“保钓宣言”，并亲自送往日本驻纽约及华盛顿使领馆。2002 年，他又与杨振宁一道，发起全球征集一亿人签名行动，抗议日本右翼登钓鱼岛，并要求日本对中国民间赔款。他还提议每年在南京大屠杀的现场举行纪念受难同胞追悼会。其爱国情怀，撼天动地。

晚年的唐德刚还梦想着设法把百余年来，美国各级法院所保存下来的有关华人诉讼的案情和判例中，华人遭到不公正待遇的实例，做个通盘的整理和研究，在美国司法界甩它一个“原子弹”。

逝世前，唐德刚将全部藏书共计 124 箱悉数捐给老家的安徽大学。2002 年，曾经在“土改”中被没收的唐德刚老家的房子，发还给他了。他用这房子办了一所希望小学，还专程回国，捐献了 5000 美金。

2009 年 10 月 26 日晚间，唐德刚在美国旧金山家中因肾衰竭过世，享年 89 岁。

荐读理由

一提到胡适，就不得不提到唐德刚的这部《胡适口述自传》。胡适是中国近代最著名的学者之一，他推动“白话文运动”，为中国文学发展和中国社会演进作出了突出贡献，实在值得大书特书。《胡适口述自传》一书是唐德刚根据美国哥伦比亚大学中国口述历史学部所公布的胡适口述回忆十六次正式录音的英文稿，和唐德刚所保存并经过胡氏手订的残稿，对照参考，综合译出的。这也是唐德刚在哥伦比亚大学与胡适亲身交往，提着录音机完成的一项傲人的成就。

就写作的体裁来说，本书是一部别开生面、自成一格的学术性的自传，也是一本简单明了，而包罗胡适学识、思想、生活、家庭背景等各方面的小书，详细记述了胡适一生的求学和研究活动，为读者展示了胡适思想变化的完整脉络，可以说是读者了解胡适的最佳读物。这本书里的胡适不是一个公式般的英雄超人，而是一个有血有肉、有智慧、有天才，也有错误和缺点的血肉丰满的人物，你可以和他握手寒暄，笑语谈辩，不知夜之将尽，人之将老。

本书内容包含胡适自述原文以及唐德刚的注释两部分。读胡适的原文，是种享受，文中流露出一个智者晚年时对人生回望时的亲切，就仿佛在跟年轻人交谈，而事实确实如此，他也正是在与学生唐德刚畅谈自己的一生。但德刚先生也绝非阿谀等闲之辈，他的注解幽默、睿智而深刻，令人叹服。就学术价值和史料价值而言，注释部分的分量，恐怕还远在传文之上。虽然唐德刚是学生，是老朋友，但是在评论中却没有一味的吹捧和盲目的崇拜，反而是以讨论、反对的姿态出现的居多，寓推崇于批判的方式，就更能令人乐于接受，更能让人感到评论的客观。唐先生是学者，但是语言毫无酸腐味，不掉书袋，贫嘴滑舌嬉笑怒骂皆有，给这深沉的人物传记添上了轻松的一笔。他在这些注中所表现出来的学养见识具有难得一见的才情风致，真正让人有读其书想见其人的钦慕之感。文史掌故，文坛佳话，社会要闻，名人逸事，风俗民情，异域见闻，他信手拈来都能顺理成章，赢得海内外学术界“先看德刚，再看胡适”的赞誉。

以此为发端，唐德刚为此书所作的详尽注释，标志着“唐派散文”风格的形成。旅美学人夏志清先生在《胡适杂忆》序中说，唐德刚先生“应公认是当代中国别树一帜的散文家。他倒没有走胡适的老路，写一清如水的纯白话。德刚古文根底深厚，加上天性诙谐，写起文章来，口无遮拦，气势极盛，读起来真是妙趣横生”。

此书之后，唐德刚还陆续完成了李宗仁、顾维钧、张学良等人的口述传记，总部位于纽约的中国近代口述史学会，由唐德刚在1991年创立，为中国近代史研究和中华民族留下了珍贵的财富。有兴趣的读者可以扩展开来，阅读更丰满的历史。

先睹为快

我国自鸦片战争后，国人为救亡图存，富国强兵，乃至复兴中华，再度领袖天下所发动的大大小小的运动，也不下数十个了。就大体说来，这些运动的远大目标都是大同小异的。但是为达到这目标的方法和手段则大有出入，甚或相互水火。然吾人细思他们不同之间的症结所在，实不外乎“中”、“西”二字。大家都主张去自己之糟粕，采西方之精华。如此两相配合，便是中国“新文化”的远景了。

殊不知近百年来，西方百货店橱窗内的精华太多了，我们在何择何从之间，早已自己打得头破血流。

至于我们自己这个汉家老店里的货色，究竟哪些是糟粕，哪些是传家之宝，这个标准也难以确定。

一般说来，似乎保守派问题比较大，他们对新货的选择缩手缩脚，不敢大量的采购；对自己老店里的东西，样样都是祖宗所遗传，陈筐篮、破瓦罐，总是舍不得丢。结果老店依然，换了些西式门面，而内容如旧店内送往迎来的，还只是一批戴瓜皮小帽的老掌柜。

激进派的工作似乎比较容易做。他在西洋百货店中，目不斜视，单刀直入，只买他认为是最好的。其实这一选择往往为广告所骗，搬回家全不适用；一切又得全行拆过改装，结果徒劳无功。他们对自己老店里的东西，原意也是采精取华，大量清除糟粕。但是精华糟粕的界限如何，他们并没有受过鉴赏家训练。结果老店之内玉石俱焚之后，却把个最大的糟粕——“万恶之源”的“帝王专制”保留下来。

记得那该是三十年前的事，一次蒋廷黻先生皱着眉头在讨论“组党”。我坐在一旁插了一句不知轻重的嘴：“Will can move mountains.”（意志可以移山）。蒋氏瞥了我一眼，微笑一下说，“But will cannot move tradition.”（意志不能动摇传统）。

“传统”——尤其是中世纪农业社会所遗留下来的不合时宜的传统，对我们现代化的阻力太大了。早期的孙中山先生也曾慨叹“破坏难于建设!”

还有，纵使我们把所有妨碍现代化的反动传统都“破坏”了，但是怎样才能把中西之长熔于一炉？也还是个大问题。就以盖房子而论吧。盖了座五十层西式大洋楼，再加上个黄金色的宫殿式大屋顶，就算是保存了“民族形式”、兼采“中西之长”了吗？最近的华裔建筑大师贝聿铭就慨乎言之，那只是个穿西服、戴瓜皮帽的不伦不类的“唐人街建筑”，哪能算是兼采东西之长？

中华民族如果想复振汉唐之盛，在二十一世纪文明里领袖群伦，它一定要真能把中西文明的精华，融会贯通起来，来铸造个崭新的中国文明。否则我们便是夜郎自大，坐井观天。

胡适之先生六十年前便说过，我们要用批评的精神，检讨输入的学理，重行估定固有文明的价值，适应时代的潮流，来铸造个新文明——一个真正融汇中西之长的新文明！而不是一个穿西服戴瓜皮帽，或着人民装佩尚方宝剑的古怪制度！

闻鼙鼓而思将帅，在“五四”六十周年的今日，把胡老师当年对我们的教导改进提升到八十年代上来研究研究，还是有其极新鲜的意味。

延展阅读

《胡适杂忆》

《胡适杂忆》最初名为《回忆胡适之先生与口述历史》，华师大出版社增订时略有修改。原是唐德刚在撰写《胡适口述自传》时，打算自写的一篇短序，不料下笔即几十万言，结果“头”大不掉，只好印成专书，独立出版。唐德刚先生凭自己的回忆和日记上的记录，对胡适一生牵惹到的无数问题与纠葛，几乎无所不谈，谈无不快。但又不止于回忆，他畅谈历史、政治、哲学、文学以及其他一切胡适关注的学问，可见作者才气纵横，博学多智，加上他古文根底深厚，天性诙谐，落笔气势纵横，妙趣横生。他对胡适的学术主张、贡献与缺陷作了全面的品评，见解公允有见地。本书在海外出版后，曾被誉为海内外研究、论述胡适的经典之作。

《克里希那穆提传》

〔印〕普普尔·贾亚卡尔　著

关于作者

普普尔·贾亚卡尔（1916—1997），印度著名哲学家及文艺界领袖，克里希那穆提基金会副会长，印度传统艺术与文化基金会副会长，印度文化交流委员会副会长，英迪拉·甘地纪念会副主席。

普普尔早年曾在英国接受成为记者的教育，1937 年和玛摩汉·贾亚卡尔结婚后在孟买定居，致力于甘地所倡导的社会改革运动。她是克里希那穆提和甘地的亲密朋友。1948 年，她初次见到了当时 53 岁的克里希那穆提，被对方身上散发出来的气势所震撼，折服于他教诲中的智慧与洞见，从此跟随其左右。普普尔的社会影响很大，以至有很多印度姑娘以她的名字取名。她一直活跃在克里希那穆提基金会中，直到去世。

荐读理由

克里希那穆提（1895—1986），印度著名哲学家，20 世纪最受推崇的心灵导师，是与20世纪60年代开始的“新时代运动”紧密相关的思想大师。他的言论和著作无法归属于哪一种宗教，既非东方也非西方，他一直启发人们自我觉察和探索，以及放下自我、宗教与民族的局限与制约，通过个人的意识转化，以获得单纯而开放的心灵。他经常教导学生：只有洞察这充斥着暴力和冲突的外部世界，才能真正懂得自己；只有脱离尘世的法则，才能不为世俗生活所累。可以说，他一生都在帮助人类从恐惧中彻底解脱，体会生活的真正乐趣。他的智慧和洞见不断吸引全世界各地的人士。但是他一直宣布他不是权威，他解散为他设立的“世界明星社”，宣布真理乃“无路之国”，任何一种形式化的宗教、哲学、宗派都无法一窥究竟。

克里希那穆提的40余本著作，全部由演讲和谈话集结而成，目前已被译成47种文字出版，在欧美、印度及澳洲产生了广泛而深远的影响。中国大陆也已经翻译引进过他的多部作品。

本书是对克里希那穆提的成长过程、生活经历、他的启发和教诲、广泛而深远的影响的真实记述，充溢着克里希那穆提的思想，是了解克里希那穆提和他的思想最重要的一本书。作者普普尔·贾亚卡尔以一个与克里希那穆提相随多年的追随者的角度，清晰而生动地勾勒出了克里希那穆提生命和思想行进的历程。书中大部分的内容来自普普尔保存的笔记，是每一次克里希那穆提演讲或与她对谈结束后立即记录下来的。这本书记载着一些事件，例如，克里希那穆提和甘地夫人的会面，以及他和安妮·贝赞特的关系，这些可能有争议的内容也得到了克里希那穆提的准许。这部传记首先以自己与第一次见到克里希那穆提的经历为引子，再从他的出生介绍到死亡。书的前半部是讲述克里希那穆提在通神学会的早年经历，后半部则是以他的经历并穿插他与身边人的讨论，进一步揭示他对一些问题的关注及推演。因为将克里希那穆提的教诲与生命历程交融起来，因此他的思想精髓了了分明，而且亲切自然。比起其他单纯地、直接地表达教诲的书籍而言，这本书更能令人接受，富于人间的细腻与情感。

先睹为快

克里希那穆提在独立后两个月回到印度，这个时机可以说再恰当不过了。印度正处在改朝换代的转捩点，旧有的一切已经逝去，新的气象中又充满着阵痛与幻灭感。随着独立与国土的分裂而爆发的屠杀，伤了许多非暴力主义者的心。印度的领导人物根本没有时间斟酌、考量，也无暇研究长程计划或是解决根本的问题。远水救不了近火，他们必须立刻采取行动。

这个时期，克里希那穆提体内的大能令他看起来惊人的年轻。他在1947年的相貌，与20年代及30年代都有显著的不同。长期隐居于奥哈伊，为他带来了无法限制的力量，也开启了能够承受这股大能的空性。他整个人散发着无限的智慧，他的心智、情感及身体都达到了完美的程度，看起来无上的庄严、俊美而警醒。有人问起奥哈伊的那段时光，他说："那是一段没有挑战，没有需求，也没有外在活动的日子。一切都是内孕的。一旦离开奥哈伊，所有的能量都爆发了。"

内在炽热的光辉完全转化了他的相貌，他看起来古雅而没有岁月的痕迹。蓝黑的眼珠投射出先知的高瞻远瞩，显得空灵而慈悲。那是一对历劫无数，已能预见未来的双眼。他满头灰黑的华发洒脱地朝后梳拢，露出了庄严饱满的前额。他的耳垂厚长，背脊挺直，双肩微斜，看起来格外高挑。他走路时步伐很大，着力很重。我第一次见到他，便察觉他从没有多余的举动，身体非常安静。休息时，他的头、肩膀、背脊几乎完全没有动作；必须有动作时，他的举止也总是那么庄重、优雅而精准，绝不浪费丝毫精力。

他说话时的手势都有其象征的意义，代表着开场、发问、探索、包容与方向。休息时则没有任何手部动作。

他这回到印度是第一次单独旅行，所有外在的牵绊和限制都抛开了。他从小到大一直被管束着、保护着。起初是他的父亲，后来是通神学会，最后是拉嘉戈帕尔和罗莎琳。奥哈伊九年的岁月，使他和印度的友人分隔两地，一些忠心耿耿的老友也逐渐疏远或老死。他身边再也没有人盘问他，为他定计划，替他决定什么人该见或什么人不该见。内在和外在他全都解脱了。

这么多年来，只要他一回印度，第一件事便是先脱掉西服，换上印度的传统服装。服装一变，他整个性格、态度和举止也跟着变了。在西方，他展现的是欧洲旧式的优雅风范，起居定时，会晤的人也不多。

换上印度长袍，他立刻变成了活脱的行者，很自然便担负起老师的角色。多少世纪以来，这块土地上的人一直关注着禅定和解脱的问题，这股力量立刻灌注到他的体内，使他看起来更加高挑，优美的斜肩也益发明显了。他的步伐宛如森林里的大象一般庄严。早餐与午餐，他时常和朋友们亲切地讨论问题，散步时的闲谈也有人自动记录下来。

聚集在克里希那穆提周围的青年男女来自各种不同的背景——政界、文艺界、学术界以及社会服务的领域。其中有许多人都和我一样，从此一直留在他身边，长达三十年之久。随着印度分裂而爆发的各种事件，使他们既充满着恐慌，又缺乏预知印度未来的远见。然而他们都有足够的敏感度，他们不相信随着英国人的撤退，便能产生一个奠基在现世主义及社会主义之上的黄金时代，他们也不相信贫穷的问题能立刻解决。

他们已经瞥见口号及浮夸的字眼背后的那一片荒芜，上面充斥着野心、苦难与贪婪。多年来伴随着他们的政治理想也已幻灭，他们面对的是一堵由混乱与矛盾砌成的死墙。

延展阅读

《最后的日记》

在克里希那穆提众多出版物中，本书是唯一一本在他独自一人时以录音的形式记录下的言论，也是他留给世界的最后话语。1983 年，88 岁的克里希那穆提，来到位于美国加利福尼亚州美丽的奥哈伊山谷，度过生命中最后的时光。在他的松木别墅里，每天清晨，他躺在床上，在不受任何打扰的情况下对着录音机进行口述。大师对世界最后的体察与省思，在此坦率而直接地表露无遗。

不同于他以往作品的言词犀利，《最后的日记》以一种平和的语言，缓缓道出生活和生命的真理。在可能的情况下，他每天都迎着朝露或者伴着晚霞，去山上散步，近距离地观察大自然中的万物，与它们融为一体，体悟它们的生存哲学。在那个远离喧嚣世俗、熙攘人群和世间丑陋交易的山谷里，橘树含苞待放，花香弥漫。此时此刻，他对一切生命之间的真实关系有着超乎寻常的敏感与细微感受。从对个体生命的评说到对自然诗意盎然的冥想，再到对死亡淡定从容的沉思，他的话语犹如澄明的泉水涤荡敲击着世人的内心深处，让人们在自我的迷失中感到清澈的光亮。

《伯林传》

〔加拿大〕米哈伊尔·伊格纳季耶夫 著

关于作者

米哈伊尔·伊格纳季耶夫，国际著名的学者、教授、作家和新闻从业人员，在国际学界内他被公认为人权、民主、公共安全、国际事务的资深专家。

伊格纳季耶夫1947年生于多伦多一个俄裔家庭，父亲是一名外交官。他肄业于多伦多大学、牛津大学，并获颁哈佛大学博士学位。大学毕业之后，第一份工作是出任卑诗省大学的历史学教授。在卑诗省大学他开始了他著名的教育生涯，包括任教于剑桥大学和多伦多大学及在多间欧洲和北美洲大学担任讲座教授。2000年，他被哈佛大学任命为肯尼迪政治学院人权中心主任。

伊格纳季耶夫对新闻界及公共事务亦贡献良多。担任战地记者及政治评论员多年，他被公认为加拿大最著名的作家之一。从担任环球邮报记者开始，他曾服务于安省电视台、加拿大广播公司及英国广播公司。他的十六本小说及非小说著作曾被翻译为十二种语言和赢得多项本地和国际奖项。他曾获颁七个荣誉学位，以表扬他在学术和政治界的公认成就。伊格纳季耶夫也有很多学术方面的著述，包括民族主义、政治哲学家以赛柏林传记、恐怖主义与人权等等，影响力深远。他也出版过几本小说，并被选为加拿大的魅力男子之一。当地华人对他很有好感，他也给自己取了一个相当不错的中文名——叶礼庭。

伊格纳季耶夫在少年时期已是自由党积极成员。他在 1965 年联邦大选为皮尔逊总理助选，在 1968 年自由党党魁选举大会他是特鲁多总理的青年代表，并在杜鲁多当选的大选中担任青年党团职员。2005 年 1 月，伊格纳季耶夫当选为怡陶碧谷湖滨区国会议员，2006 年成为自由党副党魁。2009 年 5 月，他在自由党党团会议上获选为正式党魁。伊格纳季耶夫还曾出任多国政府的顾问和多个联合国特派团队的成员，提供人权、民主、公共安全、国际事务的资深见解。

荐读理由

以赛亚·伯林 1909 年生于拉脱维亚的里加，1920 年迁居英格兰，其后一直受牛津教育，后半生也一直任教。伯林是牛津大学的学术象征之一。他很少撰写大部头专著来阐发自己的想法，更多的是写一些长篇文章，不是直接阐述理论，而是旁征博引地评论哲学史、观念史和各色思想人物。这些文章一经发表即成名篇，深刻地影响到一般学者的思考，《刺猬与狐狸》、《历史的必然性》、《丘吉尔在 1940 年》、《罗斯福》等已是欧美知识界脍炙人口的名篇，并奠定了他作为 20 世纪知识生活中最具影响的政治哲学家的地位。他的著作极有见地，如《卡尔·马克思》、《维柯与赫尔德》、《自由四讲》及《俄国思想家》等，以透彻的洞察力澄清了现代观念的许多基本问题，使人们重新发现了维柯、赫尔德、哈曼以及一大批俄罗斯思想家。

《伯林传》既不是门徒对大师言行的追忆，也不是从文献中重建出来的伯林，而是伯林所回忆的伯林，是一个活生生的伯林。

这位生于1909年卒于1997年的伟人，是20世纪名副其实的见证人。第二次世界大战时他在英国的情报部门任职，深得丘吉尔和罗斯福的信任（虽然他与后者从未谋面）；在他享有盛名的晚年，他是女王与唐宁街10号的常客；他担任牛津大学沃尔夫森学院院长以及不列颠学会主席之职，使他更有机会接触知识界的人物；此外，与爱因斯坦一样，他还是20世纪最热切的犹太复国主义运动支持者。极其广泛的阅历，加上非凡的社交本领，特别发达的倾听与观察能力、晚年乐与不同的仰慕者共同追忆自己的一生等因素，使得这部按时间顺序、根据伯林自己的回忆，以及与伯林长达十年的交谈写成的生活传记不可避免地成为对历史的记述。

一个传记作者写活传主的日常生活固然不易，而要写透对象的思想世界，恐怕更难。伊格纳季耶夫做到了这一点。在他的笔下，伯林的生活与思想都保持了鲜活的动态。本传记利用大量未曾发表的书简资料，充满了伯林本人的才智，伊格纳季耶夫的生花妙笔为我们揭示了伯林的各种内心冲突，以及他在追求幸福方面的天赋。读者将看到的是一生没有克服自卑感的伯林，一个极有女人缘却因自卑而逃避并对她们造成伤害的伯林，一个通过与朋友的妻子私通才恢复自己在性方面自信的伯林，一个喜欢交响乐到了“实在没办法”的地步的伯林。

先睹为快

他们的警告也反映了他自己的想法。不过，事实将会证明，不管是他自己还是上述这些人都是错误的，因为他的讲课取得了毋庸置疑的成功。从1957年秋到1965年，他在挤得水泄不通的讲堂里给学生们上的那些课确立了他作为牛津当时最令人兴奋的教授之一的地位。那些听过他讲课的人永远也不会忘记他们的经历——他曾经怎样带着令人难忘的穿透力说道：“只要你听到一个人说起‘现实主义’，那你就可以毫无疑问地确定，这是某种血腥行为的前奏。”听他讲课就像是进行一次“空中历险”，伯林像疾冲的苍鹰一样带着听众在空中飞行，掠过以往的一幕幕学术风景，等到一个小时的讲课结束之后，听众们鱼贯而出，来到外面的正街上，“微微感到头晕”，双脚还没有完全落到地面上。

那些听过伯林讲课的人根本不相信他在讲台上的滔滔不绝竟然是以开讲前的恐惧和讲完后的郁闷为代价的。他总是像强迫症患者一样为讲课作过多的准备，无休无止地把讲稿从六十页精练为三十页，接着又缩短成十页，最后变成薄薄的一页纸上面的几个标题，而当他在讲课当中进入一种有如神灵附体的状态时，这张纸干脆就被忘记了。即便如此，紧张依然会尾随着他，于是他只好盯着蒸汽管、窗户或者听众们脑袋上面的枝形吊灯，以免某人投过来的疑问眼光让自己张口结舌。他为自己那种不可思议的口若悬河付出的代价是担心自己“只不过是在喋喋不休”，是在“把假造的珍珠扔在真正的猪猡面前”。不过尽管他有上述种种怀疑，他所讲授的这门课程却促使牛津政治理论开始了辉煌的复兴。1960 年，J. L. 奥斯丁去世以后，牛津的分析哲学失去了推动力，而政治哲学以及政治理论史则开始再度流行起来。伯林在一场严肃政治思考——马克思主义者、黑格尔主义者、自由主义者——的普遍复苏中扮演了总指挥的角色，而这一复兴浪潮至今仍未衰退。

1958 年 10 月 31 日，在牛津学位考试楼中，他在挤满大厅的听众们面前发表了自己担任齐切利教授的就职演说，这次他演讲的就是“自由的两种概念”一文。演说开始之前，他照例觉得郁闷。他已经在帕拉吉花了两个夏天的时间，一遍又一遍地口述这篇讲稿，把它从需要四小时讲完的长度缩短到合适的篇幅。他曾经给赫伯特·哈特这样的好友看过此文，他们认为这篇演讲稿只不过是以洪亮的声音讲一堆老生常谈的话而已，伯林自己也相信了这一点。而实际上，它后来却成了他有生以来发表过的最有影响力的一篇演说。

他的理论基础已经形成，而就职演说为他提供了一个机会，把这些基本原理贯穿为一个整体，一气呵成地加以表述。他彻底改变了以前对自由的两种观念——“自由主义的”和“浪漫主义的”——所作的区分，将它们变成了一对界限更为鲜明的概念——消极和积极自由。这就将自由主义信条与比它更为激进的社会主义以及共产主义两个表兄弟区别开来。他直率而简洁地说，自由主义者们“希望对权力本身加以约束”，而其他的那些人则“想要把权力掌握在他们自己手中”。消极自由是严格意义上的自由主义政治信条的核心，亦即只要个体的行为不妨碍他人的自由，那么他们在做自己想做的事情时就不应当受到干涉。积极自由则是从社会主义到共产主义的一切解放性政治理论的核心，所有这类学说都意图运用政治权力来解放人类，以实现某种隐藏的、被阻拦的或是受压抑的潜能。

延展阅读

《俄国思想家》

《俄国思想家》是一部系统阐述 19 世纪俄国知识分子生活命运和思想状况的学术著作。作者比赛亚·伯林拣取各时期的代表人物，如赫尔岑、巴枯宁、别林斯基、车尔尼雪夫斯基、陀思妥耶夫斯基、托尔斯泰、屠格涅夫等，全面分析其思想特征及其所代表的时代精神，并将其置于整个俄罗斯和欧洲的历史背景之中。

《钱穆传》

陈勇 著

关于作者

陈勇，1964 年生，四川巴中人，1986 年大学毕业，获历史学学士学位。1989—1995 年在华东师范大学读研究生，先后获历史学硕士、博士学位。现为上海大学文学院历史系教授，主要从事中国史学史、中国现代学术思想史及隋唐经济史的研究。陈勇教授在 80 年代末开始钱穆学术思想的研究，发表有关钱穆的研究学术论文多篇，2001 年出版其研究钱穆的代表作《钱穆传》，为推动大陆钱穆学术思想的研究作出了巨大贡献。

荐读理由

国学大师钱穆先生来自中国社会最基层的乡村，一生从未上过大学，更未出洋留学，完全靠自学成为名家，由乡村小学教师、中学教师而走向大学讲台，成为大学教授、名教授，直至成为一代学术大师。他学识渊博，著作等身。按中国传统的分类法，他的学问涉及经、史、子、集四部，为传统国学通儒；按现代学科门类划分，他的治学范围遍及文、史、哲各个学科，在人文科学中当属一位百科全书式的学者。所以有人把他称为我国“最后一位国学大师”，他的逝世代表着一个时代的终结。

钱穆一生以阐释和弘扬中国文化为己任，他的思想脉络始终围绕着现代文明与道德、现代化与传统之间的关系这一中国现代思想文化上最重要的主题而展开。几十年来，他的著述讲演无不是在不断的国难刺激下“困心衡虑而得”，无不从对国家民族的满腔热忱中来，无不蕴涵着强烈的民族意识和民族感情。

由于近代以来，中国一直处于西方文化的强力冲击和笼罩之下，这位国学大师一直被视为保守、没落乃至反动的文人学者而遭到冷遇、排挤和打击。20 世纪后半期，随着世人对西方文化和中国文化重作理性的审视，钱穆对中国历史和学术文化所作的全面和深刻的阐发，对中西文化比较所作的独到精辟的评点，逐渐引起愈来愈多的关注和赞同。陈勇先生的《钱穆传》是一部学术评传，旨在通过对传主的学术思想和学术贡献的梳理和介绍，挖掘和评判其学术思想的内涵及得失。

由于是为国学大师立传，因而此传在体例安排上有独到之处。一方面按照钱穆一生的求学、教学和治学经历安排全传的纵向结构，一方面则根据钱穆一生在不同时期从事的主要学术活动和学术思想转变来全面系统介绍钱穆的学术著述和学术思想，充分结合了当时的社会历史环境来叙述钱穆的成长行事和评析钱穆的学术活动，在读者眼前凸显出钱穆作为学术文化大师的形象风采。这是本书最突出的特色，也是它胜于此前各类钱穆传记之处。

钱穆是中国近现代史上一位博学多识的国学大师，又是一位颇有争议的历史人物，本书对他的学术文化思想作了较为全面、深入和客观的评述，不限于罗列钱穆学术成就及其学术文化思想的各个方面，没有只作正面的全盘肯定，而是有具体和历史的分析，不讳言他的历史局限性，评价可圈可点。

陈勇的《钱穆传》还尽可能引用了一些其他钱穆传记中没有的文献资料，既对钱穆生活的社会历史环境有具体形象的阐释，又塑造出比较生动丰满的钱穆的形象。

先睹为快

由于日军进攻，长沙地处前线，国民政府决定临时大学迁往昆明，组成西南联大。

临时大学奉迁昆明，学校决议学生结队步行，由陆道赴滇。因钱穆身体强壮健行，推为陆行队长。钱穆因慕桂林山水，辞陆行队长之职，改由闻一多担任，自己则加入赴广西一队。

桂林山水甲天下，阳朔山水甲桂林。钱穆一路饱览桂林、阳朔山水，然后经广西南部柳州、南宁诸城市，出镇南关，绕道河内入滇抵昆明。联大文学院最初设在蒙自。1938 年 4 月，钱穆赴蒙自为学生讲授国史。至此，半年多的辗转流徙，方告结束。他在《国史大纲·书成自记》中对这一段辗转流徙的经历有这样一段叙说：

（民国）二十六年秋（1937），卢沟桥倭难猝发，学校南迁，余藏平日讲通史笔记底稿数册于衣箱内，挟以俱行。取道香港，转长沙，至南岳。又随校迁滇，路出广西，借道越南，至昆明。文学院暂设蒙自，至是辗转流徙，稍得停踪，则二十七年（1938）之四月也。自念万里逃生，无所靖献，复为诸生讲国史，倍增感慨。

钱穆在蒙自，与清华历史系主任刘崇鋐同住一室。刘氏治西洋史，亦在北大兼课，两人在北平时即为熟人。蒙自办学条件虽差，但环境幽美。学校附近有一湖，景色甚美，为“一极佳散步胜地”。湖之两旁，皆种杨柳。雨后杨柳依依，绿条成荫，更为湖光增色。钱穆上课之余，每日必到湖上，品茶亭中，“移晷不厌”。

当时，北大校长蒋梦麟、南开校长张伯苓均留居重庆，惟清华大学校长梅贻琦常驻昆明。梅氏在任命联大各学院院长、系主任时，偏向清华，于是引起了北大师生的不满。一日，蒋梦麟有事到蒙自，北大诸教授竞言联大种种不公平。一时师生群议分校，争主独立。钱穆在发言中力排众议，认为国难方殷，大家应以和合为贵，他日胜利还归，各校自当独立，不当在蒙自争独立。蒋梦麟采纳了钱穆之言，分校之议遂告平息。钱穆一生为学处事，多尚和合，于此可见其精神。

1938 年秋后，文学院迁返昆明。钱穆因爱宜良山水，卜居宜良岩泉寺撰写《国史大纲》。每周去昆明讲课三日，星期四中午 12 点乘滇越火车赴昆明，下午 5 时后抵达。讲课安排在晚上 7 点。因时间匆促，出火车站后乘人力车直奔课堂。

当时的西南联大，播迁未定，没有自己的校舍，临时租用昆明大西城内外几所中学校，供文、理、法三个学院使用。城外的省立昆华农校和城内的省立昆华中学，是上课的地方。钱穆的中国通史课，安排在农校楼上的一个大教室里，这是西南联大当时最大的一个教室，大约有一百多套桌椅，可坐二百多个学生。当时的西南联大，承继北大自由讲学之风，允许校内外人士旁听，而且尽可能兼顾其便。因此，其他大学的学生、中学教师以及社会上有志于史的人，皆来旁听，“争坐满室”。钱穆走上讲台，需得从学生课桌上踏桌而过，足见当时听课的人数之众。

延展阅读

《国学宗师钱穆》

陈勇的《国学宗师钱穆》是一部文学性的传记，以传主的人生经历为主线，融其思想、人格、学术、才情于一体，以求多层面地展现这位从乡土中国走出来的一代学术巨擘的立体人生。该书以客观、理性、传神的史记笔法，还原了一个通过自学，从乡村教师走向大学讲坛并誉满学林的学术大师富有传奇色彩的人生。全书共有12章，分阶段记述了钱穆从降生七房桥到求学果育、常州，再由执鞭乡里到任职燕京、北大，然后流转西南，寓居香江，最后定居台北的人生历程，再现了钱穆作为史学家、教育家以及文化民族主义先行者的不凡一生。既可供从事“钱学”研究的学者参考，也可作为大众了解钱穆及20世纪学术史的通识读物，激励青年奋发求学，承担弘扬民族文化的重任，诚为一部雅俗共赏的佳作。

《八十忆双亲·师友杂忆》

钱穆80岁时，撰《忆双亲》一文；83岁到84岁，撰《师友杂忆》。此二文合为一书，名叫《八十忆双亲·师友杂忆》，在生活·读书·新知三联书店出版。《八十忆双亲·师友杂忆》为其八十高龄后对双亲及师友等的回忆文字，情致款款，令人慨叹。与钱氏同事的胡适、汤用彤、孟森、顾颉刚、陈寅恪等现代著名学人，许多鲜为人知的逸事趣闻，此书亦多有展现。钱穆撰写《师友杂忆》时，“双目已不能见字，信笔所至，写成一字即不自睹”。这样的状况下，此书写了约有18万字，下笔简练，文笔生动，而思想之活泼深刻，言行之大家风范，尤其能启发世人。读者不仅由此得见钱穆一生的求学著述与为人，亦能略窥现代学术概貌之一斑，更能从此书感受到20世纪“国家社会家庭风气人物思想学术一切之变”。

《陈寅恪的最后 20 年》

陆键东　著

关于作者

陆键东，1960 年生，广东南海人。广州市文艺创作研究所专业作家。

荐读理由

1996 年 3 月下旬，上海举行第十一届文汇书展，三联书店带着一批新版书参展，在 3 月中旬才印出少量样书的《陈寅恪的最后 20 年》有数十册被带往上海随附上架，结果引起轰动，时评述为“没几分钟便被争购一空”。随后四五月间海内外出现了第一轮的热评……

陈寅恪，江西修水人，1890 年 7 月 3 日生于湖南长沙，1969 年 10 月 7 日卒于广州，中国现代最负盛名的历史学家、古典文学研究家、语言学家。先后在日本、德国、瑞士、法国、美国钻研梵文及巴利文和比较语言学，通晓多种文字。1926 年归国，与王国维、梁启超、赵元任同为清华大学国学研究院导师。后任教于国内各大学及香港大学。1949 年后，任岭南大学（今中山大学）教授、中央文史馆副馆长等职，为中国科学院哲学社会科学部学部委员。陈寅恪学识渊博，治学涉猎中外，于历史、文学、哲学、宗教、语言学等均有造诣，尤精于魏晋南北朝史、隋唐史、蒙古史、唐代及清初之文学，以及佛教典籍等研究。主要著述有《隋唐制度渊源论稿》、《唐代政治史述论稿》、《元白诗笺证稿》、《寒柳堂集》、《柳如是别传》等。

陈寅恪的经历、思想、著作已成为20世纪中国知识分子最经典的象征。陆键东这部传记的可贵之处，不仅在于详细记录了大师学术生命的最后一段历程，让我们了解奇书《柳如是别传》是如何写成的；更使中国知识分子一段不平凡的生活史和精神史在一位文化老人的后半生经历中呈现出来。陆键东的叙述饱含情感，洋溢着才气，看得出他对人生、对历史、对个人与历史的关联都有很深的洞察。那伴着警句出现的跳跃与满是感慨的议论，使全书生色不少。

这本书自问世以来，“不断出现一些事端，小者有不利的传闻，大者有相关部门的正式调查等等”（陆键东：《历痕与记忆》）。围绕该书的争议也一直不断。但在肯定该书的文献价值方面，所有读者却是众口一词，赞誉良多。据作者自述，《陈寅恪的最后20年》是在超过千卷档案卷宗的翻阅积累上写成的。专业人士冯伯群的统计结果是：“全书531页，引文的标注达524处……与档案馆藏直接相关的地方共205处。”（《引用档案惹出的一场官司》，载《档案春秋》2006年第3期。）除了辑录广东省档案馆和中山大学、北京大学、复旦大学的有关档案之外，《陈寅恪的最后20年》在抢救、保存相关当事人的口述历史方面也功不可没。所有这些，不但确立了《陈寅恪的最后20年》不可替代的文献价值，而且为后来的陈寅恪研究提供了丰富的素材。

陈寅恪为中国学术事业奉献了毕生的心血，但却在“文化大革命”时期备受折磨。大量书籍、文稿遭损，他也在1969年含恨离世。陈寅恪晚年的悲剧并不仅仅是孤例，实际上是一代知识分子的悲剧。作者在记述陈寅恪晚年时着重刻画的是他对独立人格的坚守，令人一次次热泪盈眶。陈寅恪一生为学术而生为学术而死。从拒绝国民党的专机到拒绝与共产党的合作，包括在“文化大革命”期间要求毛泽东作书面保证，都遵从了他不问政治的信念。他所强调和一生践行的“独立之意志，自由之精神”，已经成为中国知识分子的共同信仰，“与天壤而同久，共三光而永光”。读书人的风骨在他身上展现无遗。他的学术成就是惊人的，但若干年后仍能让人一次次地崇敬地谈起的或许不是这些著作而是那种遗世独立的精神，一个年近古稀双目失明的人，在那里傲然地站着，脸上显露着不屑的神情。或者，我们可以这样理解，这本传记的最大意义与其说在于介绍一代国学大师陈寅恪，不如说是在呼唤人们不可遗忘自由独立的精神。

先睹为快

但毕竟生命已走向衰竭，“生形如已死”的生存状态窒息着一个同样有血肉之躯的智者的生命感受力。《寒柳堂记梦》远未能反映出陈寅恪可能有过的对近百年间兴废盛衰的历史作一持平通论的宏大理想；《寒柳堂记梦》也未能承载它应该能承载的历史的厚望——反映出近世中国社会政治与文化起伏浮沉的轨迹。陈寅恪一直珍视着“记梦东京惜旧痕”这块精神领地，等到他可以腾出手来作一种历史构建时，他的生命之火已行将熄灭了。历史当为 1965 年的陈寅恪惜！

由此可见，最有才华的历史学家，即是那种总是用精血与激扬生命的独特情感去温热和再现曾经有过的历史的那种人。以此来形容陈寅恪的一生，不知当否？

若从 1965 年春夏之际陈寅恪正式撰写《寒柳堂记梦》算起，到 1966 年 7 月黄萱从此不能到陈宅工作止，陈寅恪撰写《寒柳堂记梦》共耗掉一年多时间。这一年，正是中国社会快将发生惨烈大动荡的前夕，命运留给这位历史学家从容整理自己一生的时间太少了。

若以1949年为界划定陈寅恪的晚年治学生涯，则从该年到1966年这十七年间，陈寅恪每一年都在辛勤著述，从未间断。陈寅恪一生没有留下关于治学的警句格言，但他以大半生的实践，实现了他一直孜孜以求的“一匡当世之学风，示人以准则”的治学理想。此点与其“关系于民族盛衰学术兴废者，不仅在能承续先哲将坠之业，为其托命之人，而尤在能开拓学术之区宇，补前修所未逮”的文化理想是相生相存的。从这个意义上说，在1966年7月后，作为“托命之人”的陈寅恪，其生命已经终结了。

未终结的只是徒添痛苦的“大患犹留乞米身”。在余下的三年时间里，陈寅恪的悲惨人生被推入了一生中的最深渊。一个苦难的生命，最终以饱受惨无人道的摧残才完成了最后的、也是最具震撼力的悲剧展示。很可怕的是，于历史而言，有了这最后一幕，悲剧才算完整！

在七十五岁时，陈寅恪曾写下了这样的诗句：“早悟有身原大患，不知留命为谁来。”答案只能由历史来解答了，七十六岁后的陈寅恪，为悲剧的完整而留命！

延展阅读

《史家陈寅恪传》

汪荣祖所著的《史家陈寅恪传》早在1992年就由百花洲文艺出版社以《陈寅恪评传》之名收入国学大师丛书中出版，北京大学出版社2005年出版了它的增订版，并改名为《史家陈寅恪传》。与陆键东的《陈寅恪的最后20年》充满情绪化的表述不同，汪荣祖在叙述与评论上显得更加稳重客观，而且更多的是透过作品去探究传主的心路历程。在探究陈寅恪的思想与生平时，作者显然也受到了传主史诗互证的影响，大量引用了陈寅恪的诗，同时，作者边叙边议，对于陈寅恪的学术思想也多有阐发。在这些评述中，正如作者数次指出陈寅恪带着“同情”——即与古人站在同一境界上，以历史的现场感去研究历史一样，作者也始终带着对传主的“同情”去阐释陈寅恪的思想。

《我的努力与反省》

梁漱溟　著

关于作者

梁漱溟（1893—1988）的祖先为蒙古人，与我国历史上的元朝皇帝同宗室。梁漱溟的父亲官至“内阁中书”，为人正直，好行善事。1893 年出生的梁漱溟幼年的时候就常常超出一般的孩童，总是独立思考，自我判断。进入中学后，更表现出了独特的性格。他不落俗套，老作翻案文章，因此深得国文老师的赞赏，从那时起，梁漱溟就开始探索人生与社会问题。青年时代又一度崇信康有为、梁启超的改良主义思想。辛亥革命时期，参加同盟会京津支部，曾热衷于社会主义，著《社会主义粹言》小册子，宣传废除私有财产制。20 岁起潜心于佛学研究，几度自杀未成，经过几年的沉潜反思，重新燃起了追求社会理想的热情，又逐步转向了儒学。

他 23 岁写的哲学论文《究元决疑论》引起当时北大校长蔡元培的注意，于是特邀梁漱溟到北大哲学系执教。一时间他的才气被传为美谈。五四运动前后，出现了一股全盘西化的思潮，梁漱溟勇于倡言儒学的复兴。这种气概，连陈独秀都不得不佩服。梁漱溟发表《东西文化及其哲学》一书，阐发其“东方精神文明论”和新儒家思想，在学术界颇有影响。

1924 年，他辞去北大教职，到山东菏泽办高中，又创办了山东乡村建设研究院，推行乡村建设运动。1925 年任山东省立六中（今菏泽一中）高中部主任。1928 年至 1929 年，梁漱溟担任广东省立第一中学（今广雅中学）校长。1931 年在邹平创办山东乡村建设研究院。

抗日战争爆发后，他积极参加抗战活动，曾在重庆北碚办勉仁书院。1939 年发起组织“统一建国同志会”。1940 年，参加发起“中国民主同盟”，任中央常务委员。次年赴香港办“民盟”刊物《光明报》并出任社长。1946 年，参加重庆政治协商会议，并代表“民盟”参与国共两党的和谈。

中华人民共和国成立后，他从四川北上，出任中国人民政治协商会议委员。1950 年后任全国政协常委、中国孔子研究会顾问、中国文化书院院务委员会主席等职。1955 年，由于批评当时的农民政策等，遭到政治批判。于是辞去相关职务，主要在家从事理论研究，发表了《人心与人生》、《东方学术概观》等著作。1974 年，江青策划了“批林批孔”运动。梁漱溟在一次发言中，讲了中国的哲学精神、儒家的精华、对孔子的评价等问题，与江青针锋相对，使得批判的那些人将矛头从孔子和林彪转到了他身上。最后一次批斗他的时候，他只说了一句：“三军可夺帅，匹夫不可夺志！”

20 世纪 80 年代后期，梁先生在 90 多岁高龄时，仍然著文、演讲，继续宣传复兴中国传统文化的思想。他于 1988 年 6 月 23 日在北京辞世，享年 95 岁。逝后，冯友兰为其撰挽联道：“钩玄决疑，百年尽瘁，以发扬儒学为已任；廷争面折，一代直声，为同情农夫而执言。”尽管他在中国历史上争议颇多，但他的刚正不阿、善恶分明的品德是为世人所肯定的。

荐读理由

梁漱溟，著名的思想家、哲学家、教育家、社会活动家、爱国民主人士，著名学者、国学大师，主要研究人生问题和社会问题，现代新儒家的早期代表人物之一。

人过了90岁，他的生平就会有几分传奇的色彩，何况是梁漱溟先生。他不但亲历了这近百年的社会变迁，而且曾投身于其中，扮演过积极的角色。他出生在中日甲午之战前一年（1893），又经历了八国联军的入侵和第二次中日战争（抗日战争）等列强对我国的欺凌与侵略。从清王朝的覆亡和辛亥革命的成功、蒋介石政权的垮台和新中国的建立，直至“文化大革命”，其间的政治纷争、军阀混战和社会动乱，他亲身经历了不少，耳闻目睹者更多。梁先生既从事过文化学术工作，又曾投身于社会运动，既曾出入于农村基层，又曾参与过一些上层政治活动。收入本书的文稿有发表过的，也有不曾发表过的。对事实的记述繁简不一，彼此有的有重复，也有疏漏之处，但一生的重大活动大体上多已涉及，可以粗略地反映梁先生一生所走过的道路，把他自己走过的将近一个世纪的历程做了一番回顾，很有纪念意义，对于当今的读者了解梁先生的思想变化和相关历史事实也非常有益。

梁漱溟认为自身的成长与众多师友的培育、帮助和鞭策不可分。其中首推蔡元培和梁启超两位老前辈，20世纪40年代初他曾发表过纪念他们俩的文章，特意收在本书中，以表达对自己恩师的感激与怀念之情。这本书对他个人的家庭生活记述很少，只编入两封给儿子的信以作弥补。

梁先生兼具古代士大夫的理想风范与现代知识分子的眼光，在梁先生那里，作为哲学家和社会活动家的外在角色是统一在他作为新时代的士的内在人格中的。他在《自述》中说道：“我本来无学问，只是有思想；而思想之来，实来自我的问题，来自我的认真。因为我能认真，乃会有人生问题，乃会有人生思想、人生哲学。不单是有哲学，因为我不是为哲学而哲学。在我的出世思想必要出家做和尚而后已，当初我的思想是从实在的问题中来，结果必归于实在的行动中去。”这段文字向我们指出了他一生行事之所以如此的基始，只是“认真”二字。因为认真，所以生出问题，更不放过问题，且“每一步皆是踏实不空，以后又继续追求，向前走去，追求时碰着钉子，乃又反省、转移、变化”。作为一种严肃的人生态度，认真首先是针对自己的。认真的人，必使自己的言行举止合于内心的信念，如此，则于人生不矫饰，于学问不作伪。正是这份认真造就了梁先生，成就了他的事业。梁先生对更好的世界的探索实践虽然未竟，但他的无私情怀和实践精神，是这个世界的永恒榜样。

先睹为快

互不相让的争论

我记得两人长谈时，我坐着的时候居多，而毛主席则常在室内来回踱步，边走边说。有时他又斜倚在他的床榻上，显得很随和，很自然。这样的谈话形式，使人感到从容而又亲切。可是发生了激烈的争论时，两人又都互不相让，不从各己的立场上后退一步。

我对他说，我过去有一个口号：认识老中国，建设新中国。谈起认识老中国，他当然强调阶级和阶级斗争。我就说，老中国社会与欧美相比，缺乏固定成形的阶级。在欧洲封建社会中，地主兼领主为一个阶级，农民为一个阶级；在进入资本主义之后，又分为资产阶级和无产阶级。这种对立对抗，老中国不明不强；中国虽有贫富贵贱之分，但流转相通，因而不是截然分为两个对立的阶级。对如何流转相通，我又举了许多例证来加以说明。当然他也举了许多事实来说明他的论点。可是谁也不曾说服谁。到末后，他就这样来结束这场争论：梁先生，你是过分强调中国社会的特殊性，但中国社会仍然具有与其他社会相似的一般性。我当即回答道：一个人都有他的一般性（例如他是个成年人），你只说他是个成年人，没有点出他的特殊性（例如他是个学问家），就等于没有说一样。所以你如果不指出中国社会的特殊之处，就等于没有说一样了。

彼此之间的争论，以各已依旧坚持自己的见解而结束。

争论激烈，观点绝然相反，又各不相让，不动气似不可能。但我们的争论自始至终确实如此。由此可见他的气度宏大，是了不起的。因此在谈话结束之后，似彼此心气相通，毫无隔阂之感，而且心里觉得有一种满舒畅的味道。我就是在通宵的长谈之后，怀着这样的舒畅心情，退出他的住室。这时室外东方天色微明，已是方将破晓的时刻。

“走的是改良之路”

为了求得他对我的观点主张的了解，去延安时我特地携去了我写的几个小册子，还有几十万言的《乡村建设理论》一书，奉求毛主席指教。在看过我的书的次日，毛公出示他阅读时所作的许多条摘录。这些摘录是用秃笔横书在粗纸上的。他指着说，这些见解不无是处，例如不搞上层表面文章“宪政运动”等，又例如改造社会从基层入手，从农村入手也是对的，等等。然后他又说：梁先生！你是个宣传家哩。我迟疑未晓其义。于是他说：凡是想要以其道易天下者便是一位宣传家。

看了我的著作以后，当然他也给予了许多批评。这些批评的话则不曾用毛笔书写在纸上，而是口述的。据我记忆，批评的话大意是说我的主张不能解决农民问题，不彻底；走的是改良之路，而非革命之路，等等。

延展阅读

《人心与人生》

梁漱溟先生内心自谓“负有沟通中外古今学术思想的历史使命”。而他的这种历史感与使命感的精神力量，则集中表现在他最后一本《人心与人生》一书中。他一生著述达30余部，但代表他思想转变与哲学精华的，却是这本《人心与人生》。这本书从立意到刊布，经历了半个世纪，也是作者写作时间最长、思虑最精深的一部著作。本书论述了自然与人的关系，东西学术之分途，论述了人的性情、气质、习惯，社会的礼俗、制度以及宗教与人生等，涉及心理学、伦理学诸方面。从人生（人类生活）来讲人生，又从人心谈论人生，是帮助人类认识自己的好教材。

《梁思成与林徽因：一对探索中国建筑史的伴侣》

〔美〕费慰梅　著

关于作者

费慰梅（1909—2002），是美国著名汉学家费正清的夫人，也是一位研究中国古代艺术的学者。1909 年生于美国马萨诸塞州剑桥镇，其父在 20 世纪初任哈佛大学生理系主任 36 年。1931 年她从哈佛拉德克利夫女子学院艺术史系毕业，第二年独自一人来到北平与未婚夫费正清结婚，在中国期间与建筑学家梁思成、林徽因夫妇等结为好友，夫妇二人的中文名字便是梁思成所取。彼此之间共同的学者气质，使四个人结下了深厚的友谊，在以后半个多世纪的动荡中，两对夫妇始终保持着密切的交往和联系。

费氏夫妇在华期间，曾于 1934 年参与梁氏夫妇的中国传统建筑实地调查考察之旅。费慰梅因此爱上与西方建筑截然不同的中国传统建筑，并成为梁思成任负责人之一的中国营造学社的成员，还直接进行了武梁祠与朱鲔墓石室的复原工作。抗战期间，梁氏夫妇随中国营造学社辗转落脚于四川宜宾的李庄，继续中国建筑史研究工作。费慰梅则于1945年5月被派往重庆任美国驻华大使馆文化参赞。费正清则在哈佛大学主持中国研究专题，哈佛的“费正清中心”就是为了纪念他毕生的成就而建。返回美国后，费慰梅坚持研究和写作，千方百计使《图像中国建筑史》出版，完成了梁思成的遗愿，并且完成了梁思成和林徽因的传记。2002年4月4日她在马萨诸塞州剑桥家中平静地过世。

荐读理由

梁思成和林徽因是中国建筑学领域的一对学术伉俪，为中国建筑学的发展作出了突出贡献。而两人特殊的家庭背景和人生经历，也被世人津津乐道。他们生活在希望与彷徨并存、传统与现代冲突同在的中国，生活在一个剧变的时代，历尽磨难，处处受到生存的威胁，但仍能坚持下去，为中国建筑研究作出伟大的贡献。

为了纪念终生好友梁思成和梁徽因夫妇，美国学者费慰梅在晚年特撰写了他们的传记《梁思成与林徽因：一对探索中国建筑史的伴侣》，于1994年由美国宾州大学出版社出版，其中亦详尽记录了费、梁两家跨越世纪的不朽友谊。

在费慰梅的笔下，我们能感受到他们作为学者的严谨，作为生活勇士的幽默，体会到他们那坚韧不拔的学术研究所逐渐破译的古代建筑典籍的含义，欣赏到他们灵巧的手指驾驭着绘图笔游刃于同样优雅的中英两种文字的每一细节之间。我们仿佛能听到他们家中永远的高朋满座，谈天论道，仿佛能看到他们骑驴走马进行着艰苦而常令人兴奋的田园调查，额头闪着智慧的光芒……然而，所有这一切却伴随着常人不知的艰辛与苦涩，以至于最后以悲剧收场。

她在序文中写道：“他们的生命通过几十年的军阀混战，民族主义革命，日本侵略，残酷的内战以及严厉的管制，都耗费在追求他们的理想目标上，最后被他们自己的严重疾病所压倒。这本书的写作，不仅是为了追述他们和如此众多的其他人的命运，而且也是为了纪念他们的成就、创造力、仁慈及支持他们勇气的幽默感。”这便是费慰梅写这本传记的目的，她希望读者在读这本书的时候，能够重新感受到那一个时代中国知识分子的面貌和心态，重新寻回古典之美应有的位置。

先睹为快

秋凉以后徽因的身体状况有所改善。医生们决定采取初步的措施看她能不能承受肾脏手术。她在10月4日从北京的医院病房里给我们写信说：“我还是告诉你们我为什么又来住院吧。别紧张。我是来这里做一次大修。只是把各处的零件补一补，用我们建筑业的行话来说，就是堵住几处屋漏或者安上几扇纱窗。昨天傍晚，一大队实习医生、年轻的住院医生，过来和我一起检查了我的病历，就像检阅两次大战的历史似的。我们起草了各种计划（就像费正清时常做的那样），并就我的眼睛、牙齿、双肺、双肾、食谱、娱乐或哲学建立了各种小组。事无巨细包罗无遗，所以就得出了和所有关于当今世界形势的重大会议一样多的结论。同时，检查哪些部位以及什么部位有问题的大量工作已经开始，一切现代技术手段都要用上。如果结核现在还不合作，它早晚是应该合作的。这就是事物的本来逻辑。”

她从对她自己身体的品评转向对她卧床的西四牌楼中央医院房子的议论。“这是早期民国建筑的杰出创造。一座集民国、袁世凯式、外国承包商、德国巴罗克风格于一体的四层建筑！我房间里两扇又高又窄的正式窗户朝向南面，可以俯视前院，由此人们能想见1901年的老式汽车和四轮马车以及民国初年的中国权贵点缀着水泥砌成的巴罗克式的台阶和小径的情景。”

在一阵情绪高涨中，她和宝宝以及她的年轻朋友们游了颐和园。“在颐和园内，我花七万元雇了一顶全程游览的轿子直上园后的山顶，那是我最喜欢的地方，有一次陪斯坦因夫妇来过。我们玩得很开心；一夜下雨以后天气好极了。周围能看出好几英里远。孩子们徒步陪着我，高兴得不得了。从他们那里得到那么多的照顾使我感到美极了。老金和思成真好，我们外出一天他们看家……你看，我就是这样从水深火热中出来，又进行了这些所谓‘不必要的活动’，要是没有这些，我早就死了，就像油尽灯枯——暗，暗，闪，闪，跳，跳，灭了！”

手术最后还是做了，但是直到1947年12月才做的。这两个月的担惊受怕当中，既有短暂的发烧、进一步的测试，又有输血的并发症，最后还得等医院来暖气。在手术之前，徽因为防万一给我写了诀别信：“再见，我最亲爱的慰梅。要是你忽然间降临，送给我一束鲜花，还带来一大套废话和欢笑该有多好。”

思成的一封电报报告说手术是成功的。手术后不久思成和老金两人都写信来要我们搞点特效药链霉素。这药也不容易弄到，但我们还是想办法托到北京出差的美国朋友分别带了两份去。最后我们得到消息说，徽因已出院回到她清华园家里自己温暖舒适的卧房中，这个地方她戏称是“隔音又隔友”。

到2月中徽因已摆脱了术后的热度，她的体力在逐渐恢复。思成说，“她的精神活动也和体力一起恢复了，我作为护士可不欢迎这一点。她忽然间诗兴大发，最近她还从旧稿堆里翻出几首以前的诗来，寄到各家杂志和报纸的文艺副刊去。几天之内寄出了16首！就和从前一样，这些诗都是非常好的。”

延展阅读

《图像中国建筑史》

《图像中国建筑史》是已故著名建筑学家梁思成教授早年用英文写成的一部简明的中国建筑史，在梁思成去世后，这本书的出版几经周折，历时几十年，经过美国故友费慰梅的努力，终于得见天日，由麻省理工大学出版社出版。中文版则由梁思成教授的儿子梁从诫翻译而成，在梁思成百岁诞辰之际与国内读者见面。此书旨在借大量照片和图版，就中国古代建筑的结构体系及其形制的演变，向西方读者作通俗的解说。

《梁思成、林徽因与我》

本书作者为著名建筑学家梁思成先生的遗孀林洙女士。她以女性特有的叙述角度和方式，回顾了自己 40 年来所目睹的梁思成个人和家庭的各种遭遇，忠实记录了她与梁思成相识、相知、相恋并一同走过的苦难岁月的过程，以一人、一家经历见证历史。因为作者与梁思成、林徽因两位多年近距离的接触，因而，其笔下梁、林两位的形象真实、生动，使读者有机会了解到一个有别于荧屏、小说之外的梁思成、林徽因，行文流畅，饱蘸情感，极具可读性。而且本书图文并茂，全书计有插图 200 余幅，其中许多关于梁思成及林徽因的照片及古建筑结构图等，都是第一次与读者见面，有较高的文献价值。

《兰波传》

〔法〕让－吕克·斯坦梅茨　著

关于作者

让－吕克·斯坦梅茨，生于 1940 年，法国诗人、散文家、文学评论家兼南特大学文学教授。他于 1989 年编撰出版了兰波作品全集（三卷本），还撰写了《斯特凡·马拉美传》、《贝特吕斯·博雷尔传》、《兰波传》以及论述诗歌理论的多篇著作。

荐读理由

阿尔蒂尔·兰波（1854—1891），法国诗人。早期象征主义诗歌代表人物，超现实主义诗歌的鼻祖。他用谜一般的诗篇和富有传奇色彩的一生吸引了众多的读者，成为法国文学史上最引人注目的诗人之一。

兰波幼年时就喜欢将自己扮成先知的模样，少年时期便显露出来令人震惊的诗才，后来多次不辞而别前往巴黎，渴望着漂泊。这个被“缪斯的手指触碰过的孩子”，从 14 岁开始写诗，到 19 岁完成《地狱一季》，短短的 5 年时间就完成了作为一个伟大诗人的全部作品，实现了他在文字上“我愿成为任何人”的狂想。此后，他便停止了诗歌的写作，在欧洲各地游荡数年之后，辗转至亚洲、非洲多国度过了12年，变换多种职业，直到1891年因治疗脚部肿瘤才回国，却在做截肢手术后去世，年仅37岁。

兰波沉醉于多变的人生，如此执著地尝试着成为“任何人”，却不愿也不能在任何地方多做停留。从桀骜不驯的天才诗人，到狂放激越的文学先知，从集天使与魔鬼于一身的英俊少年，到漂泊海外、甘愿默默无闻做生意的商人，兰波一生的跨度如此之大令人感到震惊，英年早逝的兰波为法国语言和文学点燃的革新之火却没有熄灭。正如他自己所说的那样“诗人是人间真正的盗火者”，而他所引燃的革新之火推动了法国文学的发展，使法国文学始终走在世界的前列。后人还会为他倾注更多的笔墨，因为一个多世纪以来，他一直是追求变革的年轻人的偶像。

关于兰波的传记法国已出版了数十种，让-吕克·斯坦梅茨的这部《兰波传》以兰波的书信为依据，用浓重的笔墨描写了兰波那放荡不羁的性格，描述了他对未知世界的迷恋，他向传统习俗宣战，并与之决裂；他追求自由的美梦一再破灭，进而放弃文学，热衷于到东方去旅行，去追寻新的“彩图”。本书的另一特点是它以兰波的诗歌为蓝图而构思、撰写，表达出诗歌本质上的激化作用，相当深入和具体地进入了那个以兰波为中心的世界，并充分注意到了他的个人特质。

先睹为快

就在那同时，著名的“丑陋的家伙”晚宴依然定期举行。兰波和魏尔伦也常去参加。一天晚上，一个名叫奥古斯特-克雷塞尔的人朗读自己写的《战斗十四行诗》，此诗写得枯燥乏味，而兰波则越听越感到烦躁，于是便随着诗的节拍一句句地骂着：“他妈的!”

埃蒂安·卡尔雅想为挨骂者辩护，便把骂人者当做“小混蛋”训斥了一通，兰波抄起魏尔伦的剑杖，朝敢于辱骂他的人刺去，划伤了卡尔雅的手臂。这一下子，他在这个小圈子里就成为不受欢迎的人了，此时这是惟一尚能容纳他的团体。他想把自己的规则强加给他人，但欲速则不达，而他本人不过是个天才少年，是刚刚落脚巴黎的沙勒维尔人。然而，在他到达巴黎之后不久，魏尔伦特意为他做的第一件事，就是带他去卡尔雅的画室，好让卡尔雅将年轻诗人的形象永久地保留下来，卡尔雅曾任《巴黎林阴大道》杂志社社长，而且还是一位出色的摄影师。那张大家非常熟悉的照片就是卡尔雅拍摄的。在椭圆形的画面上，兰波略显柔弱，但穿戴得很体面，脸上胖乎乎的，下巴带着明显的特征，头发很浓密，发型还是头年夏天做的，后来又理过发，但有几绺头发怎么也梳不倒。他的眼神让人颇为吃惊：眼光明亮，悲怆中带着几分高傲，好像在仔细观察镜框外想象的东西，那目光超越了我们，超越了世界。兰波之所以与《醉舟》融会在一起，恐怕也正是因为这幅照片，它将梦境和超感官知觉永久地定格在肖像里，灰色的背景就像那天空。

兰波对卡尔雅的攻击举动还造成其他不良后果。当时，许多画家都在描绘画室的内景，将出名的朋友和模特汇集在自己的画室里。在库尔贝的《画室》里，大家还记得画面中在读书的波德莱尔，在油画最初的原稿里，波德莱尔身旁还陪伴着让娜-迪瓦尔（后来他让画家把让娜抹掉了）。方丹·拉图尔经常走访文学界的后起之秀，打算把艺术家团体画进油画里。他首先生动地绘制出一幅《向德拉克洛瓦致敬》。接着，他想去描绘波德莱尔的弟子们，让他们聚集在《恶之花》诗作者的画像前。然而，出于种种原因，他所求助的那些人都不愿意露面，于是他决定选用不甚出名的文学家，便去找常常出席“丑陋的家伙”晚宴的诗人，因为他偶尔也去参加这个晚宴。画面表现的是晚宴之后的场景。画的近景是桌子的一角，桌上铺着白桌布，上面摆放着酒瓶、玻璃杯、咖啡杯。桌子后面从左至右（不分坐立）分别是魏尔伦、兰波、佩尔唐、瓦拉德、戴尔维利、布莱蒙、皮埃尔·埃尔泽阿以及让·埃卡尔。然而，画面的结构显得有些不协调，画面右侧的一束花像是多余之物，其实原来这个位置是留给阿尔贝·梅拉的，在兰波与卡尔雅激烈争吵之后，梅拉拒绝出现在这幅画面上。所有出现在《桌子一角》里的人都摆出不自然的样子，给人感觉好像他们相互间并不认识似的。不论是侧面像，还是正面像，每个人似乎只关注自己的形象。魏尔伦的面孔颇像卡尔梅克人，头发已过早地脱光了。在整个刻板僵直的画面上，兰波的面孔引人注目。他的姿势还是传统的，他用一只红扑扑的手托着头，而这副面孔则表现出年轻人梦境般的美，自从卡尔雅为他拍摄照片之后，他的头发又长了许多，显得乱糟糟的，但却颇有浪漫的色彩。尽管如此，魏尔伦依然觉得画得不像，他后来回忆说："他那双淡蓝色的眼睛里、他那苦涩的厚嘴唇上闪烁着某种柔情，给人好感。"将这些人描绘在一个画面上，表面看起来有些不太恰当，但方丹·拉图尔还是准确地再现出"伤感"诗人的支持者，他们将永远出现在兰波短暂的文学生涯里，虽然他们不过是二流诗人。

延展阅读

《地狱一季》

兰波的重要作品《地狱一季》如同燃烧生命后留下的火影，百年后，我们还可以从这些已经成为文字尸体的字面上感受到当时熊熊火焰燃烧时的壮烈与炙热。那些许多互不连贯的句子和呼喊号叫既有对真实的确认又有对幻象虚影的描述，给人一种混乱和绝望的印象。

《地狱一季》中还有一段流传至今的逸闻。1873 年 7 月 10 日，兰波和魏尔伦在布鲁塞尔一家旅店发生争执。兰波愤然起身离去，魏尔伦情急之下朝他连放两枪，将对方打伤，自己因此入狱。在牢里，魏尔伦追悔莫及，写下了《屋顶上的天空》一诗，以他忆及的兰波诗句题名，遂成法国诗坛名篇。而回到法国养伤的兰波一晚在顶楼情绪激昂，一气呵成54页的诗作《地狱一季》，文学史上称之为“世纪性的诗艺革命”。由于付不起印刷费用，作者只能从印刷者处讨要了几册留存，又挥笔在其中一本的扉页上草草写上：“赠给P. 魏尔伦”，托人捎至诗友在布鲁塞尔服刑的监狱。后来，兰波的手稿遗失，而他在绝望时又将自己仅存的几册全都烧毁，仅靠魏尔伦保留的这一册再版，这部作品才得以流传于世。

《魏尔伦传》

魏尔伦（1844—1896），法国诗人。他一边活跃在上流社会的沙龙，同时也热爱波希米亚群体，着迷于波德莱尔的诗歌，沉溺在酒精的世界中。1871年，魏尔伦发现了兰波的诗歌天赋，并不顾舆论疯狂地爱上他。他们在伦敦和布鲁塞尔过了两年的同居生活，在一系列争执后，魏尔伦酒后开枪打伤了兰波的手腕，因此入狱两年。晚年，他陷入了更黯淡的主题，整天在巴黎的咖啡馆狂饮苦艾酒，混迹于两个妓女之间，挥霍他的版税。1894年，他出版了名为《死后书》的诗集，被法国诗人推上“诗人之王”的宝座，时年他50岁整。1896年，他死于一个妓女的家中。

法国文学艺术评论家阿兰·比于齐纳撰写的《魏尔伦传》引领我们回顾了魏尔伦痛苦挣扎的一生，对他性格、思想、情感的两面性进行了深入的剖析。魏尔伦的创作和帕尔纳斯等诗歌流派关系密切，本书对这些诗歌流派的记录极具史料价值。《魏尔伦传》里有着法国人特有的黑色幽默，字里行间不由得让人想起魏尔伦本人对待生活的态度。他的态度看似是嘲弄和鄙夷，然而笔锋一转，又让人涌起对他的敬佩和叹服。

《波德莱尔传》

〔法〕克洛德·皮舒瓦、〔法〕让·齐格勒　著

关于作者

克洛德·皮舒瓦是法国传记作家中学院派的代表，对法国浪漫主义诗人素有研究，他在美国的凡德比尔特大学成立了世界上唯一的波德莱尔研究中心。克洛德·皮舒瓦与让·齐格勒合作参与了在法国“七星图书馆”丛书中的《波德莱尔全集》（4卷）和波德莱尔的《通信录》的出版工作。

荐读理由

夏尔·皮埃尔·波德莱尔（1821—1867），法国19世纪最著名的现代派诗人，象征派诗歌先驱。成年以后，波德莱尔继承了生父的遗产，和巴黎文人艺术家交游，过着波希米亚人式的浪荡生活。1848年巴黎工人武装起义，反对复辟王朝，波德莱尔还曾登上街垒，参加战斗。他的主要诗篇都是在这种内心矛盾和苦闷的气氛中创作的。波德莱尔对资产阶级的传统观念和道德价值采取了挑战的态度。他力求挣

脱本阶级思想意识的枷锁，探索着在抒情诗的梦幻世界中求得精神的平衡。在这个意义上，波德莱尔是资产阶级的浪子。

波德莱尔不但是法国象征派诗歌的先驱，而且是现代主义的创始人之一。现代主义认为，美学上的善恶美丑，与一般世俗的善恶美丑概念不同。现代主义所谓美与善，是指诗人用最适合于表现他内心隐秘和真实的感情的艺术手法，独特地完美地显示自己的精神境界。代表作诗集《恶之花》出色地完成了这样的美学使命，奠定了他在法国文学史上的重要地位。《恶之花》的“恶”字，法文原意不仅指恶劣与罪恶，也指疾病与痛苦。波德莱尔在他诗集的扉页上写给诗人戈蒂耶的献词中，称他的诗篇为“病态之花”，认为他的作品是一种“病态”的艺术。他对于使他遭受“病”的折磨的现实世界怀有深刻的仇恨。诗集出版后不久，因“有碍公共道德及风化”等罪名受到轻罪法庭的判罚。波德莱尔的其他作品还有《巴黎的忧郁》、《美学珍玩》、《可怜的比利时!》等。1866 年他在比利时参观教堂时突然出现失语症及半身不遂等症状，回巴黎后住进迪瓦尔博士的疗养院，翌年病逝，享年 46 岁。

皮舒瓦这本《波德莱尔传》采用“书信与生平”的方式，秉诚实录。皮舒瓦的传记方法几乎是英美式的，他坚持从文件、资料与书信中看出一个人的轨迹。而且，他坚信从书信中可以看到一些纯理论家们无法看到的东西，从而更好地解释一些诗。从这一角度来看，这部《波德莱尔传》为我们带来的最大收益是书中大量的波德莱尔本人的书信。波德莱尔是位写信高手。他致瓦格纳的信，被誉为法国历史上最美的通信之一。本书披露最多的，是波德莱尔写给他母亲的信。从幼小的波德莱尔给父母（生母、继父）与兄弟写文风与内容都很稚嫩的信件，到成年后写给母亲的那些充满了对母亲的柔情与对社会的仇恨的信，让我们看到波德莱尔独特的文风。从中流露出来的性情，则在高傲的性格之后，让人看出诗人普通人的一面。也许正是这些信件，可以让我们更好地领悟普鲁斯特对波德莱尔的评价：“这位被认为是不合人情的、带有无聊的贵族气的诗人，实际上是一位最温柔、最亲切、最有人情味、最具平民性的诗人。”

这部传记有60多万字的庞大篇幅，贵在真实，从为《恶之花》打官司到参加街头暴动，从感染性病到试图自杀，从文艺生涯到经济状况，只要是关于波德莱尔的，这部传记都事无巨细，一一录下，是一部颇能当文献用的“信史”。皮舒瓦旁征博引，笔触细腻，塑造了一位有血有肉的文学大师形象。从《波德莱尔传》中，我们还能读出巴黎、里昂、翁弗勒尔、布鲁塞尔，甚至留尼旺岛的城市风貌，读出那些与波德莱尔同时的文人、艺术家的生动面孔。

先睹为快

报界没有让波德莱尔成为公众眼中的著名作家，但是，波德莱尔在文学界为人接受。他在文学界一直有一些敌人——这对他倒是一件幸事。阿瑟利诺在他传记中《在巴黎的最后几年》一章的开头这样写道：

在《恶之花》的第2版出版时，我们可以说波德莱尔已经声名显赫了。在《恶之花》初版时对它进行不公正批评的人在这第2版时都沉默不语了。作者与作品反而从这些早期的攻击中受益，并通过抵抗而使得它的成功得到了巩固。那些在这个时期见到过波德莱尔的人都感到他面带微笑，容光焕发，长长的头发虽然开始变白，却依然显得年轻，感到时代与人们对他的承认对他产生很好的效果。敌意减少了，有一些新人向他表示友好。每天晚上，他在大街上走，总有许多人向他伸出友好之手，他都会跟他们握手，根据习惯与亲近的程度而显示出不同的礼貌程度。在这种普遍的友好、善意的整体印象下，他年轻时的那些苦涩与提防都消失了。他变得更加宽容、和气，对一些蠢事与矛盾也比较耐心。大家都觉得他是一个迷人、适度、充满建议的谈话的好对象，热爱生活，对所有人都很和善，带有某种父性，并对年轻人提出好建议。

1861 年的《恶之花》使得波德莱尔成为新一代心目中的领袖之一。没有对《恶之花》第 2 版进行评述的圣佩甫也不得不承认这一点：

在我读到一些新诗时，当我翻阅新出的一本诗集时，甚至在读到报刊上发表的一些诗选时，我都会马上对自己说："啊！这首诗像缪塞的诗"；或者，"这诗还像拉马丁的"（这种情况不多）；或者，"这首诗让人想起雨果最新的写法"；或者，"这诗像戈蒂耶、像邦维尔、像勒孔特·德·李勒，或者甚至像波德莱尔。"他们是今天的诗坛领袖，年轻人都崇拜他们。

早在 1859 年，亨利·康泰尔就将他的《恶与美》题献给了波德莱尔：

我嗅了你的恶之花，这些苍白的花儿，
带着碧绿色的爱情，乳白色的痛苦，
你的手以一种新的艺术将它们雕刻出。
一种有力而自由的气息充斥了我的鼻孔，
我感到我的心在胸口跳动，
我的思想在脑海的深处战栗。

同年，流浪诗人、演员阿尔贝尔·格拉蒂尼——在比利时，我们还会提到他——在《聊天》杂志上将《沉着》一诗题献给了他：

我是你残酷崇高的交际花！
我不会到大街上去奉献出
我绒衣下诱人的身躯；
我已习惯于宁静与静止；
我的眼睛正如一座雕像的无神之眼，
有着沉重而压抑的眼光！

延展阅读

《发达资本主义时代的抒情诗人》

本书中所收的三篇文章，是德国美学家、文艺批评家和哲学家本雅明 1927 年开始的“巴黎拱廊街”写作计划中的三篇。巴黎是本雅明最喜欢的城市，城内的“拱廊街”——也就是现在说的步行街，在本雅明看来是“19 世纪大众的理想景观”。波德莱尔对 19 世纪中期巴黎的现代性体验的考察深深吸引了本雅明。从这个被资本主义商品世界异化了的抒情诗人的目光出发，本雅明希望能重新阅读处于资本主义工业革命初期的巴黎。在书中，本雅明与波德莱尔一起对第二帝国时期的巴黎“渐次熄灭的煤气灯、把人固定在土地上的住房牌号、日渐堕落成商品生产者的专栏作家”发出挽歌式的哀叹，一起作为“城市的闲逛者”躲在人群里注视着这个嘈杂的商品物质世界，一起对急剧变化的社会现实发出“震惊”的慨叹，却又在结尾处理性而忧郁地击碎了波德莱尔的现代主义英雄之梦。本雅明独特的视角、细致的观察和敏锐的内心，使得这部构筑在浩瀚的引文之上的辉煌之作更多了一份诗意的绵长。

《波德莱尔》

本书是法国存在主义哲学家萨特用一系列存在主义精神分析法剖析作家及其作品的第一部传记性专著。萨特认为波德莱尔的一生都是他自我选择和设计的，从生活作风、立身处世到诗歌创作皆择恶取之，为恶而恶，最终达到恶的反面——善，给世人留下千古绝唱《恶之花》。

《契诃夫的一生》

〔法〕伊莱娜·内米洛夫斯基 著

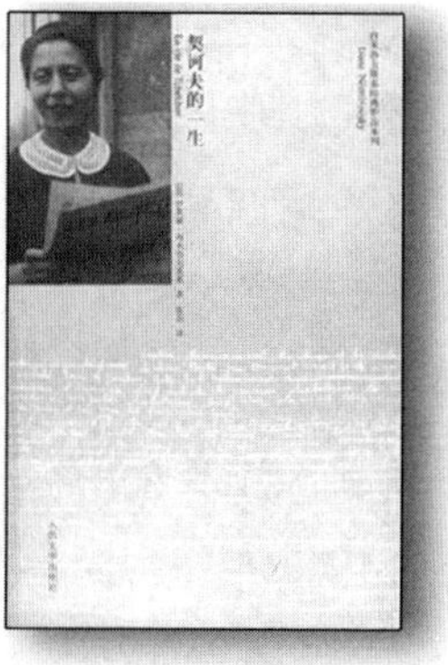

关于作者

犹太裔小说家伊莱娜·内米洛夫斯基（1903—1942），1903 年生于俄国基辅一个乌克兰犹太银行家家庭。她的母亲从小就不喜欢她，甚至经常否认自己有女儿，将女儿的出生看作自己女性魅力衰减的开始，把她扔给家庭教师和保姆。她拒绝女儿的长大，并强迫内米洛夫斯基穿小女孩的衣服。内米洛夫斯基一家早年住在圣彼得堡，她跟随法国家庭教师学会了流利的法语，她还会说意第绪语、巴斯克语、芬兰语、波兰语、英语。

1918 年俄国革命爆发后，内米洛夫斯基一家在芬兰流亡一年，并在 1919 年搬到巴黎。伊莱娜入读索邦大学，并从 18 岁开始写作。1926 年，伊莱娜·内米洛夫斯基嫁给了银行家，并且先后于 1929 年和 1937 年生了两个女儿。

1929 年，她的处女作小说《大卫·格德尔》出版，在法国文坛一举成名，并被改编成电影。1930 年出版的小说《舞会》也被改编成戏剧和电影。伊莱娜·内米洛夫斯基向出版社投稿的时候，没有留联系方式，只有一个邮政信箱和丈夫的姓——爱泼斯坦。出版社在报纸刊登寻人广告后才找到了她。但是当时伊莱娜正忙着生她第一个女儿。最终当她出现在出版社老板格拉塞面前时，他无法相信这样一部老练的作品，居然是这么年轻的女人写的。尽管内米洛夫斯基在30年代已经受到了法国文坛的认可，但法国政府仍然由于她的犹太人血统而拒绝她加入法国国籍。

1940年，内米洛夫斯基的作品被禁止出版，她丈夫在银行也待不下去了。在德国入侵法国之前，他们一家逃到小村庄里。1942年，39岁的伊莱娜·内米洛夫斯基由于“是没有国籍的犹太人”，而被法国警方根据德国占领军的规定逮捕。被带走前，她对两个女儿说：“我现在要出门旅行一趟。”她和928名犹太人一起被送进了奥斯威辛集中营，手臂上打上了编号。她的丈夫不久也被送进了集中营，并被投入毒气室。根据留存下来的官方档案记录，她于一个月后死于伤寒。

内米洛夫斯基的长女德尼丝在战后50年的时间里一直保存着放有母亲遗稿的箱子。她以为里面放的是母亲的日记。20世纪90年代末，她准备向法国出版档案馆捐献母亲文献的时候才打开箱子，发现了小说。2004年《法兰西组曲》在法国出版，立刻成为畅销书，并获得当年度雷诺多奖。这部在二战中开始创作的未完成遗作由两个中篇小说《六月风暴》和《柔板》组成，可能是第一部关于二战的小说。

荐读理由

安东·巴甫洛维奇·契诃夫（1860—1904），19世纪末期俄国批判现实主义作家、戏剧家。契诃夫以毕生的创作，把短篇小说这一文学样式提升到了经典的位置。从《万卡》、《小公务员之死》、《变色龙》、《套中人》等短篇小说中，我们瞥见了一个烟波浩淼的世界。契诃夫一生都没有放弃自己医生的职业，他以“业余文学家”的身份进行着创作，他以职业医生的敏锐透视生活，他的作品被称为“生活的切片”，他在“几乎无事”的普通生活中发现了巨大的历史脉络和深刻的生活感受。高尔基说：“契诃夫用小小的短篇小说进行着巨大的事业。”他和法国的莫泊桑、美国的欧·亨利齐名为三大短篇小说巨匠。

契诃夫去世的前一年，伊莱娜·内米洛夫斯基才出生。但在内米洛夫斯基的作品中，契诃夫的影响是显而易见的，她的作品中渗透着契诃夫的文学精神—— 一个知识分子的良知和责任。也许正是因此，她创作了其一生中唯一一部传记作品，向伟大的契诃夫致敬。

《契诃夫的一生》的结尾是在高尔基的回忆中展开的。那是1914年，高尔基想起了十年前契诃夫去世时颇具荒诞意味的葬礼。人们以为火车运回的是从满洲来的凯勒尔将军的棺材，参加葬礼的人群几乎与契诃夫没有任何关系，而且还奏起了军乐。有人在“谈论狗的智力”，有人在“炫耀自己的别墅如何舒服，附近的风景如何美丽”。可作者却笔锋一转，写出了一个温暖的结尾：“然而，在无动于衷的人群里，契诃夫的妻子和母亲紧紧地偎依着，相互搀扶。在这个世界上的所有人当中，契诃夫曾经真正深爱过的，惟有她们俩。”只有看到这里，要合上书页之后，才能真的明白，什么是“混合着玩笑、伤感和平静的失望”，什么是“水晶一般的冷漠”。在疲惫的孤独的背面，始终希望能够捕捉到一丝让这个世界亮起来的清美的光辉——这是伊莱娜·内米洛夫斯基笔下的契诃夫，也是伊莱娜·内米洛夫斯基自己。

在这部精练的契诃夫传记中，伊莱娜·内米洛夫斯基用她女性的细腻和同情心、优雅精致的文笔，为我们重现了一个真实的契诃夫，他的欢乐，他的痛苦，他的希望，他的遗憾，他一生中非凡的人道主义情怀。他生于苦难，长于苦难。过去我们只因他的作品而爱戴他，崇拜他。如今，我们对他的爱戴和崇拜将更进一步。这应归功于这本传记。

先睹为快

契诃夫写了《樱桃园》。他想创作一出轻松欢快、通俗滑稽的戏，也许是为了将自己从生活的悲哀中挣脱出来。也不知为什么，渐渐的，《樱桃园》却成了一部悲剧。每个人都在其中嗅到了死亡的气息。被契诃夫搬上了舞台的是没落的贵族们，一个遭到毁灭的可爱群体，一群哀怨、温顺、不设防的灵魂。我们在《樱桃园》中看到了巴伯基诺的记忆，看到了乌克兰林特瓦列夫家的房子，听到了夜的回声，还有流逝的年华，消失的面容，很大一部分都来自契诃夫的青年时代。他说，他所能描写的，惟有过去："主题必须从我的记忆中过滤而来，其中留下来的，都是重要或典型的东西。"如今他生活在远离俄罗斯乡村的地方，乡村在他眼中有了新的模样。很自然，《樱桃园》是写给莫斯科艺术剧院的。这一年（一九〇三至一九〇四年），医生们终于允许契诃夫离开雅尔塔。他很快乐。他终于可以再度置身于他所爱的冰雪天地了。看着身上的皮袄和头顶的毛皮软帽，他就像孩子一样兴高采烈。

"似乎，"奥莉加·克尼碧尔写道，"命运似乎决定垂爱他，总算在短暂的一季里，给予他所珍爱的一切……莫斯科，冬天和剧院！"

《樱桃园》大获成功。契诃夫三部广受欢迎的戏剧（莫斯科剧院的《海鸥》、还有《凡尼亚舅舅》和《三姐妹》）都是在作者不在场的情况下开始了它们的舞台生涯。而他所见证的却都是失败的经验。然而，这一年，命运明显地对他宽厚仁慈起来。观众们在《樱桃园》的最后一幕，看到一个虚弱而苍白的男人走上了舞台：安东·契诃夫。他"格外专注，格外认真地"听着如潮般涌向自己的欢呼声。他们崇拜作家，他们尊敬人本身。他们不是仅仅把他当成"俄罗斯的莫泊桑"，而是把他看做一个带着尊严和勇气生活着的人，并为之喝彩。人们传诵着他怎样在传染病蔓延梅里霍沃的时候照顾乡民，他是怎样帮助（他自己却穷困潦倒）雅尔塔所有不幸的人，所有肺病患者。人们尤其喜欢低声重复着他在致科学院辞呈中的字句。不久前，他和马克西姆·高尔基一起入选科学院，但沙皇以政治原因废除了高尔基的当选资格，于是契诃夫也就拒绝名列院士当中。在今晚热烈欢迎他的掌声中，有一部分是附庸风雅，一部分是哗众取宠，也许还有人向他投来犀利而严肃的目光，毫无疑问，契诃夫都能感觉得到。他不会被蒙骗。“他仿佛从极高的地方，像盘旋的飞鸟，凝望着骚动的人群。”但在这烟雾缭绕的浮华荣光中，仍然有着那么一份纯真的、本质的尊重和爱，这令他感到幸福。他几乎无法坚持站立。有人叫起来：“快坐下！请您休息，安东·巴甫洛维奇！”

他拒绝了。人们几乎是强制他坐上了大扶手椅，然后连人带椅抬上舞台。此刻的他看上去更加脆弱，更加苍白了。大家都知道，他们正面对着的，十亿个被疾病判了死刑的人。这是一九〇四年一月十七日。正是在四十四年前的这一天，在塔冈罗格一户贫穷的人家，一个杂货铺店主的儿子出生了。也许，他想起了遥远的童年，也许，他想到了逼近的死亡。

延展阅读

《法兰西组曲》

犹太女作家伊莱娜·内米洛夫斯基开始写《法兰西组曲》，是在风雨飘摇的 1941 年。1942 年 7 月，她被法国宪兵带走，从此没有回到她和丈夫及两个女儿的家，她的女儿带着母亲完成了五分之二的手稿东躲西藏，所以这份遗作还承载了一个家族的记忆与伤痛。

全书原计划分为五部，从已经完成的前两部来看，我们有理由相信，如果她能够写完，这会是一部宏大交响乐般的巨作，但这并不影响作品的丰满性，所有人物都栩栩如生。它以白描的方式描绘了 1940 年巴黎大逃亡，法国几乎所有的家庭都卷入了这悲剧性的混乱之中。伊莱娜·内米洛夫斯基没有放过逃亡中不计其数的怯懦，同样也没有放过人民在这场逃亡中所显现出的团结一致的微弱火花。在这样一个读者几乎已经忘记古典小说家魅力的时代，内米洛夫斯基用她生命最后几年的痛苦和光彩夺目的才华，以虚构世界的方式为我们呈现了过去的曾经。

《守望者：塞林格传》

〔美〕保罗·亚历山大 著

关于作者

保罗·亚历山大是美国著名的传记作家和记者。他曾为《时代周刊》工作，主要撰写政论文章，作品常常在《纽约时报》、《卫报》、《滚石》、《村声》等报纸杂志上出现。他也曾经是一位广播电台的主持人，2001年美国遭遇“9·11”恐怖袭击后，他每周六和约翰·巴彻勒在纽约的WABC电台共同主持一档傍晚的脱口秀节目。直到2003年11月，因为他想更专注于写作工作才离开了这个节目。亚历山大著有《约翰·麦凯恩的一生》以及诗人西尔维娅·普拉斯、影星詹姆斯·迪恩、作家杰罗姆·大卫·塞林格的传记。

荐读理由

杰罗姆·大卫·塞林格1919年生于美国纽约城，父亲是做奶酪和火腿进口生意的犹太商人，家境相当富裕。塞林格15岁的时候，被父母送到宾夕法尼亚州一个军事学校里住读，据说《麦田里的守望者》

中关于寄宿学校的描写，很大部分是以那所学校为背景的。1936 年，塞林格在军事学校毕业，取得了他毕生唯一的一张文凭。

从 1940 年在《小说》杂志上发表他的第一部短篇小说起，到 1951 年出版他的长篇小说《麦田里的守望者》止，他共发表了 20 多部短篇小说，有些短篇小说还在《老爷》、《纽约人》等著名刊物上发表，使他在文学界有了一点点名气。而《麦田里的守望者》则使他一举成名，被认为是 20 世纪美国文学的经典作品之一，主人公霍尔顿是当代美国文学中最早出现的反英雄形象，这一形象尤其得到青少年的普遍认同。一时间，就像模仿少年维特一样，模仿霍尔顿的言语行动和穿着，成了当时的一种时尚。

《麦田里的守望者》获得成功之后，塞林格变得更孤僻。他在新罕布什尔州乡间的河边小山附近买下了 90 多英亩的土地，在山顶上建了一座小屋，过起了隐居的生活。他虽然从未放弃写作，但他在 1951 年之后，就很少公开出版自己的作品。他后期的作品也越来越倾向于东方哲学和禅宗。除《麦田里的守望者》之外，他只出版过一个短篇集《九故事》、两个中篇集《弗兰尼与卓埃》及《抬高房梁，木匠们；西摩：小传》。2010 年 1 月 27 日在新罕布什尔州的家中去世，终年 91 岁。

成名后过着隐居生活的塞林格被认为是西方文坛一怪，关于他的每条消息，不论大小，几乎都有可能登上报纸的头条。为塞林格作传是件不容易的事，一是塞林格平生小心谨慎，避免让外界得知他私人生活的细节；二是稍有不慎，就有惹上官司的危险。英国诗人伊安·汉密尔顿接受兰登书屋的邀请，写了一本名为《J. D. 塞林格：写作人生》的书。当该书计划于 1986 年出版之时，塞林格从一份清样中看到该书中引用了自己的未发表信件，约为三百字。通过艰难的法律诉讼，塞林格成功地阻止了这本传记的出版。

就塞林格而言，最需解释的也许是，他何以早早选择了遗世独立的生活？要在他本人那里讨“口供”是异想天开，亚历山大就将解读其书当作了一条理解其人的便捷通道。我们发现，作者在很大程度上将塞林格看成了长大了以后的霍尔顿，塞林格成名后返璞归真的乡村生活正是霍尔顿幻想的生活。《麦田里的守望者》以主人公一次未遂的离家出走结束故事，塞林格的故事则是长久的象征意义上的离家出走。这个“家”即是人群、社会、现代文明。塞林格对人群的不信任，对成人社会的反感，对现代文明的厌恶不言而喻。拒绝接受现实，“生活在别处”是典型的年轻人心态，多数人随年岁的增长而与现实达成和解，塞林格则从来都没有想过和解。到老年他身上似乎也还有几分“愤怒青年”的色彩。

当然，成年塞林格不可能像少年霍尔顿那么单纯，亚历山大一面追索他隐居的动机，一面又在他决然的姿态后面寻找破绽：他躲避公众的视线，却又让作品的献辞中出现注定会引起热心读者想更多知道关于作者种种的语句；他自1965年后即拒绝发表任何作品，却又透露他一直在写作……亚历山大似乎是借助他找到的一些蛛丝马迹将读者引向怀疑：塞林格是不是一个真正的隐士？他独标孤高是否只是一场欲擒故纵的表演？塞林格选择了那种“被冻结”不再继续发展下去的生活方式，但他在世人心中却“挥之不去”，长达半个世纪。

保罗·亚历山大探幽索隐，展示了一个传记作家的素养，利用了所有可得的资料，通过还原许多事件，为读者揭示了一个苦心孤诣的写作者和不妥协的愤世嫉俗者，精到地描绘了塞林格作为凡人的一面和作为偶像的一面，讲述了他的生活是如何与他的作品相重叠的。他还发掘了随着塞林格的隐世而在他小说中逐渐加深的内省精神。

先睹为快

我一找到那座房屋，就原路开车折回并记下了方向，这样以后我就还能再找到它。在那个凉爽的十月秋日，我开车从温莎镇过了廊桥以后转左，然后行驶在一条顺河蜿蜒的大路上。在右边经过了一条小路，有牌子说明它通向圣高登斯史迹。不久就经过纪念旧考尼什殖民地的绿色标志，这个标志树立在名为“吹我转”的磨坊旁边，磨坊是一幢三层高的石建筑，外边有木护板。过了磨坊是齐斯公墓——一个不大的坟场，四周有白色的护栏——然后我向右转，拐上了一条窄窄的沥青路。然后开了有一英里多，经过了位于绿色山坡上的一座外部钉着木板条的大屋和两个巨大的红色谷仓，到了一个小小的废弃看守房我就转右了。

顺着沥青路往前经过的是奥斯汀农场。刚过农场，沥青路变成了土路，然后是一段长长的，两旁树木浓荫遮盖的路程。过了一会儿，在左边，我看到了一座看来好像是从谷仓改成的红色房屋。顺着路继续向前就到了一座小山顶，接着它的是很辽阔的大草场，那些草场后来得知是属于J. D. 塞林格的。再往前，我在一座破旧谷仓处停了下来。最后，我抬眼望去，穿过前面小山上的树木看到了它——塞林格的家。看看四周，我发现在这一处那一处的柱子上和树上，有跟我将要在他家的行车道口看到的两棵树上一样的牌子，上面写着：

告示

私人财产

严禁打猎、钓鱼、设陷阱、

及不论何种原因擅入

违反者将被起诉

十月的这天我赶到了那里，坐在停在土路边的汽车里看着山上的那座房屋。为什么？因为住在那里的他写出了《麦田里的守望者》，因为自从这本书于一九五一年出版以来，他所过的生活让找到这座房屋成为值得一做的事。为什么会是这样？为什么多年以来，络绎不绝地会有热心读者一路赶到考尼什镇？这充分说明了声名之事，更具体一点，它说明了美国社会在二十世纪后期是如何颂扬声名的。最重要的，它在一定程度上说明了艺术长久不衰的力量，因为有一点是毫无疑问的：如果塞林格没有写出居于同类小说中最好之列的这本杰作，如果他没有写出那些属于美国作家所写的最具创造性之列的短篇小说，不会有几个热心读者——包括我自己——会不辞辛苦，来寻找他住的这座山顶房屋。

一九九四年十月的那个下午，当我坐在汽车里看着他的房屋时，上面提到的我是一点也没想到。我只知道我热爱他所写的一些短篇小说和《麦田里的守望者》全书，在我觉得，塞林格传奇怪异地撩人心弦。我也知道正是由于这两方面的因素，让我那天早晨开车从纽约市出发，一路开了差不多二百六十英里才赶到新罕布什尔州的考尼什镇，然后查着镇上的土路，最后找到了那座房屋，我知道那是他的。后来，当我正坐在放下窗的车里时，突然听到了微弱的车轮碾过砾石时所发出的劈啪声。慢慢地，这声音越来越大，直到看到一辆车从茂密树林中出现。它从山上开下来，在行车道接口处停了下来。当我更认真地看着，注意看是谁在开车时，我看到了——是塞林格本人。他在行车道入口处停一下后就开车上了土路，那时节我看他看得极真切。他形容枯槁，驼背，白发稀疏，看来像是很老很老的样子。如果霍尔顿·考菲尔德被冻结在时间里，永远是那个年轻、将要告别少年时的样子，他的创造者显然并非如此，看到塞林格七十好几的样子让人震惊。最后，当我继续紧盯着他，脑子里想着我正在注视着J. D. 塞林格时，他的车加速了，离开得像出现时一样迅速，他走了。

延展阅读

《麦田里的守望者》

1951 年，塞林格的长篇小说《麦田里的守望者》一问世，立即引起轰动。该书以主人公霍尔顿自叙的语气讲述自己被学校开除后在纽约城游荡将近两昼夜的经历和心灵感受。它不仅生动细致地描绘了一个不安现状的中产阶级子弟苦闷彷徨、孤独愤世的精神世界，一个青春期少年矛盾百出的心理特征，也批判了成人社会的虚伪和做作。

主人公的经历和思想在青少年中引起强烈共鸣，受到读者，特别是大中学生的热烈欢迎。他们纷纷模仿主人公霍尔顿的装束打扮，讲“霍尔顿式”的语言，因为这部小说道出了他们的心声，反映了他们的理想、苦闷和愿望。家长们和文学界也对这本书展开了争论。有人认为它能使青少年增加对生活的认识，对丑恶的现实提高警惕，促使他们去选择一条自爱的道路；成年人通过这本书也可增进对青少年的理解。可是也有人认为这是一本坏书，主人公读书不用功，还抽烟、酗酒，搞女人，满口粗话，张口就“他妈的”，因此应该禁止。经过 30 多年时间的考验，证明它不愧为美国当代文学中的“现代经典小说”之一。现在大多数中学和高等学校已把它列为必读的课外读物，正如有的评论家说的那样，它“几乎大大地影响了好几代美国青年”。

《美与暴烈：三岛由纪夫的生与死》

〔英〕亨利·斯各特·斯托克斯 著

关于作者

亨利·斯各特·斯托克斯，英国著名记者，曾先后担任英国《金事时报》、《泰晤士报》和美国《纽约时报》东京分社社长，目前定居东京。他是与三岛由纪夫私交最好的外国记者，也是唯一见证三岛率领他的政治团体盾会进行军事训练，并参加三岛死后对其追随者法庭审判的外国人。

荐读理由

三岛由纪夫（1925—1970）是日本现代文学的杰出代表，两度获得诺贝尔文学奖提名，也是最有世界影响力的日本作家之一。他的文风阴柔华美，《假面的告白》、《金阁寺》、《春雪》是他的名作。他最为特别之处，是他采取了偏激而又令人费解的死法，在生命的末端散出病态而刺目的光芒。

1970 年 11 月 25 日，四部曲《丰饶之海》的最终卷《天人五衰》

已经在几天前交给了出版社，45 岁的三岛由纪夫挥舞着一把“关孙六”日本刀，偕其追随者盾会的成员突然闯入自卫队营地，将自卫队北方司令劫做人质，然后头缠白布登上一处高台，发表他的“勤王”演说。他叫喊着：“日本因经济繁荣而得意忘形，精神却是空洞的，你们知道吗?”但演说并不能令营中的自卫队员揭竿而起，反而招致众人的嘘声和哄笑。面对这一场面，三岛转身冲进营区的总监室，冷静而精准地将刀切入自己的左下腹。他的随从们立即一拥而上，按日本的武士传统，再给他补上 3 刀，并割下他的头颅。三岛切腹后，即有右翼分子指责自卫队背信弃义，没有如约举行起义，民间则要求彻底调查三岛的盾会与自卫队的关系。自卫队出面辟谣，说三岛事件纯属他自己“奇情异想”的结果。就在三岛自杀之后 17 个月，他的老师川端康成突然采取含煤气管自杀的方式离开了人世，未留下只字遗书。

“心灵渴望着死亡、黑夜和鲜血”的三岛一再地流露出对于死亡的向往，似乎在他看来，死亡是美的最高境界，观念上的美的永恒来自于形的毁灭。三岛的毁灭与其说是其政治理想的倒霉下场，不如说是其三岛美学的终极实践，他亲身印证了他曾反复书写过的情欲之美、虚无之美与幻灭之美，以至于世人提起他竟不得不首先从这一次毁灭开始。《美与暴烈》一书，由三岛好友、英国著名记者斯托克斯写成。全书以三岛之死为开篇，以纪实笔法记下那则鲜血四溅的旧事，然后追根溯源，记述他的早年生活、创作生涯和在死亡阴影下撰写《丰饶之海》四部曲的过程。斯托克斯是三岛生前的好友，对于三岛的生平他掌握了大量一手资料，翔实可信，在这部传记中，他用深入、动情的笔调，梳理了三岛充满矛盾的短暂人生中一个个重要转折点和他的文学成就，也刻画出三岛由纪夫深受煎熬的、躁动的心灵。斯托克斯堪称中立、客观的回忆和评述为我们提供了研究三岛生平与思想最有价值的参考观点。书中还对三岛各个时期的创作风格进行了系统性的总结，并将之与同时代的日本名作家，如川端康成、芥川龙之介等进行横向对比，对日本文学感兴趣的读者也可以从中略窥日本文学发展脉络及其国民精神。

当然，三岛由纪夫的政治主张偏激而狭隘，带有很强的右翼色彩。他的死也在一定程度上刺激了日本民族主义的发展和右翼的崛起。作为爱好和平的中国人民，自然不会同意他的主张，但认真研究三岛的一生，我们也会加深对日本民族和日本文化的理解。

先睹为快

三岛下令拿走堵在将军嘴里的头巾。他让一名盾会成员拿出一份文件，对益田念到：总部的所有士兵和军官都要在正午前赶到阅兵场；演说现场必须保持肃静，不得有任何干扰阻断演说的行为；演讲持续90分钟，为休战期，期间自卫队必须承诺不得攻击三岛及盾会成员，如果休战协议被打破，或是有打破的苗头，三岛都将杀死将军，然后剖腹自杀。

益田听罢，问到："你能得到什么呢?"三岛并没有回答这个问题。文件传到了门外。

这个时候，已经是11点35分。军官们决定呼叫外援，他们先后致电附近的一个警察局和两英里外的自卫队总部。

三岛命令跟随着他的那几个年轻人取出头巾扎上，头巾上画着太阳旗，还用毛笔写着"七生报国"几个字。三岛取出一支烟，听见门外的喇叭正在通知部队集合。

部队很快集合完毕。警察包围了益田将军的办公室。12点不到，天上已经出现了很多直升机，有的是警方的，有的则是媒体的。正午时分，三岛由纪夫出现在阳台上，雪白色的手套上，沾满血迹。

三岛开始了演说，但下面的人根本听不到他在说什么。士兵中传来各种咒骂声。三岛说："自卫队是民族荣誉的灵魂所在……自卫队究竟什么时候才能清醒过来？我在等。但不会再有机会修正宪法了。自卫队永远不可能成为一支军队……为了保卫日本！日本的传统！我们的历史！我的文化！保卫天皇！……我已经走到了生命里最后的半个小时。我一直在等待……”

下面的士兵依旧以咒骂回应着他的演讲。在三声“天皇陛下万岁”的呼喊中，三岛回到了办公室，窗子重新关上了。

三岛脱下制服和靴子，把手表递给一个盾会成员，身上就剩下一个白色的兜裆布。他跪坐在益田将军不远的位置。他用左手在左腹摩擦出一个红点，用右手握着一尺来长的胁差，对准了那个位置，他的双手在颤抖。最后，他又喊了三声“天皇陛下万岁！”接着是一声狂叫，他把胁差插进了身体，他的背部剧烈地弓起。他准备进行水平方向的第二刀，这一刀将横穿胃部。鲜血从刀口喷涌而出，染红了他的兜裆。他终于完成了十字形的切腹，他的头垂了下去。森田已经准备好挥刀割下他的头。三岛对他说：“别让我痛苦太久。”

森田的刀劈了下去，但三岛仅仅是后背和肩膀受伤。“再来！”其他的盾会成员喊道。三岛倒在地毯上，肠子已经流出来了，他发出痛苦地呻吟。森田又砍了下去，这次依旧没砍到三岛的颈部，但伤口极深。森田已经快没劲了，他第三次举起了长刀，用尽全身力气，切中了三岛的脖子，但还是差一点，三岛的头颅依旧与身体连在一起，鲜血溅喷出来。古贺浩靖走上前，把刀拿了过去。精通剑术的他，轻松一刀，完成了斩首仪式。

所有的盾会成员都开始念经，三岛的尸体依旧在涌血，房间充满了血腥味，他的内脏已经流到了地毯上。

森田跪在地上，像三岛一样脱下衣服，高呼三声“天皇陛下万岁！”他用最后的力气把胁差插入腹部，但力道不够，只划开了一个不深的伤口。“下刀吧！”他对古贺说道。古贺一刀，森田的头颅就滚到了地毯上，鲜血从断裂处涌出，他的身体朝前倒下。

盾会成员随后为益田将军松了绑。“把尸体弄得体面些。”他对这些人说。

他们把两具尸体摆放整齐，脚都朝着办公室的正门，然后脱下衣服盖在尸体上。他们又捡起两人的头，整齐地码放在地毯上，两人的头上依旧戴着头巾。

随后他们搬开路障，拉开了房门，警察注视着他们，所有的人仿佛都被定身法定住。终于，一个警察喊起来：逮捕他们。

延展阅读

《金阁寺》

三岛由纪夫是一个在政治思想上谬误多端、在艺术上的成就又不容抹煞的复杂人物。发表于1956年的长篇小说《金阁寺》是三岛由纪夫的重要代表作，获第八届读卖文学奖。《金阁寺》取材于1950年金阁寺僧徒林养贤放火烧掉金阁寺的真实事件。据林养贤说他的犯罪动机是对金阁寺的美的嫉妒。小说以第一人称描写了一名卑微的小和尚的成长过程，青年沟口素来因自己的生理缺陷而自卑，甚至失去生活的信心和乐趣，唯一的精神支柱是寄托于名胜古迹金阁寺的对美的追求，但又日渐感觉美的永恒存在是对世俗人生追求的阻碍，于是终于一把火烧了金阁寺，摆脱了“美”对人生的禁锢。三岛由纪夫驱笔写《金阁寺》，是以金阁与人生相比喻，写美与人生、艺术与人生的悲剧性的关系，他的信念是：人类容易毁灭的形象，反而浮现出永生的幻想，而金阁坚固的美，却反而露出了毁灭的可能性。像人类那样，有能力致死的东西是不会根绝的，而像金阁那样不灭的东西，却是可能被消灭的。

《人·岁月·生活——爱伦堡回忆录》

〔俄〕伊利亚·爱伦堡　著

关于作者

伊利亚·爱伦堡（1891—1967），苏联著名的新闻记者、作家和国际和平战士，1891 年 1 月 14 日出生在乌克兰基辅的一个犹太人的小康家庭，父亲是个工程师。爱伦堡在莫斯科第一中学读书时，受 1905 年俄国革命的影响，参加了社会民主工党布尔什维克派。1908 年 1 月被沙皇政府逮捕，后经家庭保释出狱。同年 12 月流亡到巴黎，在巴黎同文艺界的现代派文人（如毕加索、莫迪利亚尼）交往密切。

1914 年第一次世界大战爆发，爱伦堡受聘担任莫斯科《俄罗斯晨报》和彼得格勒《市场新闻》驻巴黎战地采访员。十月革命后他回国在苏维埃政府任职。不久又以苏联的报刊记者身份，长期待在国外。

1931 年，他周游西班牙、德国、法国和欧洲其他国家，敏锐地感觉到处在经济危机中的欧洲主要资本主义国家法西斯主义抬头，之后他作为一名反法西斯社会活动家奔波在欧洲各国。1936 年西班牙内战时期，自任西班牙前线特派记者，为苏联的《消息报》拍发电讯，并且努力呼吁苏联援助马德里政府。1935 年和 1937 年，代表苏联和新闻工作者两次出席国际保卫文化大会，谴责法西斯及其战争阴谋。爱伦堡的最大成就，是他作为一名新闻记者，从苏联反法西斯卫国战争开始，始终和红军一起战斗在最前线，冒着生命危险，不分昼夜地在战斗、掩蔽部式避弹坑里采访编写新闻。《真理报》、《消息报》、《红星报》等苏联报刊及广播电台，几乎每天都发表爱伦堡写的具有战斗精神的文章或通讯特写，后来收集成《战争》一书，厚厚三大卷。

第二次世界大战中和战争结束后，他一方面从事文学创作，写成《巴黎的陷落》、《暴风雨》、《巨浪》三部著名的长篇小说，前两部曾荣获斯大林奖。另一方面，他积极从事反法西斯的国际和平事业，积极参加保卫世界和平的各种活动，被推选为世界和平理事会副主席。

他晚年写的回忆录《人·岁月·生活——爱伦堡回忆录》有200多万字，内容十分庞杂，被称为欧洲20世纪上半叶的全景艺术史书。于1960年开始陆续发表，在苏联及西方引起强烈反响和激烈争议。此书被誉为苏联“解冻文学”的开山巨作和“欧洲的文艺史诗”。

1967年，爱伦堡病逝。他曲折的一生充满了扑朔迷离的色彩，用爱伦堡自己的话说：“我的许多同龄人都陷在时代的车轮下了。我所以能幸免，并非由于我比较坚强，或是较有远见，而是因为常有这种时候：人的命运并不像按照棋路下的一局象棋，而是更像油彩。”他在战争中成长，在逆境中坚强，他不违背自己内心的真诚，不去逢迎别人的喜好，凭着一颗勇敢的心，不断在人生之路上创新。他影响了一代人，他是伟大的时代证人。

荐读理由

在俄罗斯近现代文学史上，伊利亚·爱伦堡无疑是一位文学大师级作家。而奠定他文学大师级地位的作品正是根据他亲身经历而撰写的长篇回忆录《人·岁月·生活——爱伦堡回忆录》一书。

作为新闻记者和作家，他经历了第一次世界大战、俄国革命和内战、西班牙内战、斯大林的暴政、第二次世界大战以及冷战格局形成等重大历史事件。同代人多已烟消云散，他把自己的幸存看作命运的赏赐，既然命运让自己逃过了一次次劫难，那么自己就有责任把过去的一切都写下来，因为对于一个依然深陷在苦难中的民族来说，“活着”的同时还必须“记住”。

20 世纪 60 年代中期，赫鲁晓夫被赶下台后，斯大林主义渐渐抬头，民主力量决定还击。爱伦堡认为发表回忆录便是同形形色色的斯大林分子和一切保守势力战斗。果然，他的回忆录向读者展示了他坎坷而丰富的一生，打开了苏联读者的眼睛，引导着他们反思不久前所发生的一切。他对斯大林个人迷信的产生作了力所能及的反思。他记录了他所经历时代的国内外大事，尽量把真相告诉读者。他还写出苏联当局竭力遮掩的苏联日常生活。他突破苏联文学史的禁区，把俄罗斯大地产生的天才作家一一介绍给读者，并把西方文化名人引入苏联，扩大读者的视野。其中包括许多决定 20 世纪历史进程的人，使它增光或令它蒙羞的人，如列宁、托洛茨基、布哈林、高尔基、爱因斯坦、马雅可夫斯基、叶赛宁、毕加索、帕斯捷尔纳克、阿赫玛托娃、海明威、罗素、约里奥·居里等。爱伦堡三言两语就展示出一个名人内心平凡而真实的感情。

而文中爱伦堡对世事人情冷酸、深刻的感叹，更是让人如醍醐灌顶、猛然警醒。在痛苦的时代中一步步走了过来的爱伦堡，写出了这一句句精炼、睿智的至理哲言。对于法西斯，他“所有丰富的语言中只剩下一个字‘杀’”！对于艺术，“我确信，只有一条腿是不能前进的，没有人的精神美，任何社会变革、任何科学发明都不会给人们带来真正的幸福”。还有他对人类和平的热切期盼和四处奔波，他对斯大林时代的“个人崇拜”的态度，都构成了这本回忆录的独特魅力。

这本书首先在苏联国内引起热烈的反响，人人争读，就像当年争读他的政论一样。苏联再次掀起“爱伦堡热”，此书成为苏联“解冻文学”最著名的代表作。20 世纪七八十年代其节译本在中国以内参资料的形式流传，曾影响了一代知识分子的成长。

先睹为快

他工作的时候不像一个建筑师，而是像一个雕塑家：他很早就把长篇或短篇小说的提纲丢在一边；他常常写了开头，却不知道接下去该写什么；他多次对我说，他还不知道主人公的命运如何，甚至也不知道下一页将写些什么——主人公渐渐地活跃起来，形成起来，并把情节线索告诉给作者。（这是托尔斯泰成熟时期的情况。）

有一种作家兼思想家的人物；阿列克谢·尼古拉耶维奇是一个作家兼美术家。一个人苦苦想做的事往往正是他力不胜任的。我记得，阿列克谢·尼古拉耶维奇在青年时代曾长久地坐在一本书前——他想为它题一句箴言；但是一个字也没写出来。

他能通过形象、叙述、画面非常精确地把他所想表现的东西表现出来；但他不会作抽象思维：每当他试图把某种一般性的、宣言性的东西插入短篇或中篇小说里去的时候，结果总是失败。他之离不开艺术，正如鱼儿离不开水。他最完美的作品——《伏尔加河左岸》、《尼基塔的童年》，当然还有《彼得大帝》——都具有一种内在的自由，作家的叙述并不屈从其中有趣的情节；他在写那些取材于他自己的童年或俄国历史的短篇小说的时候，他的才能发挥得特别充分，因为他在俄国就像在一所住惯了的房子里那样感到轻松愉快、信心百倍。

从他的思想来看，他是优秀的俄国知识分子的代表。（这不是职业的定义，而是一种历史现象；无怪乎俄语“知识分子”一词在西方的语言中与过去“脑力劳动者”一词的概念不同。）

现在我要谈谈托尔斯泰同种族主义的第一次冲突——这是第二

次世界大战之前很久的事。在“丁香田庄”对面就是大跳舞场“巴尔·比利耶”（这个建筑物现已拆除）。托尔斯泰夫妇有时也去跳舞。有一次，一个黑人邀请索菲娅·伊萨科夫娜跳舞，她把他介绍给丈夫。阿列克谢·尼古拉耶维奇很喜欢这位黑人，并邀请他到公寓里去吃午饭。在公寓之中有一个美国人，他看见托尔斯泰把一个黑人带到餐厅里来，就勃然大怒。阿列克谢·尼古拉耶维奇便天真地向美国人解释，说这个黑人是一个非常有教养的人，他甚至还想提请赐给他公爵的爵位呢。美国人什么都不愿听：“这样的公爵在我们那里都擦皮鞋。”于是托尔斯泰大发雷霆，把美国人从二楼上顺着楼梯扔到楼下去了——女主人号啕大哭，但寄居在公寓里的法国人却发出了赞许的喊声。

在1917至1918年间，他是茫然的、伤心的，有时还很沮丧：他不能理解发生的事变；他常常坐在作家的“钟声”咖啡馆里；按时到住宅委员会去值班；他骂一切人又怜悯一切人，而主要的是感到困惑。伊·阿·布宁常到他那里去，布宁聪明而厉害，他说话也聪明而厉害，但是并不公道。我记得，他说有一个庄稼汉曾到他那里去预先警告他说，农民们决定烧毁他的房屋，把财产运走。伊万·阿列克谢耶维奇对他说：“不好。”那人回答说：“哪会有什么好事……我要走了，我不在，他们就会把所有的东西都拿走。我想我是不会落人后的！”托尔斯泰不愉快地笑了。

延展阅读

《古拉格群岛》

索尔仁尼琴的《古拉格群岛》长达140万字，堪称苏联列宁和斯大林时期法制历史最精练的描摹。在《古拉格群岛》这部作品里，索尔仁尼琴把整个苏联比作一个群岛，在这个群岛上处处布满了监狱和集中营，被称为古拉格。古拉格里的犯人们生活在严酷的条件之下，没有自由，但又无法逃离这个岛。作家借此来比喻苏联人民生活在失去自己的残酷制度下，从而抨击斯大林的极权统治。

全书分监狱工业、永恒的运动、劳动消灭营、灵魂与铁丝网、苦役刑、流放、斯大林死后7部，以“群岛居民”的经历为线索，又穿插了苏联劳改制度发展史中的大量资料，对一种运动及其所产生的政治制度展开了思考。《古拉格群岛》结构宏大，卷帙浩繁，充分显示了诺贝尔文学奖得主驾驭材料的能力。书中有激昂的控诉和愤怒的谴责，也有尖锐的嘲讽与深切的诉说，是深刻理解苏联政治体制重要的参考著作。

《往事与随想》

〔俄〕赫尔岑　著

关于作者

赫尔岑（1812—1870），俄国哲学家，作家，革命家。1812年生于莫斯科一个富裕的官僚贵族家庭，1870年在巴黎去世。少年时代受十二月党人思想影响，立志走反对沙皇专制制度的道路。1829年秋进莫斯科大学哲学系数理科学习。学习期间，他和朋友奥加辽夫一起组织政治小组，研究社会政治问题，宣传空想社会主义和共和政体思想。1833年大学毕业后，曾计划出版宣传革命思想的刊物，因1834年被捕入狱未实现。1835年，他以“对社会有极大危险的自由思想者”的罪名被流放。

在长达6年的流放生涯，他目睹外省官场的腐败和广大劳动者的苦难生活，进一步加深了对农奴制罪恶的认识。1842年回到莫斯科，立即重新投入战斗。努力研究哲学、历史和自然科学，写了《科学上的一知半解》和《自然科学研究通信》等哲学著作，宣传辩证法和唯物主义，鼓吹“社会革命的必要性”，很快和当时在彼得堡的别林斯基齐名，成了俄国进步思想界领袖。

这个时期他也开始了文学创作，早期中篇小说《一个年轻人的札记》带自传性质。40 年代中后期，他在别林斯基主编的《现代人》杂志上接连发表 3 部小说。长篇《谁之罪?》写 3 个男女主人公来自 3 个不同的社会阶层，作者通过对 3 人的不同身世、经历和社会关系的具体描写，清楚地表明铸成主人公们悲剧命运的主要原因，在于当时俄国的封建农奴制度。另两部都是中篇小说，为《克鲁波夫医生》和《偷东西的喜鹊》。这 3 部中长篇小说显示了赫尔岑卓越的艺术才能，具有广泛的代表性和典型意义，立场鲜明却又不给人以说教之感。作品丰富深刻的思想内容和比较完美的艺术技巧，使他成为 19 世纪中叶俄国现实主义文学的优秀代表之一。

1847 年初，赫尔岑偕家到欧洲，大部分时间住在英国和法国，成了政治流亡者。1848 年欧洲革命的失败，使赫尔岑思想上发生危机。他对西欧的社会主义运动感到失望，转而寄希望于日益高涨的俄国农民斗争，错误地认为俄国可以在保留宗法制的情况下通过农民村社实现社会主义。1853 年他在伦敦建立自由俄罗斯印刷所，后又和奥加辽夫一起在那里出版《北极星》和《警钟》期刊，登载揭露沙皇专制制度的文学作品和各种文章、资料，宣传打倒地主、解放农民的民主思想。这些刊物当时被大量秘密运回俄国，促进了解放运动的发展。到了 1870 年，由于马克思和恩格斯领导下第一国际的积极活动，他又在工人阶级身上看到未来社会的希望。

无论作为革命家、哲学家或文学家，赫尔岑的作用都是巨大的。列宁在评价赫尔岑时，一方面指出他的错误和弱点，另一方面一再肯定他“是通过向群众发表自由的俄罗斯言论，举起伟大旗帜来反对沙皇专制制度这个蠹贼的第一人”，称赞他是“在俄国革命的准备上起了伟大作用的作家”。

荐读理由

《往事与随想》是赫尔岑用血和泪写成的回忆录，正如他所说，这是“历史在一个偶然走上它的道路的人身上的反映”。赫尔岑在俄国的经历使他接触了上自王公大臣，下至贩夫走卒的形形色色的人们，他的描绘构成了一部“俄罗斯生活的百科全书”。全书的覆盖面相当广，从1812年的卫国战争、十二月党人的起义、40年代俄国先进知识分子的生活和思想、1848年欧洲的革命风云、反动的资产阶级政权对人民的血腥镇压，直到50年代伦敦各国流亡者的活动和宗派斗争，60年代俄国的社会政治面貌和新一代革命者——赫尔岑所说的“未来风暴的年轻舵手”的成长，几乎包括了19世纪初叶至巴黎公社前夕的整个历史时期。他来到西欧后，又碰到了1848年的革命高潮，目睹了欧洲民族民主运动波澜壮阔的群众场面，也经历了斗争失败后的惨痛景象。他是作为历史见证人写他的回忆录的，一个最显著的特点，便在于他不是从个人的角度，而是从社会发展的角度来描绘一切，评价一切。按照他自己的说法，这不是简单的编年史或大事记；它有统一的出发点，那就是对人民解放事业的深切关怀和对进步社会思想的热情探索。

赫尔岑不仅是艺术家，也是政论家。早在19世纪40年代别林斯基即已指出，赫尔岑的艺术作品的最大特点在于“思想的威力”。他的回忆录也是这样。赫尔岑总是站在维护进步事业的高度，评价一切历史事件和人物的活动。在赫尔岑看来，一个作家的社会责任是首要的，这规定了他的写作意图和目的，写作不是作家个人的事，而是人类整个社会事业的一部分，因此在他的回忆录中，政论性和哲理性插话几乎随处可见，这也构成了本书的一个基本特点。他把书名定为“往事与随想”，也是这个道理。

同时，本书艺术地再现了19世纪欧洲解放运动的许多历史人物，如马志尼、加里波第、科苏特、蒲鲁东、路易·勃朗等，思想界和文学界的一些知名人士，如罗伯特、欧文、雨果、密茨凯维奇等，40 年代俄国知识分子的优秀代表，如别林斯基、恰达耶夫和许多十二月党人。赫尔岑的人物画像从来不着重于外表，他总是选择具有典型意义的事件或细节，在适当的场合刻画他们的精神面貌，因此有时寥寥数笔，便使人物栩栩如生，给读者留下深刻的印象。

赫尔岑经历了错综复杂的一生，他的回忆录包含着十分丰富的内容，其艺术感染力更使它不仅成为俄罗斯文学中，也成为世界文学中一份珍贵的遗产。

先睹为快

克利西耶夫刚跨出大门，在 1863 年那股凛冽的寒流冲击下，一批新人又来到我们这里敲门了。他们并非来自迎接未来革命的培训所，而是来自他们已登台表演过的那个坍毁的舞台。他们在躲避外界的风暴，可是并不想在内部寻找什么；他们需要的只是临时的避风港，一旦天气好转，便要重新投入战斗。这些人还非常年轻，已完成了思想和教育；他们对理论问题不感兴趣，这一方面是由于他们还没有遇到这些问题，另一方面也是由于他们面对的是实际应用。他们在力量上被打败了，但是他们的英勇已得到证明。他们卷起了旗子，目前是要保持它的荣誉。因此他们的声音是干涩的，傲慢的，不屈的，严峻的，依然显得高昂；也因此他们对漫长的讨论和批评表现出战斗者的不耐烦，用不屑一顾的鄙夷态度对待多余的智力活动——艺术尤其成了奢侈品……现在音乐有什么用，诗歌有什么用！“祖国在危险中，快拿起武器，公民们！”在某些情况下，抽象地讲他们是对的，但是他们没有考虑到理想和实际的错综复杂的相互影响过程，而且不言而喻，他们把自己的意见和观点当做了整个俄国的意见和观点。为此责备我们这些未来风暴中的年轻舵手，是不公平的。这是年轻人的普遍特点。一年前，一个法国人，孔德的信徒，对我说，天主教在法国不再存在，它已完全失去了基础，他提出的根据之一便是在医学系中，教授和学生不仅不再是天主教徒，甚至不是自然神论者。

“那么，”我向他指出，“那部分没有在医学系讲课和听课的法国人呢?”

“他们当然还信仰宗教和仪式……但主要是由于习惯和愚昧。”

“我完全同意，但是您对他们怎么办呢?”

“在1792年是怎么办的?”

“效果不大，起先革命封闭了教堂，后来又启封了。您记得在庆祝教廷协议时，奥热罗怎么回答拿破仑吧。第一执政走出巴黎圣母院时，问那位雅各宾派将军：‘你喜欢这次仪式吗?’他答道：‘很喜欢，只是可惜那20万为了消灭这类仪式而进了坟墓的人，未能参加这次盛典。’啊！我们变得聪明一些了，不必再打开教堂的门，或者不如说，我们根本不用封闭它们，我们要把迷信的神庙变成学校。”

“丑恶的东西必须消灭，”我最后笑道。

“是的，毫无疑问……这是必然的!”

“但是我和您不会见到这一天，这更加必然。”

这种对周围世界的看法是通过带有个人好恶的有色眼镜形成的，革命的失败一半便来源于此。年轻人的生活大多局限在热闹而封闭的小圈子中，脱离由各种个人利益组成的日常的总的斗争，他们可以敏锐地抓住普遍的真理，可是对怎样把它们应用在当前的需要上，往往产生错误的理解。

延展阅读

《驯服的艺术》

尤里·波里索维奇·叶拉金（1910—1987），在莫斯科一个炙手可热的剧团工作，得以亲历见证20世纪20—40年代的苏联文艺界，1941年德国入侵苏联时，他“来不及撤退”被送进德国集中营，再辗转到美国，在休斯顿交响乐团任第一小提琴手。他以旁观者和亲历者的双重身份，传神记录下苏联艺术世界的万千景象。形形色色的戏剧家、音乐家登场亮相，其中也包括了那些永恒闪耀的名字：斯坦尼斯拉夫斯基、梅耶荷德、杜纳耶夫斯基……这本《驯服的艺术》分两部分，“戏剧”和“音乐”，写个人经历和见闻，可以说只是一部“个人史”，却再现了政权驯服戏剧和音乐两个艺术门类的全过程。作者对他经历的十年间的文艺政策给予了深刻的批判，表达了一个艺术家渴望遵循艺术规律的心声。

《伊斯坦布尔：一座城市的记忆》

〔土耳其〕奥尔罕·帕慕克　著

关于作者

奥尔罕·帕慕克，1952年生于伊斯坦布尔一个富裕的西化家庭。他从小在伊斯坦布尔一家美国人开办的私立学校接受英语教育。他的父亲是建筑商，家境相对优越，但高中时父母离异，他随母亲一起生活。因母亲没有工作，所以这段时间他们生活得比较困难。上高中后，帕慕克开始写作，这遭到了整个家庭的反对，但他仍然不顾一切地走上了创作道路。23岁时，他放弃正在伊斯坦布尔科技大学主修的建筑学，立志从事文学创作，其后进入伊斯坦布尔大学学习新闻，却从未当过一天记者，开始了他的纸上建筑生涯。7年后，他出版了第一部小说《塞夫得特州长和他的儿子们》，并获得《土耳其日报》小说首奖和奥尔罕·凯马尔小说奖。

从20世纪90年代中期开始，帕慕克逐渐把注意力转向人权、思想自由等方面，并通过发表关于这些问题的文章对土耳其政府进行批评。他在小说中一再描写的东西方文化的差别和交流，使他作为东西方文化交往中间人的地位得到广泛认可。1985年，他出版的第一本历史小说《白色城堡》让他享誉全球，《纽约时报》书评称："一位新星正在东方诞生——土耳其作家奥尔罕·帕慕克。"2002 年，《雪》问世。在书中，他尝试着用一种新的写作手段描述与政治有关的故事。2003 年，他出版了关于细密画的小说《我的名字叫红》。这部小说给他带来了巨大的声誉，奠定了他在世界文坛上的文学地位，获得世界奖金最高的文学奖——都柏林文学奖，同时还赢得了法国文艺奖和意大利格林扎纳·卡佛文学奖。

2005 年他的作品《伊斯坦布尔》被诺贝尔文学奖提名，还因此掀起一场轩然大波，几位评奖委员对是否应该把奖颁给帕慕克存在很大争议，使得诺贝尔文学奖发生了 10 年来首次推迟一周才公布的罕见事件。2006 年他再次获得诺贝尔文学奖的提名，最终获奖。瑞典文学院在颁奖公告中说，授予他诺贝尔文学奖的理由是"在追求他故乡忧郁的灵魂时发现了文明之间的冲突和交错的新象征"。他的获奖在土耳其国内引起了两种不同的反应。支持他的人认为，这一事件加强了土耳其文化的地位，也是对土耳其加入欧盟的支持。但是反对他的人却认为，帕慕克是个机会主义者，如果他不是承认对亚美尼亚人的屠杀，他不会得到这份奖项的，他的行动有损土耳其声誉。获奖后，帕慕克在接受瑞典媒体记者引导性提问时说："现在是进行庆祝的时间，要享受这一美好时光，不是我发表政治评论的时候。"不过他也强调指出，这次颁奖"首先是对土耳其语言、土耳其文化、土耳其国家的奖励，也是对我的劳动的承认，这也是我对写小说这一伟大事业一个谦卑的贡献"。

生活中的帕慕克很少公开露面。他住在伊斯坦布尔一栋公寓中，烟不离手，长时间写作。他对艺术也颇有研究，研究艺术的时间不少于用在文学上的时间。他每年都到世界各地欣赏艺术展览，在各个国家的博物馆中流连忘返。

荐读理由

奥尔罕·帕慕克生于1952年，那时候二战已经结束，奥斯曼土耳其帝国早已经寿终正寝，一个世俗化的土耳其正在努力向欧洲国家靠拢。伊斯坦布尔在以惊人的速度遗忘过去的一切，那些美丽的宫殿，秘密的僧侣，古老的别墅，以及在过往数世纪里被艺术家在细密画上一再表现的华丽和宁静。奥尔罕·帕慕克的家族依靠祖辈的财富曾经在伊斯坦布尔过着衣食无忧的生活，但是这种生活也和这城市一样走向了末日。投资失败引起的破产，让童年时代的奥尔罕·帕慕克在伊斯坦布尔从一处搬到另一处。在获得不同观察视角的同时，这也让他对曾经拥有过的一切怀恋不已。这个城市特有的“呼愁”，早已渗入少年帕慕克的身体和灵魂之中。

因此，不难理解为什么帕慕克在《伊斯坦布尔：一座城市的记忆》中不厌其烦地描述关于伊斯坦布尔的点滴，用极为繁复的笔触反复描摹他的城市和当时自己的感受。甚至使用大量黑白图片和长达数页的意象列举，拼贴出整个伊斯坦布尔的世俗生活画卷。令人惊叹的是，跟随他的成长记忆，我们可以目睹他个人失落的美好时光，认识传统和现代并存的城市历史。同时，我们也清晰地看到了土耳其社会历史和现实、传统和现代之间的巨大裂痕，感受到土耳其文明的感伤。他把伊斯坦布尔从传说、图片、游记里拯救出来，使得整部作品充满了深沉动人的力量。

全书的题眼是“呼愁”，作者反复强调和解释了这个土耳其字眼，因为它代表了奥尔罕·帕慕克对于伊斯坦布尔的全部情感体验的基础。它不是忧伤，也不是忧郁，而是一种所有伊斯坦布尔人的共同情绪，昔日的荣光早已远去，所以他们从出生之前就把挫败和贫困作为光荣的历史起点而继承下来，因此他们选择骄傲而乐观地接受生命中的辛酸和失落。是一种“无人能够或愿意逃离的同一种悲伤，最终拯救我们灵魂并赋予深度的某种疼痛”。

帕慕克书写的既是一部个人的历史，更是这座城市的忧伤。全书充满了强烈的忧伤之情，犹如一首悠长而迷人的挽歌，作者独自一人吟唱给他心中已经消失掉了的伊斯坦布尔。在此之前，还没有任何一位作家如此深情地回忆过一座城市，把记忆和生命编织成如此动人的独唱。

先睹为快

观看黑白影像的城市，即透过晦暗的历史观看它：古色古香的外貌，对全世界来说不再重要。即使最伟大的奥斯曼建筑也带有某种简单的朴素，表明帝国终结的忧伤，痛苦地面对欧洲逐渐消失的目光，面对不治之症般必须忍受的老式穷困。认命的态度滋养了伊斯坦布尔的内视灵魂。

若想看黑白影像的城市，看笼罩它的雾气，呼吸城里居民共同拥抱的忧伤，你只需从某个富裕的西方城市飞过来，直奔熙来攘往的街道。若是冬天，走在加拉塔桥上的每个人都穿同样黯淡的茶色衣服。我那时代的伊斯坦布尔人已避免穿他们荣耀的祖先们穿的艳红、翠绿和鲜橘色。在外国游客的眼中，仿佛他们是刻意这么穿着打扮，以达到某种道德目的。他们并非刻意——但在他们沉重的忧伤中带有一丝谦逊。这是黑白城市里的穿着打扮，他们仿佛在说：这是为一个衰落一百五十年的城市哀悼的方式。

此外还有一群群的狗，19 世纪每个路过伊斯坦布尔的西方旅人都会提及，从拉马丁和奈瓦尔到马克·吐温，这些狗群持续为城里的街道增添戏剧感。它们看起来如出一辙，相同的皮毛颜色，没有适当的字眼可以形容——某种界于灰白和木炭之间的颜色，也就是没有一点色彩。它们是市政府的一大忧患：军方发动一场政变时，将领迟早都要指出狗造成的威胁；政府和学校一次次发起运动，驱逐街上的狗，但它们依然在城里东逃西窜。它们虽然可怕，团结一致向政府挑衅，我却不得不可怜这些疯狂迷失的生灵依然死守着它们的旧地盘。

假使我们眼中的城市是黑白影像，部分原因是，我们是从西方画家留下来的版画中了解它：本地人从没画过它昔日的灿烂色彩。奥斯曼没有任何一幅绘画能顺应我们的视觉品味。当今世界上也没有任何文章或作品能教我们欣赏奥斯曼艺术或影响了它的古波斯艺术。奥斯曼的细密画家从波斯人那里获得灵感；就像古典诗人们歌颂的城市不是真实的地方，而是一个词；他们就像制图者纳苏，对这城市具有地图般的了解；他们把它看做从眼前经过的东西。甚至他们的《仪式之书》关心的也是苏丹的奴隶、臣民和他的金银财宝。这座城市不是人们居住的地方，而是透过定焦镜头观看的官方画廊。

因此杂志或教科书若需要伊斯坦布尔的旧日影像，便采用西方旅人和画家创作的黑白版画。我的同辈们往往忽略德国画家梅林以胶彩画出的色彩微妙的古伊斯坦布尔帝国，我将在稍后更多地谈到梅林。一方面听天由命，另一方面图方便，他们喜欢在容易复制的单色画中看见他们的过去，因为在凝视一幅没有色彩的影像时，他们的伤感得到了印证。

延展阅读

《我的名字叫红》

这是作者的另一部精品。

1590 年年末的伊斯坦布尔，国王苏丹秘密委制一本伟大的书籍，颂扬他的生活与帝国。四位当朝最优秀的细密画家齐聚京城，分工合作，精心绘制这本旷世之作。此时离家 12 年的青年黑终于回到他的故乡——伊斯坦布尔，迎接他归来的除了爱情，还有接踵而来的谋杀案……遇害的画家究竟是死于画师间的夙仇、爱情的纠葛，还是与苏丹的这次秘密委托有关？苏丹要求宫廷绘画大师奥斯曼和青年黑在三天内查出结果，而线索，很可能就藏在书中未完成的图画某处。究竟谁是凶手？动机是什么？作者让相关人士全部都现身说法：一只狗、一棵树、一枚金币、红色、两具尸体及死亡，甚至凶手全都站出来了。他们仿若有生命般，靠着自己的经历与观察，仔细地告诉我们蛛丝马迹。帕慕克以酒馆说书人的遣词用字叙述一则历史悬疑故事，一个谋杀推理故事，一则爱情诗篇，透彻、深奥、无限犀利且引人入胜。

这本小说获得了包括法国文学奖、意大利格林扎纳·卡佛文学奖和都柏林文学奖在内的欧洲三大文学奖项。文学评论家把帕慕克和普鲁斯特、托马斯·曼、卡尔维诺、博尔赫斯、安伯托·艾柯等大师相提并论。

《格格不入——萨义德回忆录》

〔美〕爱德华·沃第尔·萨义德 著

关于作者

爱德华·沃第尔·萨义德（1935—2003），著名文学理论家与批评家，也是巴勒斯坦立国运动的活跃分子。

1935 年，萨义德出生在耶路撒冷的一个阿拉伯基督教家庭，家境富有。他童年大多数时间在埃及开罗度过，在英国殖民统治及美国势力扩张时，就读于埃及开罗的英国学校和美国学校，从小接受西式教育。50 年代初赴美国就学，1953 年进入美国普林斯顿大学，取得学士学位，后又在哈佛大学获得硕士和博士学位。之后他在哥伦比亚大学担任英语和比较文学教授直到病逝，也曾执教于约翰霍普金斯大学、哈佛大学和耶鲁大学。1994 年 5 月做完白血病早期三巡化疗后，开始写作自己的回忆录《格格不入——萨义德回忆录》（以下简称《格格不入》）。2003 年 9 月，萨义德因白血病在纽约逝世。

萨义德是国际知名的重量级学者，为美国学界引入欧陆理论及另类观点，写作的题材包括文学、理论、政治、音乐、历史等，名著《东方学》译成数十种语言，通行于世界各地，为后殖民论述的奠基之作。东西方思想、文化、宗教、信仰复杂矛盾交织的现实，促成了他思想运用上互为作用，将每一个身份都影响、作用于其他身份，并且协调暗含于他自己生平的各种张力和矛盾。在充满霸气的欧美学术舞台上，萨义德用来自第三世界知识分子的勇气和流亡洞彻精神，在后殖民研究（东西方阐述与被阐述）和文化哲学（帝国扩张文化及自由独立的知识分子人格）两个领域拓展上显示了他犀利透彻而锋芒毕露的独立思考。

在政治上，萨义德积极投入巴勒斯坦的独立建国运动，以高瞻远瞩的眼光和特立独行的勇气，言人之所不能言、不敢言。早在20世纪70年代末期的敌对气氛下，他就公然呼吁以巴双方承认彼此过去的苦难，进行和平谈判，以求和平共存，曾担任巴勒斯坦流亡国会独立议员长达14年，严词批评美国的外交政策，20多年来为巴勒斯坦人在西方世界的主要代言人，致力于民族解放运动。总之，萨义德除了在学术上的投入与杰出表现之外，还积极参与政治、社会议题的公共空间，甚至一方面因为支持巴勒斯坦而被许多西方人士和犹太人视为暴力及恐怖主义的代言人，另一方面又因为主张和谈及声援拉什迪的言论自由而名列“半打的中东死亡名单之上”，并勇于承担这些风险，充分表现出知识分子的风骨。

荐读理由

萨义德，当今世界最具影响力的文学与文化批评家之一。代表著作有：《东方学》、《巴勒斯坦问题》、《世界 · 文本 · 批评家》、《文化与帝国主义》、《知识分子论》以及《流离失所的政治：巴勒斯坦自决的奋斗，1969—1994》等。萨义德还是有名的乐评家、歌剧鉴赏家、钢琴家，并为巴勒斯坦在西方世界最雄辩的代言人。

1935年11月1日出生于巴勒斯坦的萨义德，却因为父亲赴美参军获得美国国籍，注定在阿拉伯世界成为不受欢迎的人，因之埋下终身“格格不入”的隐忧。《格格不入》作为萨义德情有独钟的回忆录，历时五年于恶疾缠身的状态下亲手写就。讲述了其童年往返于开罗与黎巴嫩之间以及青年赴美留学期间的经历。

在《格格不入》的前言里，萨义德写得很明白：“数年前，我得到一个看来致命的医学诊断，我觉得有必要为我在我生于斯、长于斯的阿拉伯世界所过的生活，以及我念高中、学院与大学在美国所过的生活，留下一本主观记述。”萨义德带领读者回首那些令人心悸的往昔岁月，观察到幼年萨义德是如何在他那位威力强大的父亲的阴影下踌躇不前地成长，看到在混乱不堪的动荡岁月里命运和历史是如何不动声色地摧毁一个国家、一片土地和一群群的巴勒斯坦人。

作为一个离乡亡国多年之人，面对随时可能的死亡，萨义德恳切回顾自己的人生，寻根溯源，追忆他要求严格、给他“维多利亚式”教育的父亲，和令他终生仰慕、给他鼓励但又暧昧矛盾的母亲，以及成长的环境和所受的教育。他以今日之我探索，书写昔日之我，与内在自我重建关系，与已逝的父母修好，并试图以个人的方式为民族争回历史。他把自己分作两半的阿拉伯经历和美国经历统合为一，以不协和的身份为被压迫的、沉默的巴勒斯坦代言呐喊。

因为他特殊的历史背景——出生地被巴勒斯坦和以色列争夺不休、童年生活过的地方黎巴嫩和埃及都爆发过内乱，回忆录也成为远离那个地域与历史的人们得以一窥当时社会形态的窗口，记忆力惊人的萨义德以其特有的疏离感极诚实地描绘了当时一个阿拉伯家庭的生活状态，因此除了了解萨义德和他的学术经历，《格格不入》还记录了一个基本上已经失去或被遗忘的世界。

在这本沉痛而绝不消沉（同样也是精彩绝伦）的作品中，我们将会看到一个人的一生，他向我们揭示命运的种种轨迹，细致介乎于家庭间的琐屑烦恼或甚扰动近代历史的种种伟力，事无巨细地呈现出动荡世界的另一个侧面，提醒我们注视这个不平世界里的所有不幸。而为我们完成这一切的便是此人，爱德华·萨义德：本书的作者，享誉全球的批评家，更是伟大的巴勒斯坦之子。

先睹为快

出了学校，我们的生活奢侈逾常，极为奇特。和我们过从较近的家庭都有一批司克家的哈山（Hassan）、法霍姆家的穆罕默德，有一种几乎不可思议的力量，总是在我们的谈话里冒出来，有如我们每餐必食之物，又像我们一定会谈到我们的花园和房子，感觉中，他们是我们的财产，如同托尔斯泰笔下富室大家的那些侍从。我们的庭训是不可以和仆人们过熟，意思是不可以和他们说话打趣，可我就是禁不住要打破这规矩。我记得我和阿默德摔跤，和哈山谈人生与宗教的更深层次的意义，和阿齐兹谈车子与司机，这些都是父母所不赞成的。我觉得自己像仆人，控制着一股在做事的许多时辰里不许出现的精力。和他们说话，给我们一种自由和解脱的意味（当然是幻觉），在其中快然一时。

我们这些家庭在格洛皮店采购食品，这间雅致餐馆的员工一望即知是希腊人，有的是埃及人，大家显然用阿拉伯语交谈要好些，结果我们都和他们讲法语，辛苦得下巴都要掉下来了。母亲用阿拉伯语和人交谈，我感到自豪，在我们所属的整个社交群里，只有她熟谙阿拉伯语，能读会写，使用这种语言也似乎并不觉得在社交上低人一等，虽然当时的大气氛是使用法语能给人比较高的（甚或最高的）身份。我很早就从GPS和维多利亚学院拣到一点法语，在俱乐部当然也熟听法语，可是我理解虽然完全没有问题，却从来没有足够自信把它当日常语言。于是，英语虽然已经成为我的主要语言——维多利亚的法文课并不比阿拉伯文课高明多少——我却陷入一种怪异的处境，就是没有自然或民族的立场来使用英语。大约十四岁的时候，这三种语言成为我一个非常敏感的问题。阿拉伯语是禁止的，是 wog 的；法语是“他们的”，不是我的；英语是明文规定的正式语言，却又是可恨的英国人的语言而不能说。

从那时以来，我对语言的机制就有一种非比寻常的着迷，心里自动出入三种可能性之间，说英语则耳中听见且脑里辨析与之对等的阿拉伯或法文字词，说阿拉伯语则撷取与之相当的法文与英文字句，系附于我的遣词用字上，如同行李绑在头顶上方的置物架上，就在那里，但是不起作用，又拖累。如今年过六十，我才比较自在，不再将那些语言互译，而是直接口说或书写，但不完全像生长于那些语言的人那样流利。只有到今天，我才克服教育和流亡为我造成的对阿拉伯文的疏离，而享受阿拉伯文的乐趣。

延展阅读

作者还有下列精品：

《知识分子论》

《知识分子论》一书原是萨义德在英国 BBC 广播公司很有名气的瑞思系列讲演稿，是他总结近年文学、文化、政治批评的经验，对“知识分子”这一重要议题所作的系列反思。萨义德综合了葛兰西“知识分子”面向公众的世俗性和班达“知识分子”特立独行，代表弱势群体以及向权势者说真话的批判性，形成了他自己的知识分子观。他尖锐地指出，在当今媒体发达、政治与学术利益交融的时代，所谓的知识分子已经是一种特殊专业，集编辑、记者、政客及学术中间人于一身。他们身不由己，往往成为各种权力结构中的一员。反而在去国离乡的移民逐客中，在甘居异端的“业余者”、“圈外人”中，我们方能得见知识分子不屈不移卓然特立的风骨典型。也正是在这种综合认识下，萨义德始终面向社会大众对美国主流社会的经济霸权和文化霸权进行批评，对世界上一切形式的专制和不公正予以严厉的谴责，不管它们是来自西方还是阿拉伯世界。

《论晚期风格——反本质的音乐与文学》

如果说《格格不入》是萨义德对残酷命运的感性反应，那么《论晚期风格》则是对这一命运的理性反应。在《论晚期风格》中，他将自己的个人生活剔除，品评自己热爱的作家、诗人、音乐家晚期作品——这似乎是一种面对死亡的技巧。《论晚期风格》再次显露出萨义德在批评领域精深的功力，可是更多的人会被书中的人格力量所吸引，正如日本作家大江健三郎所说："萨义德本人就是'作为知识分子的艺术家'的一个典范，它是对萨义德的人品的深刻陈述，只有当我面对着自己生命的晚期阶段不可避免的困境时，我才可能从中寻找到勇气。"

艺术与人文

《柳如是别传》

陈寅恪　著

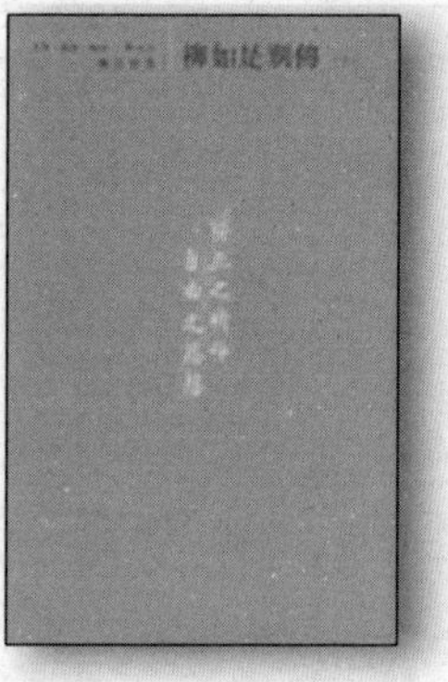

关于作者

陈寅恪（1890—1969），江西修水人，生于湖南长沙，1969 年 10 月 7 日卒于广州，中国现代最负盛名的历史学家、古典文学研究家、语言学家。先后在日本、德国、瑞士、法国、美国钻研梵文及巴利文和比较语言学，通晓多种文字。1926 年归国，与王国维、梁启超、赵元任同为清华大学国学研究院导师，后任教于国内各大学及香港大学。1937 年 7 月，抗日战争爆发，日军直逼平津。陈寅恪的父亲三立义愤绝食，溘然长逝。治丧完毕，寅恪随校南迁，过着颠沛流离的旅途生活。1939 年春，英国牛津大学聘请他为汉学教授，并授予其英国皇家学会研究员称号。他是该校第一位受聘的中国语汉学教授，在当时是一种很高的荣誉。因第二次世界大战爆发，被逼暂居香港，任香港大学客座教授兼中文系主任。太平洋战争爆发后，日本人占领香港，寅恪立即辞职闲居，日本当局持日金四十万元委任他办东方文学院，他坚决拒绝。1942 年春，有人奉日方之命，专程请他到已被日军侵占的上海授课。他又一次拒命，随即出走香港，取道广州湾至桂林，先后任广西大学、中山大学教授，不久移居燕京大学任教。

1948年12月，国民政府开始了“抢救学人”的活动。当时，北平已经被解放军重兵包围，即使这样，国民政府还是派专机把陈寅恪接到了南京。蒋介石亲自登门劝他一起去台湾，遭到拒绝。离开大陆后，蒋曾多次派专机到南京接陈，皆失望而归。没能把“国宝”抢救出来，这一直被蒋介石引为恨事。

中共的领导人对陈寅恪一直照顾有加，新中国成立后不久，专门派人看望他，转达对他的关怀。他的腿跌伤以后，周总理还曾亲自过问医院的治疗方案。陈寅恪晚年深得陶铸的关照，由于陈寅恪残存的视力只能微弱地辨别白色，陶铸就派人在陈宅的院子里修了一条白色甬道，使这位老人在散步时不致跌倒。

十年动乱期间，陈寅恪遭到残酷折磨。使他最伤心的是，他珍藏多年的大量书籍、诗文稿，多被洗劫。1969年10月7日，他在广州含恨离开人世。

陈寅恪学识渊博，治学涉猎中外，于历史、文学、哲学、宗教、语言学等均有造诣，尤精于魏晋南北朝史、隋唐史、蒙古史、唐代及清初之文学，以及佛教典籍等研究。主要著述有《隋唐制度渊源论稿》、《唐代政治史述论稿》、《元白诗笺证稿》、《寒柳堂集》、《柳如是别传》等。他的学术成就是惊人的，但若干年后仍能让人一次次崇敬地谈起的或许不是这些著作而是那种遗世独立的精神。他所强调和一生践行的“独立之意志，自由之精神”，已经成为中国知识分子的共识，“与天壤而同久，共三光而永光”。

荐读理由

柳如是是明末清初的一位奇女子，家境贫寒，幼年被卖与官宦人家，后沦落青楼，成为秦淮名妓。其人不仅貌美，还能诗会曲，能书擅画，为人风流放诞，与复社、几社、东林党人相交往，常着儒服男装，与诸文人纵谈时势，诗歌唱和。明崇祯十四年（1641），东林领袖、常熟钱谦益与柳如是结秦晋之好。两人同居绛云楼，读书论诗相对甚欢。钱戏称柳如是“柳儒士”。明亡，柳如是劝钱谦益殉节，在刀、绳、水三种死法中选一。钱面有难色，如是奋身跳入荷花池，以身殉未遂。钱谦益降清后，遭猜忌被逐回乡，郁郁而死。钱氏家族乘机向柳如是逼索，如是投缳自尽。她不被陋俗所羁，敢于追求人生幸福，且明于民族大义，远胜当时许多高官巨儒，堪称中国历史上少有的奇女子。

《柳如是别传》是陈先生在失明膑足的情况下，用了十年的光阴，完成的一部80余万言的大书奇书。1964年夏，该书完成初稿时，陈寅恪先生已75岁，正如助手黄萱所说：“寅师以失明的晚年，不惮辛苦，经之营之，钩稽沉隐，以成此稿，其坚毅之精神，真有惊天地泣鬼神的气概。”这是陈寅恪先生留给我们的最后一部著作，也是他酝酿最久、写作时间最长、篇幅最大、体例最完备的一部著作。

本书主要内容包括缘起、河东君最初姓氏名字之推测及附带问题、河东君与“吴江故相”及“云间孝廉”之关系（附：河东君嘉定之游）、河东君过访半野堂及其前后之关系、复明运动（附：钱氏家难）。每一章都详细讲解。陈寅恪作了极为细密精到的考述，完整恢复了中国历史上一个了不起的奇女子的生活真相与性格真相。其中贯穿的主题是“男女相知”与“自由精神”。

《柳如是别传》可说是对于“天下兴亡，匹夫有责”的一曲赞歌。作者以天翻地覆的历史事实为轴心，通过柳如是的奇特经历，展开一幅巨大的历史画卷，让读者看到，在这动乱的年代里，各种各样的知识分子怎样在严酷的命运面前抉择自己的归宿。寅恪先生对柳如是身边的这些士人，以其对待国家命运的态度为准，予以表扬或贬斥，从而起到了“贬斥势利、尊崇气节”的作用。柳如是最为核心的气质，正是陈寅恪在全书中反复强调的她的自由精神。“侠气、才气和骨气，在柳如是身上，可说是三者合一”，“奇女志与遗民心的结合”，使本书成为可歌可泣的女性史颂。

陈寅恪企图以《柳如是别传》呼唤民族魂、士人魂的重塑。慷慨多气、以天下为己任的士大夫品格、自尊自爱独立自由之人格、优美深细的情感心灵世界，以及博学多识的文采风流，“河东君一人之身，可以当之而无愧”。这就是这本书书名《柳如是别传》实际上指向“儒士”的深切寓意。陈寅恪对于河东君柳如是的文化想象，是20世纪对于中国文化最伟大的文化想象。

《柳如是别传》是一部前所未有的兼史学写作与文学写作于一身的新文本，具有历史研究与文化想象两种功用，我们从中既能学习到一代国学大师的学术性格，也能体悟到他的心灵世界。

先睹为快

夫牧斋文学观点既与古度差异，又与之亲密一至于此，甚觉可怪。更检吾炙集所列诸人及有学集中牧斋晚岁相与往来之文士，亦多由那子介绍，其故何在？必有待发之覆也。兹略推论之于下。

今先论黄案期间钱林之关系，至郑延平率舟师攻南都前数年之事则暂不述及。顺治四年丁亥主办黄案最高之清吏为洪亨九，洪氏与函可之交谊前已详言之。牧斋固可借顾与治经祖心以通亨九，然细绎上引千山诗集“寄陈公路若”诗序之辞旨，知天启六年秋桂花开时那子年已四十七，（此据有学集贰秋槐诗楷集牧斋顺治己丑所赋“林那子七十初度”五律推得之。）自得与诸词人预会赋诗，而祖心年仅十六，（此据上引郝浴撰函可塔铭“师是年二十有九，时崇祯十二年〔己卯〕六月十九日也”之语推得之。）故自谦云“予虽学语未成，窃喜得一一遍诵”。又是岁顾与治年二十八，（此据上引牧斋戊子冬所赋“顾与治五十初度”推得之。）应可预此诗会，但祖心诗序云“及剃发来南，与茂之相见，已不胜今昔之叹”，无一语道及与治，可证天启六年丙寅秋韩顾未相识。上引牧斋“顾与治遗稿题词”有“片言定交”之语，颇疑祖心与与治之缔交实始于弘光元年乙酉自广州来南京之时，非若茂之之与韩氏一门至少有两世之旧交。然则牧斋即不经与治借祖心以通亨九，亦可经茂之借剩人以通洪氏也。

邢孟贞昉石臼后集壹“读祖心再变纪漫述五十韵”云：

所恨丧乱朝，不少共欢辈。城头竖降旗，城下迎王旆。白头宗伯老，作事弥狡狯。捧献出英皇，笺记称再拜。（寅恪案：杨钟羲雪桥诗话壹“邢孟贞”条引“白头”下四句云：“盖指牧斋。”）皇天生此物，其肉安足嘬。养士三百年，岂料成狼狈。

寅恪案：牧斋遗事附赵水部杂志四则之三云：“弘光选后屡不中，特旨至浙东拣选三女子，祁彪佳族也，其父为诸生。弘光避位，其女与父尚在金陵。礼部尚书钱谦益送所选女于豫王。女之父登谦益之门，一时人无不诧异焉。”可与祖心所记参证。或疑剩和尚既载牧斋此事，则似不以牧斋为然者，牧斋遭黄案牵累，未必肯为之尽力。鄙意函可撰再变纪效法南董，自必直书，无所讳忌，但牧斋实与黄介子有连，志在复明，剩人与林茂之为旧交，与顾与治为密友，牧斋若经两人之疏通劝说，借黄案以赎前罪，函可亦可能向洪亨九为之解救也。茂之自其父移居金陵以来至黄案期间，已历数十年之久，故陈作霖认其为上元人，（见金陵通传贰肆林古度传“先世籍福清，父章发愤争狱事，系南都三年始出，遂居金陵，为上元人”等语。）但那子家本福清籍，（见同治修福建通志壹伍陆选举门举人表“万历元年癸酉苏濬榜，福清县林春元，后改名章”之记载及同书贰壹叁文苑传林章传“万历癸酉年十七，举于乡”等语。）与当日闽省士大夫领袖曹能始关系尤密，依旧日社会之习惯，自可如金陵诗徵之例列于寓贤，（见朱绪曾编金陵诗徵叁玖寓贤伍林章小传及同书肆拾寓贤陸林古度小传。）洪亨九若论乡里之谊，固得相与周旋。盖茂之值明清兴亡之际，表面无抗清显著之形迹，不致甚为巴山等之所注意。观牧斋于黄案期间作品绝不避忌林氏之名字，亦可推知其人在清廷官吏心目中之态度也。

延展阅读

《隋唐制度渊源略论稿·唐代政治史述论稿》

这本书以陈寅恪执教期间备课讲义及其他零散史学原稿结集出版，为海内首次付印。遵照作者生前愿望，全书采用繁体字竖排。在《隋唐制度渊源略论稿》中他认为隋唐制度延续了北魏北齐和南朝梁陈，并非像前人所说延续西魏北周而来，他还高度评价了河西敦煌一带对汉魏晋与隋唐之间在文明传承延续过程中所起到的作用。他把唐代政治史写得像一部古典演义，气势恢宏，波澜壮阔，对许多名人的人生际遇作了历史解释。

《傅雷家书》

傅雷　著

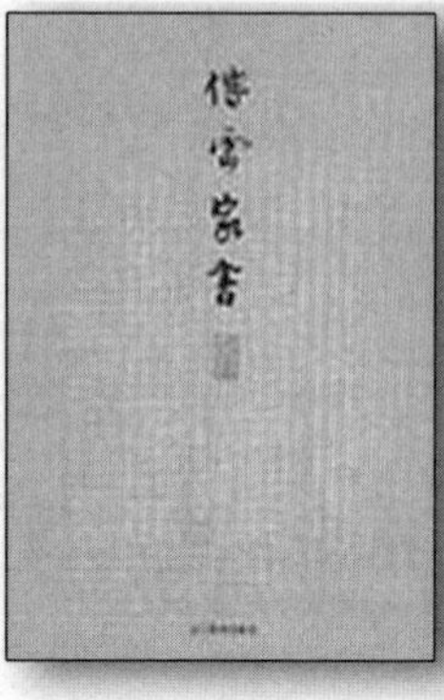

关于作者

傅雷（1908—1966）字怒安，号怒庵，是我国著名的翻译家、文艺评论家，上海南汇人。20 世纪 20 年代初曾在上海天主教创办的徐汇公学读书，因为有反迷信反宗教的激烈言论，被学校开除。五卅运动时，他参加在街头的讲演游行。北伐战争时他又参加大同大学附中学潮。在国民党逮捕的威胁和恐吓之下，他的寡母强迫他到乡下老家避难。1926 年秋，18 岁的傅雷考入上海持志大学。1927 年四一二事变之后，面对国内血雨腥风的政治形势，加之对国内大学教育的失望，在留法勤工俭学归来的表兄顾仑布的影响下，傅雷产生了留法念头，然而遭到母亲反对。毕业于中西女中的姑母傅仪较为开明，和表兄顾仑布一起说服了母亲，但唯一的条件是临行前筹办傅雷与朱梅馥订婚事宜。

1928 年 9 月，傅雷考入巴黎大学文科，常到博物馆、艺术馆揣摩艺术大师们的不朽名作，而且与刘抗、刘海粟夫妇和法国画家阿尔培·裴那等文艺界人士过从甚密，大大地提高了他的艺术修养。1931

年秋回国后，傅雷致力于法国文学的翻译与介绍工作，译作丰富，行文流畅，文笔传神，翻译态度严谨。1932 年 1 月，傅雷与相恋多年的朱梅馥成婚。自此相濡以沫，共历三十四载。朱梅馥慈爱温柔，贤惠能干，在傅雷的翻译生涯中，她始终默默地陪伴着他，直至生命的最后一息。

抗战期间，为避免向日本宪兵行礼，傅雷“东不至黄浦江，北不至白渡桥”，把翻译作为抗战的特殊武器，先后翻译了英国罗素的《幸福之路》、法国杜哈曼的《文明》以及巴尔扎克的《亚尔培·萨伐龙》和《高老头》，重译罗曼·罗兰的《贝多芬传》。抗战胜利后，激情满怀的傅雷将视野从书斋转向了广阔的社会现实，发表了十多篇有关时局风云、民生疾苦和教育文艺等问题的政论、杂文，并联系筹建“民主促进会”。

新中国成立后，他谢绝了清华大学的邀请，重新返回书房，重译了巴尔扎克的《高老头》、罗曼·罗兰的《约翰·克利斯朵夫》，新译了巴尔扎克的《贝姨》、《邦斯舅舅》、《于絮尔·弥罗埃》、《夏倍上校》、《奥诺丽纳》，梅里美的《嘉尔曼》和《高龙巴》，伏尔泰的《老实人》与《天真汉》等作品，迎来了翻译生涯的第二个高峰，奠定了他在当代中国翻译界，尤其是翻译巴尔扎克作品的权威地位。他的“傅雷体华文语言”是中国译界备受推崇的范文。20 世纪 60 年代初，傅雷因在翻译巴尔扎克作品方面的卓越贡献，被法国巴尔扎克研究会吸收为会员。

傅雷先生为人坦荡，禀性刚毅，1957 年被打成“右派”，但仍坚持自己的立场。留学波兰的儿子傅聪也成了被批判的对象，在学业即将完成时出走英伦。陷入极度痛苦中的傅雷，深居简出，专心工作。

1966 年 8 月 31 日，傅雷夫妇突遭上海音乐学院红卫兵抄家，夫妇俩俱受批斗，折磨达三天四夜。在人格和尊严备受凌辱的情况下，9 月 2 日深夜，夫妇联名写下遗书，交代后事，坦坦荡荡地走上了不归路。

荐读理由

傅雷夫妇作为中国父母的典范，一生用尽心血培养的两个孩子：著名钢琴大师傅聪、英语特级教师傅敏，是他们先做人、后成“家”，超脱小我、独立思考、因材施教等教育思想的成功体现。《傅雷家书》是中国文学艺术翻译家傅雷先生暨夫人于1954至1966年间写给其孩子傅聪、傅敏等的家信摘编，共185封，其中大部分是写给出洋在外并最终成为著名钢琴演奏家的大儿子傅聪的信件。

辑印在这本集子里的，不是普通的家书。傅雷先生希望通过书信往来将自己对人生和艺术的理解传达给儿子，激发儿子通过书信的方式畅谈在异乡的学习和生活之收获，一方面及时发现儿子的各种问题，给予帮助和指导，另一方面也希望从儿子的成长过程中获得新的思想、艺术和生活的感悟。就像他对儿子出游世界各地演出的所见所闻，都表现出了极大的兴趣和关注。其目的正如傅雷先生所言：“我们虽然年纪会老，可是我们不甘落后，永远也想追随在你们后面。”贯穿全部家书的情意，是要儿子知道国家的荣辱，艺术的尊严，能够用严肃的态度对待一切，做一个“德艺俱备、人格卓越的艺术家”。

傅雷先生的可贵之处，还在于他教育儿子的同时，总是将自己也摆进去，一再作无情的自我解剖，以引导儿子认真地对待自身的问题和不足。他以一个过来人的身份，把自己人生的智慧、生活的经验、艺术的体会、文化的感悟，都毫无保留地贡献了出来。洋洋数万，字里行间，倾注了傅雷先生的全部情感，这情感是傅雷先生的挚爱流露，使家书蕴涵了深厚的人文精神与关怀，家书中父母的谆谆教诲，孩子与父母的真诚交流，亲情溢于字里行间，给天下父母子女强烈的感染启迪，读来无不感动。我们看到的还有，作为一位才华横溢、颇有建树的翻译家，傅雷先生对祖国和社会的所思所为而体现出的生命价值，通过自己的儿女延伸下去。

因此，《傅雷家书》是一部“又热烈又恬静，又深刻又朴素，又温柔又高傲，又微妙又率直”的书信集；是一本“充满着父爱的苦心孤诣、呕心沥血的教子篇”；也是“最好的艺术学徒修养读物”；更是既平凡又典型的“不聪明”的近代中国知识分子的深刻写照。

先睹为快

关于莫扎特的话，例如说他天真、可爱、清新等等，似乎很多人懂得；但弹起来还是没有那天真、可爱、清新的味儿。这道理，我觉得是“理性认识”与“感情深入”的分别。感性认识固然是初步印象，是大概的认识；理性认识是深入一步，了解到本质。但是艺术的领会，还不能以此为限。必须再深入进去，把理性所认识的，用心灵去体会，才能使原作者的悲欢喜怒化为你自己的悲欢喜怒，使原作者每一根神经的震颤都在你的神经上引起反响。否则即使道理说了一大堆，仍然是隔了一层。一般艺术家的偏于 intellectual［理智］，偏于 cold［冷静］，就因为他们停留在理性认识的阶段上。

比如你自己，过去你未尝不知道莫扎特的特色，但你对他并没发生真正的共鸣；感之不深，自然爱之不切了；爱之不切，弹出来当然也不够味儿；而越是不够味儿，越是引不起你兴趣。如此循环下去，你对一个作家当然无从深入。

这一回可不然，你的确和莫扎特起了共鸣，你的脉搏跟他的脉搏一致了，你的心跳和他的同一节奏了；你活在他的身上，他也活在你身上；你自己与他的共同点被你找出来了，抓住了，所以你才会这样欣赏他，理解他。

由此得到一个结论：艺术不但不能限于感性认识，还不能限于理性认识，必须要进行第三步的感情深入。换言之，艺术家最需要的，除了理智以外，还有一个“爱”字！所谓赤子之心，不但指纯洁无邪，指清新，而且还指爱！法文里有句话叫做“伟大的心”，意思就是“爱”，这“伟大的心”几个字，真有意义。而且这个爱决不是庸俗的，婆婆妈妈的感情，而是热烈的、真诚的、洁白的、高尚的、如火如荼的、忘我的爱。

从这个理论出发，许多人弹不好东西的原因都可以明白了。光有理性而没有感情，固然不能表达音乐；有了一般的感情而不是那种火热的同时又是高尚、精练的感情，还是要流于庸俗；所谓 sentimental［滥情，伤感］，我觉得就是指的这种庸俗的感情。

一切伟大的艺术家（不论是作曲家，是文学家，是画家……）必然兼有独特的个性与普遍的人间性。我们只要能发掘自己心中的人间性，就找到了与艺术家沟通的桥梁。再若能细心揣摩，把他独特的个性也体味出来，那就能把一件艺术品整个儿了解了。——当然不可能和原作者的理解与感受完全一样，了解的多少、深浅、广狭，还是大有出入；而我们自己的个性也在中间发生不小的作用。

大多数从事艺术的人，缺少真诚。因为不够真诚，一切都在嘴里随便说说，当做唬人的幌子，装自己的门面，实际只是拾人牙慧，并非真有所感。所以他们对作家决不能深入体会，先是对自己就没有深入分析过。这个意思，克利斯朵夫（在第二册内）也好像说过的。

真诚是第一把艺术的钥匙。知之为知之，不知为不知。真诚的“不懂”，比不真诚的“懂”，还叫人好受些。最可厌的莫如自以为是，自作解人。有了真诚，才会有虚心，有了虚心，才肯丢开自己去了解别人，也才能放下虚伪的自尊心去了解自己。建筑在了解自己了解别人上面的爱，才不是盲目的爱。

而真诚是需要长时期从小培养的。社会上，家庭里，太多的教训使我们不敢真诚，真诚是需要很大的勇气作后盾的。所以做艺术家先要学做人。艺术家一定要比别人更真诚，更敏感，更虚心，更勇敢，更坚忍，总而言之，要比任何人都 less imperfect［较少不完美之处］！

延展阅读

《摩根信札》

《摩根信札》是世界财富巨擘摩根家族的奠定者——约翰·皮尔庞特·摩根给儿子小约翰·皮尔庞特·摩根的信。它本来是不愿公开的私人信札，是以遗嘱形式密藏的贵重珍品，并且“透露了太多摩根家族创造财富的秘密和商业智慧，是培养伟大企业家无比珍贵的教材……”直到20世纪90年代末期，为了纪念摩根家族的开创者迈尔斯·摩根1636年登上美洲大陆，摩根家族的继承者查尔斯·摩根才答应付样刊印。本书在美国一出版，即引起轰动，连续在畅销书排行榜上居高不下，许多企业都把他作为教育员工的范本，人手一册，案头必备。

“一个父亲胜过百个教师”，薄薄的《傅雷家书》溢露出浓浓的严父之爱，而《摩根信札》则充满着“商业忠告”的气息。相同的是，两者都显出人性的温存。老摩根谆谆教导，语重心长地从生活、工作、处世、为人、管理、经营等多个方面富有策略性和操作性地对儿子言传身教。通读这32封家信，提到的问题有大有小：创新与突破，用人之道，看好你的钱包，让你的演讲充满魅力……有宏观指导，亦有不厌其烦的细微关怀。尽管不同时代社会制度下，道德标准和价值观念实有迥异，尽管如今的出版业为其缀加了更多的商业炒作，但是摒弃掉这些外在的隔阂和枷锁，静读字里行间的文字深情，一定会受益匪浅。

《渴望生活：梵高传》

〔美〕欧文·斯通　著

关于作者

欧文·斯通（1903—1989）是美国当代传记文学作家，生于美国旧金山。他的童年生活十分艰难，读完中学后仍然打工，先后做过报童、推销员、牧童等。1923 年他获得南加州大学的经济学硕士学位，之后曾在印第安纳大学任教。

他的写作生涯是从写剧本开始的，以后转向人物传记小说的创作。从 20 世纪 30 年代到 70 年代将近 40 年间，欧文·斯通写了十多部传记文学小说，享有很高的声誉。他的成名作《渴望生活：梵高传》发表于 1934 年，奠定了他在美国文坛上的地位，此后，他还写了美国作家杰克·伦敦的传记小说《马背上的水手》、林肯夫妇的传记小说《爱情是永恒的》、意大利文艺复兴时期的艺术大师米开朗琪罗的传记小说《痛苦和狂欢》、奥地利心理学家弗洛伊德的传记小说《思维的激情》、英国伟大生物学家达尔文的传记小说《起源》等。欧文·斯通的写作态度是认真严肃的。他每写一部传记小说，总是先要阅读大量有关的文献资料，并且到传记对象的出生地和曾经待过的地方作一番调查研究，然后进行构思创作。正因为如此，他的作品深受读者的喜爱，曾多次获得文学奖，在欧美各国有着广泛的社会影响。

欧文·斯通的婚姻和家庭非常美满，妻子琼·斯通也是他许多作品的编辑。1968 年，他和夫人创立了“欧文·吉恩·斯通传记、历史小说奖”。1989 年，他因心脏病突发而去世。

荐读理由

荷兰画家文森特·梵高，是 19 世纪人类最杰出的艺术家之一。他一生清贫简单，作为画家，在世时只卖出了一幅画，穷苦到请不起绘画模特，要靠弟弟的救济维持生活。他一生都忍受着生活的贫困、精神的痛苦和内心的焦躁不安。而与此同时，他的画作却显得越发明亮起来。鲜艳火辣的色彩，狂放流动的笔触，凝固在了他的画布上，燃烧起了他对于生活的期许，他的每一幅画作都饱含着他对于自由的理解，对于生命的热爱。

1927 年的春天，一位深受意大利宗教画和巴黎寓言画熏陶的作家十分偶然地走进了卢森堡画廊。在这里，一个小型画展中由色彩、阳光和运动组成的骚动不安的世界让他震惊！他惊诧不已地徘徊于一幅又一幅油画面前，被这位名叫文森特·梵高的荷兰画家深深打动。这位作家就是欧文·斯通。

出于不可遏止的激情与冲动，欧文·斯通开始了《渴望生活：梵高传》的写作。一开始他写作的主要材料来自梵高写给自己弟弟泰奥的三卷本书信集，后来他又循着梵高生前的踪迹，访问了法国、荷兰、比利时等地，得到梵高当时还在世的亲友们，以及当地许多梵高的崇拜者的协助，从他们的回忆和所提供的资料中发掘出好些传记材料。回到纽约后，他终于得出了这样的结论：“梵高的一生，是人所经历过的最为悲惨然而成就辉煌的一生。”本书按空间顺序分成一个序幕和八卷：伦敦、博里纳日、埃顿、海牙、纽恩南、巴黎、阿尔、圣雷米、奥威尔，把梵高一生对生活的渴望，包括对爱情的追求、对亲情的希冀以及对世人肯定的渴求，都写得入木三分。然而他的稿件却在 3 年间被美国 17 家大出版社一一拒绝：“您怎么可以要求我们，让正处于萧条时期的美国公众，接受这个关于一位默默无闻的荷兰画家的故事呢?”欧文·斯通的手稿后来终于在删减了十分之一后，由英国一家老出版社的小分社出版。而出乎所有人所料，这部作品震撼了无数读者，至今已被译成 80 多种文字，行销数百万册。欧文·斯通本人对此也相当自豪，在斯通的其他传记小说的封面上，往往在作者名字下面，特地加上“《梵高传》的作者”的字样。

欧文·斯通认为，最能打动读者的不是名人深厚的成就和辉煌，而是他们追求和探索的过程。读过这一部生动亲切的传记小说，我们不仅可以感到作者对于这位后期印象派大师的崇敬，而且还有对他的爱、他的痛苦和他的创作激情的深刻理解。

先睹为快

文森特默默地喷了一会儿烟。他知道整个事情必须彻底解决，但遗憾的是，除了言词之外，没有别的媒介物。那么，他得使泰奥懂得这一点。然后，一切就会好了。

“泰奥，回家有什么好处呢？在家里看来，我已经成了一个无法容忍的、形迹可疑的人了，至少已经成了一个他们不信任的人了，尽管我并不想这样。我相信最好是和家里保持相当的距离，道理就在这里，这样可以使他们感到我已经不存在了。”

“我是一个感情强烈的人，善于做蠢事。在最好耐心等待的时候，我总是说得太快，做得太快。事实就是这样，难道一定要我承认自己是一个危险的人，承认什么事也干不来吗？

我认为并非如此。但问题在于要想法利用这种热情。譬如说，我对绘画和书籍有着不可抵抗的爱好，我要不断地自我教育，就像要吃面包一样。你一定理解的吧。”

“我完全理解，文森特。不过，像你这样年纪，看画读书只能作为消遣，不能当做生活的要事。你没有工作，东游西荡，已经快五年了。在那段时间中，你在走下坡路，不是在上进。”

文森特倒了一点烟草在手心里，用手掌搓搓潮，塞进烟斗。可他忘了点火。

“不错，”他说，“有时候我自己挣得面包，有时候朋友施舍给我。不错，我已经使许多人丧失了信心，我的经济情况拮据，我的前途黯淡。但那一定是不上进吗？泰奥，我一定要在已经走的路上继续前进。如果我不学习，如果我不再继续努力，那我就完了。”

“你显然想告诉我一些什么，老兄，要是我能理解，那就好了。”

文森特点燃烟斗，趁着火柴的火苗儿抽了几口。“我还记得，”他说，“我们在赖斯威克老磨房附近一起散步的情景，那时候，我们在许多问题上，看法是一致的。”

“但是，文森特，你却变得多了。”

“你说的不完全对，那时候我的生活不那么困难；至于我对事物的观察方法和见解，一点也没有变。”

“看在你的面上，我愿意相信你的讲法。”

“泰奥，你决不能以为我是在否认现状。我毫不作假，我唯一的不安是：如何才能成为对人类有用的人？难道我不能为某些目标尽力，并且变得有用一点吗？”

泰奥站起来，拼命弄火油灯，总算点亮了。他倒了一杯牛奶。“来，喝下去。我不想让你累坏了自己。”

文森特喝得太快，几乎被牛奶的浓味噎住了。甚至等不及擦去焦急的嘴唇上的奶液，他就继续往下说："我们内在的思想常常外露出来吗？也许在我们的灵魂中有一团热火，但没有人用它使自己暖和起来。过路人仅仅看到烟囱里冒出一点烟，照旧走自己的路。你瞧，该怎么办呢？一个人不能守护着这团内在的火，心怀这个刺激物，耐心地等待某个人走来坐在它旁边的时刻到来吗？"

泰奥站起来，坐在床上。"你知道刚刚掠过我心头的画面吗？"

"不。"

"赖斯威克的老磨房。"

"这是一所美好的老磨房，对吗？"

"对。"

"我们的童年生活也是美好的。"

"你使我的童年生活幸福，文森特。我记忆中的第一个人始终是你。"

长时间的静默。

"文森特，我希望你明白，我所提出的责备是从家里来的，不是出于我的本意。他们劝我到这儿来，看看我能否使你感到羞愧而返归荷兰，找个工作做做。"

"没关系，泰奥，他们说得一点不错。那只是因为他们不理解我的动机，没有把我目前的情况与我的一生联系起来看。可是，如果说我是在没落，那末，你却是在飞黄腾达起来。如果我已经失去了别人的同情，你却赢得了别人的同情。这使我感到高兴。我是诚心诚意说的，而且永远是这样。倘若你能在我身上看出我不是无可救药一类的二流子，那我将非常高兴。"

延展阅读

《达尔文传》

欧文·斯通的《达尔文传》是一部以达尔文历史为背景的文学作品。他用了五年时间进行搜集材料、调查研究，经过精心写作，才把这部巨著完成。为了仔细勘查达尔文当年的各个活动场所，以增强他的感性认识，他还数次访问达尔文的达温故居并在其中住过几个星期。这样，欧文·斯通掌握了非常丰富的达尔文个人历史以及周围环境的材料，再加上他的文学修养，把达尔文的形象活生生地体现出来了。

多年以来，虽然有达尔文传记出版，但以文学体裁来写达尔文一生的，这是描述得最全面、最引人入胜的一部，非常畅销。英国著名历史学家 A. L. 罗斯评论这部书说："这是欧文·斯通的特殊成就……现在我们至少可以从头到尾、正确地看到达尔文这个人和他的事业了。"

《列侬回忆》

〔美〕扬·温纳　著

关于作者

1967年9月，21岁的加州大学肄业生扬·温纳怀揣被摇滚乐蛊惑的激昂，带领一群年轻人在旧金山的一个破印刷厂的阁楼里，没日没夜地排版、印制、争吵。他最大的动力就是为了有一天能和列侬碰面。温纳一改当时地下小报起哄的报道方式，用传统清晰的新闻写作方式来深入报道当时的摇滚英雄，推出了《滚石》式封面与长篇。对此温纳曾这样回忆："我具有一种将事物清晰化与条理化的直觉，了解设计与如何呈现，当时的地下报纸对我毫无吸引力。"

1968年，《滚石》选用列侬与大野洋子手拉手裸体背对镜头的照片作为封面，引起全国轰动。1970年"披头士"解散，他对列侬作了深入的访谈，刊有列侬这篇访谈的那两期《滚石》，是该杂志最早卖断的两本。这篇轰动一时的专访大大扩张了《滚石》杂志的影响力。之后《滚石》以深刻独到的摇滚书写为编辑核心，替当代文化史留下了不少珍贵的纪录，同时开创了一个属于《滚石》的时代，极大地推动了世界摇滚乐文化的发展。他本人也成为20世纪六七十年代的文化英雄，现在在纽约居住。

荐读理由

约翰·列侬（1940—1980）是20世纪最伟大的摇滚歌手及文化人物之一，“披头士”乐队的主唱及灵魂人物。他也是20世纪六七十年代欧美文化的象征。他创作风格多样，无论是从“披头士”时期的简单明快到深刻多变，还是单飞后的激扬奋进与随意淡然，都显示出了杰出的音乐天分与创作才华。列侬对和平的热爱与对保守势力的嘲讽，更使他成为最受人们敬仰的公众文化人物之一。1980年12月8日，列侬倒在一位狂热歌迷的枪下，去世前甚至没有机会留下任何遗言。他在摇滚音乐史上的地位，至今没有任何人可以超越。

作为20世纪最成功的乐队，“披头士”乐队无论在音乐还是文化上都开创了一个时代。约翰·列侬作为“披头士”乐队的主唱及核心成员，无疑是这场神话的缔造者之一。1970年“披头士”乐队解散之初，时年24岁的扬·温纳拎着录音机去面见列侬夫妻的时候，《滚石》杂志创刊才三年，还是一份带着同仁刊物气味、带有若干“地下精神”的双周画报，和后来那本全美发行量最大的音乐时尚杂志、乃至于日后温纳创建的媒体帝国，完全无法令人联想到一块儿。年轻的温纳充满自信，访谈时单刀直入、一无所惧，列侬本人也正好想要把话一次讲清楚，加上列侬的妻子洋子不时插入，这篇对话录充满了张力，这也是约翰·列侬毕生做过的两次深入专访之一，另一次是在1980年遇难身亡前夕。

在列侬接受采访之前，世人都是通过他的音乐认识他、理解他。对很多人来说，列侬是完美的。然而，在这篇石破天惊的访谈中，列侬亲手毁灭了这一切，给世界上所有热爱他的人最猛最痛的一击。正如他的歌词所写，the dream is over（梦已经结束）。在与扬·温纳直截了当的对话中，约翰无时无刻不锋芒毕露，甚至口无遮拦。

在挟沙带泥的滔滔议论中，我们得窥他如何评价自己的才华、如何在自信与自卑之间反复焦虑、如何面对盘根错节的娱乐工业和媒体生态、如何痛恨虚伪的上层阶级、如何看待自己的财富，即使碰到药物、宗教、政治、不快的成长经验、披头热潮中不堪闻问的阴暗面，乃至于私密生活的挫折等敏感话题，列侬也都能侃侃而谈。这样彻底的自我暴露，在当时是绝无前例的。“每个人都有自己心目中的约翰·列侬，但只有这本书中的列侬如此愤怒、凶悍，一改往日留给公众温文尔雅的清纯形象。”《滚石》中文版主编郝舫这样评价。

多年来，《列侬回忆》一直都是所有“文化人专访”的参考坐标，也是“深度摇滚书写”的经典范例——每个拎着录音机的杂志记者，梦寐以求的就是有朝一日能写出像《列侬回忆》这样专业深入、“后劲十足”的对话录，而能留名青史。不过，这毕竟是一篇在特殊时期、特殊情境下的产物。就连列侬自己，日后也修正了若干自觉过分的说法。当然，真正重要的是，即使在列侬最愤怒的时刻，你也能读出他对洋子的脉脉温情，对未来的昂扬自信。

先睹为快

扬：你觉得 Beatles 会再一起录音吗？

约翰：不，门都没有。我跟谁都不会再一起录音了。我会跟洋子一起录东西，但不会跟另一个自大狂一起录音。如今一张专辑的空间只够让一个人表现，所以那样根本没有意义，一点意义也没有。曾经一度那样的做法是有理由的，但现在都没有意义了。我曾经拥有一个乐队，我是主唱兼团长，遇到保罗的时候，我作了一个决定——同时他也作了决定——看看是不是要让他加入。该不该让一个比前任乐队成员都优秀的人——很明显是如此——要不要让他加入？要让这个乐队变强，还是让我自己变强呢？最后我决定让保罗加入，让这个乐队变强，然后，保罗介绍乔治跟我认识，保罗跟我又必须下决定——或者我得下决定——要不要让乔治加入。我听过他的弹奏之后说“弹得脏一点”（raunchy），或者不管故事后来怎么传的，总之我让他加入了。我说，“好，你来吧。”那就是——当时就是我们三个。后来其他成员一个个离开，就这么回事。我们追求最强烈的表演形式，每个人都有平均发展的空间。可是乔治比我小了十岁，或者差不多那样。他刚加入的时候我根本懒得理他，他老是跟在我后面，简直像个小鬼头，跟在我们屁股后面混。我花了好几年才改变想法，开始把他看成一个平起平坐的对手。他就是一个会玩吉他的小鬼，又是保罗的朋友，这让事情进行得更顺利。后来我们换了各种各样的鼓手，因为他们——当时拥有整套鼓的人非常少，住得又远。那是非常昂贵的行头，而买得起的人通常又是白痴。最后我们——我们找来了 Pete Best，因为我们隔天就得弄到一个鼓手一起去汉堡表演，我们让一个临时找来的鼓手先通过了面试。也有人传说 Pete Best 跟 Stuart Sutcliffe 250 才是真正的 Beatles，他的妈妈在英国写过那样的故事。

扬：你就是 Beatles。

约翰：不，我不是 Beatles。我就是我。没有谁能等于 Beatles。保罗不是 Beatles，Brian Epstein 不是 Beatles，Dick James 也不是。Beatles 就是 Beatles，各自分开就是各自分开，没有谁是 Beatles。怎么可能是呢？我们都有自己的角色。（停顿）乔治在加入我们之前，也是自己有个乐队的独立歌手，他组过 Rebels 这个乐队。

扬：如今你在唱片里唱：“我不相信 Beatles。”（I don’s believe in Beatles.）

约翰：没错，我不相信 Beatles，就是这样。

扬：Beatles 到底是什么？

约翰：我不再相信Beatles的神话，我不再相信Beatles——难道还有别的说法吗？我不相信他们，无论他们在每个人心目中呈现什么模样，有一段时间，那甚至也包括我们自己的想像。那是一场梦，到此为止。我不再信这个梦了。我决心不再谈那些狗屁，我真的受够了。我想谈的是这张专辑，我会跟你谈，而且我也想对你说："听好，扬，我不想再谈那些Beatles散伙的事情了。"因为那不只伤我的心，而且到头来总会变成好像是我在多嘴，一味攻击别人，我并不想那样！

延展阅读

《我的约翰——辛西娅·列侬回忆录》

辛西娅·列侬，1939年生于布莱克浦。1957年进入利物浦艺术学院学习，在那里，她邂逅了约翰·列侬。大学二年级的时候，两个人坠入爱河。他们在1962年结婚，并于1963年生下了儿子朱利安。他们的爱情与"披头士"乐队的兴起同步，共同经历了"披头士"乐队从默默无闻到扬名世界的神奇历程，整整跨越了"披头士"历史上最重要的十年。1968年，他们的婚姻出现裂痕，并最终于1969年离婚。

自从1980年约翰在纽约被枪杀后，辛西娅对接下来的很多事件都保持了沉默。在本书中，她第一次披露了"披头士"时代那些鲜为人知、引人入胜的往事，而且原原本本讲述了她和约翰·列侬之间的感情纠葛，展现了这位传奇巨星温情与冷漠的两面。辛西娅是一个非凡的经历者，她为我们还原了一个真实的约翰·列侬。

《像一块滚石》

〔美〕鲍勃·迪伦 著

关于作者

当《阿甘正传》在1995年第67届奥斯卡中一举斩获最佳影片、最佳男主角、最佳导演、最佳剧本改编等六项大奖时，不知你是否还记得影片中珍妮手抱吉他弹唱的那首经典歌曲《飘在风中》：“一个人要仰望多少次/他才能看见天空？/一个人要有多少只耳朵/他才能听见民众的呼声？/要多少炮火/才能换来和平/我的朋友，那答案就飘在风中。”

这首歌曲写于1962年，就出自“美国民谣摇滚之父”与“美国民谣摇滚英雄”鲍勃·迪伦之手。《飘在风中》可谓迪伦所有创作歌曲中最优秀、最出名的一首，也是美国民歌史上最重要的作品之一。20世纪六七十年代，被称为“垮掉的一代”的美国青年，弹着吉他，哼唱着这首反战歌曲，像他一样，抒发着自己的不满与追逐梦想的情怀。

鲍勃·迪伦原名罗伯特·艾伦·兹玛曼，1941年5月24日出生于美国明尼苏达州的多鲁斯市。在被传奇制作人约翰·哈曼德发掘后，1962年，迪伦的首张专辑《鲍勃·迪伦》出世，其中的《飘在风中》

和《大雨将至》成为反战运动的主题歌，专辑在各方评论界也获得一致赞誉，迪伦一跃成为超级巨星，一度被视作民谣摇滚英雄。

此后，迪伦又创作出了大量的优秀作品。1965 年，迪伦的专辑《重返 61 号公路》发行，大获好评，确立了他摇滚音乐家的地位。从进入 20 世纪 80 年代的第一张唱片《拯救》开始，就有人说迪伦已经是江郎才尽，辉煌不会再现，但 1980 年至 1988 年，迪伦共出有 18 张专辑，虽然唱片得到的评论和市场反响不一，但外界的声音丝毫未能影响他的创作。

1985 年，他与自己的伴唱歌手卡洛琳 · 丹尼斯结婚，同年生下一名女孩。这次婚姻一直持续到 20 世纪 90 年代初期。1988 年他入选了摇滚名人殿堂，1991 年获得格莱美终身成就奖。

进入 20 世纪 90 年代，迪伦出版的唱片《让我走近你》和《世界乱了》重新展现了他早期的民谣风格。1993 年，在麦迪逊花园广场，迪伦举行了一场为了纪念他从艺 30 周年的演唱会。1997 年，由于心脏病急发，迪伦被迫取消了欧洲巡演。

时光进入 21 世纪，迪伦却似乎还是老样子，一把吉他加个口琴，一张忧郁的脸孔，嗓音沙哑粗犷，歌词也依旧充满内涵和品位。迪伦的好友汤姆 · 佩蒂曾说："他比我们所有人都强。上世纪 80 年代与他合作的那段经历对我们影响很大。鲍勃有一种民谣诗人甚至是一流爵士艺术家的气质，很新鲜，也很生动。尽管他也经历过颠簸的岁月，但我们永远相信他，因为我们知道没准他一天之内就能创作出超越过往的巨作。"

荐读理由

鲍勃 · 迪伦，不仅称得上是 20 世纪最伟大的摇滚音乐家之一，更是一位杰出的诗人，一位语言大师（他是唯一获诺贝尔文学奖提名的音乐家)。这本《像一块滚石》证明了他是一位杰出的散文大师，一位引人注目的文化观察家，和一位化装成荡秋千演员的诗人。这本书揭开了这位大众文化偶像的神秘面纱，展现一代才子尽情释放生命的风采。

《像一块滚石》文如其人，无论是内容，还是句式，都非常直白，毫不花哨，没有过多渲染当时的社会环境，只是以平凡的心记述自己的经历，展示了去掉神圣光环后的鲍勃·迪伦。这本历时三年在手动打字机上敲出来的回忆录，记录的不仅是作者发明创造和灵感迸发的辉煌时刻，还有那些意气消沉的时刻。迪伦对此毫不讳言，没有人期待他会如此开诚布公。他袒露这些瞬间，正视它们，把握它们，然后超越它们，这是了不起的成就。他用如此的热情、怜悯和深邃的目光回顾往昔的岁月，作品中回荡着迪伦无与伦比的声音和冷面幽默的机智。他讲述了各种惊心动魄的回忆，在想象当年人们的面貌、穿着和谈吐的时候竟然有种普鲁斯特的《追忆似水流年》式的风采，为读者开辟了一条理解作者思想和艺术的通道。

鲍勃·迪伦在这本书推出后接受了《新闻周刊》的采访，他说，这本书不算是一本真正的回忆录，锁紧在一段特定的时代之间；也不是已经半截身子入土的人在叙述自己从摇篮到坟墓的过程，“而只像是我手上有一副纸牌，我把纸牌在桌上一字排开，我随便看到了哪一张就从哪一张着手，一直跟下去。我很清楚，这些纸牌互相之间基本没什么联系”。

《像一块滚石》被评选为《纽约时报》等全球数十家著名媒体2003 年年度最佳图书。

先睹为快

我说不出是什么时候开始写歌的。要定义我感受世界的方式，除了我唱的民谣歌词，我找不到任何可以与之相比或者接近它一半的事物了。我猜这种事是渐次发生的。你不可能某一天早上醒来突然决定要写歌了，特别是当你是个歌手，你已经有了足够多的歌，而且每天还在不断地学习更多。机会也许会来到，让你去改变一些事物——把一些已经存在的事物变成还未出现的事物。那可能是一个开始。有时你只是想以你自己的方式做事，想让你自己看看那神秘的窗帘后面是什么。这可不像是你看见歌曲向你走来，你请他们进来。没这么简单。你想要写高于生活的歌。你想说一些发生在你身上的奇怪的事，或者你看到的怪事。你必须知道并理解一些事，然后超越语言。那些老手们在他们的歌里传达出来的那种令人心惊的精确性可不是小事。有时你听见一首歌你的思想会跳出来。因为你看见了和你思考问题的方式相一致的模式。我从来不用"好"或"坏"来评价一首歌，只有不同种类的好歌。

有些歌是真实反映生活事件的。我曾听过一首歌叫做《我梦见我碰到了乔·希尔》。我只知道这个乔·希尔（Joe Hill）是真人，而且很重要。我不知道他是谁，所以我问了民谣中心的伊泽。伊泽从后面那间屋子里拖出一些小册子让我读读。我读到的内容完全可以写成一本悬疑小说。乔·希尔是个瑞典移民，参加了墨西哥战争。他过着贫苦的生活，是1910年西部的工会组织者，他是个救世主式的人物，要废除资本主义的周薪制度——他是个机修工，一个音乐家，一个诗人。他们称他为工人中的罗伯特·彭斯。

乔写了首歌叫《天空中的派》，那是伍迪·格斯里（美国作曲家及歌手，周游全国，为农民和工人演唱）的前导。这就是我所要知道的全部。他后来由于一个偶然的证据而被判谋杀罪，被一个行刑队在犹他州枪决了。他一生的故事沉重而深刻。他是世界产业工人组织的策划者，这个组织是美国工人阶级的战斗团队。希尔被起诉的案子是一起杂货店的抢劫案，店主和儿子被杀，希尔唯一的辩护词就是："给我证据！"杂货店老板的儿子在死前对着某人开了一枪，但并没有证据说子弹打中了任何东西。而希尔身上有个子弹伤，而这一点成了控告他的理由。当晚有五个人有枪伤且都在同一家医院受治，都被释放了，而他们也都消失了。乔说案发时他在其他地方，但他不肯说出在哪儿以及和谁在一起。他不肯说出任何名字，即便是为了救自己的命。有一种普遍的说法是这跟一个女人有关，一个乔不想连累进来的女人。事情变得越来越离奇和复杂。另一个家伙，乔的一个好朋友，在那天后也失踪了。

真相被歪曲了。乔受到全国工人的爱戴——矿工和屠宰工人，招牌漆工和铁匠，泥水匠，蒸汽机修理工，铁厂工人——不管他们是谁，他把他们联合起来为他们所有人的权利斗争，为了所有底层的弱势群体——这个国家拿最低的工资遭受虐待的工人们，他冒着生命危险来改善他们的条件。如果你读过他的历史，他的性格就会一目了然，你就知道他不是那种会随便抢劫杂货店并杀人的人。这不是他做的事。他也不可能改变自己去做这种事。他生活中的一切都体现着荣誉和公正。他是个四处巡游的保护者，总是靠自己的双腿走路。对于恨他的政客和实业家们来说，他是个死不改悔的罪犯和社会的敌人。多年来他们就等着一个机会来除掉他。其实，乔在审判开始之前就已经被判有罪。

这段历史是惊人的。1915 年所有美国大城市的街道上都是为他而举行的游行示威——克利夫兰，印第安那波里斯，圣·路易斯，布鲁克林，底特律，还有更多——只要有工人和工会的地方。由此可以看出他的知名度和受爱戴的程度。甚至连美国总统，伍德罗·威尔逊（Woodrow Wilson），都试图让犹他州的官员们重新审理此案，但犹他州长对总统的建议嗤之以鼻。乔临终时说："别把我的骨灰撒在犹他州。"

这之后不久，有人写了歌曲《乔·希尔》。像这样的抗议歌曲，我听到过一些。“铅肚”（Leadbelly）的歌《布尔乔亚布鲁斯》，伍迪的《耶稣基督》和《勒德洛大屠杀》，比莉·霍利黛（Billy Holiday）的《奇怪的水果》，还有些其他的——而它们都比这首好。抗议歌曲很难避免说教和流于平面。你得展现出人们不知道的一面。这首《乔·希尔》远远没有达到这种水平，但如果说有谁能激发人们为他写歌的话，那就是乔·希尔。乔的眼睛里闪动着这样的光芒。

延展阅读

《伤花怒放——摇滚的被缚与抗争》

郝舫，著名作家、乐评人，著有许多影响巨大的摇滚和文化著作，是数十种国内重要报刊专栏作家，并被视为摇滚文化和另类文化的代言人。《伤花怒放》是他撰写的一本有关摇滚历程的书。他在大量占有材料的基础上，综合自我感悟和对于摇滚的激情，为中国的摇滚爱好者提供了有关摇滚的丰富的人物背景和事件的细节。新版的《伤花怒放》放入了几百张精美的图片，这些来自作者常年积累的图片更具亲和力，对摇滚文化的深刻解读也适合大众入门阅读。

《最后一炉香》

于青 著

关于作者

于青，笔名亦青，山东省青岛市人，文学硕士，中国作家协会会员。20 世纪 80 年代，于青参与编辑了安徽文艺出版社出版的《张爱玲文集》和《张爱玲文集·补》，可以说是改革开放后最早研究张爱玲的学者之一。著有《张爱玲评传》、《季羡林传》、《最后一炉香》、《苦难的升华》等学术传记、文学创作多种，以严谨的学术探讨、隽永的文字描写见长，受到读者的广泛好评。

荐读理由

“请你寻出家传的霉绿斑斓的铜香炉，点上一炉沉香屑，听我说一段战前香港的故事，您这一炉沉香屑点完了，我的故事也说完了。”

——张爱玲

张爱玲不仅讲关于战前香港的故事，她更曾为繁华却又饱经沧桑的上海燃过长长的一炉沉香屑，在徐徐漫漫的香雾中，为上海的读者，也为生活在一个有着历史记忆的、经历繁乱时代喜欢怀旧的读者，讲述了良多可堪把玩的传奇故事。

有讲故事的人，她的故事也有人来讲述。张爱玲有个不寻常的家庭——一个吸鸦片、讨小老婆的父亲，一个留学法国学艺术的母亲。"日据"时期的上海，不寻常的时代不寻常的地方，这一早慧的少女如流星般不寻常地声名鹊起。她和"汉奸"的恋爱，大陆沦陷后她从上海到香港的逃难，还有她在美国的挣扎。1956 年 3 月 13 日，张爱玲遇见了赖雅，又是一场华丽缘的诞生。张爱玲的一生，实在是多姿多彩，恰如一场"红楼梦魇"。

在她身后的那片辽阔的故土上，愈来愈多的读者，在关心着张爱玲，注意着张爱玲。她在大洋彼岸并不孤寂。这些年来，关于张爱玲的作品在出版界蔚为壮观。从 20 世纪 70 年代至今，张爱玲足足红了 30 年。最传奇的是，自 1995 年张爱玲辞世，一直到现在，有关她的各种传记、论述，在两岸三地不断出版，仿佛人人都读张爱玲。

《最后一炉香》的作者于青是张爱玲传记的最早写作者之一，多年来对张爱玲生平与作品进行研读，曾经出版过《张爱玲传》。这本书是她根据新发现的资料撰写的张爱玲身世文章系列，书里比较详细地写到了张爱玲与美国作家赖雅的相识、相恋、结婚到天人永隔。本书合理的细节描摹，大体能让人明了这段情对张爱玲生命和创作轨迹的影响。于青的言语风格亲切自然，写得透彻、畅快淋漓。南海出版公司的版本形式新颖，大胆尝试，单双页双色印制，相对独立又巧妙结合。单页是《最后一炉香》的正文，细致而生动地展现了张爱玲与赖雅的恋爱与婚姻，双页则用张爱玲相关文字和资料进行相对同步的回顾和呼应。嗤笑嗔怨，详述前世今生，犀利的自我剖析，精彩的解读演绎，勾勒出一个立体的张爱玲。

先睹为快

那一天，她在文字的王国里行使了一夜帝王般的权力，在窗外刚刚有些晨曦时，习惯地走到窗前，一时间，她觉得不知身在何处。

窗外像是一片神话般的境界，水晶一样的白雪世界呈现在眼前。爱玲看呆了，她从来没有见过，大雪就是这样毫无声响却又漫天遍野地铺盖下来。它们那么白，静悄悄地却充满了兵气。她突然感到了从里到外的寒冷，有一种对这个莫知世界的恐惧。

她本来以为，她缩进工作室就能躲过她不愿看见的一切，甚至连正在雪地里蹦来跳去的小松鼠她都不愿对视。尽管它们经常在她的窗外跳来蹦去，看得出是以前住在这里的营员惯坏了这些小松鼠，它们习惯了来窗下讨些零食吃。看着它们，她更感觉到内心的寂寞和苍凉。她明白，她并不是就要这样寒缩地生存在这个世界上的，她所需要的世界要更加鲜活和丰富，它还离自己很远很远。

于是，在这个大雪天的下午，她忽然迫切地想见到其他人。她来到大厅，她知道，人越多的地方，她的内心就越安宁。

大厅里人声鼎沸。

文艺家们说到底都像永远长不大的孩子。他们不愿意在世俗的社会里寻求适应，却像鸵鸟一般一头扎进艺术的天地。他们的情感是天人合一的，既以物喜，也为物悲。原本应该是春花怒放的季节，却看到了漫天白雪飞舞，他们激动起来了，连日来为大雪而激发出来了无尽的话题，人群中不时发出哄堂大笑，尤其是靠窗那一组的谈话显然最热闹。

张爱玲无意中为这组中的一个人所吸引。

这是一个六十开外的长者，他的精神很有感染力，一看便知是人群中的一个凝聚点。一群艺术家正围着他，听他讲好莱坞的种种笑话。

张爱玲也凑到一边听着，不时跟着笑起来。这些美国艺术家，真比孩子还像孩子，听上去很一般的笑料，却能让他们笑得前仰后合，灵魂出窍。他们的心有多透明啊。

就像有感应一样，那位长者讲完一段，引起众人哄堂大笑后，转过身来，看了张爱玲一眼。

只看了一眼。

张爱玲心中一动，脑海里涌上了这样的句子："这张脸好像写得很好的第一章，使人想看下去。"

这就是赖雅。他是她今后生活中的重要角色。

赖雅只看了张爱玲一眼，就在心里刻下了她的印象，多么别致的一位东方女人。他能强烈感受到这个东方女性身上散发的檀香一样的气息。

文艺营里，赖雅几乎认识所有的人。他原不是好交际的人，但他宽厚的性格、幽默的话题以及敏捷的思维，总是给他的身边带来许多不相识的朋友。不过，他还从来没有见过这样一位有着浓郁东方韵味的女人。

他向她举了举手中的酒杯。

张爱玲走近了赖雅。

这一天，是值得纪念的一天。3 月 13 日。

延展阅读

《半生缘》

《半生缘》是张爱玲的长篇小说代表作，讲述了一个 30 年代发生在上海的悲伤爱情故事。曼桢和世钧在一次朋友的聚会中偶然相识，然后相爱。他们对彼此非常笃定，以为就这样可以一生一世。但是造化弄人，曼桢被曾为舞女的姐姐设计，被姊夫玷污，又被软禁，世钧遍寻不着，两人就此失去音讯。十八年一晃而过，两人再见，已是人事全非，各自有了牵绊，虽然彼此仍是心中最大的遗憾，然而正如曼桢所说，他们回不去了。“对于中年人来说，十年八年仿佛都是指顾间的事，可对于年轻人，三年五载就可以是一生一世。”张爱玲用她一贯的悲凉色调勾画出三对有缘无分的男女，有缘相见，无缘结果，有情人在时间的海洋内未曾冲淡彼此的爱，而只能无奈地选择了尘封这一段刻骨铭心的感情，读来令人唏嘘长叹。

《她从海上来：张爱玲传奇》

台湾才女王蕙玲用了数年时间准备，三年时间创作，完成了近四十万字的《她从海上来：张爱玲传奇》的创作。王蕙玲并不强调故事性，她抓住张爱玲每一个时期的生命细节，行文字字珠玑。为写一个创作者心灵世界的思想和情感，故事采用倒叙的方式展开，从张爱玲到美国的婚后生活说起。一天，张爱玲收到国内寄来的一个箱子，里面是母亲的遗物，她睹物思人，记忆的闸门像泄洪般被撞开，随着她的回忆，读者被带入了20世纪20年代灯红酒绿的上海滩。张爱玲的一生不动声色地缓缓向大众掀开：她如何在一个沉腐败落的家庭里成长，她尖刻敏锐、细致入微的悲凉文风的形成过程，她与胡兰成昙花一现没有结果的苦涩爱情……最后闪回到她晚年在美国凄凉孤苦的生活状况。

《中的精神：吴清源自传》

吴清源 著

关于作者

吴清源，原名吴泉，1914 年 6 月 12 日出身于福建福州的名门望族，后举家迁入北京。他很小就在围棋上表现出过人的天分，在击败福建籍大同乡林贻书老夫子后，“围棋神童”之名不胫而走。又出入海丰轩与当时一流棋手汪云峰、顾水如、刘棣怀等以受子对弈，棋力一日千里。11 岁时经段祺瑞棋客顾水如的引荐入段府，段爱之资泉每月大洋 100 元，并字之“清源”。

1926 年，日本棋手岩本薰六段和小杉丁四段来中国游历，在让子局中，对吴清源胜多负少。二人回国后，在游记中说及此事，引起了日本棋院高手濑越宪作的注意。1927 年，日本围棋名手井上孝平五段来北京，试探清源的棋力。在让二子局中，执黑三胜井上孝平；让先局中，一胜一平一打挂。棋谱传回日本，濑越宪作惊为天人，决定让吴清源来日本，遂向吴发出邀请函。1928 年，受濑越宪作派遣，桥本宇太郎四段来到中国，安排吴清源赴日留学事宜。期间桥本与吴让先两局皆败。同年 10 月 23 日，吴清源赴日留学，当时的日本名人秀哉亲自率领众棋士到火车站迎接。14 岁的吴清源东渡日本，开始了他的职业棋手生涯。

1933 年，年仅 19 岁的吴清源运用自创的“新布局”，对阵本因坊秀哉名人，翻开了围棋史上崭新的一页。1939 年开始与木谷实下十番升降棋，1941 年 6 胜 4 败，以木谷被降级结束。此后，先后与雁金准一、藤泽库之助、桥本宇太郎、岩本薰、坂田荣男、高川格等进行番棋大战，对手都被打至先相先或定先。1939 年至 1956 年，被称为“吴清源时代”。他在大手合段位赛优胜 6 次，是 1958 年第 1 期、1961 年第 3 期日本最强者决定战冠军，1967 年大仓赏受赏。尤其是那些被喻为“悬崖上的白刃格斗”的“十番棋”，更是充分展示了其过人的意志和才华。

1961 年，吴清源遭遇车祸住院，从此棋力大受影响。1983 年，他正式宣告引退。1985 年，吴清源实现了战后第一次访问中国大陆，1986 年，获香港中文大学荣誉博士。1986 年，由于著名物理学家杨振宁的积极推荐，香港中文大学决定授予吴清源“荣誉文学博士”称号。

荐读理由

吴清源对于喜欢围棋或者是了解围棋的人都是个很熟悉的名字。他自创的“新布局”开创了围棋史的一个新时代，让当年叱咤棋坛的本因坊秀哉等人都成为手下败将，培养出林海峰、王立诚等围棋顶尖高手。而且他生活在一个动乱的年代，从 20 世纪初国内的朝代更迭到在日本期间的第二次世界大战等等，《中的精神：吴清源自传》（以下简称《中的精神》）有很吸引读者的故事。

这本《中的精神》是根据他在日本报纸《东京新闻》和《中日新闻》的专栏“我走的路”上分 90 期连载的内容整理而成的。在这本书里，他没有矫情地炫耀当年的风云变幻，也没有自夸和粉饰人生的起伏跌宕，只是以一种从容与平和的心态追忆往事，重点是在说棋，他的气度和从容的确非常人能及。这种心态正是吴清源在书中所强调的“中和”精神。围棋在古代被称为手谈，弈棋的双方，以平淡的落子交流对棋道、对人生的理解。围棋的好，在于它的简单和包容。小小棋枰，方寸之地，布局、征战、防守都在上面进行，有因伐而失，有因弃而获，人生的大智慧，都在这里。一个人多研究研究围棋是有好处的，可以多些大局观，少些冲动和戾气。这是吴先生所强调的“中和”精神的根本，也是他近年来研究“21 世纪六合之棋”的成果。这位棋坛宗师把围棋理论和中国古典哲学智慧相结合，其高深的境界和造诣，让人不能不十分钦佩。

吴清源将这种“中和”精神归因于他所不断阅读的《大学》、《中庸》、《易经》等中国古典书籍。而这种平和而超越了胜负的力量恰恰正是吴清源在多年棋坛征战中的取胜之道，正如本书的序作者陈平原所说的“以感恩与怀旧为基调，平和之中，蕴涵着力量”。悟透棋道，也可悟出人生之道。吴清源的棋道要旨是“完美的和谐”，正是这种淡泊名利、纯粹求道的围棋精神，使他远远超越了一个争胜负的棋士，而体现出一种极其充盈丰沛的人格。正是这种永远创新的自由精神，使吴清源虽然远离赛场多年，但他的围棋思想却长期指导着现代围棋，并将更长久地影响世界棋坛的未来发展。超越胜负反而能够取得胜利，要用平和之心去对待胜负。更重要的启示是，无论你从事的是什么职业，棋无止境，艺无止境，学无止境，各行各业追求的精神都是相同的，达到这样一个境界的人，专注修为，一定会有所成就。

先睹为快

据说围棋是产生于古代中国尧舜时期，有着5000年的历史。我认为在古代，围棋是研究天文或是年历的道具。棋盘是由横纵19条线组成，以天元为中心共有 361 个交叉点。我认为古代是用这个表示方向、角度或是四季。

另外，中国古代认为，在空无一物的宇宙里，“一阳”是产生生命的根源。从“一阳”分成阴和阳，然后形成万物。围棋有黑白棋子，所以这一定也是来自阴阳思想。说不定也是占卜凶吉的工具吧。总而言之，棋盘即是宇宙。

棋盘的中心“天元”，在中国被称为“太极”。用《易经》里的话说，就是从无生有的最原始的一点。第一手下天元的棋手里，有江户时代的安井算哲。他和本因坊道策下过争棋，决一雌雄，争夺名人棋所。算哲的秘密武器就是第一手下天元。

但是，那盘棋算哲输了。之后，他就再也没有摸围棋，而是改行埋头于历书的研究。他创作的日历，就是有名的“贞享历”。他被委任为江户幕府的第一任“天文方”，把自己的名字安井算哲改成了涉川春海。

围棋和易经以及天文有着很深的关联。我从没有把围棋当成胜负去看待。当然，围棋是争胜负的竞技项目，但我觉得不能忘记围棋最开始是来自于阴阳思想的。

阴阳思想的最高境界是阴和阳的中和，所以围棋的目标也应该是中和。只有发挥出棋盘上所有棋子的效率那一手才是最佳的一手，那就是中和的意思。每一手必须是考虑全盘整体的平衡去下——这就是“六合之棋”。

2002 年是中日邦交正常化三十周年。为了中日友好，我从中国来到日本，已经有 73 年了。对于我来说，中日友好一直是我的心愿。我是 1928 年，中日关系正在一步一步走向恶化的时期来到日本的。遗憾的是，战争还是爆发了，很多人因此受了很大的痛苦。可以说 20 世纪是战争的世纪。人们相互高举正义的旗帜，不断地发动战争。如果 21 世纪还是持续那样的想法，那么又将是一个战争的世纪。我想说的是不要有竞争的想法，应该抱有共存的思想。

中国古籍《易经》里，就写着“天地之大德曰生”。意思是说：“天地最伟大的德是创造了万物。”也就是说神为了万物而创造了一切。无论是粮食，还是石油，神为了人类的生存给了我们充分的这一切。但问题是人类的想法是要独占所有一切。所以战争爆发了。

我的理想是“中和”。在古代的中国，中和也是最被提倡的一个理念。中国字是“中和”。所谓“中”，在阴阳思想中，既不是阴也不是阳，应该是无形的东西。无形的“中”，成形的时候表现出来的就是“和”。所谓“道”，这也是法则，是无形的。成形时候的表现形式就是“德”。

另一方面，所有有形的东西都是要变化的。但是圣人说过的话是不变的。孔子还有释迦的教诲是不变的。所以世界上总是有变化和不变的两个方面。在物质方面，也就是科学在不断地进步。不得不进步。另一方面，在精神方面是永久不变的。所以，科学和哲学的中和是最重要的。

我认为，在围棋上中和棋盘上棋子的效率的一手即为最佳着手。围棋的理想也是中和。另一方面，即使人生，也要考虑技术和哲学的中和。追求“21 世纪围棋”就是为了推进围棋的进步。但是，创造围棋进步的是安定的精神动力。我自己，是由中国的古籍支持着我。

延展阅读

《人生十八局》

本书是继《中的精神》之后吴清源的又一部力作，是经过时光磨洗的回忆录，记录了他一生经典的十八局，并配有棋谱和讲解，让读者再次领略围棋大师的风范。《人生十八局》不同于一般的回忆录之处，还不仅仅在于它确实是一本棋谱，更在于它是向前看的。吴清源先生选出一生中的十八局棋，亲自解说，和盘托出蕴涵其中的棋理。他可不是要对读者说：看哪，我当年下得多好！他更想说的是：现在，我会这么下！——这些年来，他念念不忘的是“21 世纪的围棋”。书中反复说到“围棋是随时代变化的”，在书中我们能看到吴先生的人格：谦虚，平和，严谨，自我反省……这是从围棋中升华的伟大人格，这也是围棋给人的心灵的最大教益。

#《一个导演的故事》

〔意〕米开朗基罗·安东尼奥尼　著

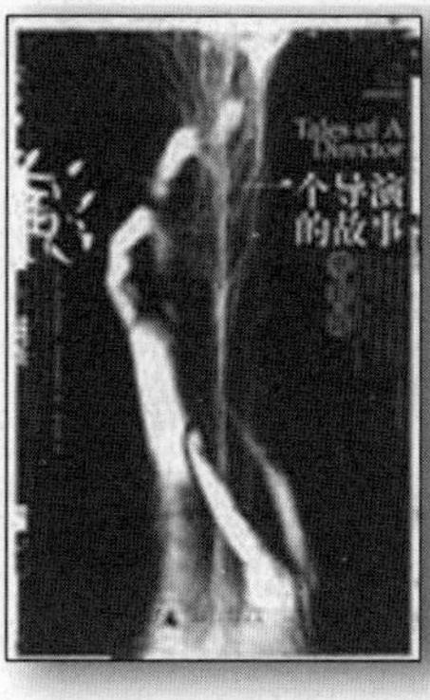

关于作者

米开朗基罗·安东尼奥尼（1912—2007），著名的意大利电影导演、摄影师兼制片人，世界级电影大师。1912 年，他出生在意大利北方的历史名城费拉拉。1935 年，在波隆那大学取得经济学学位之后，他开始为费拉拉地方报纸写作，成为电影记者。1940 年安东尼奥尼搬至罗马，为杂志《电影》工作。这本杂志是官方法西斯主义的电影刊物，由贝尼托·墨索里尼的儿子主编。而安东尼奥尼在数月之后就被开除。之后他进入罗马电影实验中心学习电影技术，跟随意大利著名新现实主义电影导演罗西里尼工作。50 年代以后，他开始了独立探索，拍出了一部又一部可称为艺术品的电影。

安东尼奥尼同另一名意大利电影大师费里尼一起，将战后意大利电影从新现实主义过渡到了一个崭新的时代，也让意大利电影焕发出活力与生命。他的影片喜欢用极少的对话和极多的长镜头，隐晦地表达现代社会中人与人之间的隔阂。无论是《奇遇》、《夜》、《蚀》等感情三部曲，还是《放大》，这些影片都成为意大利电影乃至世界电影的经典。作为多以视觉形象为表现载体，尤擅展示现代工业社会景观之独特美的导演，他在电影史上的位置和对20世纪审美观念发展的贡献是无可替代的。在长达半个多世纪的电影生涯中，安东尼奥尼获得过欧洲三大电影节的最高荣誉——柏林金熊、威尼斯金狮以及戛纳金棕榈奖。

1972年，安东尼奥尼受中华人民共和国政府的邀请，访问中国。拍摄了纪录片《中国》，但是该片却被中国当局以“反华”与“反共”为理由严厉谴责。2004年11月25日，在北京电影学院举办的一个纪念安东尼奥尼贡献的影展中，这部纪录片在中国第一次放映。

晚年的安东尼奥尼以他顽强的毅力和对电影艺术的执著追求赢得了世界影坛的最高成就，这位世界电影大师不但为观众带来了优秀的作品，也让年青一代的电影人看到了电影艺术的创造力与生命力。

1985年，安东尼奥尼中风，他半身瘫痪，无法言语。然而，他继续拍片。1993年，83岁高龄的安东尼奥尼拍摄了回归电影的作品《云上的日子》，这部影片叙述了一位电影导演为构思一部新电影，寻找素材的故事，可以说是这位高龄导演的自传性作品。他通过电影中男主人公之口，表达了一个电影人的愿望：我们总是渴望拍摄更为真实的画面，但我们永远也做不到。这种艺术追求使得电影人永无止境地捕捉一个又一个镜头。1994年，安东尼奥尼因此片获得了奥斯卡金像奖的终身成就大奖。

他的最后一部电影，是在他90多岁时拍的，是一部电视系列剧《爱神》的其中一段《欲》。本片制作的原始动机是向安东尼奥尼致敬，最终由三部短片构成；公开表明深受安东尼奥尼影响的导演王家卫和史蒂文·索德伯格各拍了一段，加上安东尼奥尼自己的注脚。

安东尼奥尼于2007年7月30日逝世于罗马，享年94岁，另一个伟大的电影导演英格玛·伯格曼也在同一天过世。安东尼奥尼的遗体被放置在罗马市政府，直到2007年8月2日的丧礼。市政府也在灵堂设了大荧幕呈现安东尼奥尼黑白的连续画面，包括了影片的背景与后台。

荐读理由

世界级电影大师安东尼奥尼是一位沉思的智者，穷其一生都在追寻人之本质，探索人之内心。他的影像，带着一代人的迷惘与沧桑，记录了现代主义滚滚洪潮之下，被掩盖或者被忽略的记忆。经济起飞，物质逐渐丰裕之后，人们发现他们的生活并未因此而变得快乐，相反，信仰缺失、精神困顿成了他们所无法面对的现实。随着经济大潮而去的，不仅是物质贫困，还有亲情、友情、爱情以及一切温馨。剩下来的似乎只有一个冰凉的躯壳，人变得孤独而封闭。在尔虞我诈的世界里，痛苦是唯一常态。这一点和二战之后风行欧洲的存在主义哲学观可以说是一脉相承，因此有人也将安东尼奥尼的电影称作是现代派小说的银幕再现。

《一个导演的故事》是他的一本自传性质的笔记小说，其中充满真知灼见和睿智的光芒。这些“速写”并非毫无关联的杂记和随笔，而是富有启示性和经过精挑细选的一群“叙事核心”。不论它们的形式是叙述故事，还是散文诗，都是经过设计组合的，展示了导演在影片中的苦心安排，那种用来追求澄澈的过程。

从这本小书首先能看到的是安东尼奥尼那超出了常人的强大直觉，这种直觉只能为诗人所拥有，这是一种仅仅通过耳听目随即可探知人心的东西。然后在看了他的电影以后发现他可以轻易地将他强大的直觉非常完美地划归为影像，发现他所拥有的巨匠的智慧。诗人的灵魂加上巨匠的智慧终使他的电影高高地越出于其他电影之上，造就了一座常人难以逾越的丰碑。

本书整体上也设计组合成安东尼奥尼最坚持的主题蒙太奇。作品的次序不以年代为架构，而是用来透露一部电影从它的母体成长的过程。相对而言，最后巧妙收尾的散文表示这些作品完成了。荒凉的海滩、空旷的郊野、平静的海面、废弃的空城和无人的街巷，通过这些视觉的“蒸馏”精粹，人们可以感受到作者象征和隐喻上的刻意求工以及极富暗示力的摄影手法，从中欣赏到一种有力度的、细节丰富的画面语言。一位访问者问他写作本书的目的何在，安东尼奥尼的回答简洁明了：“为了尽量写好它们。”

很多人从《一个导演的故事》中看到了《云上的日子》的影子，安东尼奥尼为我们讲述了33个故事，也讲述了他自己。通过此书，通过这些故事，我们可以更好地理解安东尼奥尼的所思所想，了解到其精神的最深处。

先睹为快

几年前一个11月的早晨，我飞越俄属中亚。望着无垠的沙漠缓缓前进，衔接着东边白色的亚拉海（Aral sea），想着明年春天要在这个地区拍摄的电影《风筝》（The Kite）。一个从不属于我的故事和世界，所以我才喜欢它。正当冥思这个故事之际，看着它恭谨地贴附着大地，我的思潮滑向远方。我向来如此。每次开拍一部影片时，另一部就滑入心底。

这部新片的起因是有一次在意大利坐小飞机，坏天气的日子，堆挤的云，加上风雨，顽强坚持的风像云一样灰。窗外，云嘶吼而过。飞机惨烈地起伏晃动，出人意料地歪斜。稍用点耐心，人就连危险都可以习惯。然而，相当突兀地，云静止了，我们以为飞机往下掉。其实是被往上抛，因为刚才有一道闪电。早先灰色的浓雾是因密布的云层而起，现在一道道黄色的闪电却欲将它撕裂。

我们经历了五次暴风雨。抵达时，有人告诉我，另一架小客机在第四次暴风雨里坠毁。无人生还，机上带着六名乘客和驾驶员。

一位化学工业家和妻子。他学的是化学，可是记得的化学知识很少。他为爱结婚，常常解释说他为爱犯了大错。他常对妻子说，有一天我们有了孩子，他们和我们是否就像我们之间形同陌生人一般呢？他离开时，他们吵了一架。丈夫走了出去，重重地摔上门。房间里一片沉默。在沉默之中，她恐惧地察觉到，在吵架时，她从头到尾都和他摆着同样的姿态。

有位作家，他学过速读，一分钟能看二百行。可是写作时却非常缓慢。他从不厌倦纠正、重读字里行间的意义。他老是重读自己已出版的书，每次都有新希望，然后很快就失望了，把书放回架上。他崇拜现实，可是写作时，所有现实和文学想象之间的关联都消失了。他越来越少采用后者。少年时，他对阅读抱着极大的热情。能源危机时，他夜晚在窗前借着路灯看书。半夜时路灯隔几盏亮，他窗前的正是被关掉的那几盏。遇见工业家和他的妻子时，他已经成名，立刻送工业家的妻子一本他的小说。后来他再也不曾见过她，连一句话或一次电话也没有。应邀一起旅行叫他受宠若惊，这或许是她怂恿的。可是机场的一瞥告诉他，他错得多么离谱，他小说的题材连提也没有提起。为了减少羞辱，他选择冷淡这道菜，那仅持续很短的时间。走上机舱口时，他注意到工业家妻子的袋子里是另一位作家的小说。他觉得这真是太露骨了，所以选择了后面的位子，离她远远的。而且他想——在后面安全些。

作家的情妇，为她的身材和死亡着迷。她曾写信给一位法国生物学家请他直截了当定义死亡是什么。那生物学家回信说死亡是一项统计上的假设，诚挚祝福致上，等等之语。作家写道——我想这答案并没有解决问题——他对这个问题毫无兴趣。他的建议是最好别去管它。她轻鄙地看着他，把笔记丢回提袋里。她说用“最好别去管它”这种话来谈论死亡太简单了。这件事发生在他们开车往机场的途中。她的笔记本第一页写着“请寄还”，还有她的姓名及住址。她已经预见会遗失，然而笔记本在一丛红色酢浆草里找到，大写的字母写着没有用的住址，清楚易识。

有一位是40来岁的前国会议员，他在登机前几个小时上了趟法院，被传唤到民事法庭当辩护证人，手里还提着行李箱。那场诉讼是一个年轻人出于嫉妒谋杀了19岁的妻子。年轻人说那个女孩承认她有个情人，而她的情人正是前国会议员。他否认了。被告被判27年徒刑。他当时的年纪是25岁，所以等他被释放时已经52岁。前国会议员听到判决时，陷溺在剧痛和责任感里。但他想到被杀的女孩，就感觉很温柔，把痛苦转移给她。他是个绅士，对拒绝他的女人都拥有非常甜美的回忆。

延展阅读

《与安东尼奥尼一起的时光》

1994年的11月，德国新电影四杰之一维姆·文德斯来到波多费诺，和安东尼奥尼协手拍摄了一部后来名动天下的电影：《云上的日子》。后来他将这段九个多月的日子记录下来，写成了拍摄日记《与安东尼奥尼一起的时光》。作为欧洲大师级的导演，文德斯在这册日记中很少高谈艺术，而只是记录拍摄过程中的琐碎细节，包括台前幕后的故事，以及剧组的冲突，尤其是对安东尼奥尼的描述，可以窥见一个大师的内心世界。文德斯的笔触是十分温情的，充满着对电影的爱和对大师的尊敬，完全沉浸在与朋友分享过去美好时光的轻松情绪里。通过这些文字，读者可以感受到当事者的喜怒哀愁，感受到他们经历的生活和创作的电影。

《安迪·沃霍尔的哲学：波普启示录》

〔美〕安迪·沃霍尔　著

关于作者

安迪·沃霍尔（1928—1987）是波普艺术的领袖，被誉为“毕加索之后最具影响力的艺术家”。他是20世纪亚文化最主要的旗手，同性恋、双性恋最早的支持者，此外，他还是电影制片人、作家、摇滚乐创作者，更是当时纽约社交界的大明星。安迪·沃霍尔游走于绘画、视觉艺术、电影、广告、时装、摄影等所有当代艺术领域，凡涉及“流行艺术”、“现代主义”等论题，他的作品和言论必被提及。

1928年8月6日，安迪·沃霍尔出生在美国宾夕法尼亚州匹兹堡，父母为捷克移民，平民出生的身份深深地印刻在他所有的作品之中。沃霍尔从小酷爱绘画，1949年他离开匹兹堡去纽约寻找发迹机会，他明白要在美国的视觉艺术上获得成就，就必须让人们看到他、知道他的存在。1952年他在纽约以商业广告绘画初获成功逐渐成为著名的商业设计师，他设计过贺卡、橱窗展示、商业广告插图，这些经历决定了他的作品具有商业化倾向的风格。1954年，沃霍尔首次获得美国平面设计学会杰出成就奖。1956年和1957年他连续获得艺术指导人俱乐部的独特成就奖和最高成就奖。

20世纪60年代初，沃霍尔摒弃古典艺术，立志从事于颠覆传统的概念创作，“大量复制”当代著名人物的脸孔如玛丽莲·梦露、猫王等。他以美元、罐头、可口可乐为主题的著名版画也是在此时问世，并首度以波普艺术家的身份在纽约举办个展。此后他还成立了著名的开放型工作室“工厂”，成为美国先锋艺术和社交圈的中心，各类艺术家、明星在“工厂”内自由创作走动，并推出了布里姬·伯林、宝贝简等多位超级明星，迷恋起摄影的他还在此期间用十六毫米摄影机拍摄了《睡》、《吻》、《帝国》等多部极简主义影片。1966年，安迪成为地下乐队鼻祖“地下丝绒”的经纪人，随后创作了20世纪最佳专辑封面之一的“大香蕉”，并安排乐队巡回演出。

1968年，安迪·沃霍尔在“工厂”遭曾经合作过的一个女演员瓦莱丽·索拉纳斯枪击，险些送命。这个事件导致“工厂”放弃门户开放政策，甚至在门口装上了防弹门板。

安迪·沃霍尔一生酷爱甜食，曾经得过胆囊炎，1987年，胆囊手术后，因药物过敏于2月22日病逝，终年59岁。

荐读理由

安迪·沃霍尔除了是波普艺术的领袖人物，还是电影制片人、作家、摇滚乐作曲者、出版商，也是纽约社交界、艺术界大红大紫的明星式艺术家。他打破了永恒与伟大的界限；打破了手工艺品与批量生产、达达艺术和极少艺术、绘画与摄影、画布与胶卷的界限。他给平庸添上悲剧色彩，使悲剧变得平淡无奇。他摧毁了“艺术”形象的等级制度，取消了规定“艺术”的专横界限，他沟通了阳春白雪和下里巴人两种艺术。沃霍尔的作品没有欧洲设计师那么观念化、哲学化、个人化，他的作品风格体现出了实用主义、商业主义、多元化以及幽默性。

“每个人都能当上15分钟的名人”，这是安迪·沃霍尔留给媒体时代最乐观的语言，但以其对当今艺术的巨大影响而言，他自己的15分钟还远未结束，无论是当时他所处的时代还是现在，无论对于美国还是世界，安迪·沃霍尔都是个传奇人物。

《安迪·沃霍尔的哲学：波普启示录》相当于他的非正式自传。沃霍尔在此书中回顾了自己病态的少年晨夕，孤寂的青年时代，在纽约闯荡的岁月，初创“工厂”的奢华时光，以及他遭受枪击的创痛。英文版刊行于1975年，此后事迹自然无法呈现，但沃霍尔的人生精华已然浓缩于此。

他写到大量私人化的物质细节和心灵感受：他悉心照顾自己的脸、贴着眼膜煲电话粥；他喜欢现金而非支票，把皱巴巴的一团钞票塞在纸袋里；他惧怕公众场合又嫉妒那些拥有电视节目的人；他把布鲁明戴尔百货公司当博物馆崇拜、把录音机当做妻子……其中又夹杂着连珠妙语，爱，性，工作，艺术，名气，头衔，时间，死亡，美，成功……举凡时尚都市生活的各式困惑，此书都备有现成的骇世箴言——三十余年过去，安迪·沃霍尔的波普呓语读来依旧新鲜时尚。

艺术家陈丹青在这本书的推荐序中说：“沃霍尔以无辜的自私、病态的天真、备受困扰的好奇心，以及对任何外部信息与内心活动的天然的平等意识，向我们证明什么才是自由和诚实。”他又说：“不过请注意，你休想从‘这本书’中获益，除非你也像他那样诚实地面对自由，以至无须在乎那就是自由，就是诚实。”

先睹为快

就在我遭到枪击的时候，而且从那一刻起，我明白了我正看着电视。频道会转台，但一切只是电视。当我非常非常投入某件事，脑袋里往往想着别的事。当某件事情正在进行，我幻想着其他的事。我在某处清醒过来——我不知道那是医院，而罗伯特·肯尼迪就在我遭枪击的隔天被枪杀——我听见幻想的谈话说数千人正在圣帕特里克大教堂祈祷哭泣，接着我听见“肯尼迪”这个字眼，而它将我再次带回电视的世界，因为我那时才明白，我人躺在这里，痛得要命。

说来我是在我做生意的地方——安迪·沃霍尔企业——遭人枪击的。在1968年，安迪·沃霍尔企业由以下几类人组成：几个经常帮我工作的人；许多大概可以称为自由写手的人，他们负责特定的案子；还有许多“超级巨星”或“顶级巨星”或随便你怎么称呼，总之就是非常有才华的人，但他们的才华很难界定而且几乎不可能销售。这些人就是当时安迪·沃霍尔企业的“职员”。有个访问者问我很多有关我怎么经营公司的问题，而我试着跟他解释，我不能算是经营公司，而是它经营我。我用了很多像是“养家活口”这种词，所以他听不太懂我所说的事情。

我住院的那段时间，“职员们”继续做事情，我这才明白我的确有个活的生意，因为它没有我一样能运转。我很高兴认识到这一点，因为在那个时候，我已经判定“商业”是最好的艺术。

商业艺术（Business art）乃是“艺术”（Art）的下一个阶段。我以一名商业广告艺术家（Commercial artist）起家，希望能以一名商业艺术家（Business artist）终了。在我从事过叫做“艺术”——或不管叫什么——的那件事之后，我跨进商业艺术。我想成为一名艺术商人（Art Businessman）或者商业艺术家。商业做得好是最令人着迷的一种艺术。在嬉皮的年代，人们贬抑商业这个概念——他们说：“金钱是不好的。”还有，“工作是不好的。”但是赚钱是一种艺术，工作是一种艺术，而赚钱的商业是最棒的艺术。

一开始，并非所有安迪·沃霍尔企业中的一切都很上轨道。在我们同意提供某个戏院每周一部电影时，我们一下子从艺术跳到商业。这使我们的拍片事业以营利为目标，带着我们从短片进入长片再进入剧情长片。我们学了一点发行，而我们很快地开始试着自己发行这些影片，但我们发现那实在太难了。我不期待我们拍摄的电影能够营利。艺术能够进入商业主流，走入外面的现实世界已经足够。看见我们的电影能够出现在真实世界的戏院广告牌上，而非在艺术的世界里，教我们如痴如醉。商业艺术。艺术商业。商业艺术的生意。

我一向喜欢拿剩余的东西来创作，做剩余物的作品。那些被丢弃的东西，每个人都知道是不好的东西，我一向认为很有潜力变得有趣。这么做好比回收作品。我向来认为剩下来的东西里富含幽默。当我看埃丝特·威廉斯的老电影时，一百个女孩同时从荡秋千上跳下来，我会想象试镜时是什么样的情景，以及可能有一个女孩子在该跳的时候却没胆往下跳的那些镜头，继而我想象着她留在秋千上的样子。所以那场戏的这个镜头成了剪接室地板上剩下来的东西——一个被剪掉的镜头——而那个女孩子此时大概也成了剩余物——她大概被炒鱿鱼——因此这整场戏比起一切依计划演出的那场戏要来得逗趣得多，而不敢跳的女孩是这个被剪掉镜头的主角。

延展阅读

《我将是你的镜子》

安迪·沃霍尔在生前是最受媒体追捧的文化名人之一，他走到哪儿，媒体就随之而来，他的许多言论就是在接受媒体访谈时经过媒体的传播和放大而成为经典的。并且安迪·沃霍尔生前也做过若干次著名的电视访谈，他在其中的表现给美国老一辈人留下了深刻的印象，甚至对他们产生了重要的影响。另一方面，安迪·沃霍尔本人也很喜欢访谈这种形式，甚至将他出版的杂志命名为《访谈（Interview）》，并且他自己也会主动用录音机录下与别人的谈话，偶尔兴趣所致他也会在谈话中反客为主，由被采访者变为采访者。可以说，安迪·沃霍尔将访谈作为了他延伸波普艺术观念的一种方式。

美国知名的诗人和评论家肯尼思·戈德史密斯从自己收藏的200篇安迪·沃霍尔的访谈中精选了35篇形成了此书，时间跨度从1962年直到1987年安迪·沃霍尔去世之前，所涉及的问题具有重要的文献价值。所选的访谈以一种富于现场感的谈话形式向我们展现了安迪·沃霍尔的态度、立场甚至是内心世界，包括他那些著名的言论是在与什么人谈话以及什么情况下提及的，因此它展现给我们的是一个更加立体和真实的安迪。这一篇篇高深莫测、机智诙谐的对话涉及艺术、文化思考以及对生活、爱情、宗教多方面的看法，展示了沃霍尔掌控、迷惑以及丰富我们文化各个领域的能力。

《天才的阴暗面：悬念大师希区柯克的一生》

〔美〕唐纳德·斯伯特　著

关于作者

唐纳德·斯伯特是著名的传记作家，他的很多作品都享有盛誉并大为畅销，包括劳伦斯·奥利弗、玛丽莲·梦露、杰奎琳·肯尼迪、希区柯克的传记，英国王室家族史等。

荐读理由

阿尔弗雷德·希区柯克（1899—1980），原籍英国，是一位闻名世界的电影导演，尤其擅长于拍摄惊悚悬疑片。希区柯克在英国拍摄了大批默片和有声片，之后，他前往好莱坞谋求发展。在长达60年的艺术生涯中，希区柯克共拍摄了超过50部电影、300多部电视系列剧，绝大多数以紧张、焦虑、窥视欲、恐惧等人性的阴暗面为叙事主题，层层设置悬念，故事情节惊险曲折，结构精巧，结局出人意料，往往不乏黑色幽默式的场面。他贡献给电影艺术的，绝对不仅仅是纯电影的技巧。就像他的电影中的人物往往有多重人格一样，希区柯克的电影人格也是多重的。他是悬念大师，也是心理大师，更是电影中的哲学大师。很少有人能像他那样如此深刻地洞察到人生的荒谬和人性的脆弱。在精心设计的技巧之下，我们看到的是一颗在严厉的天主教家教之下饱受压抑的灵魂。希区柯克的电影，是生与死、罪与罚、理性与疯狂、纯真与诱惑、压制与抗争的矛盾统一体，是一首首直指阴暗人心的诗。

解读希区柯克，或许意味着解读人性的诡异篇章，比如他酷爱音乐、推理小说和通俗剧，迷恋金发美女、美酒佳肴、谋杀及理想化的爱情；他面对女人时总是很害羞；他喜欢恶作剧、马桶笑话和曝光于各种媒体；他有无所不在的恐怖感，却又毫不掩饰自己的控制欲……他的个性对他的艺术有着很大的影响，也正因此，才使他对人类的心理世界和异常精神状态有着深刻的体悟，使他的作品有力、深刻而迷人，使他成为一位与卡夫卡、陀斯妥耶夫斯基和爱伦·坡比肩而立的艺术大师。

《天才的阴暗面：悬念大师希区柯克的一生》是希区柯克人生故事的权威著作，曾荣获爱伦·坡非文学类最佳作品奖。唐纳德·斯伯特在本书写作过程中，访问了与希区柯克合作过的编剧、演员和故交，并进行周密的研究，从希区柯克的童年出发，回顾了他举世无双的天才的根源，着眼于挖掘希区柯克的艺术与其个性之间的联系，为人们理解希区柯克的电影艺术提供了一条清晰的线索。

先睹为快

进度落后的另一个重要原因是，希区柯克认为需要花点时间来特殊照顾一下琼·芳登，使她能焕发出更令人信服的表演。她当时不满22岁，对首次担纲女主角紧张万分。而且她是剧组中仅有的两个美国演员之一，加上劳伦斯·奥利弗因为不能与费雯丽演对手戏而对她表示出毫不掩饰的失望。

“我有一个有利条件，就是我一点名气都没有。”芳登回忆道，“希区柯克经常叫我到他办公室去，我们坐下来天南地北地神聊。我认为他与那些有名气的舞台演员在一起时有点不自在，我想其中有一些社会原因。希区出生于伦敦旧市区，他的社会背景乏善可陈。我敢肯定，他也从不抱幻想，他宁愿待在家里，在那里，他是控制一切的主人。”

很快，她的百依百顺助长了他的欲望（这是他在美国创作生涯中的第一次，但还不是最糟糕的一次），使他想以精神专制的方式凌驾于他的女主角之上。在英国，这是不可能的，因为与他合作的都是一些知名的、独立的、有主见的女明星，诸如玛德莲·卡罗尔和西尔维娅·西德尼。但是，站在眼前的却是一位年轻的姑娘，涉世未深，腼腆羞涩，面对大制片和大导演联手的大制作感到手足无措，希望以讨好导演来换取一些帮助。但她不久就意识到，希区柯克想要的还不止这些。

她后来回忆说：“他似乎想完全控制我。他不是个爱交际的人，不想与大家一起吃午饭或是坐下来聊一会儿，他是个斯温格利（英国作家乔治·杜·穆里埃笔下以催眠术控制他人的人）。他把我带到一边并悄声对我说：‘现在，孩子，你到那里去。干这个，或干那个。’然后，他会说：‘知道他们今天怎么说你吗？知道劳伦斯不想让你演这个角色吗？不过你不用担心，只要听我的就行。’当然，他说的有些可能是真的，这使我感到非常的失落。老实说，他在挑拨离间，通过控制我，让演员们在拍摄期间互不买账。现在看来，这对我的表演很有帮助，因为我的角色就是一个见了谁都战战兢兢的人，于是我在片中的感觉就很有戏，这正是他想要的那种紧张不安的气氛。他搞得我总是坐立不安，以此自得其乐。他老是告诉我说，除了他以外，没有人认为我出色，没有人喜欢我，更没有人为我说一句好话。”

尽管成功地控制了女主角，他还是越来越感到焦虑不安。影片开拍不久，他就不满于塞尔兹尼克的干预，尽管大家告诉他，比起其他影片的导演来，他已经得到了更多的创作自由。“这都快成了一部塞尔兹尼克的电影了。”希区柯克在9月底时抱怨道。根据《乱世佳人》的经验，大卫是想再获得一次巨大的商业成功，在这中间希区柯克充其量不过是个拿周薪的人，商业成功与否没他什么事，可他不想让塞尔兹尼克在艺术创作上占他便宜。

希区柯克为人顽固又一根筋，只有在拍片时他才会潇洒自如、才华横溢。可是他发现自己遇到了一种前所未有的情况——他的制片人也是同样顽固又一根筋，而且同样才华横溢。他们需要保持巨大的耐心和忍让，需要善于妥协的君子风度，才能维持彼此间的关系，但是这样做的同时，心里的怨气却在增长。塞尔兹尼克不拘小节，有时会发脾气，但人们很容易知道他的好恶；希区柯克则喜怒不形于色，注重隐私，保守而举止拘谨，这使他的手下人总是猜不透他的情绪与要求。

延展阅读

《这只是一部电影》

这是一本由美国女作家、希区柯克的好友夏洛特·钱德勒撰写的希区柯克的传记，她从众多与希区柯克合作过的影星、幕后工作人员以及亲属的访谈入手，用精彩的对话、有趣的场景刻画了希区柯克和他电影世界里那些好莱坞伟大电影时代的明星们，展现出一个极为个性化的希区柯克：顾家的男人，爱搞恶作剧的家伙，敏感、老派的英国佬。

这是本几乎没有理论，只有生动回忆的书，全书奇闻逸事颇多，而且都是之前的各类希区柯克传记中未曾公布的，描写了希区柯克非常生活化的一面，趣味性颇强。例如他为自己肥胖的身材而苦恼，他常常想自己应该是英俊的模样，然而看到镜子里的自己时总是倍感失落，他吃橘子减肥，而主食并不减量，他富有幽默感，例如电影厂的一个年轻人在酒吧跟他说要出差，顺便体验生活，他瞪着年轻人片刻，说他在那座城市有朋友，写了张纸条给他。年轻人到了那座城市按地址打出租车，到了才知道是所监狱。希区柯克喜欢别人叫他希区，因为柯克的发音和愚蠢、笨拙有些像。希区柯克认为他的妻子对他的电影事业有很大的帮助，他总是将自己的创意说给妻子听，并听取她的建议，称她能做出最好的分镜头。书中还提到了很多希区柯克并没有拍成电影的好想法。

《波兰斯基回忆录》

〔法〕罗曼·波兰斯基　著

关于作者

罗曼·波兰斯基，世界电影大师，代表作品有《水中刀》、《罗丝玛丽的婴儿》、《唐人街》、《苔丝》、《钢琴师》等。

罗曼·波兰斯基经历十分坎坷，1933 年生于波兰，早年随父母移居法国，但在二战爆发前两年又迁回波兰，二战爆发后，他的父母均被抓入纳粹集中营，母亲不幸死于其中。年少的波兰斯基开始在波兰乡村地区流浪，在几个信仰新教的家庭中寄宿。

20 世纪 50 年代波兰斯基进入一家电影学校学习，早年拍摄的短片已经显露出他对黑色幽默以及人与人之间异常关系的沉迷。他的首部剧情长片《水中刀》是第一部不涉及战争题材的战后波兰电影，该片获得了影评界的好评。随着影片的成功，波兰斯基告别了自己第一场失败的婚姻，他的妻子演员芭芭拉·拉斯另寻新欢离他而去。1963 年，波兰斯基离开了相对闭塞的波兰，开始了周游列国般的创作生活，荷兰、法国、英国都留下了他的踪迹。这段时间，波兰斯基接二连三地为英国、美国、法国和意大利拍摄了七八部影片，波兰斯基引人注目的导演才华在这些影片中表露无遗，《厌恶》、《天师捉妖》、《罗丝玛丽的婴儿》等影片中强烈的悬念、浓厚的神秘色彩和令人窒息的恐怖气氛让他本人的国际声誉不断提高，影片中的血腥气味和浪漫情致也在世界电影名作中独占鳌头。《厌恶》和《卡特巴赫到来时》的成功不仅为他带来了柏林电影节上的两次荣耀，还为他赢得了第一份好莱坞合同和一个美艳的妻子。可惜好景不长，他怀有 8 个月身孕的妻子莎朗·塔特不幸于 1969 年被臭名昭著的杀手查里斯·曼森残酷杀害，波兰斯基悲痛之下又回到欧洲。

1974 年，他以《唐人街》杀回好莱坞，似乎一段平坦的电影事业生涯已经摆在了他的面前，但也许命中注定他要一生漂泊，他又因为强奸一名 13 岁女童被定罪，为逃脱入狱惩罚，波兰斯基不得不于 1978 年再次逃离美国，至今未能踏入美国领土。

1979 年，他执导的根据托马斯·哈代小说改编的影片《苔丝》获得了奥斯卡奖以及恺撒奖。随后的《苦月亮》更是着魔似的将扭曲的情欲和暴力倾泻在影片中，成了一部情色经典。暴力和色情已渗透于波兰斯基的影片中，也是他心头挥之不去的阴霾。

2003 年，《钢琴师》的上映让波兰斯基再一次成为全世界观众和电影人瞩目的焦点，该片获得了第 55 届戛纳电影节金棕榈奖，第 75 届奥斯卡最佳导演、最佳男主角、最佳改编剧本三项大奖。

2009 年 9 月 27 日，瑞士苏黎世电影节组委会宣布，因美国发出的为期 31 年的通缉令，而逮捕波兰斯基。目前他被软禁在位于瑞士的别墅中。

荐读理由

稍微了解罗曼·波兰斯基生平的人都会承认他的一生是传奇的一生，也是苦难的一生。有人就曾这样描述他的一生：“很难再找到像波兰斯基这样人生充满悲剧与丑闻的人了。童年在波兰，他从希特勒的大屠杀中幸存下来，母亲却在纳粹的毒气室里被夺去了性命。移居美国后，波兰斯基终于跻身为成功的电影导演，他怀着身孕的妻子女演员莎伦·塔特以及几个朋友却在家中被杀。这次事件将他的私人生活推进了公众视野，他个人的悲剧也变得路人皆知。”他的人生几乎比电影本身更丰富，更戏剧，也更传奇。人们对波兰斯基有太多不准确的评价、太多的误会、太多的中伤和诽谤，以至于那些不认识他的人对他的人格产生了一种完全错误的印象。

《波兰斯基回忆录》写于 1984 年，是波兰斯基本人撰写的唯一一部传记。在大约 26 万字的回忆录里，波兰斯基把自己的人生经历娓娓道来，读者跟随他的记叙，历史重现，惊心动魄，像历经一场华丽的冒险。我们早已熟知他的豪爽好客，却未必深知他与李小龙有怎样的友谊；我们早已知道他亲历了 1968 年震惊世界的“五月风暴”，却未必深知他在风暴的中心有怎样一番慷慨陈词；我们早已了解他生命中的那场惨案，却未必深知在惨案发生的前一晚，他与妻子有过怎样最后的对白。

偏执的付出和永不放弃造就了他的成名，尽管命运似乎从来没有眷顾过他，“命运多舛”四个字用在他身上实在不为过，一次次的打击和摧毁锻造了他的坚强意志。他说：“当我追忆自己遥远的过去，真实与想象的界线总是那样令人失望的模糊和混乱。我生命的关键就在于此。也许它需要我一生的时间去理解。也许就是它使我饱经磨难与挑战，感受悲伤和失望。但我看到前面的大门已经打开。若不是它，也许这扇大门会紧紧关闭，直到永远。”这部自传就如同他自己所珍爱的电影，每一个画格都顺利地沿着时间轴，被从容淡定地投射到银幕之上。无数他生命中曾经被忽略的细节仿佛修复的电影拷贝，再次得到了确认，每一格镜头都是沧桑暗淡的，却又依然散发着宿命论般的、悲天悯人的关怀。

先睹为快

我新结识了一位姑娘，她叫尼古拉·伊拉尔丹。她是印度航空公司的雇员，有机会便装腔作势。她想当一名演员，她的长相和气质很像路易丝·布鲁克斯年轻的时候。她有一个作建筑工程师的波兰男友，我好像认识此人。有一天我们三人一起在啤酒店喝酒时，尼古拉在桌子下面用自己的脚踩住了我的脚。这是一种令人兴奋的典型法国式举动，尽管我有一种对不起她男友的感觉。我们很快成了情人，但尼古拉继续保持着同她男友的关系。与我相反，她对这种三角关系不以为然，而可怜的建筑工程师始终被蒙在鼓里。每当我们三人在一起，我就感到极不自然，而尼古拉似乎热衷于这种三角关系。

鲁斯唐有一个极为巧妙的计划，他可以制作出一部长片，这部长片分为几个独立的部分，而他只提供一个部分的拍摄资金。他同四五个国家的制片公司商定把全部完整的影片在他们所在国家的发行权转让给这些公司，但这些公司必须分别负担制作其中一个独立的部分。这样，鲁斯唐便拥有这部影片在法国及世界其他地区的发行权。他请我和热拉尔为他负责制作的那个部分编写剧本。这部长片的名字叫《世界诈骗之最》。

在这年冬季的一天，我和热拉尔开着我那辆四处漏风的雪铁龙小轿车沿着通往荷兰的高速公路飞驰。天气极其寒冷，我们在车内险些冻成冰棍。我的奔驰车早已被这辆破车所取代。经过一年贫困的日子后，我们在阿姆斯特丹下榻的西希饭店对我们来说犹如天堂。只要我们写本子，这里的一切费用就由鲁斯唐支付。我们顿顿大吃大喝，不到几天的时间竟可笑地长胖了许多。

被白雪覆盖的阿姆斯特丹显示出神奇的本色。我和热拉尔很快迷上了这座城市。我想让我们的剧本既反映出这座城市的全貌，又表现出诈骗的全过程。我和热拉尔已经习惯于一起写作，我的这种想法已经在我们的写作过程中显露出来。我们的剧本非常简单，影片的大部分不需要对话。它描写一位美丽而疯疯癫癫的法国女郎装模作样地爱上了一位天真的荷兰商人并利用一个巧妙而又简单的策略偷走了他的一条钻石项链。因此，我们给剧本定名为《钻石项链》。

鲁斯唐和他在荷兰的合作制片人十分赞赏我们的工作。在焦急地等待了几个星期后，传来了令人难以置信的消息：我们将马上开拍这部短片。

我首先请耶日·利普曼出任摄影师，并把他从波兰请到阿姆斯特丹。我还请尼古拉扮演偷项链的法国女郎，她集冷静、傲慢和无忧无虑于一身，非常适合这个角色。我为她现在已完全属于我感到高兴，同时我也意识到自己已深深地爱上了她。

我还说服了我们的荷兰合作制片人同意请科梅达从波兰来阿姆斯特丹为影片作曲。我向制片人保证科梅达不仅是最优秀的而且是最廉价的作曲家。科梅达在夫人的陪同下来到荷兰，这是他们两人在一起第一次出国旅行。

我和热拉尔在阿姆斯特丹生活愉快，工作顺利，最后拍出了这部精美的短片。当我们结束影片的摄制上路返回巴黎的时候，我们又陷入往日一贫如洗的境地。当《钻石项链》的标准拷贝装入片箱，我首先想到的是要偿还鲁斯唐借给我的多笔贷款，而这将全部耗尽我总共两万五千法郎的片酬。

延展阅读

《异端的影像：帕索里尼谈话录》

作为意大利新现实主义的最大受益者和“后现实主义时代”最著名的导演，帕索里尼的电影以其题材尖锐、风格独立而著称；而他的实验诗人、小说家、同性恋和流氓辩护人等多重身份，也使他成为意大利电影史上名声最坏的导演之一。在影片《萨罗或索多玛的120天》完成后不久的1975年11月1日，帕索里尼在罗马郊外惨遭虐杀，时年53岁。他的电影，他的思想，连同他的死亡方式，都给后人留下了许多难解之谜。他死后，有人曾经断言："不管是帕索里尼的朋友，还是他的敌人，都无法在他的时代理解他。"

《异端的影像：帕索里尼谈话录》是帕索里尼对自己不平凡的人生经历和创作过程的一次总体回顾，深入阐述了自己的美学观念和文化思想的嬗变。全书由两部分组成。第一部分为时任意大利驻美国使馆的文化参赞朱塞佩·卡尔迪洛1969年在纽约对帕索里尼的录音采访，第二部分为著名文化记者奥斯瓦尔德·斯塔克1968年在罗马期间对帕索里尼进行的历时两周的采访。作为一位天才导演和作家，帕索里尼在这几次珍贵的访谈录里敞开心扉，侃侃而谈，对早年辗转流离的经历、文学的热爱、每部电影的拍摄经历，对世界级导演的评述，以及当时人们热衷的话题和一些挑衅性的、令人棘手的问题，如宗教信仰、性和死亡等，都作了深刻和有趣的探讨。

《魔灯：伯格曼自传》

〔瑞典〕英格玛·伯格曼　著

关于作者

英格玛·伯格曼（1918—2007）生于瑞典乌普萨拉的一个具有浓厚宗教气氛的家庭。父亲恩里克·伯格曼是位虔诚的路德教徒，曾长期担任牧师。母亲是一位上层阶级出身的小姐，任性而孤僻。父亲对伯格曼的管束严厉臻于残忍的程度，伯格曼的童年生活笼罩着一种严峻、压抑的气氛，这一切对伯格曼后来的创作有着极为深刻的影响。

进入斯德哥尔摩大学后，他把时间更多地投入到大学里的业余戏剧社团，而不是正规的学习。1944 年，伯格曼离开大学，在哈尔斯林堡城市剧院成为一名职业导演。当时剧院正处于艺术与经济双重倒闭的边缘，但是在两年时间里，伯格曼就将它转变成为一所非常成功的剧院。1952 年，他开始了在马尔莫城市剧院长达 6 年的导演生涯，那是现代欧洲最著名的剧院之一，他在那里创造了一个辉煌的“伯格曼时代”。伯格曼的舞台剧导演生涯在 1963 年至 1966 年的几年中达到了顶点，那时，他是瑞典国家剧院、斯德哥尔摩皇家戏剧院院长。如果从 1938 年他学生时代执导的第一部舞台剧算起，直到他于 1966 年辞去皇家戏剧院院长之职，伯格曼在28年中，一共执导了大约75部戏。

1942年，伯格曼被瑞典一家制片公司雇用，进入剧本部门工作。1944年，他的第一个剧本被拍成长片《折磨》，获得了1946年戛纳电影节评审团大奖等多个奖项。很快，伯格曼就以每年两部电影的速度工作着。1955年，伯格曼凭《夏夜的微笑》首次获得国际声誉。两年后拍摄的《第七封印》包含了电影史上最著名的场景——一个思考生命意义的骑士和身披黑袍的死神在海边下棋。他一生执导了50余部影片，且屡屡在欧洲三大电影节上获奖，其中《处女泉》、《犹在镜中》、《呼喊与细语》和《芬妮与亚历山大》先后获得奥斯卡最佳外语片奖。他用极具原创性的电影技法和极端严肃的剧本探讨爱、性、死亡和疯狂、惩罚等主题，影片中充满令人震撼的画面。作为“作者电影”最典型的代表，伯格曼第一次把哲理引入了电影。他所奠定的瑞典电影的理性精神和20世纪60年代瑞典新电影的写实风格殊途同归，并且极大影响了法国新浪潮电影。

1982年，伯格曼在完成了自传性的电视电影《芬妮与亚历山大》，之后宣布息影，不再涉足电影界。许多人认为那时已经65岁的他一定就此退休了。但是，他只是从电影界退居到电视剧的领域，并且重返舞台剧领域罢了。他一直生活在一个僻静的法罗岛上，过着更为隐居式的生活。

2002年秋天，84岁的伯格曼复出，开始拍摄最后一部作品《萨拉班》，这部120分钟的电视电影是《婚姻场景》的“续集”。已经打定主意退休的伯格曼在他很少举行的记者发布会上说，他写这个故事是因为心里“怀上了一出戏”。

2004年，伯格曼在接受瑞典电视台SVT采访的时候说：“我不经常看我自己的电影，看的时候总是战战兢兢，随时会哭出来，感觉很可怜。”被无数影迷奉为神的伯格曼，就是这样始终被童年的阴影笼罩。

2007年7月30日，“魔灯”熄灭，大师长眠在小岛上。噩耗传出，瑞典举国哀悼。位于斯德哥尔摩的瑞典电影院降半旗表示哀悼，该中心负责人称："伯格曼的电影没有一天不在世界上某个角落的电影节上放映。"瑞典皇家戏剧院院长斯塔芬·瓦德马·霍尔姆说他的电影是无穷的灵感源泉。同时，瑞典的各大广播电视台也宣布他们将临时更改节目安排，专门播放向伯格曼致敬的节目。

荐读理由

如果要用两个关键术语来概括20世纪伟大的电影导演英格玛·伯格曼的传奇一生，那它们一定是"魔灯"与"影像"：它们恰好也是伯格曼的自传与回忆录的标题。

在中学时代，伯格曼就得到了一部电影放映机。那是一个普通的圣诞节，父母把一个小型的放映机作为礼物送给了伯格曼的哥哥，伯格曼于是痛苦得"号叫"起来，他钻进了桌子底下，不吃不喝，直至哭得昏昏睡去。也许是上帝看到了这个小孩子纯真的悲伤，于是上帝开了恩：伯格曼把自己的礼物——一百个锡制的士兵与哥哥交换，最后得到了这个原始的电影放映机。这就是伯格曼的魔灯！"它带有一个弯曲的灯罩，黄铜镜头和金属支架的造型是那样美丽。"当少年伯格曼带着惊喜看到雪白墙壁上映出的草地上的女郎时，他知道自己的这一生已经别无选择。魔灯，一种投影机；影像，光线在银幕上的最终成像。一个是源泉，一个是结果。这个从源起到目的地的光谱之间，是伯格曼一生的印迹：他的电影、他的影像、他的人生，而这一切，都源于孩提时代的一套玩具：一盏魔灯。

一扇通向心灵秘密通道的门开启了，他走进了属于自己的秘密世界。在魔灯的照耀下，那个世界似乎是人类世界的真实写照，然而又全然不是。它的每一个细节都是不真实的，然而魔灯又把它们变成了真实。那就是电影，那就是在伯格曼的魔灯照耀下的电影，正是有了第一盏“魔灯”，才有了后来的那些能够击中、穿透人心的电影，他用“魔灯”照亮了人性的阴暗面，把电影院里的观众都引向了他的世界，和他一起哭，一起笑，一起发疯，一起舞蹈……

正如伯格曼自己的电影作品，这本书是现实、记忆和梦幻的组合，也是一个电影时代的记录。这本书在他宣布息影后的1987年写成，既是对他一生的回顾，也是一扇通向他心灵秘密通道的门。读者可以看到作为导演的伯格曼，如何在电影中表述他个人的生命经验，我们看到他第一次接触性，接触死亡，看到他的个人感情问题，看到他如何组织剧团，如何在一个个电影段落里放置自己的个人经验。《魔灯》照亮了我们之前对伯格曼电影理念的含糊理解，伯格曼用真诚的笔调为影迷破除文化隔阂与生活经验的陌生带来的现代电影阅读的障碍，构成了电影经验的一次延伸。在他个人化的叙述中，我们获得了一种经验与感情的亲近。

先睹为快

劳伦蒂斯和我一致同意《蛇蛋》一片将在德国实地拍摄，因为影片的背景是1920年的柏林。我前往柏林勘察外景，发现一个地方还不错，靠近围墙，叫克罗伊茨贝格。这一带自从战后以来已经年久失修，真像个鬼地方，子弹的弹痕和手榴弹爆炸后留下来的坑洞到处可见，看起来真是疮痍满目。

影片的内景将在慕尼黑的巴伐利亚片场拍摄。巴伐利亚片场的规模可真不小，有12个摄影棚，4000名员工。慕尼黑同时是个吸引人的大都会，城里有2座歌剧院、32家戏院、3个交响乐团，以及许许多多的博物馆和公园，同时街道又很整齐干净，论及街上商家所陈列的商品，其豪华奢侈的程度，也是欧洲其他大都会所望尘莫及。这里的德国人也大多友善亲切，我们最后决定在慕尼黑定居下来，我们做此决定的另一个理由是这里的一家剧院已经邀请我为他们制作《梦幻剧》，这家剧院也叫皇家剧院（Residenz Theatre），相当于斯德哥尔摩的皇家剧院。

我同时在此得到了一个声誉颇高的奖赏，叫“歌德奖”（Goethe Prize），秋天时将在法兰克福颁奖。我们在市区找到一间既光亮又宽敞的公寓，从阳台上可以眺望到阿尔卑斯山以及到处高耸着教堂尖塔的慕尼黑旧市区。

我们的公寓要到9月才能搬进去，我们遂依原先计划到洛杉矶去度夏天，不幸的是，我们一到那儿竟赶上了本世纪最大的热浪正在袭击加州。我们只好每天躲在冷气房里看电视，晚上我们想到附近的电影院走走，无奈热气逼人，叫人无法消受。

第二天早上芭芭拉·史翠珊（Barbar Streisand）打电话来，问我们有没有兴趣带着泳装去参加她的游泳聚会，我婉谢了，放下电话之后，我对英格丽说：“我们干脆回费罗岛度夏天算了，在那里只要忍受冷嘲热讽就行了！”

几个钟头之后我们真的上路回家了。

我们在仲夏的前夕抵达斯德哥尔摩，英格丽打电话给她父亲，刚好他正召集了一些朋友和亲戚到他的农场庆祝仲夏节，他坚持要我们立刻过去。

我们到达那里时正好是晚上11点，是个温和的夜晚，一切看来是那么的美，那么的令人愉悦，紧接下来就是仲夏夜的瑞典之光了！

第二天早上醒来时，我躺在白色的床铺上，房间里充满了夏天的味道，地板是新的，同时散发着刚刨过的木头的香味。窗外有一棵柳树，在夏日凉风的吹拂下沙沙作响。

一段长时间的旅行之后回到了家，那种感觉真好，生命中的灾难如今想来就像一场梦。

我和英格丽谈到未来的新生活会十分艰难，我说：“有两种情况，一种是干脆死了算了，另一种就是非比寻常地刺激！”

延展阅读

《伯格曼论电影》

伯格曼的生涯横跨电影、剧场、写作各个领域，是广大影迷非常推崇的大师。只不过我们以前对他的了解，大多源于专业期刊或网络上的只言片语，很少看过针对他创作思想的全面梳理。这本《伯格曼论电影》是一本讲述伯格曼的电影艺术和人生的书，囊括了伯格曼创作生涯中26部作品的详尽解答，脉络清晰，从中可以鲜明地看到大师的创作轨迹。不仅有益于专业知识的吸取，而且会是一次津津有味的探秘之旅。经过了数十年的沉淀，伯格曼在此将那些已深入他的灵魂、他的内心甚至于他的五脏六腑的情感，再度挖掘出来，重新诠释这四十年来在面对创作时曾经有过的欢愉、热情、挫败与折磨，去发现自己隐藏的或不愿面对的自我。在此书中，我们可以看到伯格曼拍《沉默》、《野草莓》、《处女泉》、《芬妮与亚历山大》等片时那易感的情怀与易碎的心灵。

《我是说谎者》

费里尼（1920—1993），生于意大利里米尼小镇。早年当过记者、编辑，喜文擅画，曾为很多电影编剧（如罗西里尼的《罗马，不设防城市》和《游击队》）。从影后拍摄多部20世纪的伟大电影，如《大路》、《卡比莉亚之夜》、《甜蜜生活》、《八部半》、《罗马风情画》、《阿玛珂德》等。他的电影多次获得各种电影节大奖，并获得五次奥斯卡金奖。他与英格玛·伯格曼、安德·塔尔柯夫斯基并称为世界现代艺术电影的“圣三位一体”，是20世纪60年代以来欧洲艺术电影难以逾越的最高峰。费里尼更以他强烈的个人标记——“费里尼风格”，引导了战后意大利的精神进程。

《我是说谎者》里收录了费里尼写下的工作笔记（更多的是像梦魇一样的絮语），画的漫画、速写，还有他一生的履历等，为我们了解这位伟大的天才提供了最为直接和生动的文本。其言谈的直率和对艺术的独特视角，也使我们重新领略到强烈的“费里尼风格”。

《说吧，记忆》

〔美〕弗拉基米尔·纳博科夫　著

关于作者

就像他的作品一样，弗拉基米尔·纳博科夫（1899—1977）个人也充满了争议，有人说他是20世纪最伟大的作家之一，诺贝尔文学奖没授予纳博科夫，是诺贝尔文学奖的一种缺憾。也有人认为，纳博科夫只是一个只懂谩骂、狂妄的二流作家。

1899年，纳博科夫出生在俄国圣彼得堡的一个贵族家庭。他的爷爷是两位沙皇（亚历山大二世和三世）统治期间的司法部长。他的父亲也是著名的政治家。纳博科夫的母亲也同样出自名门，外祖父通过开采矿山积累了巨大的财富，而他的外祖母与知识界的权威有血缘上的联系。充实的精神和奢侈的物质的完美结合是纳博科夫一生长达20年的“俄国时期”的特色。

十月革命之后，纳博科夫一家逃到了伦敦，他在剑桥三一学院攻读法国和俄罗斯文学。毕业之后，纳博科夫到了柏林，靠教授英语、俄语、网球和拳击为生，开始了自食其力的生活。他开始用俄语写作，很快以笔名“希睿”成为俄国流亡文学的名家。在纳粹的铁蹄接近凯旋门的时候，纳博科夫又开始了他的第二次逃亡。

1940年，纳博科夫一家搭乘轮船来到美国，他曾在纽约博物馆工作，后来又在威尔斯理、斯坦福、康奈尔和哈佛大学执教，讲授文学，以小说家、诗人、批评家和翻译家的身份享誉文坛，著有《庶出的标志》、《洛丽塔》、《普宁》和《微暗的火》等长篇小说。

1955年9月，他的长篇小说《洛丽塔》遭四家美国出版社拒绝后，终于在法国出版。市场最初的反应几乎是悄无声息。但是，小说很快被英国大作家格林发现，他在《星期日泰晤士报》上将它列为1955年最好的三本书之一。这一重大的发现将《洛丽塔》推上了登峰造极之路。三年之后，《洛丽塔》终于回到了自己的故乡，在美国正式出版，引发了巨大的争议，成为1958年美国最重要的文化事件。

1959年1月，将近60岁的纳博科夫在康奈尔大学教完了他的最后一课。他将自己的作品掀起的狂澜置之于脑后，带着鼎盛的名声和丰厚的版税，在瑞士定居。他在这里以大师的身份接受采访，回忆过去的荣辱，评判文学的是非。他为电影大师库布里克准备了《洛丽塔》的电影脚本，并再一次修订了他的回忆录《说吧，记忆》。他将自己年轻时写的俄文小说译成了英文，将后来写的英文小说译成了俄文。1971年，72岁的纳博科夫出版了自他17岁自费出版的情诗之后的第二本诗集，其中包括39首俄文诗和14首英文诗。1973年他还因为终身成就被美国授予国家文学金奖。1977年7月他在瑞士洛桑的一家医院里去世。

荐读理由

纳博科夫是20世纪公认的杰出小说家、诗人、批评家和翻译家，也是20世纪最重要的移民作家之一，许多人从他的小说中了解到其长期流亡异国的经历。唯一的一部自传《说吧，记忆》是一组相互有联系的个人回忆集。构成作品的15章原本是15篇文章，陆续发表在1943—1951年的《大西洋月刊》、《纽约客》、《党人评论》和《哈珀杂志》等著名刊物上。

这些文章的时间跨越37个年头，地点也几经迁移。从圣彼得堡到法国海滨城市圣纳泽尔，又从巴黎到美国，分别写到他的父母、兄长、姐妹等家族人物，也涉及不少与他们相关的重大历史事件。对于自己的家庭，纳博科夫在书中并没有做过多介绍，但在情感方面，书中不时出现的“你”，却指向其每部作品都绕不开的重要人物——他的妻子薇拉，他还用很大篇幅描写了他年轻时的一段恋情。

纳博科夫所生活的时代，正是俄国文学史上星光璀璨的白银时代，培养了阿赫玛托娃、茨维塔耶娃、普宁、曼德里施塔姆、布罗茨基的时代氛围，在纳博科夫的笔下几乎是一脉相承：优雅精细的贵族家庭教育，爱好艺术而藏书万卷的父母，从中可以窥见俄罗斯深邃悠远的文化传承。作家在回忆中注入了对童年以及童话般的俄罗斯的深切追慕。风景如画的维拉庄园，飘雪的圣彼得堡，钴蓝色的夏日苍穹，隐蔽着美丽蝴蝶和各种奇妙生物的乡野山林，这些童年时期的自由成长之地，连同记忆中的初恋和纯真的俄罗斯少女，都被纳博科夫深深铭记，它们像普鲁斯特的玛德琳娜点心和蝴蝶美丽的鳞翅一样，只要轻轻一瞥，就能将沉淀在记忆深处的往昔唤起。纳博科夫说：“生动地追忆往昔生活的残留片段似乎是我毕生怀着最大的热情来从事的一件事。”这部集子初版叫做《确证》——“是我确实存在过的确证”，在某种意义上，存在只在文字留下的意识与记忆中存在。所以那些失去的亲人、楼宇、庄园、地位、珠宝、藏书和爱情，在作者的文字中获得了另一种生命。

作为20世纪公认的杰出小说家和文体家，纳博科夫的语言有着明澈清晰的独特韵味。而身为鳞翅目专家的他在书中更直言受蝴蝶拟态的吸引，追求“和人造事物相关联的艺术上的完美”，因此，在《说吧，记忆》中，纳博科夫对往昔的回忆并非是兴之所随，而是有着精确的细节探索和细致如工笔油画般的摹写。与其说这是原生态的记忆片段，毋宁说它是经过作家打磨的精致的时光之链。然而，和小说中那个目光锐利的作者相比，追忆故园的纳博科夫似乎脱下了机智嘲讽的外套，代之以深情的回忆和淡淡的俄罗斯抒情。

纳博科夫摆脱了西方忏悔式传记的书写传统，在本书中发挥了独特的想象力，把他的经历与回忆中产生的一些想象巧妙地糅合在一起。也有人认为，这本自传是解读他的小说的绝好密码，因为回忆本身即是幻想和现实之间的某种隐蔽的桥梁。

先睹为快

摇篮在一道深渊上晃动，而常识告诉我们，我们的存在只是一道短暂的光缝，介于两片黑暗的永恒之间。尽管两者是相似的双胞胎，人看出生以前的深渊，通常比看他（以每小时大约四千五百下心跳）前往的那个更镇静一些。然而，我知道有一位年轻的时间恐惧症患者，在第一次观看他出生前几个星期拍摄的家庭电影时，经验过某种类似恐惧的心情。他看到一个几乎毫无变化的世界——同样的房子，同样的人——于是他认识到他根本就没有存在于此，也没有人会为他的缺席而悲伤。他望见他母亲在一扇楼窗里挥手，那陌生的动作令他不安，仿佛是某种神秘的告别。但尤其使他害怕的是看见一辆崭新的婴儿车停在门洞那里，带有一具棺材自满的，侵犯的气氛；甚至那也是空的，好像，在相反的事件过程里，正是他已经粉身碎骨。

这样的幻想年轻人并不陌生。或者，换一种说法，最初与最后的事物经常倾向于拥有一种青春期的特征——除非，有可能，它们为一种可敬而严格的宗教所指引。自然期望一个发育完全的人接受两个黑色的虚空，前面的与后面的，像他接受两者之间的奇异梦境一样若无其事。想象，永生者与不成熟者的至高乐趣，应当受到限制。为了享用生命，我们不应当过多地享用它。

我反抗事物的这种状况。我感到了这一冲动，要把我的反抗释放出来，警戒自然。一次又一次，我的头脑作出了巨大的努力，来辨认我的生命两端非个人的黑暗中最微弱的个人的闪光。黑暗仅仅是那道时间之墙造成的，它把我和我青肿的拳头与一个没有时间的自由世界分隔开来，这是我乐于同浑身涂抹得俗丽之极的野蛮人共有的一个信条。我曾在思想中返回——我返回时思想毫无希望地越来越窄——到遥远的地带，在那里摸索某个秘密的出口，最终仅仅发现时间的监狱是环形的并且没有出路。除了自杀，我什么都试过。我曾脱去我的身份，以便把自己当做一个司空见惯的幽灵，并潜入我出生之前即已存在的国度。我曾在心中忍受过维多利亚时代女小说家和退休中尉的自暴自弃的陪伴，他们记得前生曾经是罗马大道上的奴隶信使或是拉萨柳树下的先知。我曾经翻乱了我最陈旧的梦境，寻找钥匙和线团——同时我要说我彻底抛弃了弗洛伊德的那个粗俗、杂乱、根本上属于中世纪的世界，还有它对性符号的古怪之极的寻觅（仿佛在莎士比亚作品里寻找培根式的离合诗）和它嫉妒的小胚胎，它们在那天然的藏身之所，窥视着它们父母的爱情生活。

延展阅读

《洛丽塔》

纳博科夫学识渊博，才华横溢，他的创作包括诗歌、剧作、小说、传记、翻译、象棋与昆虫学方面的论文等大量作品，但他主要以小说闻名于世，而最为人们熟知的，无疑是充满争议的作品《洛丽塔》。小说的绝大部分篇幅是死囚亨伯特的自白，叙述了一个中年男子亨伯特与一个未成年少女洛丽塔的不伦之恋。《洛丽塔》最令人叹服的成就之一就是，作为一个移民作家的纳博科夫比绝大多数土生土长的美国作家更逼真地反映了美国的社会和文化背景。和纳博科夫笔下的许多人物一样，亨伯特是一个极端个人主义的艺术家。他想象力丰富，但近于偏执。他追求的所谓的“美感”既有艺术华丽的诗意，也充满了堕落者阴恶的罪恶感。作为他的欲望对象，洛丽塔只不过是亨伯特意识的产物，是他异想天开地企图从外部的现实和时间中抢夺出来的一个幻想。

《纳博科夫传：俄罗斯时期（上下册）》

出于对纳博科夫的无限热爱，新西兰学者布赖恩·博伊德教授以卓越的才情写出了与纳博科夫的成就匹配的传记。本书从纳博科夫的家族历史与完美童年写起，到纳博科夫一家踏上美利坚国土前一刻结束，在时间段上与纳氏唯一一部自传回忆录《说吧，记忆》刚好重合。在这部享誉世界的纳博科夫评传中，博伊德以一个学者的深邃，一个理想读者的洞察力，一个讲故事好手的天资，勾勒纳博科夫生平的跌宕，专注于刻写其“生命纹理”。纳博科夫毕生创作中所有精心埋藏的典雅谜题，向读者发出的狡黠挑战，都被他一一破解，博伊德教授从此被誉为最优秀的“纳博科夫爱好者”、最权威的纳博科夫传记作者。

《杜拉斯传》

〔法〕劳拉·阿德莱尔 著

关于作者

劳拉·阿德莱尔，法国人，历史学家，记者。著有《女性主义伊始》、《闺房的秘密》、《从政的女人》等。她与玛格丽特·杜拉斯交往12年之久，是唯一得到杜拉斯许可为她写传的人。

荐读理由

玛格丽特·杜拉斯原名玛格丽特·陶拉迪欧，1914年生于法属印度殖民地，一直到18岁，她才离开印度殖民地回到法国。那段殖民地的生活，造就了后来的杜拉斯。

1943年她把自己的姓改成了父亲故乡的一条小河的名字——杜拉斯。杜拉斯在大学里学过数学、法律和政治学。毕业后从1935年到1941年在法国政府殖民地部当秘书，后来参加过抵抗运动并加入共产党；1955年被共产党开除党籍，但她始终认为自己是一名共产党员。1996年3月3日，玛格丽特·杜拉斯走完了81年的生命旅程。

杜拉斯的作品不仅内容丰富，体裁多样，而且尤其注重文体，具有新颖独特的风格，成名作是自传体小说《抵挡太平洋的堤坝》(1950)。1984 年，她的《情人》获得龚古尔文学奖。杜拉斯在戏剧和电影方面同样成就卓著，她分别在 1965 年、1968 年和 1984 年出版了三部戏剧集，在 1983 年还获得了法兰西学院的戏剧大奖。作为法国重要的电影流派“左岸派”的成员，她不仅写出了《广岛之恋》(1960)、《长别离》（1961）这样出色的电影剧本，而且从 1965 年起亲自担任导演，从创作优秀影片《印度之歌》（1974）开始，每年都有一两部影片问世，而且有不少获得了国际大奖。

杜拉斯的一生，就是她不停创作的一部小说。这个故事充满着酷热、暴风雨、酒精和烦躁不安，对话和失语、闪电般的爱情等等。她是一个堪称当代法国文化骄傲的作家，一个引导世界文学时尚的作家，一个坦荡走入通俗读者群体的严肃作家，一个富有传奇人生经历、惊世骇俗叛逆性格、五色斑斓爱情的艺术家。有评论说，杜拉斯作为一个女人，你可以爱她，也可以恨她；而作为一个作家，她的艺术魅力则无可抵挡，是不朽的。我们相信，杜拉斯将是永远不会被遗忘的。

法国历史学家兼记者劳拉·阿德莱尔的《杜拉斯传》是她与杜拉斯的友情和耐心追索的结果。劳拉无意于还人物一个真实面目，但是想努力澄清玛格丽特·杜拉斯给出的关于自己生活的各个版本。作者想要照亮杜拉斯生活中的黑洞，尽管这些黑洞正是杜拉斯天赋的表现：少女时代与情人的关系，二战期间及解放时的态度，她对文学及政治的热情，她的爱情……这部曾荣获法国菲米娜批评大奖的《杜拉斯传》，我们可以从中看到一个更丰满、更真实、更具个性、更富色彩的杜拉斯。

先睹为快

让－雅克·阿诺准备将《情人》改编成电影，杜拉斯终于能够投入她的计划了，几年以来，她一直沉浸在童年、暹罗湾的天、可恨而又可爱的母亲里。故事是早就开始了：准确地说，是一九八七年春。杜拉斯打电话给雅克·特洛奈尔，她以前的电影副导演，也一直是她的朋友，当时正和克洛德·贝里合作。她向他打听，美国人想买她的《情人》版权，但是出的价钱少得难以启齿。是不是应该接受呢？雅克·特洛奈尔当日就和克洛德·贝里说了，克洛德建议她把《情人》的版权卖给自己。约会很快安排好了。杜拉斯和贝里相互拥抱。在杜拉斯的脑中，她一直觉得应该由自己来做这部电影。贝里没有表示不同意。为什么不呢？杜拉斯自己退缩了，说自己年纪大了，很疲惫。她心目中导演的合适人选是：罗曼·波朗斯基和斯蒂芬·弗里。但是两个人最终都拒绝了。米盖尔·西米诺接受了，签了合同，却又最终放弃了这个机会。

这段时间，杜拉斯却有所进展。她听从克洛德·贝里的建议写好了一个电影脚本。雅克·特洛奈尔建议玛格丽特面对摄影机将《情人》大声地念出来。录音在制片公司的一个小录音棚里进行。雅克·特洛奈尔提问题并进行拍摄。克洛德·贝里也亲自前来对她进行鼓励。现在再倒回头去看这些磁带，我们可以发现杜拉斯从一开始就很难将《情人》平静地念下去。她承认道："每次我开始念《情人》的时候，我都觉得灯光黯淡了。"在读到小哥哥死时她抽泣不止。她越是大声地把书读下去，越是觉得这部电影根本拍不成。"这部电影的最大敌人就是小说，"她对贝里说，"拍电影是可能的，但应该是一部商业性的片子，不，根本不可能。"再说究竟应该只描写情人的故事呢，还是整个家族的故事？玛格丽特不想拍一部讲述自己故事的电影，她拒绝时间顺序，拒绝色情的背景，她想的不是要拍在印度支那发生的自己的初恋故事，而是一部关于写作的电影：对于她来说，《情人》讲了一个小女孩，多亏了她的中国情人，发现了自己想写作的愿望。贝里让她说。玛格丽特在流浪。她又回到了沙沥，就在那里，当年的小姑娘变成了一个老妇人。在她两度把《情人》读给特洛奈尔听的当儿，她说："我下来了，我靠近舷墙站着。就像在《艾米莉·L》中一样，他上来和我攀谈。白人是很少见的，就像在一公斤的扁豆里发现了一粒豌豆那样。他很富有。他有一辆大房车。很正常，他知道她是谁。他害怕。但是他这么做了。我知道他在看我，但是我没有看他。"玛格丽特随着录音的进展，重新构筑了她的生活，她的书，大声地梦想着。她回忆起那种弥漫着椰香的柔软的点心，都是些老妇人在卖，在码头边，还有一直到西贡的那条公路上窒人的暑气，寄宿学校院子里的那种灯光，黄昏时分，混血的姑娘跳着舞，海伦·拉戈奈尔在等她。"海伦·拉戈奈尔，哎呀，她真是十分十分美丽。她哭了，海伦·拉戈奈尔。她总是哭。我和她讲中国人的故事，她听得非常入迷。"

延展阅读

《情人杜拉斯》

玛格丽特·杜拉斯，是法国当代最著名的女小说家、剧作家和电影艺术家。她以小说《情人》闻名于世，但她生活中的情人与她演绎的爱情故事比她的小说更传奇、更有戏剧性。

在她众多的情人当中，扬·安德烈亚是非常特别的一个。1980 年扬·安德烈亚闯入杜拉斯的生活时，正是她精疲力竭、很孤单的时候。她立志写作以后，一直很勤奋，在 1950 年后差不多每年有作品问世，在法国文坛有了名气，但是并没有被多少人欣赏。他们相遇时他 27 岁，她已是 65 岁的老人了。他爱杜拉斯、杜拉斯这个名字、杜拉斯的文字、杜拉斯的作品。他只读杜拉斯，也只爱杜拉斯。他在她的那个套间里，一待就是 16 年，再也没有离开过。

1983 年，杜拉斯在医院昏迷不醒时，安德烈亚发表了这部《情人杜拉斯》。他曾是杜拉斯晚年笔下的人物，现在换了他做作家。安德烈亚无意暴露杜拉斯的隐私，但他笔下的世界在我们看来仍那么神奇，杜拉斯在作品中和生活中留下了无数个谜，扬·安德烈亚也许是一把解密的钥匙，尽管不是万能的钥匙。本书是一部意识流小说，一部动人的抒情散文：时空打乱了，回忆、插叙、倒叙混在一起，维系它们的是爱情。当然，他的叙述和回忆也不乏惊世骇俗的故事、情节和细节。熟读杜拉斯的人还能在书中读出浓郁的“杜拉斯味”来，从语言、语气到结构、句法……

《情人》

30 年代的印度支那，潮热的湄公河，一个 15 岁法国少女与一位华人富家子之间的邂逅，一场醉生梦死的情欲纠缠，却成一生中刻骨铭心的念念不忘——“我喜欢你年轻时的美丽，但我更爱你现在这饱经沧桑的容颜。”这句名言如今世人已耳熟能详了：年老的杜拉斯以一种洞悉世情、从容不迫的语调娓娓道来年少时的那一场旖旎春梦，那个皮肤白皙的中国男子，缓缓展开在记忆的版图上……

对于 15 岁半在印度支那湄公河的渡船上与中国情人相识相爱的那段经历，70 岁的女作家仍写得饱含激情。因为时间的尘封、记忆的积压以及作家对历史俯瞰式的洞察力，这激情被表现得丰富深邃、充满张力。人们评价杜拉斯的时候，总是说她懂得欲望，诠释了爱情。杜拉斯的《情人》，是她对失去的年华的最后一次呐喊，看了它你也许会对欲望和爱情有一个更深的理解。

《无尽的探索：卡尔·波普尔自传》

〔英〕卡尔·波普尔 著

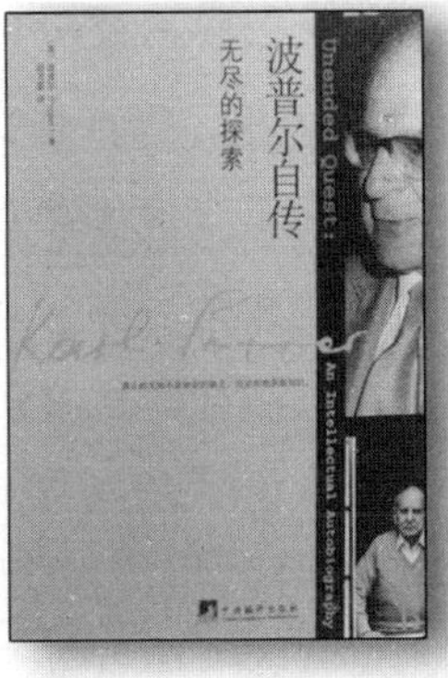

关于作者

卡尔·波普尔（1902—1994），1902年出身于维也纳一个犹太裔知识分子家庭，父母都是基督徒，父亲西蒙·西格蒙德·卡尔·波普尔是维也纳大学法学教授，并有一座藏书12000到14000卷的私人图书馆，波普尔同时继承了这座图书馆和他父亲的性格。

1919年，波普尔对马克思主义产生了兴趣，随后，他加入了奥地利共产党。但伴随着几次革命的失败和朋友的死去，他对马克思提出的历史主义和暴力革命理论大失所望，尽管如此，马克思主义对他的一生，包括他的“有节制的自由主义”都有相当大的影响。1928年，波普尔获得博士学位，之后他在一所中学任教，期间完成了《知识理论的两个基本问题》。1934年，在石里克的推荐下，他重新修改《知识理论的两个基本问题》，并以《科学发现的逻辑》为题出版，书中首次提出了他著名的以证伪主义作为区分“科学”与“非科学”的标准，并对心理主义和逻辑实证主义进行批判。后来两年中，波普尔访学英国，结识了哈耶克、伯特兰·罗素和伯林等学者，又到哥本哈根会见了物理学家波尔。

1937年，德国纳粹势力抬头，德奥合并之后，波普尔被迫迁往新西兰，担任坎特伯雷大学的哲学讲师。在这段时间里他完成了《历史决定论的贫困》和《开放社会及其敌人》，这两本书使他获得了国际性的声誉。在哈耶克的帮助下，伦敦大学经济学院授予波普尔高级讲师的职务。他于1946年初抵达英国就职，教授逻辑学。1950年，波普尔应邀访问美国，在哈佛和普林斯顿大学演讲，期间与爱因斯坦等科学家会面讨论。1963年，波普尔出版了另一本名作《猜想与反驳：科学知识的增长》。1965年，他被英国女王伊丽莎白二世封为爵士。1969年，波普尔从大学退休，尽管如此，他依然积极参与学术活动。1972年，波普尔发表《客观的知识》，探讨整个宇宙进化论、三世界理论和知识进化论等。1976年，波普尔当选英国皇家科学院院士。1977年，波普尔与艾克里斯合作出版《自我及其大脑》。波普尔80年代出版的主要著作包括《实在论与科学的目的》、《开放的宇宙》和《量子理论波普尔和妻子的墓地与物理学的分裂》。1982年，波普尔获颁荣誉侍从勋章。

1994年，波普尔在伦敦去世，火化后，他的骨灰被埋在维也纳，和他妻子合葬。

荐读理由

卡尔·波普尔是举世闻名的哲学家和思想家，证伪主义创始人，被西方学界誉为“开放社会之父”。他为科学哲学的发展作出了巨大贡献，并撰写了许多有关社会学、政治哲学的著作。他是20世纪西方最著名的思想家之一，享有不容低估的世界性声誉。他的证伪主义、对科学主义和逻辑实证主义的批判，使人们对“科学”与“非科学”有了全新的认识；在政治上，他拥护民主和自由主义，并提出一系列社会批判法则。波普尔的科学哲学被称为批判理性主义，这是与现代理论物理学的认识论和方法论合拍的。他推动了 50 年代末和 60 年代西方哲学界流派新思想、新学说纷呈迭出的空前繁荣的局面，并且居于中枢地位，有人甚至说他是苏联阵营解体的掘墓人。在西方，从科学家（包括一些获诺贝尔奖的科学泰斗）到文史哲界的专家，从政界要员到财界“大腕”，无不深受波普尔学说的影响。他那独具慧眼的证伪主义方法论，以及关于民主社会的“三大悖论”——民主悖论、宽容悖论、自由悖论，给人们以深刻的启迪，他那标新立异的“开放社会观”，曾引起世界轰动，至今仍是学界感兴趣的问题之一。从没有一个用英语写作的哲学家，在他工作的范围和质量方面，能与卡尔·波普尔相比，人类思想的宽广领域也很少没有受到波普尔的工作与探索照耀的。

《无尽的探索：卡尔·波普尔自传》（以下简称《自传》）清楚地描述了波普尔思想发展的过程，家庭环境和历史背景（两次世界大战）对他产生的决定性的影响。波普尔的著作中广泛涉猎哲学、艺术、物理学、生物学、政治学、社会学等不同领域，论及进化论、语言学、相对论、量子力学、熵理论、脑科学等主题，足以令一个被现代的学科建制所局限的读者望而生畏。但《自传》向我们揭示，有一些思考贯穿了所有这些不同领域里的著述，这些思考的对象既是波普尔持续关切的中心，也是理解这些著述的关键所在。从篇幅来看，《自传》相比波普尔的上述著作只是薄薄的一本，读这本《自传》可以让我们更便捷地理解波普尔的思想。

从自传中可以看出来，家庭丰富、高雅、开放、自由的人文环境造就了波普尔超人的智慧和勇气，独特的思维和兴趣。波普尔最强有力的武器是思想上的极端清晰和完整。他一生的目的就是打破人类僵化的思维、沉闷的理性、保守的传统、狂妄自大的权威以及不可证实的科学，因此在学术上独树一帜，声名显赫。彻底的批判性思维，让他看清了物理学、生物学、心理学、社会学等众多学科的本质和关键。

基于这样的生存态度，波普尔的这本自传充满诙谐和幽默。

先睹为快

1949 年，我收到了去哈佛作威廉·詹姆士讲座讲演的邀请书。这导致我首次访美，使我的生活有了很大的变化。当我读到唐纳德·威廉斯的极其出乎意外的邀请书时，我以为这是一个误会：我想我之被邀请是以为我是约瑟夫·波普尔·林克乌斯。

我那时在做三件事：一系列论自然演绎的论文，概率的种种公理化，以及社会科学的方法论。惟一适合于作八次或十次讲课的课程的是最后一个问题，于是我选择讲课的题目是“自然和社会的研究”。

1950 年 2 月，我们乘船出发。在哈佛哲学系教师中我以前见过的只有奎因恩。我也遇见了 C. I. 刘易斯、唐纳德·威廉斯以及莫顿·怀特。自从 1936 年以来我第一次又遇见了许多老朋友：数学家保尔·鲍向、赫尔伯特·费格尔、菲利普·弗朗克（他把我介绍给伟大的物理学家珀西·布里奇曼，我很快同他成为朋友）、尤利叶斯·克拉夫特、理查德·冯·米塞斯、弗朗茨·乌尔巴赫、阿伯拉罕·瓦尔德以及维克多·韦斯科夫。我也第一次遇见了戈特弗里德·冯·哈勃勒，我后来从哈耶克那儿获悉，他显然是对我的方法理论感兴趣的第一位经济学家；乔治·萨顿和科学史家 I. 伯纳德·科恩以及哈佛校长詹姆斯·布里安特·科南特。

我从一开始就喜欢美国，也许因为我对它曾抱有某种偏见。在 1950 年有一种自由、个性独立的感觉，这种感觉在欧洲不存在，而且我认为甚至比我所知道的最自由的国家新西兰还更为强烈。那时正值麦卡锡主义——现在一定程度上已被忘却的反共十字军战士参议员约瑟夫·麦卡锡——兴起之日，但根据一般气氛来判断，我认为这个正在到处引起提心吊胆的运动将会以失败而告终。在我回到英国后，我同伯特兰·罗素对此曾有过争论。

我承认事情可能朝十分不同的方向发展。“这里不可能发生”这个说法总是错误的，独裁在哪里都有可能发生。

爱因斯坦使我的访问获得最大、最持久的影响。我应邀去普林斯顿，在学术研讨会上宣读了一篇关于“量子物理学和古典物理学中的非决定论”的论文，那是篇幅更长的一篇论文的纲要。在讨论时爱因斯坦说了几句赞同的话，玻尔说得更详细（直到只有我们俩留下来还继续说），用著名的双狭缝实验论证说，量子物理学中的情况完全是新的，而且同古典物理学中的情况是不可比拟的。爱因斯坦和玻尔都来听我的讲演这一事实，我认为是我曾受到的最大的赞扬。

延展阅读

《猜想与反驳：科学知识的增长》

这是作者的另一部精品。

波普尔的最大贡献在于从唯理主义出发，建立了关于科学发现的“猜想—反驳方法论”，由此把逻辑实证主义开创的科学方法论研究大大推进了一步，更确切地说，这使科学方法论研究增加了新的方面，更符合科学的实际。波普尔认为科学不是为了求证实，而是为了求证伪：证实是容易的，甚至是很依赖技巧的；证伪则包含了不确定性，有风险，能够经受考验的理论，才是好的理论。“猜想—反驳方法论”这个科学方法论就是他的科学哲学乃至整个哲学的主体。他的科学哲学的其余部分——主要的也就是他那主张知识客观性的著名的“三个世界”理论——则是对这个主体的发挥。我们完全可以从《猜想与反驳：科学知识的增长》这本书来认识他的科学方法论。

《波伏娃：激荡的一生》

〔法〕克洛德·弗朗西斯、〔法〕弗朗德·贡蒂埃 著

关于作者

克洛德·弗朗西斯和弗朗德·贡蒂埃都曾是美国文学教授。她们出版了1985年获得ELLE杂志读者奖的《波伏娃：激荡的一生》，以及科莱特和莫尔尼侯爵夫人的传记，这些传记都引起了广泛关注。弗朗德·贡蒂埃还在佩林出版社出版了小说《奥努瓦伯爵夫人的故事》，另有论著《男人还是女人——性别的混淆》。

荐读理由

西蒙娜·德·波伏娃（1908—1986），是当代法国最杰出的存在主义女权作家，也是学识渊博的女学问家。她的小说《达官贵人》曾获得法国文学最高奖项龚古尔奖，而其作品《第二性》被誉为“有史以来讨论妇女的最健全、最理智、最充满智慧的一本书”，甚至被尊为西方妇女的“圣经”，从而成为西方女权主义的理论经典。但在当今中国，许多人对于波伏娃的第一印象仍然是“萨特的伴侣”。

事实上，萨特有关存在主义的大部分哲学理论著作无一不是经波伏娃悉心整理后发表的，波伏娃通过自己文学作品中各种鲜明的艺术形象也诠释了存在主义思想。和萨特相比，她对西方思想和习俗的影响更大，也更为直接。她反对资产阶级伦理，反对战争、核武器、酷刑，反对帝国主义、殖民主义、种族主义、性别歧视；她倡导新闻自由，关注老年问题，号召妇女解放，对整个世界都产生了无法估量的影响；她的作品多次被教廷列入禁书名单，却又被翻译成几十种文字，在多个国家长期占据畅销书榜单。

《波伏娃：激荡的一生》是一部全面的波伏娃传记作品，记录了波伏娃一生生活、感情、思想、创作等方面的种种历程，内容大致分为儿时贫困时代、少年学习时代、青年创作时代、中年辉煌时代和老年"影响社会"时代。作者将波伏娃人生各个时期的经历、心理状态与时代脉动紧密相连，使得波伏娃饱满的个人形象跃然纸上。她和萨特"奇特的爱情"也是故事的重要主题之一。在二人的关系中，不断地有他或她的情人加入进来，在充满嫉妒、怨恨、厌倦的混乱状态中凸显了波伏娃—萨特组合的实质——思想高于爱情，对这些事情的讲述也揭示了波伏娃作为女性所具有的多情、细腻、敏感、脆弱的一面。

这部作品也是波伏娃生前唯一认可的传记。作者克洛德·弗朗西斯和弗朗德·贡蒂埃都是研究波伏娃的专家，和波伏娃有过多次面对面的访谈，她们搜集的资料十分全面。资料分别来自传主的作品、与传主的访谈对话录，尤其是晚近发现的波伏娃于1947到1964年间写给她的美国情人尼尔森·艾格林的信件。由此，就内容的真实性和材料的新鲜感而言，本书有独特的优势，生动细微，真实可信。

先睹为快

巴黎的物价飞涨。3 月 15 日，俄国沙皇放弃了他的权力，所有的俄国大城市都到了革命者手里，军队也不再服从他的命令。沙皇下台让巴黎人欢呼雀跃，大家猜想俄国可能会和德国单独签署和约。人们想象着革命军队将可以更有利地打击奥匈帝国。在法国，士气落到了最低点。4月的大进攻已经失败了，而凡尔登战役完全就是一场杀戮，交战双方共有七十万士兵阵亡。有些部队已经叛乱，有些部队拒绝再战。有七十一家企业的工人起来罢工，游行队伍高呼着“打倒战争”穿过巴黎。人们想象着到处都是间谍。古斯塔夫·布拉瑟尔坚信德国人将围攻首都，于是他组织全家人出逃，这个出色的步行者制定了徒步逃往依维特山谷的隆于沫的计划。

西蒙娜越来越难以入睡。为了让她不再整夜梦到伤员和逃难者，她母亲每晚都让她喝一碗橙花汤药。房子里更冷了，西蒙娜和普佩特手上都长满了冻疮。每天晚上都有军队在向巴黎发射炮弹。乔治拒绝下地窖躲避。弗朗索瓦丝带女儿到地窖里躲避了两三次后决定效仿她的丈夫，这样他们无论生死都可以在一起了。

整个战争期间，西蒙娜没有缺过一天的课。经常只有她一个人“以十二岁孩童的幼稚无知”面对着老师。德西尔学校的大部分学生都已经不来上课了，七区的孩子们都去了乡下。大部分的建筑都被当做医院使用。“一天，我和妈妈、妹妹一起到达雅各布街时发现楼房内空无一人：所有人都躲进了地窖。这事让我们放声大笑。显然我们用自己的勇敢证明了我们与众不同。”

1918年。法国举国欢腾同庆胜利。人们热烈欢迎复员军人和被俘士兵。盛大的庆祝会、爱国游行、纪念仪式接连不断。人们涌向剧院、小酒馆、电影院、舞厅和夜总会。在瓦万十字路口的罗通德咖啡馆里，白天黑夜都人声鼎沸。人们拥抱、哭泣，高呼着“法国万岁！”噩梦已经持续了四年，伤亡人数巨大：一百四十万士兵阵亡，还留下至少三百万的伤员。

西蒙娜可以从阳台上看到护送灵柩的队伍从拉斯佩尔大街一直

走向蒙帕纳斯公墓。战争之后，西班牙流感又袭来，1918 年，它夺去了十万人的生命。西蒙娜年轻的舅舅于贝尔·布拉瑟尔刚从前线回来就染上了这种病。阿波利奈尔也患上这种疾病而失去了生命，蒙帕纳斯为之举行了哀悼活动。

战争是结束了，但是这个家庭的经济状况并没有丝毫的好转。1919 年春天，法郎开始贬值，通货膨胀加剧，昂贵的生活费用让所有人忧心忡忡。乔治一复员便被岳父说服，同意与他合作共同管理鞋厂。几个月后，鞋厂就因无力清偿债务不得不关门大吉。

布拉瑟尔拿出了他最后的一张王牌。他儿子发明了“一种用两苏的硬币就能开启的食品罐头”，他们打算开发这个产品，他们自以为一定能够东山再起。于是，他们卖掉了最后剩下的那点首饰，还找人借了钱。但是一个竞争对手在此期间偷走了他们的专利。他们绝望地对竞争对手提起诉讼，对方却胜诉了。

生活必须要继续下去。布拉瑟尔夫人开始每天编织童装。布拉瑟尔面色通红，秃顶，下巴“被浅灰色的泡沫弄脏了”，他整日生活在焦虑中。他只知道谈论汇票、抵押权、债券这些东西。星期四，当西蒙娜和艾莲娜和他共进午餐时，只要有铃声响起，“他就把一根手指放在嘴唇上，我们便都屏住呼吸”。

延展阅读

《第二性》

西蒙娜·波伏娃一生写了许多作品，《第二性》是她获得成功的一部巨著，是“有史以来讨论妇女的最健全、最理智、最充满智慧的一本书”，被誉为女人的“圣经”，成为西方妇女的必读之书。

《第二性》分上下两卷，第一卷主要是从女性群体的角度去讨论妇女问题，是全书的理论框架。作者首先从生物学的角度探讨了雌雄两性的性生活。接着，作者介绍了精神分析学的妇女观，从而批评了弗洛伊德的以男性为中心的，把女性的生理、心理和处境归结为“性”的“性一元论”。作者还用大量篇幅论述了从原始社会到社会主义社会，妇女的处境、权利与地位的变化，讨论了东西方神话中的妇女权利与地位。在第二卷中，作者沿着从童年到老年这条生命发展轨迹，以各类妇女为对象，广泛探讨了女性的个体发展史，尤其是探讨了各个年龄阶段、各种类型女性的生理、心理及处境的变化，并得出结论说，妇女要得到解放，就必须正视她们同男性的自然差异，同男人建立手足关系。

《萨特传》

1970—1980 年是萨特生命的最后十年，波伏娃大部分时间，都陪伴在他身边。萨特去世后，波伏娃根据自己的日记与搜集的其他资料写成回忆录，这是本书的第一部分。本书的第二部分则根据谈话录音整理而成。1974 年春夏季，在罗马，萨特的眼睛近乎完全失明，失去写作能力。在波伏娃的建议下，萨特与她断续展开对谈，内容分成若干主题，围绕萨特一生的各个方面进行。萨特晚年有意写一本自传性质的书，波伏娃的这个建议，立即得到了他的赞同，他指着自己的眼睛说：“正好弥补这个！”

这部传记是波伏娃跟萨特的对话，也是两位哲人跟读者的对话，它诉诸我们的灵魂，给人一种至深的感动，并默默地激励着我们去超越自己的生命。无论对于学术研究者还是普通读者，这本书的价值与意义都非同一般。它是波伏娃与萨特共同的创作，为研究他们的哲学思想和个人生平，打开了一扇方便之门。

《安妮日记》

〔德〕安妮·弗兰克　著

关于作者

安妮·弗兰克（1929—1945）出生于德国的法兰克福，为奥图·法兰克一家的小女儿，家中还有母亲艾迪斯和姐姐玛格特。由于当时纳粹德国排斥犹太人风气日盛，父亲奥图便放弃德国的事业，全家移居到荷兰阿姆斯特丹，过着较为平顺的生活。但是1940年5月荷兰被德国攻占之后，荷兰的新统治者英夸特也将排犹法律运用在荷兰，1941年夏天安妮姐妹也因此转入犹太人学校就读。1942年，纳粹当局捕捉犹太人的行为日益严重，玛格特也收到纳粹当局的劳动通知，从7月9日开始，安妮一家与范丹一家搬入奥图公司的三楼与四楼，以书柜挡住出入口以避人耳目，过着隐蔽的生活。因为还可以住一个人，所以后来他们的伙伴又多了一位牙医杜赛尔，隐密之家的居住者共有八个人。

安妮·弗兰克从1942年6月12日开始写日记。一直到1944年春，她的日记都只是为自己而写。后来，她在伦敦电台广播中听到荷兰流亡政府教育部长说，在战争结束后应收集和发表有关荷兰人民在德国占领下的苦难生活的一切，他也提到日记作为例子。安妮受这个讲话的影响，决心在战后根据自己的日记出版一本书。她开始对她的日记进行誊写、改写、修改，删去她认为无关紧要的片段，根据回忆增加一些内容。同时她还继续写原来的日记。

她最后一则日记的日期是 1944 年 8 月 1 日。8 月 4 日，八名藏匿起来的犹太人被“绿衣警察”德国党卫队逮捕。数日后所有人被转送到荷兰的威斯第包克集中营，一个月后隐密之家的八个人被转送到波兰的奥斯威辛集中营。之后，安妮与姐姐又被转送到贝尔根—贝尔森集中营，1945 年 3 月姐妹都因伤寒死于营中，距离贝尔根—贝尔森集中营被英军解放只有不到两个月的时间。而其他隐密之家的成员除奥图之外，都死在集中营之中。

在他们被捕的当天，公司的女职员米普·吉斯和贝普·沃斯库吉尔就将安妮·弗兰克的日记收藏好，未加阅读，直到战后确证安妮已不在人世，便将日记交给安妮的父亲奥图·弗兰克。奥图·弗兰克经过深思熟虑，决定完成已去世女儿的宿愿，以书的形式出版日记。他根据安妮的两种版本编成一种缩写本，1947 年在一套丛书中出版。这就是后人熟知的《安妮日记》。

《安妮日记》随后在法国和美国相继出版，并在当地引起轰动。迄今为止，《安妮日记》已经被翻译成 65 种语言，在世界各国出版了 3000 多万册，其中包括中文版。安妮避难的房子已被辟为安妮故居博物馆，主要的参观者来自英、美以及那些没有被纳粹占领过的国家，他们希望通过《安妮日记》来了解一些过去的历史。时至今日，安妮已经成为一个“世界标签”，她象征着纳粹德国统治下的受害者，甚至已经成为宗教迫害和暴政统治下受害者的象征。

荐读理由

《安妮日记》是犹太少女安妮·弗兰克在二战中遗留下来的一本个

人日记，它真实地记述了她与家人以及另两个犹太家庭为逃避纳粹迫害躲在密室里而度过的长达两年的隐蔽生活。安妮从 13 岁生日（1942 年 6 月 12 日）写起，一直写到他们的隐居地被德国党卫军查抄前不久。这个不到 16 岁就在纳粹集中营中被伤寒病夺去了生命的孩子的日记，在战后成为人们对那场人类梦魇进行深刻反思的珍贵教材。

安妮创造了一个名叫吉蒂的虚拟的朋友。每天，安妮给吉蒂写信，叙述自己的心情和周围发生的事情。安妮虽然躲在密室里，但她的日记中所记载的大都是外面发生的事情。她描述了犹太人如何被德国纳粹残酷迫害和屠杀。她写到了避难时期生活的困窘，多次描写阿姆斯特丹被轰炸所造成的恐惧，不断谴责种族歧视，而藏匿中的日常生活又充满了恐怖。另一方面，《安妮日记》还向人们展示了小安妮作为一个成长期的少女，如何面对战争和种族迫害、自我成长与定位、寻求自由等心路历程。在漫长的 25 个月里，安妮用她的笔，用她要做个作家的梦想，支撑她记录下顶楼内每一天的事情和自己的成长，她思考战争、反犹太人主义，思考与父母的关系、自然、性、上帝、宗教等等，逐渐成长为一个成熟的对生命有很深感悟的人。因为突然处于狭小的空间，突然面对每天被发现的恐惧、对死亡的恐惧，八个个性不一的人，对于继续生存的希望有形形色色的表现，人在困境下的真实的表现——这种真实本身所传达出的信息与意义就能让所有人感受到一种使人窒息的深刻。这些平凡而真实的历史记录，伴随着主人公的心境起伏，足以引起人们心中的震撼和共鸣，因此能够深深打动和吸引世界上众多的读者。

在日记的美国发行版中，埃莉诺·罗斯福（即前美国总统罗斯福夫人）在序中写道：“在我曾阅读过的书籍中，这是其中一个对战争影响的描述最为现实和聪慧的记载之一。”前美国总统约翰·肯尼迪在 1961 年一次演说中提到：“在众多于我们历史重要关头，站出来为人性尊严辩护的人当中，没有谁的说话比安妮·弗兰克更铿锵有力。”同年，一位苏联作家伊利亚·爱伦堡也认为，“这是一本代表了六百万

（犹太）人心声的书，纵使这不是什么雄壮伟大的史诗，只是普通小女孩的一本日记”。

先睹为快

1942年11月17日星期二

亲爱的吉蒂：

杜赛尔来了。一切顺利。米普让他上午11点在邮局前面某个地点等候，有位先生会去接他。他准时到了约定的地点。克莱曼先生走上前去，说那位先生还来不了，请他到米普的办公室去等候。克莱曼乘电车回办公室，杜赛尔步行跟来。

11点20分，杜赛尔敲办公室的门。为了不让人看到黄星，米普让他脱下大衣，把他带到私人办公室。克莱曼在那儿接待他，直到女清洁工离开。米普借口说有人要用办公室，便把杜赛尔带上楼去，打开转柜，在他的眼前钻了进去，使他惊得目瞪口呆。

我们七人都等在楼上围着桌子坐定，用咖啡和法国白兰地等候我们的难友。米普先把他带到我们的起居室。他一眼就认出我们的家具，但怎么也没有想到我们就在他的头顶上。米普告诉他我们就在这里时，他吃惊得差点昏倒。幸好米普不让他有很长时间吃惊，很快就把他带上楼。杜赛尔一屁股坐到一张椅子上，张口结舌地瞪着我们所有人，仿佛想要从我们脸上看出确切真相似的。过了一会儿，他才结结巴巴地说：“可是……不……你们不是在比利时吗？那个军官没有来吗？汽车呢？是不是……没有逃成？”

我们把整个经过告诉他，说我们故意散播军官开汽车来接我们的谎话，目的是迷惑人们和也许会去找我们的德国人。杜赛尔对这许多创意吃惊得目瞪口呆，等到他进一步摸清我们这个超级实用和美好的后屋避难所的情况时，只能一再惊讶地东张西望。我们一起吃了饭，饭后他睡了一会儿，然后同我们一起喝茶，整理米普事先给他带来的一点东西，很快就感到像在自己家里一样，特别是在我们把（范丹起草的）下面那份后屋守则给他看了以后。

后屋简介与指南

专供犹太人及同类人暂时安身的特种设施。

全年开放。

地处阿姆斯特丹市中心，环境优美幽静，无树林。附近无私人住宅。乘13路和17路电车可到，开车或骑自行车也可。被德国人禁用上述交通工具者也可步行前来。带家具和不带家具的住宅和房间随时可入住，包伙或不包伙。

房租：免收。

特种饮食：无脂肪。

自来水在盥洗室（可惜无浴缸）以及不同的内墙和外墙上。有极好的炉灶。

有宽敞的储藏处存放各类物品。有两个现代化大型保险柜。

自备收音中心：可直接收听伦敦、纽约、特拉维夫以及其他许多电台。这台收音机晚上六时后供所有房客使用，没有禁止收听的电台，但有一个条件：德国电台只有破例才可收听，如古典音乐等。严禁收听和传播德国新闻（不管由何处播出）。

休息时间：晚10点至早晨7点30分，星期日到10点15分。在特殊情况下，遵照管理处指示，白天也安排休息时间。为了公共安全，务必严格遵守休息时间!!!

自由活动：暂停（一切户外活动）。

语言使用：任何时候都要求小声说话。可使用所有文明语言，即不说德语。

阅读与休闲：不准阅读德文书籍，学术与经典著作除外。其他一切书籍均可阅读。

体操：每天做。

唱歌：晚6点后，只许低声。

电影：按照约定。

课程：每周学速记一课（书面）。英语、法语、数学和历史随时开课。课时费可以授课代替，如教授荷兰语。

有专门部门负责照顾小型家庭宠物。（害虫除外，必须得到特别许可……）

用餐时间：

早餐：每天早上9点，星期日和假日约11点30分。

午餐：有时拖长。1点15分至1点45分。

晚餐：冷餐或热餐，时间不定。视新闻广播时间而定。

对后勤部队的义务：随时准备协助办公室工作。

洗浴：星期日从9点开始，木盆供所有房客使用。可选择厕所、厨房、私人办公室或前办公室，各人自便。

酒类：须有医生证明。

完。

延展阅读

《昨夜我梦见了和平》

邓垂簪生于越南河内一个高级知识分子家庭，从小受到良好的教育和家庭文化的熏陶。她毕业于河内医科大学，爱好文学，偏爱越南诗歌和外国小说。1967年，邓垂簪进入越南南方游击队活跃的广义省，成为一名战地医生，在美军炮火近在咫尺的威胁下，她卓越地完成着自己的工作，深受战友和当地人民爱戴。1970年6月，她在转移途中中弹牺牲。2005年4月，当河内正在筹备庆祝越南南方解放30周年活动之际，邓垂簪的母亲尹玉簪大娘收到了一个小包裹，里面有两本日记。包裹是由一位探访河内的美国老兵带来的。1972 年，他不顾军队条例的规定，在越南服役期满后，把这些日记带回了家，历尽千辛万苦，让这本日记重见天日。

邓垂簪的日记感动了她的祖国和人民。在这个很少有一本书能卖出 5000 册的国家，此书已经售出了 43 万册。而英文版的推出又将这一影响传播到全世界，被称做是越南版的《安妮日记》。这些日记不仅属于邓垂簪自己，也属于每一个渴望真情、自由和幸福的人；不仅感动了战火中的“他们”，也将感动着在和平年代中追索生命意义的“我们”。

《我与兰登书屋
——贝内特·瑟夫回忆录》

〔美〕贝内特·瑟夫　著

关于作者

“一点点幽默就能让我们的生活有劲头。”这一直是我的信条。有人曾经问我：“你希望自己的墓志铭上写什么？”我总是说，我希望这样写：“每当他走进房间，人们总是因为他的到来而更快乐。”

——贝内特·瑟夫

贝内特·瑟夫（1898—1971），美国著名出版人。他出身富裕，作为家中独子，在15岁母亲去世的时候就得到外祖父留给他的一笔当时堪称天文数字的12.5万美元的基金。17岁时，贝内特·瑟夫进入哥伦比亚大学新闻系，加入学生报，参与编辑校园杂志，也是个风云人物。只可惜这一切被一战打断，大学三年级时贝内特·瑟夫成了美军弗吉尼亚基地的一员。战争结束后，贝内特·瑟夫重拾学业，于1919年取得哥伦比亚大学文学学士学位。虽然对年轻的贝内特·瑟夫来说，华尔街的工作实在是无聊，但他还是在几家证券投资公司任职到1923年。

1923年是贝内特·瑟夫生命中重要的分水岭，这一年，他在一名哥伦比亚大学同学的举荐下进入出版社工作，从此，贝内特·瑟夫的下半生精力都倾注在了出版业。贝内特·瑟夫进入出版社工作两年后，就和好友唐纳德·克劳弗尔合伙买下了该出版社下属的专门出版大众文学书籍的“现代文库”出版社。这对好友分工合作，唐纳德·克劳弗尔管经营，贝内特·瑟夫管作者和编辑，“现代文库”很快打开局面。凭着灵活的头脑、独到的眼光，加上能说善道的外交手腕，他开始在出版界崭露头角，不满足于出版原有的书目或给别的出版社做代理，于是在1927年，兰登书屋诞生了。

1930年，贝内特·瑟夫玩了一个至今仍为出版界津津乐道的大把戏：挑战美国审查制度，出版当时的禁书《尤利西斯》。当时，《尤利西斯》只在巴黎出售，美国以“淫秽”为由禁止出版《尤利西斯》。贝内特·瑟夫决心挑战这个他认为“耻辱”的禁令，并为此大费周章、严密布局。为了炒热这本书，贝内特·瑟夫特地跑到欧洲和《尤利西斯》的作者詹姆斯·乔伊斯签约，事先支付给他1500美元。然后，贝内特·瑟夫找到了一本平装的《尤利西斯》，把英国、法国重要评论家赞扬《尤利西斯》的评论贴在书里面，安排自己出版社的人员故意坐船走私该书到纽约登陆，上岸的时候要求海关没收这本禁书，作为将来诉讼时的呈堂证物。结果法官最终宣布《尤利西斯》“是为了创造一种以崭新的文学手法来观察并描绘人类而作出的诚挚和严肃的试探，允许出版”。贝内特·瑟夫自导自演的这出有如侦探小说般蜿蜒曲折的“好戏”为兰登书屋和《尤利西斯》赢来了巨大的声誉和关注。

除了出版家的身份，贝内特·瑟夫还有很多身份：专栏作家、演说家、电台节目主持人、当时哥伦比亚广播公司（CBS）收视率很高的电视游戏节目《我是干哪行的?》的嘉宾……有人批评他一心多用到处露脸，指责他在电视上哗众取宠，“有失一个体面出版家的身份”，但贝内特·瑟夫会指正说，他的这些社会活动为兰登书屋带来了很多好处。

1971年贝内特·瑟夫因心脏病去世。他曾经为之写了15年专栏的

《星期六评论》刊登了一篇讣告，最后有这样的字眼："他立志当一名出版人，也确实成为最卓越的出版家，为了这一事业，他全力以赴，每一个与图书世界有关的人都应该感激他的恩惠。"

荐读理由

兰登书屋，美国出版公司，在整个20世纪的世界图书界中扮演着举足轻重的角色。这并不仅仅因为它是全世界最大的出版集团，更是因为它在现代西方文化发展中起到了潜移默化的引领作用。而兰登书屋的创始人——犹太人贝内特·瑟夫又是兰登书屋不折不扣的引领者。

撰写回忆录是贝内特·瑟夫本人的主意，他很早就开始了写作准备。从1967年9月至1968年2月，他与哥伦比亚大学口述历史部合作，作了21次问答式长篇访谈。这些访谈均有录音和文字整理，经他初步校订后又重新打字。1971年3月，他又补写了一些笔记，对口述历史的内容作了更新。可惜同年8月，他心脏病突发猝死，留下了未完的书稿。时任兰登书屋总编辑的阿尔伯特·厄斯金在瑟夫遗孀的帮助下，根据这些口述历史材料和贝内特·瑟夫留下的大量日记、剪报，编辑整理成完整的书稿，出版了这本《我与兰登书屋——贝内特·瑟夫回忆录》。

这是一部生动反映美国20世纪出版业风云变幻的经典性著作，同时也是一部充满趣味、幽默与智慧的文学回忆录。性格幽默开朗、为人诚恳善良的贝内特·瑟夫在书中回顾了自己从少年时代的阅读生活，到青年时代的创业，乃至投身出版业40年的人生体验。1925年，他与唐纳德·克劳弗尔合伙收购"现代文库"丛书，奠定了他们于1927年创立兰登书屋的基础。在随后的40多年中，他们将兰登书屋逐步发展成为美国最大的出版集团。作者讲述了他创业经营过程中无数幽默、有趣的逸事，其中涉及他与很多作家如尤金·奥尼尔、威廉·福克纳、詹姆斯·乔伊斯、司各特·菲茨杰拉德、杜鲁门·卡波特、德莱塞等大师的交往，也有关于他和美国其他出版家的交往，还谈到了他经营出版社的过程中碰到的各种趣事与经验。作者用他幽默、智慧的亲身经历向我们展示了他是怎样经营出版社、扩大自己的品牌影响，如何与作者、同行、媒体打交道，如何运作图书……读者可以从一个成功出版人的成长轨迹看到兰登书屋这个美国最大出版集团的崛起之路。

《我与兰登书屋——贝内特·瑟夫回忆录》中有一幅插图，是贝内特·瑟夫和大戏剧家尤金·奥尼尔的合影。奥尼尔打着领带，穿着西裤、皮鞋，贝内特穿着裤衩背心、光着脚丫。怎么看，都想不出来这个不修边幅的图书出版商和儒雅得体、鼎鼎有名的世界文豪在合影的瞬间前后在干什么，在聊什么。事实上，贝内特在书里从来都没有详细谈到他跟这些通常都有些怪僻的作家们是怎么交往的。他只是在说，信息来了，他去行动了，然后机会就来了，然后就成功了。贝内特总是把众所周知的艰难成功归结为运气，让自己的魅力不证自明。他的自我炫耀和乐观豁达带着美国人的特质：单纯明丽，讨人喜欢。

先睹为快

尤金·奥尼尔是我所见过最美的男人，我说“美”，意思是说，望着他可以令人心灵得到满足，他看上去正像是一个伟大剧作家所应有而寻常人绝不具备的模样——目光深邃敏锐，微笑亲切，身材完美。他是个游泳好手，能一口气游五六英里。我说过，他说话很慢，经常一句话说到一半会停顿。我是个急性子的人，经常打断别人说话。对此我毫不知觉，甚至在和罗斯福总统谈话时也打断过他。

但是，尤金·奥尼尔是我所认识的惟一一位不费吹灰之力即可让我闭嘴的人。我总是安静地坐着，等他一句长句说到一半停顿良久再说完。他是我的偶像，每当有人要我说说自己一生中遇见的五六位伟大人物，我总是说到尤金·奥尼尔。

在海岛，我发现他变了许多，不再是我在利弗莱特出版社时认识的那个放纵的人。当年他住在沿河马路的廉价旅馆，与一群麻烦不断的酒鬼为伍。他频繁到贝尔维医院戒酒，以至于那儿的人都认识他而直呼其名。现在，他把酒戒了，既出于健康原因，也是因为他成熟了；他不再是年轻的酒鬼，而已成为一位有尊严的绅士，拥有种种荣誉，他起初是回避这些的。每当有自己写的戏剧首演，尤金从不去看，而是一个人在城里乱逛。《奇异的插曲》首演当晚，他碰到一个水手老朋友，水手问他："尤金·奥尼尔！你现在混些啥？"而就在当时，他最成功的热门戏正在百老汇上演！

正是在海岛上，我才真正成为尤金的朋友。在此之前，我只是他在利弗莱特出版社认识的仰慕者之一，还是一个像只忠诚的小狗般围着他转的孩子。但现在，我的名气越来越大，尤金则是美国伟大的剧作家。我们一起在海滩上散步，走得很远，谈得很多，逐渐了解彼此。

当然，与任何剧作家或小说家在一起的时间中，通常有百分之六十到八十是用于谈论他的作品。显然，作家喜欢谈自己，出版人要做的事就是让他说，而且奥尼尔的魅力很吸引我。这就是我为自己选择的生活，当他谈论自己的剧本时，我就像在天堂一样高兴；所以我们相处得非常好。有件事他谈得很详细，那是个他已经想好的计划：创作一个由七个剧本构成的组剧，讲述一个美国家族几代人从新英格兰的清教徒时代至今的故事。这个家族史就是美国史。这组剧本从未完成。奥尼尔病得越来越重，最后去世的时候，只留下其中几个写完的剧本，包括《私生子的月亮》，但没有一个完整得足以上演。

延展阅读

《出版人：汤姆·麦奇勒回忆录》

2000年年末，英国《书商》杂志评选20世纪最有影响的十大人物，该刊形容入选的汤姆·麦奇勒是“英国最重要的出版人；最有创意、最富冒险精神，也最有新闻价值”。作为英国著名的出版家，汤姆·麦奇勒刚刚二十出头就已经成为英国出版界的“神童”，当上了乔纳森·凯普出版社的当家编辑。在40多年的出版生涯中，汤姆·麦奇勒出版了加西亚·马尔克斯、多丽丝·莱辛、聂鲁达等十多位诺贝尔文学奖得主的作品，也是菲利普·罗斯、库特·冯尼古特、托马斯·品钦、约瑟夫·海勒、约翰·福尔斯、萨尔曼·拉什迪、伊恩·麦克尤恩、马丁·艾米斯、朱利安·巴恩斯等大批英美当代重要作家的出版人，并一手创办了英语文坛重要奖项——布克奖。

在这部回忆录中，汤姆·麦奇勒以生动、幽默和坦诚的文字，带领读者领略诸多书业内幕、文坛逸事，并见证他所亲历和创造的英国出版黄金时代。在那些热闹的文坛派对中，我们看到了许多耳熟能详的名字，那些举世闻名的文坛大佬们纷纷走下神坛、走出文学史，变成了一个个现实生活中性格鲜明的人物，生动形象地站立在我们面前。

经济与科学

《富兰克林自传》

〔美〕富兰克林　著

关于作者

富兰克林（1706—1790），美国最伟大的先驱者和美国民主的缔造者之一，著名的科学家、出版家、外交家、政治家、哲学家和实业家，美国独立运动的领导人，曾参与起草并签署了《独立宣言》和《美国宪法》。

富兰克林少年生活过得并不如意。少时因家境困顿，被迫辍学，12 岁时，父亲让他到哥哥的印刷铺里当学徒。然而，他却利用做学徒的闲暇时间刻苦自学，阅读了大量的书籍，在政治、科学、历史、文学等方面打下了扎实的基础。

1726 年，富兰克林开始在费城独立经营印刷工厂。从此，富兰克林的事业开始蒸蒸日上，开始创造一个美国梦的传奇故事：他印刷并发行影响巨大的《宾夕法尼亚报》；他发明了避雷针、两用眼镜、新式火炉和新型路灯；他率先提出了北美殖民地“不联合就死亡”的口号，并与杰斐逊起草《独立宣言》；而当美国制宪会议因为联邦体制问题争论不休时，富兰克林又亲自前往调解。1771 年，他出版了改变无数年轻人命运的《富兰克林自传》。

1790 年 4 月 17 日，富兰克林逝世于费城，美国人民为他举行了最隆重的葬礼，他被誉为世界上最著名的公民，受到各国人民的敬仰。富兰克林以自身的努力创造了一个不朽的神话，造就了一个属于他的时代，成为“他生活的时代和国家最伟大和最出色的人”。

荐读理由

如果有人问你，100 美元上的头像是谁，可能你会不假思索地回答说是美国的某位总统。但如果告诉你那是富兰克林，你可能也不会感到惊讶。本杰明·富兰克林有一连串的头衔——作家，发明家，出版商，科学家，外交家，哲学家，启蒙思想家。有评价说他是 18 世纪仅次于华盛顿的名人。他是美国的创始者、美国独立运动的领导者、民主精神缔造者、《独立宣言》起草者，他像是“从天上偷窃火种的第二个普罗米修斯”（唐德语），成为举世公认的现代文明之父、美国人的象征。

1706 年 1 月 17 日，本杰明·富兰克林出生在北美洲的波士顿。他的父亲原是英国漆匠，当时以制造蜡烛和肥皂为业，富兰克林是最小的儿子。富兰克林八岁入学读书，虽然学习成绩优异，但由于家中孩子太多，父亲的收入无法负担他读书的费用。所以，他十岁时就离开了学校，回家帮父亲做蜡烛。富兰克林一生只在学校读了两年书。十二岁时，他到哥哥经营的小印刷所当学徒，自此他当了近十年的印刷工人，但他的学习从未间断过，他从伙食费中省下钱来买书。同时，利用工作之便，他结识了几家书店的学徒，将书店的书在晚间偷偷地借来，通宵达旦地阅读，第二天清晨便归还。他阅读的范围很广，从自然科学、技术方面的通俗读物到著名科学家的论文以及名作家的作品都有所涉及。

1736年，富兰克林当选为宾夕法尼亚州议会秘书；1737年，任费城副邮务长，事业蒸蒸日上。此时，美国独立战争的势头愈演愈烈。为了民族的独立和解放，他毅然站在了斗争的最前列。从1757到1775年他多次作为北美殖民地代表到英国谈判。独立战争爆发后，他还参加了第二届大陆会议以及《独立宣言》的起草工作。1776年，已经七十岁高龄的富兰克林又远涉重洋出使法国，赢得了欧洲人民对北美独立战争的支援。1787年，他积极参加美国宪法的制定工作，并组织了反对奴役黑人的运动。

富兰克林是精明能干的商人，同时又是极度慷慨的科学家。他在发明高效取暖炉后，拒绝申请专利，并且声称发明应该为公众利益服务。富兰克林的乐善好施出于他的集体天性和宗教信仰，善待人类是他认为最神圣的事情。他有许多发明，如静电发生器、漂亮的古玻璃琴等，其中最重大的发明是避雷针，这是他广泛实验后的成果。富兰克林精心设计了避雷针的大小、地面设备的类型以及如何将其与建筑物连接，直到今天避雷针仍基本保持了他当年的设计。人们这样热情地描绘他的这一成就，“他从天空抓到了雷电，从专制统治者手中夺回了权力”。

富兰克林的最后一个冬天是在亲人的呵护中度过的。1790年4月17日，夜里11点，富兰克林溘然逝去。4月21日，费城人民为他举行了葬礼，两万人加入了出殡队伍，为富兰克林的逝世服丧一个月以示哀悼。他被誉为世界上最著名的公民，受到各国人民的敬仰。富兰克林以自身的努力创造了一个不朽的神话，造就了一个属于他的时代，成为“他生活的时代和国家中最伟大和最出色的人”。

《富兰克林自传》家喻户晓，他没有显赫的家世，没有富裕的生活，仅仅靠自己对宗教的虔诚，对教育的重视，生活的简朴，以及不屈的奋斗获得了在各个领域的成功，他是美国“清教主义”的杰出代表。《富兰克林自传》是一部影响了几代美国人、历经两百余年经久不衰的励志奇书，它包含了人生奋斗与成功的真知灼见，以及诸种善与美的道德真谛，被公认为是改变了无数人命运的美国精神读本。阅读本书，与一个伟大心灵对话，收获一份人生修养的智慧。

先睹为快

赶车的每人从牲口中拉出一匹马来，匆忙地逃走了。其他的人立即模仿了他们的榜样，因此所有的马车、粮秣、大炮和军火全丢给敌人了。那位将军受了伤，好容易才把他救了出来。他的秘书瑟力先生在他的身边中弹而死。八十六名军官中，死伤的达六十三人之多，一千一百个士兵中死了七百十四个。这一千一百个士兵是全军中的精华，其余的部队留在后方归丹巴上校率领，按照原定的计划丹巴上校将押运着大量的军火、粮秣和行李追踪前进。逃走的士兵并没有受到敌人的追袭，他们逃到了丹巴的军营里，他们所带来的恐慌立即使得丹巴上校和他的部下惊惶失措。虽然他现在还有一千多人，而击溃布剌多克的敌人最多总共也不会超过四百名印第安人和法国人。他不但不向前进军，设法雪耻，反而命令把全部粮秣和弹药等物加以销毁，免受拖累，以期获得更多的马匹帮助他逃回殖民地。当时弗吉尼亚、马里兰和宾夕法尼亚的州长们请求他把军队驻扎在边境上，以便保护居民，但是他匆匆忙忙地继续撤退，一直退到费城，那里的居民可以保护他，他才觉得自己安全了。这件事第一次使我们美洲殖民地人民想到：我们对于英国正规军的勇敢无敌推崇备至，是毫无根据的。

一七三六年我当选为州议会秘书，这是我生平第一次获得升迁。那年我倒是一致通过了，但在第二年，当我的名字又一次提出来时（秘书的任期，跟议员的任期一样，是一年），一个新议员，为了赞助另一个候选人，发表了一篇长篇演说反对我。但是我还是当选了。我自然很高兴，因为除了秘书职位本身的薪给以外，这个职位使我有很好的机会与议员们维持联系，这种关系又替我招揽了印刷选举票、法律、纸币和其他零星的公家生意。这些生意，大体说来，利润是很厚的。

我不喜欢这位新议员反对我，因为他不但是个财主，受过教育，而且很能干，过一些时候他很可能成为议会中一个很有势力的人。后来事实果然如此。但是我不打算卑躬屈膝地去奉承他，以期获得他的青睐；过了一段时间我却采用了另一个方法。我听说他的藏书中有一本稀有的珍本书，我就写了一张便条给他，表示我很想看那本书，希望他能借给我看几天。他立刻把它寄来了，大约过了一星期我把书送还给他，附了一张便条，热烈地表示我的谢忱。当下一次我们在议会中见面时，他跟我招呼了（他以前从不如此），而且十分殷勤有礼。从此以后，他在任何时候总是愿意帮我的忙，因此我们成为知己的朋友，我们的友谊一直持续到他死为止。这又一次证明了我从前听到的一句古老的格言是对的。这句格言说："假如一个人帮了你一次忙，那么以后他会比受过你恩惠的人更乐意帮助你。"同时，这件事也表明了与其怨恨、报复和延长私人间的冤仇，倒还不如审慎地把它消除更为有益。

延展阅读

《富兰克林传》

沃尔特·艾萨克森是美国著名的传记作家，他的这本《富兰克林传》可以与富兰克林自己的自传相互参考，有助于读者更全面地认识富兰克林。

《爱因斯坦传》

〔美〕沃尔特·艾萨克森 著

关于作者

沃尔特·艾萨克森是美国著名的传记作家，同时是阿斯彭研究所执行总裁，曾任有线新闻电视网（CNN）主席和《时代》（Time）周刊总编。他的著作有《史蒂夫·乔布斯传》、《富兰克林传》和《基辛格传》等。

荐读理由

爱因斯坦，相信上至古稀老翁，下至初学儿童，几乎没有人不知道他的大名。他就是“智慧”的代名词。

爱因斯坦，全名为阿尔伯特·爱因斯坦，德裔犹太人，因为对“理论物理”的贡献，特别是解释了“光电效应”而获得1921年诺贝尔物理学奖。他创立了代表现代物理的相对论，为核能开发奠定了理论基础，在现代科学技术和他的深刻影响下于广泛应用等方面开创了现代科学新纪元，被公认为是自伽利略、牛顿以来最伟大的科学家、物理学家。1999 年，爱因斯坦被美国《时代》周刊评选为“世纪伟人”。

爱因斯坦出生在德国的一个犹太人家庭，1900 年毕业于苏黎世联邦理工学院，入瑞士国籍。1905 年获苏黎世大学哲学博士学位。曾在伯尔尼专利局任职，在苏黎世工业大学担任大学教授。1913 年返德国，任柏林威廉皇帝物理研究所所长和柏林洪堡大学教授，并当选为普鲁士皇家科学院院士。1933 年爱因斯坦在英国期间，被格拉斯哥大学授予荣誉法学博士学位。因为受到纳粹政权以及希特勒的迫害，逃亡到美利坚合众国，担任普林斯顿高等研究所教授，从事理论物理研究工作，1940 年加入美国国籍。1955 年 4 月 18 日 1 时 25 分，因动脉出血在医院逝世。

很多人不知道的是，爱因斯坦与中国也有着不解之缘。早在 1919 年，爱因斯坦的相对论就已经传播到中国，特别是通过 1920 年英国哲学家罗素来华讲学，给中国学术界留下了深刻的印象。爱因斯坦本人的目光也曾一次次地投射到古老而陌生的中国。1922 年冬天，他应邀到日本讲学，往返途中，两次经过上海，一共停留了三天，亲眼看到了处于苦难中的中国，并寄予深切的同情。他在旅行日记中记下“悲惨的图象”和他的感慨：“在外表上，中国人受人注意的是他们的勤劳，是他们对生活方式和儿童福利的要求的低微。他们要比印度人更乐观，也更天真。但他们大多数是负担沉重的：男男女女为每日五分钱的工资天天在敲石子。他们似乎鲁钝得不理解他们命运的可怕。”“爱因斯坦看到这个在劳动着，在呻吟着，并且是顽强的民族，他的社会同情心再度被唤醒了。他认为，这是地球上最贫困的民族，他们被残酷地虐待着，他们所受的待遇比牛马还不如。”（许良英等编译《爱因斯坦文集》，商务印书馆 1979 年版，第 20、21 页）

1931 年九一八事变发生，日本从东北作为突破口侵略中国的狼子野心已昭然若揭，当时的国际社会却表现出无奈和无能，当年 11 月 17 日，爱因斯坦公开谴责日本侵略东三省的行径，呼吁各国联合起来对日本进行经济制裁。1932 年 10 月，中国共产党的创始人陈独秀在上海被捕，爱因斯坦和罗素、杜威等具有国际声望的知识分子联名致电蒋介石，要求释放陈独秀。1937 年 3 月，主张抗日的沈钧儒、章乃器、王造时、史良等“七君子”被捕入狱后，他又联合杜威、孟禄等著名知识分子通电援救，向国民党当局施加道义的压力。1938 年 6 月，为了帮助中国的抗日战争，他还和罗斯福总统的长子一同发起“援助中国委员会”，在美国 2000 个城镇开展援华募捐活动。爱因斯坦是真正的世界公民，他的爱是没有国界的，他对中国的感情没有任何功利色彩，完全建立在人类的同情心和强烈的人道主义情怀之上。

爱因斯坦的生前不要虚荣，死后更不要哀荣。他留下遗嘱，要求不发讣告，不举行葬礼。他把自己的脑供给医学研究，身体火葬焚化，骨灰秘密地撒在不让人知道的河里，不要有坟墓也不想立碑。在把他的遗体送到火葬场火化的时候，随行的只有他最亲近的 12 个人，而其他人对于火化的时间和地点都不知道。

爱因斯坦曾经说过：“我自己不过是自然的一个极微小的部分”，他把一切献给了人类从自然界获得自由的征程，最后连自己的骨灰也回到了大自然的怀抱。但是正如英费尔德第一次与他接触时所感受到的那样：“真正的伟大和真正的高尚总是并肩而行的”，爱因斯坦的伟大业绩和精神永远留给了人类。

沃尔特·艾萨克森的《爱因斯坦传》是我们所见到的关于爱因斯坦的最优秀的传记之一。1969 年诺贝尔物理学奖获得者默里·盖尔曼在提到本书时说：“沃尔特·艾萨克森又一次写出了一部极有价值的传记。虽然关于爱因斯坦的读物已经为数不少，但难能可贵的是，艾萨克森有机会接触到新的重要材料，既讨论了爱因斯坦作为人的方面，又阐述了他在物理学上的深刻思想。这部赏心悦目的传记使这位大物理学家的生动形象跃然纸上。”耶鲁大学卡尔·摩尔斯应用物理学和物理学讲座教授道格拉斯·斯通则认为：“艾萨克森对爱因斯坦科学著作的处理极为出色，准确齐备，正适合于普通读者阅读。这是迄今为止可读性最强的爱因斯坦传记。他利用新近披露的历史材料，完整地揭示了爱因斯坦的性格特征和思想贡献。”过多的赞誉无需赘言，读者可以在阅读中领略本书的魅力，领略爱因斯坦非同一般的风采。

先睹为快

刚刚过去的一个世纪将会因其力图打破与古典的联系而为历史铭记，而下一个时代将会着力培养创造性，这是科学创新所不可或缺的。每当我们回想和展望这一切时，我们这个时代最引人注目的偶像便会突显出来：这是一个从压迫中挣脱出来的流亡者，和蔼而亲切。其散乱的头发，闪烁的目光，迷人的个性，超凡的才智，所有这些都使他的面孔成为一个象征，他的名字成为天才的同义语。阿尔伯特·爱因斯坦，这位富有非凡想象力的探索者，对自然界中所蕴含的和谐笃信不疑。由他令人着迷的经历可以清楚地证明创造性与自由的息息相关，亦可折射出时代的胜利与喧嚣。

爱因斯坦的档案现已完全公开，我们有机会研究他的个人方面——其不屈服的个性、叛逆的天性、好奇心、激情和超然于世——如何与他的公众事务、政治活动和科学工作交织在一起。了解一个人有助于我们理解他的科学，反之亦然。性格、想象力和创造性天赋就像统一场的各个部分，彼此有着密切的关联。

尽管有着冷漠的名声，但实际上，无论是个人追求还是科学探索，爱因斯坦都很有激情。在大学里，他疯狂地爱上了班里唯一一个女生米列娃·玛里奇。她是塞尔维亚人，性情忧郁，对生活很认真。他们先是有了一个私生女儿，然后结婚，生了两个儿子。爱因斯坦会就科学上的想法同米列娃探讨，米列娃也会帮助爱因斯坦检查他论文中用到的数学。不过最终，他们的关系还是解体了。爱因斯坦与米列娃达成了一项协议：爱因斯坦说他有一天会得到诺贝尔奖，如果她同意离婚，就把得到的奖金给她。经过一周的考虑，米列娃同意了。由于爱因斯坦的理论十分激进，从他在专利局奇迹般地产出那些论文，再到获得诺贝尔奖并交给米列娃，时间已经过去了 17 年。

从伯尔尼专利局开始，爱因斯坦就养成一个习惯，工作之外的时间才是属于自己的研究时间。他把研究看成是属于自己的东西。仅凭研究去拿薪水他总觉得不安。从苏黎世、布拉格到柏林，他讲课的时间越来越少，但总还是有的。如今到普林斯顿，所有的时间都由他支配，他下意识地觉得有愧。

爱因斯坦对凭纯科学研究领取薪金感到难为情，这种感情也许是无意识的，但对于他而言，又有着内在的深刻理由。他总想干些与基本的研究活动无关的事情作为生活费用的来源。在这点上，斯宾诺莎——以金刚石琢磨匠身份为职业的哲学家——对爱因斯坦有很大的吸引力。尽管普林斯顿研究院多次声明该院的科学家有完全自由支配时间的权力，但爱因斯坦总不想成为纯粹被社会供养的人，他忘不了一个人应对社会承担的责任与义务，哪怕自己的研究仍然是属于社会的。

普林斯顿是美国东部的一个大学城，人口只有几千人。小城里古风纯朴，阳光灿烂。林荫道上的行人稀稀疏疏，道路两旁星星点点散布着一些一两层楼的小房子。红色的屋顶，白色的墙，掩映在郁郁葱葱的树木丛中。每一座房子都像绿色海洋中的一个孤岛。这里似乎闻不到金圆帝国的铜臭，听不见工业巨人的叫嚣。这里就像莱顿小城和苏黎世湖畔、柏林郊外那样娴雅幽静，具有古老欧洲的情趣。

延展阅读

《爱因斯坦的梦》

本书是美国麻省理工学院物理学与人文学教授阿兰·莱特曼创作的一部小说，篇幅不长，却字字珠玑。

小说以 1905 年的瑞士伯尔尼市镇生活为背景，虚构出了若干爱因斯坦的梦：或悲悯尘世哀凉，或吹嘘爱情飘忽，一字一句如明月松间，清泉石上，体现了对生命的关怀……在作者笔下，时间的无限可能性被展示得淋漓尽致。在那一个个爱因斯坦的“梦”中，时间宛如美丽的诗篇，衍生出或领悟、或遐想、或感动、或悲伤、或清流奇异、或伤感高贵的无穷可能。作者行文曼妙，如诗如画，既不失科学家简约本色，又突显其天马行空的想象力以及对人性不羁的探究。

《美丽心灵：纳什传》

〔美〕西尔维娅·娜萨　著

关于作者

西尔维娅·娜萨，1983—1989 年为《财富》杂志作家，1990 年为《美国新闻与世界报道》专栏作家，1991—1999 年任《纽约时报》经济记者，1999—2000 年为普林斯顿大学访问学者，2000 年为剑桥大学金斯学院和丘吉尔学院访问研究员，2001 年起任哥伦比亚大学新闻学院商务新闻奈特教授。她的《美丽心灵：纳什传》一书获 1998 年美国书评界传记奖、2000 年美国数学联合政策委员会传播奖。

荐读理由

约翰·福布斯·纳什生于 1928 年 6 月 13 日。他的父亲是电子工程师与教师，第一次世界大战的老兵。纳什小时孤独内向但又聪颖过人，虽然父母对他照顾有加，但老师认为他不合群不善社交。他在上大学时就开始从事纯数学的博弈论研究，1948 年进入普林斯顿大学后更是如鱼得水。当时的普林斯顿已经成了全世界的数学中心，爱因斯坦等世界级大师均云集于此。1958年，纳什因其在数学领域的优异成绩被美国《财富》杂志评为新一代天才数学家中最杰出的人物。他的一篇关于非合作博弈的博士论文和其他相关文章，确立了他博弈论大师的地位。他提出的著名的纳什均衡的概念在非合作博弈理论中起着核心的作用。后续的研究者对博弈论的贡献，都是建立在这一概念之上的。

然而，正当事业如日中天的时候，30岁的纳什得了严重的精神分裂症，行为越来越稀奇古怪：他担心因征兵入伍而毁了自己的数学创造力；他梦想成立一个世界政府；他认为《纽约时报》上每一个字母都隐含着神秘的意义，而只有他才能读懂其中的寓意；他认为世界上的一切都可以用一个数学公式表达；他给联合国写信，跑到华盛顿给每个国家的大使馆投递信件，要求各国使馆支持他成立世界政府的想法……

他的妻子艾利西亚，依靠自己作为电脑程序员的微薄收入和亲友的接济，继续照料纳什和他们唯一的儿子。她挺过了丈夫被禁闭治疗、孤立无援的日子，走过了唯一的儿子同样罹患精神分裂症的震惊与哀伤。朋友和同事也没有放弃纳什。在20世纪七八十年代，普林斯顿大学的学生和学者们总能在校园里看见一个非常奇特、消瘦而沉默的男人在徘徊，他穿着紫色的拖鞋，偶尔在黑板上写下数字命理学的论题。他们称纳什为“幽灵”。

正当纳什本人处于如在梦境中的精神状态时，他的名字开始出现在70年代和80年代的经济学课本、进化生物学论文、政治学专著和数学期刊等各领域中。在经受了30年毁灭性的精神疾病困扰后，纳什竟奇迹般的康复了，并因年轻时在博弈论方面的奠基性工作，获得1994年诺贝尔经济学奖。

后来，纳什基本恢复正常，并重新开始科学研究。2015年5月23日，纳什夫妇遭遇车祸，在美国新泽西州逝世。

纳什的人生是一个引人注目的精神旅程，《美丽心灵：纳什传》这本一流传记为我们描述了这个旅程。在这本感人至深的生动传记中，西尔维娅·娜萨真实地再现了一个受到内在心魔激励、最终被其征服的数学天才的一生，展现了自己令人难以置信的写作和报道技巧。拥有“美丽心灵”的不止是纳什和他的妻子，还有对他们不离不弃的朋友和同事。这部内容丰富、精工细作的著作，出人意料地也是一个富有诗意的关于爱情和成长的故事，以及对纳什那个时代学术界历史有趣的描述。

2001 年，《美丽心灵》被拍成电影，上映之后在全世界广受欢迎，无数人被纳什丰富的人生和深刻的思想折服，为纳什的人格魅力所倾倒，这使纳什获得了更广泛的认可。

先睹为快

生活重新开始，不过，在纳什过去做梦的日子里，时间却没有停滞不前。就像温克尔（Rip Van Winkle）、奥德赛（Odysseus）和难以计数的虚构的空间旅行者一样，他一觉醒来，发现自己抛在脑后的世界在他不在的时候已经向前发展。昔日出类拔萃的青年现在陆续退休，或者快要离开人世。孩子们则步入中年，那个身材苗条的美人，他的妻子，现在是年届六旬的成熟妇人。至于他自己，70 岁生日很快就要到来。

有时候他觉得自己侥幸没有随着时间流逝而日益衰老，相信自己可以重拾当初抛在一边的工作。他觉得自己就像“一个拖到六七十岁再从事他本该在三四十岁进行的研究”的人！在诺贝尔奖得主自传中，他写道：

从统计学看来，没有任何一个已经 66 岁的数学家或科学家能通过持续的研究工作，在他或她以前的成就基础上更进一步。但是，我仍然继续努力尝试。由于出现了长达 25 年的部分不真实的思维，相当于提供了某种假期，我的情况可能并不符合常规。因此，我希望通过目前的研究或以后出现的任何新鲜想法，取得一些有价值的成果。

不过，很多时候纳什不能工作。有一次，他告诉库恩说：“那个幽灵只在很晚的时候出现，在晚上6点之后，因为即便是一个幽灵，也会有普通人的问题，需要去看医生。”在另外一些时候，他会在自己的计算中发现一个错误，或是知道一个大有前途的想法其实已经被别人探讨过了，再不就是听说了一些新的实验数据，使他的一些猜测显得不那么有意义。

在这样的日子里，他满怀悲伤遗憾之情，诺贝尔奖不能恢复他已经失去的某些东西。在纳什看来，人生的基本乐趣来自富有创造性的工作，而不是与别人的亲密关系。因此，对他过去的成就进行表彰虽然带来了一种慰藉，却也让人突然充分意识到他现在究竟有能力做什么的令人苦恼的问题。正如纳什在1995年指出的那样，在长期患精神疾病后获得诺贝尔奖，并不能给人留下深刻印象；真正引人注目的，是“在患精神疾病一段时间之后仍有高度思考能力（而不仅仅是在社会上值得高度尊敬）的人们”。

纳什在一群精神病医生面前对自己的情况作了最直截了当的描述。1996年马德里演讲结束之前，他在回答一个提问时说：“要在丧失理性之后恢复理性，恢复正常生活，是一件了不起的事情!”不过，他接着停顿了一下，向后退了一步，然后用一种更加坚定、更加确信的语气说：“但是，这样的事情也许并不存在。假设你见到一个画家是有理性的，但假设他不能画画，却可以保持举止正常，这是不是一种真正的治愈呢？是不是一种真正的解救呢？……我并不认为自己可以作为一个很好的康复者例子，除非我能做出某项出色的工作，”他又用一种忧愁的耳语一般的声音补充说：“虽然我已经很老了。”

延展阅读

《数字情种》

埃尔德什（又译为爱多士）1913 年出生于布达佩斯，1934 年获得大学博士学位，后在欧洲特别是英国的一些大学城之间穿梭，1938 年为逃避德国入侵匈牙利而进入美国，成为普林斯顿高等研究所的一员。从 20 世纪 50 年代后期开始，旅行般的生活陪伴了他的一生。通常的情形是，他会出现在一个同事的门阶上，说“我的大脑敞开了”，然后是几天的数学研究，直到自己厌烦或者房东疲倦了。然后造访另一个城市的同事，实践着自己的座右铭：“另一个屋檐，另一个证明。”1996 年，埃尔德什 83 岁时结束了数学的一生，因心脏病而猝然去世。他的一生有 480 多个合作者，参与了 1475 篇高质量论文的写作。他是数学史上伟大的离散数学家，是 1984 年沃尔夫奖获得者。他被称为 20 世纪的欧拉。

保罗·霍夫曼于 1986 年与埃尔德什首次晤面，他追踪采访埃尔德什一生的最后十年，甚至风尘仆仆地跟随后者进行那绝无仅有的数学之旅，《数字情种》正是这一惊人之举的完美结晶。本书以情趣盎然的笔调，穿插数学史上的种种趣闻逸事，刻画出一幅栩栩如生的埃尔德什“肖像画”，同时也向读者讲述了一代又一代数学家不屈不挠地迎战诸如“费马大定理”、“四色问题”这样的难题，直至取得辉煌胜利的动人故事。

《别闹了，费曼先生：科学顽童的故事》

〔美〕理查德·费曼 著

关于作者

理查德·费曼（1918—1988）于1965年因在量子电动力学中的突出贡献获得诺贝尔物理学奖，同时，他也因为自己在各个领域的天才和广泛流传的奇闻逸事而广为人知。

费曼于1935年进入麻省理工学院，本科期间就已经在学术上崭露头角：其毕业论文在《物理评论》上发表，其中有一个后来以他的名字命名的量子力学公式。1943年，费曼参与曼哈顿计划，与原子弹之父奥本·海默共同工作，贡献卓著。1945年费曼开始在康奈尔大学任教，并在六年后转入加州理工学院。任教期间，费曼因为幽默生动、不拘一格的讲课风格大受学生欢迎。

费曼的学术成就主要集中在对量子电动力学的贡献，并因此荣获1965年诺贝尔物理学奖。他于20世纪40年代发展了用路径积分表达量子振幅的方法，并于1948年提出量子电动力学新的理论形式、计算方法和重正化方法，从而避免了量子电动力学中的发散困难。目前量子场论中的“费曼振幅”、“费曼传播子”、“费曼规则”等均以他的姓氏命名。此外，他在40年代末提出的费曼图表，改变了把物理过程概念化和数学化的处理方式，已经得到广泛运用。

除了量子电动力学方面的卓越贡献，费曼还建立了解决液态氦超流体现象的数学理论。之后，他和莫雷盖尔曼在弱相互作用领域，比如β衰变方面，做了一些奠基性工作。

从对近代科学发展的深远影响而言，费曼是超越时代和物理学科的，尤其是他对科学众多分支学科的理解和对科学本身的哲学思考，使之无愧于任何褒奖。他的成长历程、学术思想和哲理思考等，给后人留下了无尽的启示。

费曼善于把复杂的观点用简单的语句表达出来，因此，他同时也是一位优秀的教育家和作家。为了促进普通公众对物理学的理解，费曼撰写了《物理定律的特征》和《量子电动力学：光和物质的奇异性》等。除作为一名物理学家以外，在他一生中的不同时期，他还是无线电修理者、保险柜密码破解高手、艺术家、舞蹈爱好者、手鼓演奏者和玛雅象形文字的破译者。费曼的世界，充满好奇，也充满惊喜。

荐读理由

《洛杉矶时报》曾为一本书给予如下评语：“任何读这本书而不大笑出声的人，心理一定有毛病。”这就是理查德·费曼的《别闹了，费曼先生：科学顽童的故事》（以下简称《别闹了，费曼先生》）。

这是一部带有传记色彩的作品，用意在于展现费曼这位物理学天才幽默机智、近乎顽童的一生。全书没有难懂的科学知识，在一件件新鲜事背后，隐然透露着人性最接近自然的本质。读过此书，相信你也会像雷顿一样感叹：“在一个人的一生中居然会发生这么多神奇疯狂的妙事，简直有点令人难以置信，而这么多天真、顽皮的恶作剧全都由一人引发，实在令人莞尔、深思。”

一般来说，理工科学生给人的印象多半是口才、文笔不佳，而且在生活中总有些阴沉、怪异之处。由此，《别闹了，费曼先生》也许可以称得上是一部拨乱反正之作，让广大读者看到，一个理科生也可以如此精彩、风趣、幽默、活力四射、多姿多彩。费曼的书之所以一版再版，对于普通读者来说是因为它有趣。理科生拙于文辞，费曼的书章节都不长，平实如话，很好读。同时，我们也能看到，费曼身上的缺点和优点一样明显，在书中费曼并不讳言自己爱吹牛皮、好虚荣等毛病，但也许也因为这些缺点，让读者更加爱他。

费曼除了是一位物理学家，在他的一生中的不同时期，他还曾分别作为无线电修理者、保险柜密码破解高手、艺术家、舞蹈爱好者、手鼓演奏者和玛雅象形文字的破译者等身份出现，且每次出场总能给人惊艳的感觉，艺压全场。在书中我们会读到，在参与曼哈顿计划期间，出于好奇的费曼在严密的保安系统监控之下，以破解保险柜安全密码自娱，并在取得机密资料之后，留下字条告诫他人注意安全；我们会读到他引以为豪的一段经历：巴西嘉年华会需要领队贵宾，本来预定的大明星缺席，临时由费曼先生取代，使他得以展现自己在森巴鼓上的造诣；我们会读到，他被按摩院请去画裸体画、在酒吧厕所里与醉鬼大打出手；我们还会读到，他怎样在赌城中与职业赌徒研究输赢的几率。而在参与曼哈顿计划期间，费曼的第一任妻子病重不治，字里行间也充满了侠骨柔情。就是这样一个特立独行、放荡不羁的科学家，通过这本传记，向我们展现了他的个性与天才，也展现了他的情感与人生。

先睹为快

（费曼第一任妻子阿琳过世后）我到外面走了一会儿。也许我在骗自己，但我很惊讶，自己竟然没有感觉到一般人在这种情况下应有的感觉。我并不愉快，也没有觉得特别难受，也许那是因为7年来已有心理准备，这件事早晚会发生。

我不晓得如何面对罗沙拉摩斯的朋友。我不想别人愁眉苦脸地跟我谈这件事。……

他们立刻明白，我不想整日沉埋在哀伤里。很明显，我对自己做了心理建设：正视现实是那么重要——我必须慢慢厘清发生在阿琳身上的是怎么一回事——以至于一直到好几个月之后才哭出来。那时我在橡树岭，刚巧路过一家百货公司，看到橱窗内的洋装，心想阿琳一定会喜欢其中一件，就再也按捺不住了。

目前我有点厌烦物理，但从前我很能够享受物理的乐趣。为什么会这样呢？因为从前我都在跟它玩游戏。从前我随兴之所至——我不会忧虑这究竟对核子物理的发展是否重要，只会想这是否有趣，好不好玩。还在念高中时，看到水龙头流出来的水流逐渐变少，我很好奇能不能研究出它的曲线，而我发现那并不难。事实上，我根本没必要去研究它，它对科学发展也无关紧要，何况那问题早有人研究过了。但对我来说毫无分别：我还是会发明些什么，为了觉得好玩而做物理。……我已经下定决心，我要享受物理，随兴之所至。

艺术家是迷失的一群，他们没有任何实在的对象！他们曾经以宗教为对象，但是现在他们失去了宗教，一无所有。他们不了解眼前的科技世界，他们一点也不懂得真实世界之美——亦即科学世界之美——所以在内心深处，他们根本没有东西可画。

大战期间在南太平洋有一些土人，看到飞机降落在地面，卸下来一包包的好东西，其中一些是送给他们的。往后他们仍然希望能发生同样的事，于是他们在同样的地点铺飞机跑道，两旁还点上了火，盖了间小茅屋，派人坐在那里，头上绑了两块木头（假装是耳机）、插了根竹子（假装是天线），以为这就等于控制塔里的领航员了——然后他们等待，等待飞机降落。他们被称为草包族，他们每件事都做对了，一切都十分神似，看来跟战时没什么两样；但这行不通：飞机始终没有降落下来。这就是为什么我叫这类东西为“草包族科学”，因为它们完全学足了科学研究的外表，一切都十分神似，但是事实上它们缺乏了最重要的部分——因为飞机始终没有降落下来。

延展阅读

《发现的乐趣》

本书是费曼短文精品的一个豪华宝藏——从访谈、演讲，到报告以及发表的文章。这个集子收罗广泛，包罗万象，它向我们展现了一个神秘、迷人的科学人生景象——一个与众不同的人生。读着这些才气横溢的短篇，我们在活动中见证费曼的天才。从本书可以了解到科学家的孩提时代，也可以见证最佳科学状态下的费曼，享受“发现”的巨大乐趣。

《你干吗在乎别人怎么想》

这是费曼的又一部精品。

虽然本书说的仍然是“一个怪人的种种冒险”，可是这里所述的冒险经历与《别闹了，费曼先生》不同：有的轻松，有的悲情，可是，大多数时间里，费曼先生无意玩闹——虽然往往也很难说。作者的动机很简单，自从听到最初的费曼故事，就有了强烈的欲望要跟别人分享。

《费曼的彩虹：物理大师的最后24 堂课》

〔美〕曼罗迪诺著。1981 年冬天，一个正努力寻找自我定位的年轻物理学家，与来日无多的物理大师费曼展开了长达两年的深入对话。在关于科学、关于人生的思索中，展现了20 世纪传奇科学家费曼最后的智慧之光。科学顽童费曼对各种事物都拥有出人意料的洞见，而他充满玩性与活力的生命态度，也帮助了一位急切而彷徨的年轻人重新思索科学的本质，并对人生产生了全新的见解。

《荣格自传》

〔瑞士〕卡尔·古斯塔夫·荣格　著

关于作者

卡尔·古斯塔夫·荣格（1875—1961）是著名心理学家，分析心理学的创始人。荣格1875年出生在瑞士的康斯维尔一个对宗教相当热衷的家族。少年时期的荣格腼腆而敏感，常常与父母的信念、老师的要求相悖。他和同学相比很特别、脆弱而且容易受伤害。1902年荣格获得苏黎世大学医学博士学位，1905年任该校精神病学讲师，后来辞职自己开诊所。

荣格将有关字词联想的研究结果寄给了弗洛伊德。经过一段时间的书信往来，1907年3月，两人正式在维也纳会面，并长谈了足足13个小时。荣格在伯戈尔茨利医院的心理医疗背景和经验，他的智慧和日渐高涨的名声，让他成为心理分析阵营的新星。数年之后，他被推选为国际心理分析学会第一届的会长，同时也是该协会第一本心理分析期刊的主编。不过，他们两个人的思想逐渐出现了差距。1909年3月，就在荣格拜访弗洛伊德的最后一个晚上，弗洛伊德任命荣格为心理分析运动的继承者，然而荣格竟然尝试要推翻整个弗洛伊德理论的架构。他退出了国际精神分析学会，自创分析心理学。

1918 年，他踏上面对潜意识的道路，竭力寻找历史人物心路历程的资料，以避免因自身的个人偏见对病人产生误判。荣格也曾到非洲、亚利桑那、新墨西哥等地进行几次旅行考察，开始研究种族潜意识的性质与现象，广泛考察了古代神话及祭祀仪式。1921 年，他出版了《心理类型》一书，希望能借助这本书来界定自己的观点和弗洛伊德及阿德勒是有所出入的，主要的目的在于探讨个人对世界、他人和事物的关系，并讨论了五花八门的意识层面，亦即意识头脑对于世界可能产生的态度。接着，他就宗教和心理学的关系发表著作，出版了《基督教时代》。对基督现象的研究，让荣格重新思考如何依据个人的体验来表达自身的现象问题，意识和潜意识之间的交互作用，从潜意识到意识的发展，以及人格对每个人的冲击。同时，他指导许多前来求诊的人，让他们接受并学习他的方法，成为心理分析家。

晚年的荣格继续为现代人面临的精神矛盾找寻答案，他隐居在苏黎世湖旁，住在完全按照自己设计规划的塔楼式房屋中。他在这个安静、能和大自然合而为一的地方默默地思考着。1961 年 6 月 5 日，这位当代思潮中最重要的变革者和推动者，安然地病逝在家中。

荐读理由

荣格，瑞士著名心理学家、精神分析学家，在世界心理学界得到了很高的评价，是现代心理学的鼻祖之一。他一生致力于心理学研究，以意识与无意识、自我与自己为轴心，将不同时间、空间、文化、人性等结合成一个整体，构成他特有的巨大思想结构。他的分析心理学理论自成一家，成为举世公认的权威。荣格在性格哲学方面的研究，可以说填补了一大空白，从此，“性格决定命运”有了科学的哲学依据。

一个在事业上取得杰出成就的人，往往有着与众不同的禀赋与气质。荣格就是这样一个人。他说：“我的一生是一个潜意识充分发挥的故事……”关于这本传记，霍尔在其所著《荣格心理学入门》中称此书为一本“举世无双的著作”，这一评价并非过誉。本书虽非一本严格意义上的传记，但书中有荣格对其各种各样的梦和幻觉的生动详细的记录与分析，有荣格第一人格与第二人格的纷争和他的选择过程，有各种奇闻怪事，有种种旅行见闻，有他针对不同症状采取灵活的治疗方法的行医记录，有他的生活与著述记述，有他对死后的生活的率直之见等，所以具有很大的可读性。在最后两章中，即“后期思想”和“回顾”，荣格终于放下了他在整本书中试图展现的那个存在的自我，转而从思想的角度试图呈现自我，可谓是整本书的精华。荣格打开他的心灵，跟读者一起探讨他丰富的人生和浩瀚的精神世界。

荣格作为一名精神病医生，可以深入到病人的人格去对病人表示关怀，这样的医生是精神病患者的灵魂拯救者。他在书中提出：“重要的并不是一种理论是否得到了证实，而是病人是否领会到了自己是一个个人”，“医生是否把自己看做是一出戏的一部分，抑或是装出一幅权威的样子，结果就会大不相同！”“病人需要的是一个灵魂的拯救者，而不是一个只会发药的医生。”荣格的这种看法对医疗工作者不无参考价值。

先睹为快

我对我一生所走过的历程感到满意，这种生活是充实的并使我受益良多。我本来根本不敢希望有如此大的收获。然而不是别的，而是出乎意料的事对我不断发生。我自己要是不同的一个人的话，很多事情可能也就有所不同了。但是该发生的事还是发生了，这一切都因为我就是我的缘故。很多事情正如我们预料的那样产生了结果，不过这一切最后对我并不总是有所助益。但是几乎一切事情都是自然地和命定地发展的。我后悔由于我的固执而做了许多蠢事，但要是没有这种气质，我却又无法实现我的目的。因而我便是既失望又不失望。我对人们失望，对自己失望。我从人们那里学到了许多令人惊异的事情，取得的成就也超过了自己的期望。我无法作出终局性的判断，原因是生命现象和人的现象实在太广阔了。我越是老耄，我所懂得的就越少，对自己本身的洞察或了解就越少。

我对自己是既吃惊、失望，同时又感快慰。我是既沮丧、消沉，同时又喜不自胜。我是同时集所有这些感觉于一身，真可谓一点不多半点不少。我无法作出有价值或没有价值的终极性判断；对于我本人及我的一生，我也无法下个断语。没有什么事情是我所确信无疑的。我没有什么明显不变的看法——对任何事情确实都没有。我只知道我生到了世上并存在着，而且我觉得自己是被裹胁着向前的。我存在于某种我并不知道的事物的基础上。尽管有着所有这一切的不确定性，我却感觉到了一切存在都潜藏着一种稳固与实在性，而我的存在方式则有一种连续性。

我们所出生在其中的这个世界是个野蛮而残忍的世界，但同时又是个有着圣洁的美的世界。我们认为哪一种成分更重要，是有意义的还是无意义的重要，这是个气质性的问题。如果无意义性是绝对地占了压倒优势，那生活的意义性便会随着我们每一步的发展而日渐消逝。但情形——或在我看来——并不是这样。就像在所有形而上学的问题一样，大概这两者都是正确的：生活就是——或具有——既有意义又没有意义。但我却抱有这样的厚望：有意义将占上风并将战而胜之。

当老子说“众人皆明，唯吾独懵”时，他所表达的就是我在老耄之年的现在所感觉到了的。老子是个有着与众不同的洞察力的一个代表性人物，他看到了并体验到了价值与无价值性，而且在其生命行将结束之际希望复归其本来的存在，复归到那永恒的、不可知的意义里去。见多识广的这位老者的原型是永恒地正确的。在理智的每一个层次里，这种类型都会出现，而其特征则无论是个老农夫或像老子那样的伟大哲人，却总是相同的。这就是老耄，也是一种限制因素。然而我心里还是充满了各种东西：植物啦、动物啦、云彩啦、昼与夜啦、人的永恒啦等等。我愈是对自己感到拿不准，我与万物有着密切关系的感觉便在我身上愈益强烈。实际上，在我看来，为时如此之长地使我觉得与世隔绝的那种疏远感，仿佛已经转移进了我的内心世界里并向我揭示了对我自己的一种出乎意料的陌生性了。

延展阅读

《荣格性格哲学》

荣格毕生致力于分析心理及性格学的研究，其博大精深的思想赢得无数人的崇拜，中国的读者对他并不陌生。荣格的性格哲学即心理类型理论得到了广泛的验证和认可，由此发展而来的性格类型问卷，至今仍在教育、管理、组织行为学等领域发挥着作用，深化了人们对性格差异的研究和了解。他于 1913 年第一次提出内向和外向两种性格。本书对荣格的哲学理论，作了较全面的评述和介绍，并着重解说了各种性格（心理）类型及其形成的过程和完善措施；力求使读者在面对自己、面对人生时，从荣格的性格哲学中获得一个经典而科学的理性观照。

《弗洛伊德传》

西格蒙德·弗洛伊德，是 20 世纪最著名的心理学家，也是世界名人中颇有争议的人物之一。他以毕生精力，研究了未曾被人们关注的

"潜意识"，创立了精神分析学，开拓了心理学的研究领域，以至在医学、文学、哲学等方面均产生了相当大的影响。他的学说并非完善，他的同时代人，包括其弟子，对之也不尽赞同，甚至纷纷离他而去，但正如德国著名作家、诺贝尔文学奖得主托马斯·曼所言：即使若干年后，他的某一项研究成果被修改或订正，而他"向人类提出的问题，永远不会无声无息，他对知识所作出的贡献，也永远不致被抹煞或湮没无闻"。

美国传记作家欧文·斯通的《弗洛伊德传》从弗洛伊德26岁热恋开始，写至其80岁时为躲避法西斯迫害而仓皇出国。材料丰富翔实，文采飞扬，所有相关的人物都栩栩如生，重要的细节绝无遗漏，生动地展现了弗洛伊德的生活、心灵及事业。通过这本传记，我们能够看到西格蒙德·弗洛伊德博士富有传奇性的一生，了解他对人类心理活动的伟大洞见，以及那些惊世骇俗的结论如何影响我们的思想。

《真知灼见：罗伯特·奥本海默自述》

〔美〕罗伯特·奥本海默　著

关于作者

美国著名物理学家罗伯特·奥本海默（1904—1967）出生在纽约一个富有的德裔犹太人家庭，自幼就有着优裕的成长环境。1921 年，奥本海默以十门全优的成绩毕业于纽约道德文化学校，进入哈佛大学化学系学习。1925 年，奥本海默提前以优异的成绩毕业于哈佛大学，来到剑桥三一学院。其后，他又转战当时欧洲理论物理学研究中心之一的德国哥廷根大学，师从玻恩从事研究。他与玻恩合作发表了“分子的量子理论”一文，奠定下研究分子光谱的基础，树立起分子研究的经典。

1927 年夏，奥本海默学成归国，先去哈佛大学，然后到伯克利加州大学和帕萨迪纳加州理工学院任教。其间又先后在莱顿大学和苏黎世大学与艾伦菲斯特和泡利一起切磋研究，其后的工作也深受泡利影响，始终瞩目于物理学发展的最前沿。未及而立之年，他已确立起自己在美国物理学界的领先地位。

1942 年，是奥本海默人生的一大转折，他被任命为战时洛斯阿拉莫斯实验室主任，负责制造原子弹的“曼哈顿计划”的技术领导工作。奥本海默在短短三年里，把数千人的聪明才智，凝聚在这个几乎是白手起家、耗费巨大而又空前复杂的科技工程中，完成了美国总统杜鲁门所盛赞的“一项历史上前所未有的大规模有组织的科学奇迹”，从而不仅验证了科学技术的巨大威力，为尽早结束战争作出了贡献，也为自己赢得了崇高的声誉，成了举国上下人所共知的英雄，被誉为“原子弹之父”。

然而，面对着成功和荣誉，奥本海默的心情是苦涩而复杂的。当原子弹在广岛和长崎掷下以后，奥本海默心中涌起了罪恶感。1947 年到 1966 年期间奥本海默担任新泽西州普林斯顿高等研究院院长，同时担任原子能委员会总顾问、委员会主席，他反对试制氢弹，认为会引起军备竞赛，威胁世界和平。在艾森豪威尔上台后，麦卡锡主义甚嚣尘上之时，奥本海默成为政治迫害的对象，被指控与共产党人合作，包庇苏联间谍，反对制造氢弹等。1953 年美国政府对他进行审查，在一场著名的安全听证会上，美国能源委员会安全理事会没有发现其犯有叛国罪，但仍决定他不能再接触军事机密，解除了他的职务。

肯尼迪担任总统后，建议以为他颁发费米奖的方式为其平反。肯尼迪遇刺后，他的继任约翰逊于 1963 年为奥本海默颁发了费米奖和 5 万美元的奖金，但只是形式上的恢复名誉，仍然不允许他介入军事秘密。

离开政坛以后，奥本海默全身心地投入普林斯顿高等研究院的教学和管理，把他的教学风格和管理才能在这里发扬光大，并组织了一系列重要的国际学术活动，促进了其间量子场论的发展。爱因斯坦、泡利和玻尔、狄拉克等都曾安居于此或多次造访，众多后起之秀（包括刚刚崭露头角的李政道和杨振宁）也都以来此进修访问为荣，使普林斯顿成为战后世界物理学的研究中心之一。1967 年，奥本海默去世。

荐读理由

罗伯特·奥本海默是一位有着杰出领导才能的美国理论物理学家。1945 年，由他组建并领导的洛斯阿拉莫斯实验室在极短的时间内把原子弹从理论变成了现实，但这一标志着人类智慧的科技成果却书写了人类历史上灾难最为深重的一页。原子弹爆炸时升腾的蘑菇云成为一切有良知、爱和平的科学家们心灵上永不能愈合的创伤。奥本海默带着沉痛的反省和自责转而投身到原子能的和平利用和国际控制等工作之中，后来，他还本着科学的良知而涉足政坛，他的科研生涯和个人命运也因而变得更为多舛。他亲身经历了 20 世纪上半叶那段科学飞跃期，也目睹了人类自私与贪婪的劣根性借科学之手带来的满目疮痍。

《真知灼见：罗伯特·奥本海默自述》是一部颇具特色的思想自述，他将自己参与历史的见闻、感悟和思索诉诸笔端，科学家的良知、敏锐、智慧及远见无不体现在本书的字里行间。

首先，在原子能政策和国际关系上，他前瞻性地提出了核威慑的思想，即核武器不仅改变了战争形式，而且改变了战争的概念，使战争本身已经过时。他的许多思想不仅体现了一个科学家强烈的社会责任感，也闪烁着思想家的睿智和远见，至今读来仍不失其光彩。

其次，关于科学的性质及其与教育、艺术、哲学、政治等的相互关系，关于科学文化与人文文化的相互结合，奥本海默也发表了大量有见地的见解。他认为应当把科学看做是一种活动，看做是一种自由交流和讨论、没有教条和权威的活动，一种对怀疑开放、促进人类的心智和友谊的活动。科学研究及其发现受着传统的观念、语言、道德、文化的约束，却又改变着人们的思维方式和道德生活，充实丰富着人们的日常话语和文化修养。科学的未来在很大程度上决定着人类的未来。

第三，是他对于人类必须借此生活在一起的自由、平等、博爱等基本价值理想的追求和诠释。这渗透于奥本海默关于原子能政策和国际关系的论述中，体现在他引为政治范例的科学共同体模型中，并贯穿于文中他反复回溯的从杰斐逊、林肯等人的建国理念，到玻尔倡导的开放性思想中的，是他的终极的人文情怀。作为美国的“原子弹之父”，他对于这些人类共同价值准则的一再重申，无疑有着更发人深省的警示意义。

本书对于奥本海默本人的思想及其相关历史感兴趣的读者、对于科学技术在人类生活中的方方面面及对人类未来的作用这一论题感兴趣的读者很有益处，也有利于人们了解和体察一个真正的科学家应具有的道德情怀和价值理想。

先睹为快

时至今日，科学对于我们来说，确实已成为那些彼此相知、彼此一起工作的人们的一项共同事业，它由延伸于各方之间的受惠网络相互联结，并且已经超越了解决实际问题的层次。经过一个很长的时期，如今成就为共同所有，挫折为大家分组，而新的成长、专门化、变革、创新等问题，也成为一项共同事业所共有的问题：正是在这项事业中，我们相互求助，并从彼此的问题和错误中学习进步。

当我们谈到文化，谈到在旧时的意义上、即在亚里士多德的意义上就是政治的行动领域，事情就不再那么轻松畅快了。在写作此文之时，我怀疑在我们之中是否有着广泛的信念，相信如今法国，或是美国，德国，或是英国的政府有着哪怕是很小的能力去处理这个时代的问题，相信它们能得到用于解决这些问题的人力资源、洞察力、智慧和技巧，以及为解决它们所要求的根本的坚忍的信心。在国内，在世界的大部分地区，这种信心的丧失，成为我们大家的通病。

大约两个月前，一群大部分、但并非全部来自巴黎的著名的法国科学家，曾致电一些他们的美国同行，表示吊唁和同情。他们解释说，他们值得生活在一个如今正在越南进行一场战争的国家中是一种什么滋味；他们不是也经历了 12 年以前在越南的一些体验，以及更为鲜明、更多的理由类似的，在阿尔及利亚的战争的长期折磨吗？这种类似被过分强调了，而忽略了彼此间巨大的差异，然而那种与一个在致命的问题上坚持错误的政府一起生活的感觉和体验，却成为欧洲人民和美国人民之间的一种新的和令人绝望的纽带。

并非仅仅在我们迄今有着几乎共同的历史的科学中，在我们以自己的方式对它作出的贡献中，我们美国人如此长久地、如此之多地得益于欧洲及其杰出人物。我们受益于两千年来欧洲所保存和珍爱的基督教传统和基督教情感，受益于许多世纪以来对自由的热爱和自由教养的繁荣，受益于探险、实践理性、发明以及它们的增长和对它们的审慎培养，正是这些使得欧洲文化区别于东方的伟大文明。知识的普及，责任心的普及，承受变化的普及，所有这些都已成为美国传统的一部分。它们经常被变换形式，推敲精炼，修复重建，从而在美国人的经验中更加强健，也更为普遍。我们给彼此以资本，最为宝贵的资本，人；我们给彼此以技术、知识和榜样，还有艺术形式。

我们需要彼此帮助，以保持一种宏大的共同的洞见和支持。我们需要彼此帮助，以避免那种因我们国家的罪行而会给我们带来耻辱的错误。我们需要彼此强化我们关于自身命运的人性视野。这是一个非同寻常的时代，一个无可比拟的时代，带着前所未知的危险，也带着一个困窘的世界，这种困窘因我们的存在和我们的入侵而被更加绝望而急迫地感觉到。这是一个贫乏的时代，缺乏的不是欺骗而是希望，当我们这些——并不仅限于欧洲和美国——被教育得如此心甘情愿地不顾一切地希望着的人们，必须承担对真正的希望的证明时。

延展阅读

《奥本海默传》

《奥本海默传》以前所未有的细节揭示了奥本海默的生活及其所处的时代。凯·伯德和马丁·舍温通过从美国国内和国外的资料馆搜集来的大量记录和信件、美国联邦调查局的档案，以及与奥本海默最亲近的朋友、亲戚和同事的访谈，对奥本海默的一生作了详尽无遗的研究。《奥本海默传》生动勾画出了一位杰出的、充满抱负的、复杂的、有缺点的人物形象，他与美国的“大萧条”、第二次世界大战和冷战有着深刻的关联。它不但是一部充满历史感的人物传记，而且对于我们理解当下以及未来的选择都具有重要的启示。作者对奥本海默的描述是相当客观的，他们利用大量的历史资料向我们展示了一个完整的奥本海默，而将评价的权利交给了读者。

《原子弹秘史》

“曼哈顿工程”是人类历史上最宏伟的大科学工程之一。相关的科学发现、技术创新，科学家的个人探索活动和科学团体的行为，最终都聚集到这个大科学工程旗下。美国作家、记者、历史学家理查德·罗兹的《原子弹秘史》以恢宏的架构和如数家珍般的叙事，阐释了这个最宏伟工程项目的全貌和细节。本书描述了原子弹研制的过程以及与原子弹研制相关的20世纪上半叶原子物理学的一系列进展。作者以爱因斯坦、玻尔、齐拉、费米、奥本海默等主要历史人物的传奇经历为主线，不但栩栩如生地描述他们的生平和科学活动，而且从社会的、政治的角度，全面反映了原子弹研制的时代背景，科学和政治的相互作用，以及科学家与政治家的对话和冲突。本书是以小说般的行文写成的科学技术史，故事性强且叙事优美，英文原版曾获“普利策奖”、“美国国家图书奖”，以及“美国国家书评奖”，被美国《时代》周刊评为“20世纪80年代十佳著作”之一，并被译成十余种语言出版。

《罗素自传（第三卷）》

〔英〕伯特兰·亚瑟·威廉·罗素　著

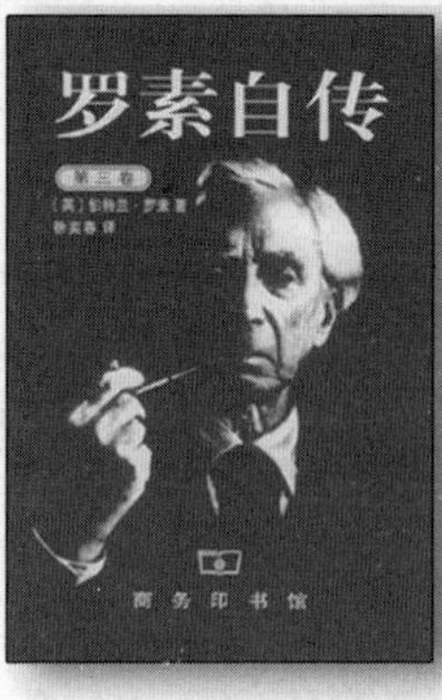

关于作者

伯特兰·亚瑟·威廉·罗素（1872—1970），20世纪英国著名的思想家和社会活动家，一生著作达40余部，论文和其他文章更多。他在多方面的建树深刻地影响了西方哲学。

1872年，罗素出生在英国蒙茅斯郡特雷莱克一个贵族家庭。他从小由严格的祖父母抚养长大，童年生活极为简朴压抑，养成了他孤僻、高傲、多疑、易变的性格。

1890年10月，罗素考入剑桥大学三一学院，不久，他与同学校的著名人物怀特海、莫尔、麦克塔格特、凯恩斯等人结识。毕业后，他献身于哲学事业，获得了剑桥大学研究员的资格。以他命名的“罗素悖论”曾对20世纪的数学基础产生过重大影响，他和怀特海的巨著《数学原理》中提出的逻辑类型论成功地解决了包括罗素悖论在内的不少悖论，并且成为人类数学和数理逻辑历史上里程碑式的著作，从此逻辑脱离哲学而独立，正是这本巨著使罗素获得了崇高的声誉。1949年，他被选为英国科学院院士，1950年，他获得诺贝尔文学奖。

罗素一向热衷于政治理论的探讨，并积极参与各种政治活动。早在1895年，他第一次结婚之后，同妻子一起游历了欧洲大陆，他研究了经济和德国社会的民主，并盛赞《共产党宣言》和三大卷《资本论》都是极富文采的伟大名著。当时他与社会民主党领袖、马克思主义者倍倍尔、李卜克内西都有往来。第一次世界大战期间，他积极从事反战活动，参加了禁止征兵协会，发表了一系列呼吁和平的演讲，对拒绝参加罪恶战争的人给予真诚帮助。1916年因为撰写反战传单被罚款100英镑，由于其拒付，法庭就拍卖了他在剑桥大学作抵押的图书。随后三一学院也解除了他的教职。1918年，他又给反战报纸写社论，因“侮辱同盟国”而被监禁6个月，被判决在布里克斯顿监狱中的一个小屋中写作和研究。战争结束后，罗素访问了苏联，会见了列宁、托洛茨基和高尔基。1920年8月，罗素访问了中国。1934年，他的《自由与胆识：1814—1914》问世，在书中他具体系统地阐述了自己的政治思想，提出政治、经济和历史人物是社会政治史的三个重要方面的观点。

50年代以后，罗素成为保卫和平的英雄战士。1954年12月，罗素在英国广播公司发表《人类面临的危险》的广播讲话，严厉谴责比基尼氢弹试验。1955年初，又起草并发表有各国科学家签名的著名的罗素—爱因斯坦禁核声明。1961年为反对美国政府发展核武器，89岁高龄的罗素偕夫人参与了伦敦游行示威。后来在1962年古巴导弹危机期间他极力呼吁美苏首脑举行高级会谈，避免战争。在越南战争期间，他提供资金，组织了对美国领导人战争罪行的模拟裁判。1968年苏联入侵捷克，罗素提出强烈抗议。作为一名国际和平战士，罗素成为西方许多国家左派学生和群众的一面旗帜。

1970年2月2日，罗素伯爵以98岁的高龄死于威尔士的家中。他的一生跌宕曲折，以至人们对他的评价毁誉参半，但他确实是20世纪影响极大的人。

荐读理由

对爱情的渴望，对知识的追求，对人类苦难不可遏制的同情，是支配我一生的单纯而强烈的三种感情。这些感情如阵阵飓风，吹拂在我动荡不定的生涯中，有时甚至吹过深沉痛苦的海洋，直抵绝望的边缘。

——《罗素自传前言》

罗素，英国哲学家、数学家、逻辑学家。在哲学上，早期为新实在论者，20 世纪初提出逻辑原子主义和中元一元论学说。在数学上，从事过数理逻辑和数学基础的研究。在教育上，主张自由教育，认为教育的基本目的应该是培养“活力、勇气、敏感、智慧”四种品质。在政治上，反对侵略战争，倡导和平主义。重要著作有《哲学原理》、《哲学问题》、《心的分析》、《物的分析》、《西方哲学史》、《论教育》等。

1960 年完成了三卷本的个人自传。第三卷记叙了自己在 1944 年至 1967 年从 72 岁到 95 岁 23 年间的生活，其中介绍了他反对核武器试验、防止核战争、解决世界争端、参加和平抵抗活动等一系列事件，体现了他的和平主义主张，还描述了他获得诺贝尔文学奖和 90 岁寿庆活动的热烈场面，介绍了他发起成立基金会等有关情况。

罗素 98 年的历程差不多纵贯了一个世纪，在他的一生里，经历了人类最动荡的历史时期。他本人的历程也是跌宕起伏，曾经有过自杀的想法，也经历过飞机失事的危险，有过牢狱的经历，婚姻上四次的变故，从生活到情感，他的经历应该比任何人都丰富，所以，才能有晚年的从容和淡定，才能有他对这个世界和人生的最为独树一帜的看法。罗素不仅仅是一个学者式的哲学家，还是一个社会活动家，他的晚年更致力于政治活动，倡导和主张和平，是一位和平主义者。他利用自己的影响，为世界的和平奔走呼号，作出了自己的贡献。阅读

《罗素自传（第三卷）》可以更清楚地了解一个拥有了对人类、世界和人生独特理解的伟人的内心感受。

先睹为快

一个月后，有一天下午我们在北威尔士开车兜风回来，发现一位虽然表情非常尴尬但却讨人喜欢的警官跨坐在他停在我们正门前的摩托车上。他是来给我太太和我送传票的，传我们9月12日到博街治安法庭去接受审讯，罪名是煽动民众和平抵抗。有人说，治安法庭给百人委员会所有的领导人都送去了传票，但事实上只是给其中的一些人送去了传票。接到传票的人很少有拒绝出庭的。

我们到伦敦去听取我们律师的意见，更主要的是，去同我们的同事商议。我不想成为这一事业的殉道者，但我觉得我应该充分利用任何一个机会来宣传我们的观点。我们不至于天真无知到看不出我们的入狱会引起某种骚动。我们希望这能使那些原先对为什么我们要做违反规定的事情一直不了解的人对我们产生足够的同情，至少对我们所持的某些理由产生共鸣。我们已从我们的医生那里得到我们最近生过重病，如果长期监禁会产生严重后果的证明。我们把这些证明交给将在博街治安法庭陪我们出庭的那位专门律师。凡是我们所认识的人没有一个相信我们会被判监禁。他们认为政府会觉得这对他们来说划不来。但我们自己则看不出他们可能不会将我们判监禁。因为有段时间，我们的活动显然令政府厌烦，警方对百人委员会办公室进行突然搜查，并且笨拙地暗中监视经常进出百人委员会办公室的。那位专门律师认为，他完全能帮我们打赢这场官司而使我太太和我不被判监禁。但我们既不希望完全不被监禁，也不希望被监禁时间太长。我们叫他设法不要让我们受到宽大处理而免于处罚，但同样的，还叫他设法使我们被判的监禁时间不要超过两个星期。结果，我们两人都被判处两个月监禁，但同时又宣布，由于医生的证明，我们每人的监禁期都减为一个星期。

9月12日上午将近10点30分，我们在一群旁观者的簇拥下，和我们的同事一起，沿着博街走向法庭。此时的博街犹如舞台的场景。大多数窗口都挤满了人，有些窗口摆着一盆盆亮丽的鲜花。相形之下，法庭里的场面看起来就像一幅杜米埃的蚀刻画。当法官宣判我监禁两个月时，旁听者大叫"可耻，可耻，一位八十八岁的老人!"这使我感到不快。我知道他们这样叫是出于好意，但我是故意要被监禁的，而且无论如何，我看不出年龄与罪有什么关系。如果说有什么关系的话，那也只是使我感到更加有罪。在我看来，那位治安推事说的差不多是对的，他说，从他的观点来看，我这么大年纪了，应该知道什么事能做什么事不能做。不过总的来说，法庭和警方对待我们都比我们所能希望的要温和。在庭审开始之前，一位警察在这所建筑物里到处搜寻，想找一块垫子给我垫在又硬又窄的法庭木条凳上。结果找不到——这正合我意——不过我还是感谢他的好意。我觉得我们有些同事被判得确实过重，但是使我感到愤慨的只是那位治安推事对我们之中一位碰巧是来自德国的犹太难民所说的那番话。我觉得那位警方证人在作证时给人的印象不好。我们的人，我认为讲得很好，既有尊严，又言辞有力。所有这些讲话并不令我感到惊异。我很高兴，因为我得到法庭的容许，基本上说出了我计划要说的话。

延展阅读

《西方哲学史》

罗素的《西方哲学史》是一部很有特色的讨论西方哲学史的著作，其叙述年代从希腊文明的兴起一直到现代的逻辑分析哲学。该书的写作目的是要揭示“哲学乃是社会生活与政治生活的一个组成部分，它并不是卓越的个人所作出的孤立的思考，而是曾经有各种体系盛行过的各种社会性格的产物与成因”。所以在这部哲学史中，罗素特别对他认为对西方哲学的发展有着重要影响的历史事件和人物辟专章作了较详细的论述。罗素也特别强调了哲学家们是由其特定的时代所造就的这一基本观点，并特别注意各种思想之间的历史的关联。阅读此书不仅可以对西方主要的哲学家及其思想有一个大体的了解，还可以了解西方历史上的一些重要的事件、人物、发展阶段及其与特定的哲学之间的关联。

《凯恩斯传》

〔英〕罗伯特·斯基德尔斯基　著

关于作者

罗伯特·斯基德尔斯基，1934 年 7 月 19 日出生在中国哈尔滨一个俄籍犹太富商家庭。斯基德尔斯基家族三代人在哈尔滨，外祖父依托卓越的经营才能，曾经是哈尔滨的首富，被誉为哈尔滨的“洛克菲勒”，是中东铁路最大的煤炭和木材供应商。他在婴儿时就同父母一起被日本关东军拘押在日本一年。战后由于无法拿回在哈尔滨的巨大家产，移居英国，2005 年 9 月来华讲学时才重新访问幼时的故园。

1975 年，出于与同学麦克斯·莫斯利的友谊，斯基德尔斯基撰写了一本英国前工党内阁部长、英国法西斯联盟的创始人奥斯瓦尔德·莫斯利爵士的传记。斯基德尔斯基在传记中将老莫斯利描述成了一名“智慧而魅力十足的英雄”，这使他成为众矢之的，被批为“反犹”、“纳粹分子”，但斯基德尔斯基声称，正是由于自己是“半个犹太人”，才可以足够理性地看待这个问题。

如今斯基德尔斯基承认，相对于莫斯利爵士，“凯恩斯才是真正的人物”。他认为凯恩斯拥有“极高的智商和很好的平衡感。他身在曹营，却又是发出尖锐批评的那个人，尤其当1925年身为财政大臣的丘吉尔通过金本位法案时”。他的《凯恩斯传》使他成为“20世纪最伟大的传记作家之一”，享誉国际学术界，并被英国女王封为勋爵，进入上议院。这本积三十年功力的著作只有一个中心思想：经济学不是“科学”，而是伦理学的一种应用，经济学家首先应该具有文化和道德观。

荐读理由

约翰·梅纳德·凯恩斯（1883—1946），是20世纪西方资本主义世界应付内外危机、实现国家和社会治理的政策和思想传统的根本转换的枢纽型人物。在30年代，凯恩斯发起了一场导致经济学研究范式和研究领域根本转变的革命（即著名的“凯恩斯革命”）。第一次世界大战爆发后被征召进财政部工作，曾以英国财政部首席代表身份参加巴黎和会并因对德国赔款问题的意见未被接受而愤然辞职回到剑桥。凯恩斯长期担任权威刊物《经济学杂志》的主编，先后出版过几本名著，从事证券投资获利数十万英镑，兼任不少公司的顾问或董事，开办过艺术剧院，担任过皇家学院总务长。二战期间凯恩斯担任了英国财政部顾问，是英国战时经济政策的主要制定者。二战后期及战后初期，凯恩斯参与了国际货币基金组织、国际复兴开发银行（即世界银行）和关贸总协定（世贸组织之前身）等机构的组建工作，是当今世界经济秩序的主要奠基人之一。1946年4月21日辞世。在1998年的美国经济学会年会上，在150名经济学家的投票中，凯恩斯被评为20世纪“最有影响力”的经济学家。他创立的宏观经济学与弗洛伊德所创的精神分析法和爱因斯坦发现的相对论一起并称为20世纪人类知识界的三大革命。

多年以来，关于凯恩斯的学术思想及其影响的争论一直没有偃旗息鼓，关于他的赚钱技巧和艺术修为如何高妙的传言可谓神乎其神，就是他的感情生活也会引起很多人的关注。斯基德尔斯基非凯恩斯门生弟子，也非其同事故旧，甚至连经济学家都算不上。但正是这位需要自学经济学理论的人，从20世纪70年代初开始写作《凯恩斯传》，写作计划一再扩展，写出了迄今最为翔实的《凯恩斯传》，并因此跻身“20世纪最伟大的传记作家”之列，还获得了英国女王加封勋爵的殊荣。

完整的三卷本《凯恩斯传》（分别出版于1983年、1992年、2000年）在英语国家享有盛名，但是这套传记篇幅太长，几乎使读者望而生畏，于是作者对它压缩删减，并部分重写，在2004年又出了单卷本，文字约为原著的五分之三。全书共9篇43章，记叙了凯恩斯一生的经历，重点为一战之后参与对德和约的谈判及在此之后对和约条件的批评、30年代的“凯恩斯革命”和二战后期及战后初期的英美谈判以及与莉迪娅的爱情婚姻、早年在剑桥大学和伦敦布鲁斯贝利俱乐部圈子中的同性恋问题。从书中翔实的记叙中，读者得以更为全面和客观地了解一个伟大人物的多个侧面，解读出那些或鲜为人知、或“为贤者讳”的关涉其事业和生活之密码背后的真相。

先睹为快

同他自己定的标准相比，凯恩斯算不算理想中的“经济学大师”呢？他对其他事情都不感兴趣，一心只想成为一位“伟大”的经济学家，仅此而已。他有这个雄心是自然的。他知道他是“知识贵族”中的一员。他的学术生涯一直是在不断的成功中发展。他是马歇尔选定的接班人之一。（我们可不可以说他对父亲没能让马歇尔满意而心存内疚呢？）然而，他也曾是伊顿公学的波普俱乐部成员、剑桥协会主席以及信使会成员。他曾经在四年里面一跃成为财政部一个部门的主管，而这个部门的设立似乎就是为了让他发挥其特殊的才能。他的《和平的经济后果》一书是畅销书，也是第一次世界大战中产生的最有影响力的一本著作。凯恩斯的生活如它所展示的那样，向我们不断地证明了他在很多方面都具有超人的能力。他有全部的理由保持高度的自信心，而他也确实非常自信。他的唯一美中不足的地方是他的长相平平，说话声音不悦耳。他竭尽全力使自己看上去有一个权势阶层的“正常外貌”，蓄着军人的小胡子，身着伦敦金融城的服装，即使在乡村度假亦不例外。30 年代，他开始享受做提尔顿乡间绅士的乐趣。但他对自己的嗓音则无能为力，这是一种学者的嗓音，反映出他有知识，有教养，略微有点矫揉造作，既不洪亮，也不宽广，在口头辩论中缺乏效果。他用笔来创造悦耳的音乐。但当他需要口头表述时，他亦是一个极其优秀的辩才，他在麦克米兰委员会中的表现可见一斑。

凯恩斯生活的大部分内容是处于隐蔽的、不公开的状态。他最不愿做的事情就是接受采访。表明他自己保护意识很强。他在外表上给人的印象与他实际的思想或习惯并不相符。当头脑和情感之间出现矛盾时，他就立即会表现出思想上的紧张状态，这对解读他的哲学和经济学造成了困难。他留下了大量的静心写作的作品，其中包括三本学术专著，他选择玩学术游戏，因为他喜欢它，而且知道他的影响力取决于他的学术声誉。从他的写作中，我们可以到处看到他虽然接受经济学的传统规则，特别是理性原则，但他实际上把他所用的这种学术技术只看做是一种停留在表面上的技巧，而他的公共生活也只是一种表面上的现象；他知道，在他公开打交道的那些知识下面有一种玄妙的知识，它的大门只对少数人敞开，而寻求这些奥秘让他感到兴奋不已，就像牛顿当年的心情一样。凯恩斯的文章和著作同易卜生的戏剧作品一样，充满了“暗示”，“只有敏感的人才能感受到”，“但如果把这些暗示挑明，并强调这些是不言自明的话，就会使它们显得不合时宜，几乎庸俗化了”。不过他完全知道他的用意何在，为了公共领域的稳定，有必要对一些能够让人们去掉伪装、直言不讳讨论问题的不公开的领域进行保护。

延展阅读

《凯恩斯传》

罗伊·福布斯·哈罗德（1900—1978）是当代英国有名的经济学家。他早年毕业于牛津大学，获文学学士学位。1922 年受聘于牛津大学基督学院，任讲师和研究员。他在相当长的时期中，任《经济学杂志》的副主编。在经济学领域中，哈罗德对不完全竞争理论、国际贸易理论和经济周期理论进行了深入的探索并作出了重大的贡献。最使他驰誉西方经济学界的是他在 1948 年与美国经济学家多马同时提出的经济增长模式，这个模式被人们称为“哈罗德—多马增长模式”。

哈罗德是凯恩斯的学生之一，他在凯恩斯逝世五周年之际推出了《凯恩斯传》以表示纪念和哀思。为了把传记写得全面、翔实，他付出了大量的劳动，从著作、文稿、日记、书信、亲友谈话以及档案中搜集了极其丰富的第一手材料。作者对凯恩斯的深刻理解与独特的研究眼光也值得我们注意，在书中我们可以体会到作者对于凯恩斯的热爱与崇拜，同时也看到了他对凯恩斯的客观评价。

《哈耶克传》

〔英〕阿兰·艾伯斯坦　著

关于作者

阿兰·艾伯斯坦，曾在伦敦经济学院获得过政治哲学博士学位，除了《哈耶克传》外，还撰写了另外七本经济史或政治哲学理论的著作。

荐读理由

弗里德里希·奥古斯特·冯·哈耶克（1899—1992），是20世纪西方著名的经济学家和政治哲学家，当代新自由主义思潮的代表人物，原籍奥地利，后于1931年迁居英国并于1938年获得英国国籍。他一生从事教学和著述，自20世纪20年代以来，先后执教于奥地利维也纳大学、英国伦敦经济学院、美国芝加哥大学和西德弗莱堡大学等著名学府，主要著作有《货币理论和商业盛衰周期性》、《价格与生产》、《货币民族主义与国际稳定》、《利润、利息和投资》、《资本的纯理论》、《通往奴役之路》、《个人主义与经济秩序》、《自由宪章》和《法律、立法和自由》等。1974年，鉴于哈耶克“在经济学界自亚当·斯密以来最受人尊重的道德哲学家和政治经济学家至高无上的地位”，他和冈纳·缪尔达尔一起获得了诺贝尔经济学奖。

哈耶克的一生多姿多彩，他经历过两次世界大战，见证过大萧条，目睹了法西斯主义的崛起和灭亡，在其生命的最后阶段，他还欣慰地看到了自由市场思想的复兴。

哈耶克年纪轻轻就获得盛誉，然后凯恩斯主义者和社会主义者大行其道，知识分子和政治世界拒绝他的思想，这声望又变成了嘲笑，幸运的是，他寿命很长，终于看到了他杰出的思想再次为人接受。法学、历史学、政治学和哲学领域的年轻学者纷纷研究哈耶克研究的主题。他的新自由主义观点对西方思想界的影响也越来越大。在美国，他成为正在兴起的“公民拥有充分自由权”运动的领袖；在英国，被公认为最保守的撒切尔夫人也自称是哈耶克的信徒。

阿兰·艾伯斯坦的《哈耶克传》是第一本系统的哈耶克传记，以写他的经历为主，从他的经历中可以更进一步地了解他的思想。作者在拥有大量材料的基础上，对传主的生平、作品及其思想历程进行了完整的追溯。记述了哈耶克在维也纳的早年岁月，描述了他的智力、兴趣如何得自于这个学术世家；也记述了哈耶克非凡的学术生涯，展现了他作为一名经济学家和政治哲学家，在伦敦、纽约、芝加哥等地的生活和工作。在本书中，艾伯斯坦将哈耶克作品的全貌准确完整地展现在了读者面前，并勾勒出其思想发展的轨迹。哈耶克的思想活动跨越了经济学、政治哲学、政治学等许多领域，在他所取得的辉煌成就的背后，始终贯穿着他对人类未来命运的关怀。

先睹为快

如果哈耶克没有获得诺贝尔经济学奖，他的名声今天会怎么样，这是一个有趣的问题。现在回想起来，瑞典国家银行于1968年捐资设立诺贝尔经济学奖，而诺贝尔奖基金会接受这一厚礼，可能是现代经济学发展史上的一个分水岭。其意义不仅如哈耶克所说的，创立这一奖项等于承认经济学是一门科学，更大的意义在于，由于曾颁奖给他本人及米尔顿·弗里德曼这样的异端思想家，诺贝尔经济学奖对于引导经济学研究走上新方向也发挥了某种作用。现在再也不大可能像以前那样将自由市场经济学家的观点拒之门外了。事实上，瑞典社会主义经济学家和政治人物，与哈耶克一起分享1974年诺贝尔经济学奖的冈纳尔·缪尔达尔（Gunnar Myrdal）后来就提议，应当取消经济学奖，因为它曾颁给哈耶克、弗里德曼之类的反动派。（有一个笑话说到1974年的诺贝尔奖，哈耶克很惊讶自己竟然能够获奖，而缪尔达尔也很惊讶，自己竟然要跟人分享！）

1974年的诺贝尔经济学纪念奖授予哈耶克，消息是在1974年10月9日宣布的，这是哈耶克一生中令他返老还童的事件。他不光是30年前的一本畅销书的作者，还是获得诺贝尔奖的第一位自由市场经济学家。从20世纪30年代到60年代，瑞典一直被称赞为福利国家的典范，并被一些人视为正在形成一种“中间道路”——开始的时候是介于法西斯主义与共产主义之间，后来则是介于资本主义与共产主义之间。然而，正是瑞典人提议创立的诺贝尔经济学奖，却在影响经济学界倒向资本主义一边的过程中，发挥了相当大的作用。

对于获得1974年的诺贝尔奖，哈耶克确实非常惊讶。他以为诺贝尔奖委员会会认为他“太衰老了，已经跟不上趟了”。他“觉得诺贝尔奖不应该授予一个在很多年前做过一些经济学研究的人。”他觉得，它应当奖励那些“比较晚近完成的某项成果”。他也坦率承认，随着他的学术兴趣转移，他已经不再搞专业经济学研究了。

诺贝尔奖委员会同时颁奖给缪尔达尔和哈耶克，在哈耶克看来，这显示对他存有争议，他的观点不受欢迎。缪尔达尔（在正式公布的获奖者名单中他排在第一位）举行了一个新闻发布会，要求实行工资和价格控制，要求美国立即实行石油配额供应，这突出显示了两人立场的分歧。相反，哈耶克则说，“所有这些重大危机都是由通货膨胀导致的，它迟早会导致经济崩溃”。

不管是左派还是右派，都根本没有料到，诺贝尔奖会颁给哈耶克。在美国人的心目中，哈耶克几乎被完全遗忘了。他最后发表的一本重要而完整的著作是《自由宪章》，出版时间是在遥远的1960年。而自那之后，这个世界上发生了多少事情——约翰·肯尼迪总统、马丁·路德·金和罗伯特·肯尼迪先后遇刺身亡；民权运动；越南战争；美国与全世界的文化革命。十几年来，哈耶克生活在英语世界之外。大约有30多年，他都没有写过经济学方面的论述了。

延展阅读

《通往奴役之路》

《通往奴役之路》一书在哈耶克的学术生涯中占有极其重要的地位，这本书为他赢得了广泛的关注，他的世界性声誉就是由此奠定的。在这本书中，哈耶克致力于分析市场经济的衰落，大篇幅集中于历史的“时代精神分析”。这一分析不仅是对当时现状的总体描述，而且根植于一种主要针对19世纪面貌的较长距离的历史透视。他认为，当时正在计划中的福利国家不是为个人自由的战斗在和平时期的继续，倒是朝着专制的方向迈出了一步，追求计划经济的无意识后果必然是极权主义。为了反对这种计划经济，哈耶克有力地重申了他一贯坚持的古典自由主义观点，同时，也允许适度的政府活动，但这仅限于符合他的法治概念的那些活动形式。《通往奴役之路》唤醒了所有不同流派的知识分子。或者，如同哈耶克后来所说的那样，“它关注一个瞬间，完全针对英国的社会主义知识分子，在他们的头脑里似乎有着一种想法，以为国家社会主义不是社会主义，而只是某种可憎的东西。于是，我试图对他们说：‘你们和他们一样在走同一条道路。’”

《哈耶克的挑战》

哈耶克的庞杂是显而易见的：商业周期、金钱、未知经济、特权和社会发展等都是他思想的组成部分。有些人甚至夸张地说，哈耶克是现如今最难以解读但却值得尊敬的人物。很明显，要了解哈耶克，读者需要一位向导。布鲁斯·卡德威尔的书《哈耶克的挑战》就是这样一本指南。美国《图书杂志》对它的评价是：“这是一部杰出的学术著作，文笔也异常优美，它还原了经济学的历史。”

本书包括三个部分，第一部分讲述了奥地利学派的背景，包括奥地利学派及其对手历史主义者、社会主义者和实证主义者；第二部分讲述哈耶克的人生旅程；第三部分讲述哈耶克的挑战，评价了哈耶克的旅程，同时试图对他的遗产作出评估，以一个经济思想史学者的身份看待哈耶克对经济学家采用的研究方法所持的批判态度，并且透过他们去反思思想经济学在刚刚过去的那个世纪的发展。

《史蒂夫·乔布斯传》

〔美〕沃尔特·艾萨克森　著

关于作者

见《爱因斯坦传》之“关于作者”。

荐读理由

2012 年 7 月 26 日，《时代》杂志评出了一直以来美国最具影响力的 20 人，苹果已故 CEO 史蒂夫·乔布斯当选。乔布斯被认为是计算机业界与娱乐业界的标志性人物，同时人们也把他视作麦金塔电脑、iPod、iPhone、iPad 等知名数字产品的缔造者，这些风靡全球亿万人的电子产品，深刻地改变了现代通讯、娱乐乃至生活的方式。

史蒂夫·乔布斯出生在美国旧金山，刚刚出世就被父母遗弃了。幸运的是，一对好心的夫妻收留了他。当时，乔布斯生活在著名的“硅谷”附近，在周围环境的影响下，乔布斯从小就很迷恋电子学。对电脑也有了初步认识。

19 岁那年，乔布斯只念了一学期就因为经济因素而休学，借住在沃兹尼亚克家的车库。乔布斯常常与沃兹尼亚克一道琢磨电脑。他们梦想着能够拥有一台自己的计算机。两人费尽心思买到了摩托罗拉公司出品的6502芯片，开始了自己伟大的创新。1976年4月1日，乔布斯、沃兹及乔布斯的朋友龙·韦恩三人签署了一份合同，决定成立一家电脑公司。公司的名称就定为苹果。而他们自制的电脑则被顺理成章地追认为“苹果I号”电脑了。

1977年4月，乔布斯推出的苹果Ⅱ号样机在美国第一次计算机展览会上一鸣惊人，几千名用户拥向展台，观看、试用，订单纷至沓来。苹果公司迅速成长，1980年12月12日，苹果公司股票公开上市。因为巨大的成功，乔布斯在1985年获得了由里根总统授予的国家级技术勋章。

然而，由于乔布斯的经营理念与当时大多数管理人员不同，加上IBM公司推出个人电脑，抢占大片市场，总经理和董事们便把这一失利归罪于董事长乔布斯，于1985年4月经由董事会决议撤销了他的经营大权。乔布斯几次想夺回权力均未成功，便在1985年9月17日愤而辞去苹果公司董事长。

从苹果辞职之后，乔布斯于1986年花1000万美元从乔治·卢卡斯手中收购了位于加利福尼亚州Emeryville的电脑动画效果工作室，并成立皮克斯动画工作室。在之后十年，该公司成为众所周知的3D电脑动画公司，并在1995年推出全球首部全3D立体动画电影《玩具总动员》。乔布斯因其皮克斯公司的成功而名声大振，个人身价已暴涨逾10亿美元。

然而，此时的苹果公司却步履维艰。苹果公司显然也意识到他们当初犯了一个巨大的错误。于是，他们邀请乔布斯重新担任苹果公司CEO。于苹果危难之际，乔布斯进行了大刀阔斧的改革。他首先改组了董事会，然后与苹果公司的宿敌微软公司握手言和，缔结了举世瞩目的“世纪之盟”，达成战略性的全面交叉授权协议。而在智能手机初见端倪之时，他又站在了引领时尚的潮头，推出了iphone手机。iphone

手机的推出，给苹果公司注入了巨大的活力，手机迅速风靡全球，成为时尚的标志，引领了手机业的腾飞。世界范围内的苹果爱好者热情地歌颂乔布斯，尊称他为“教主”。

伴随着苹果的巨大成功，乔布斯的健康状况却日益恶化。2011 年 8 月 25 日，乔布斯辞职，改任公司董事长。2011 年 10 月 5 日，乔布斯逝世，终年 56 岁。

乔布斯是改变世界的天才，他凭敏锐的触觉和过人的智慧，勇于变革，不断创新，引领全球资讯科技和电子产品的潮流，把电脑和电子产品不断变得简约化、平民化，让曾经是昂贵稀罕的电子产品变为现代人生活的一部分。苹果公司最大的竞争对手微软总裁比尔 · 盖茨在听闻乔布斯逝世的消息之后，动情地说：“惊闻乔布斯辞世的消息我深感悲痛。梅林达和我向史蒂夫的亲朋好友，以及向所有被史蒂夫的作品所打动过的人们，致以诚挚的慰问和哀悼。史蒂夫和我相识已经近 30 年，在此后的大半生中，我们一直是合作伙伴、同事、竞争对手、朋友。很少有人对世界产生像乔布斯那样的影响，这种影响将是长期的。对于我们这些有幸与乔布斯共事的人来说，这是一种无上的荣幸，我将深刻怀念乔布斯。”纽约市市长布隆伯格则沉痛地表示：“今晚，美国失去了一个天才，乔布斯的名字将与爱迪生和爱因斯坦一同被铭记。他的理念将继续改变世界，影响数代人。在过去的四十年中，史蒂夫 · 乔布斯一次又一次预见了未来，并把它付诸实践。乔布斯的热情、信念和才识重新塑造了文明的形态。”

沃尔特 · 艾萨克森的《乔布斯传》是乔布斯唯一授权的官方传记，在 2011 年上半年自美国出版商西蒙 · 舒斯特对外发布出版消息以来，备受全球媒体和业界瞩目。沃尔特 · 艾萨克森在两年多的时间，与乔布斯进行了 40 多次的面对面倾谈，以及与乔布斯一百多个家庭成员、朋友、竞争对手、同事进行了不受限的采访，造就了这本独家传记。

乔布斯给予了本书采访和创作的全面配合，对内容从不干涉，也不要求出版前阅读全文的权利。对于任何资源和相关联的人，他都不设限，甚至鼓励他所熟知的人袒露出自己的心声。“我已经做了很多并不值得自豪的事情，比如23岁时就让我的女友怀了孕，以及我对这件事的处理方式”，他说，“对我而言，没有什么不可以对外袒露的。”谈及和他共过事的人以及竞争对手，他直言不讳，甚至尖酸刻薄。书中他的激情、精力、欲望、完美主义、艺术修养、残暴还有对掌控权的迷恋塑造出的商业哲学一览无余。同样，他的朋友、敌人，还有同事得以为我们提供了一个前所未有的毫无掩饰的视角。乔布斯的故事既具有启发意义，又有警示意义，充满了关于创新、个性、领导力以及价值观的教益。相信此书定会给你带来非凡的感受。

先睹为快

2004年的初夏，我接到史蒂夫·乔布斯（Steve Jobs）打来的电话。多年来，他对我还算友好，偶尔还会感情骤增一下，特别是当他希望即将推出的新产品能上《时代》杂志封面或者CNN（美国有线电视新闻网）专题报道的时候，而这两处恰好都是我曾工作过的地方。在我离开这两家媒体之后，就没有太多他的消息了。电话里我们谈论了一些关于我刚刚加入的阿斯彭研究所（Aspen Institute）的情况，我邀请他来科罗拉多的校园演讲。他说他很乐意，但不想登台讲话，而是想和我散散步、聊聊天。

这番话听上去有点奇怪，因为当时我还不知道他喜欢在散步的过程中进行严肃的对话。后来我才知道，他是想让我写一本关于他的传记。我刚刚出版了本杰明·富兰克林（Benjamin Franklin）的传记，正在着手完成阿尔伯特·爱因斯坦（Albert Einstein）的传记。因此我最初的反应是，他是不是把自己看做这些伟人的继承人了。当然这是半开玩笑的。我认为他还处在事业的波动期，等待他的还有诸多跌宕起伏，所以我拒绝了他的请求。现在还不是时候，我说，再等个十年二十年，等你退休了。

史蒂夫·乔布斯很早就知道了自己是被领养的。“我的父母在这件事情上对我很坦率。”他回忆道。他记得很清楚，六七岁的时候，他坐在自家屋前的草地上，向住在街对面的女孩讲述这件事情。“这是不是说明你的亲生父母不要你了？”女孩问。“天哪，我当时就像被闪电击中了一样，”乔布斯这么说，“我跑回家，大声哭喊。我父母说：‘不是这样的，你要理解这件事情。’他们当时很严肃，直直地看着我的眼睛。他们说：‘我们是专门挑的你。’他们两人都这么说，并且放慢语速向我重复这句话。他们强调了这句话里的每一个字。”

乔布斯喜欢工作。他曾经送过报纸——下雨的时候父亲会开车送他；在他高中第二年的时候，周末和暑假他都在一家巨大的电子器材商店哈尔泰克（Haltek）做仓库管理员。如同他父亲那个堆满汽车零件的废品站一样，这家到处都是电子设备的商店也是拾荒者的天堂。这家商店延伸了一整个街区，那些新的、旧的、回收的、过剩的部件塞满了架子，未经分类就扔进了箱子，还有的就堆在户外的院子里。“在仓库后面靠近海湾的地方，他们用栅栏围起了一块区域，里面放着北极星潜艇的内部元件，都是从潜艇上扒下来当做废品卖掉的，”他回忆说，“所有的操纵装置和按钮都在。它们都是军绿色或灰色的，但是开关和螺栓盖是琥珀色和红色的。那些开关都是老式的大型的手柄式开关，当你打开开关的时候，那种感觉太棒了，就好像你要炸了芝加哥一样。”

延展阅读

《乔布斯传：神一样的传奇》

本书作者王咏刚、周虹。本书为李开复亲自联系，深度访谈苹果公司最早的风险投资者、苹果公司前董事会成员、前副总裁、高级经理、资深工程师，以及熟悉乔布斯的其他朋友从而获得第一手资料写成。这些“独家爆料”式的第一手素材经过细致整理、考据和武侠小说式精彩叙事的文笔打磨，成为一部真正符合中国人阅读习惯的书。

《巴菲特传：一个美国资本家的成长》

〔美〕罗杰·洛温斯坦 著

关于作者

罗杰·洛温斯坦，《华尔街日报》资深财经记者，被称做是美国金融界的“司马迁”。1989—1991年，在《华尔街日报》开辟《倾听华尔街》股票专栏；1995—1997年，在《华尔街日报》开设《价值本质》专栏；1997年至今，担任Smart Money杂志专栏作家，同时担任《纽约时报》、《新共和》等专栏主持；现已从政，为奥巴马政府的财政部门工作。

他在《华尔街日报》做财经记者期间，对伯克希尔·哈撒韦公司的掌舵人沃伦·巴菲特进行多年的跟踪研究，写成了《巴菲特传：一个美国资本家的成长》一书。

荐读理由

在美国的投资史上，沃伦·巴菲特的地位始终无人可以撼动。他从小就极具投资意识，1941年，11岁的巴菲特购买了平生第一支股票。1947 年，巴菲特进入宾夕法尼亚大学攻读财务和商业管理。两年后，巴菲特考入哥伦比亚大学金融系，拜师于著名投资理论学家本杰明·格雷厄姆。在格雷厄姆门下，巴菲特如鱼得水。1956 年，他回到家乡创办“巴菲特有限公司”。1964 年，巴菲特的个人财富达到400 万美元，而此时他掌管的资金已高达 2200 万美元。1965 年，35 岁的巴菲特收购了一家名为伯克希尔·哈撒韦的纺织企业，1994 年底已发展成拥有 230 亿美元的伯克希尔工业王国，由一家纺纱厂变成巴菲特庞大的投资金融集团。他的股票在 30 年间上涨了 2000 倍，而标准普尔 500 家指数内的股票平均才上涨了近 50 倍。多年来，在《福布斯》一年一度的全球富豪榜上，巴菲特一直稳居前三名。

巴菲特涉足投资业超过 40 年，足以证明他致富靠的绝非是一朝一夕的运气。他的投资一直跑赢美国股票市场，他不仅盈利比大盘平均水平高出数筹，而且从未有过盲目冒险投资的经历，更没有过一年的亏损记录。毋庸置疑，巴菲特那种超乎常人的名垂青史的欲望使他成为美国传奇的独特形象，他不仅是一个伟大的资本家，而且是美国资本主义的代言人，他倡导的价值投资理论风靡世界；他不仅证明了投资是一种理性的、可以捉摸的事业，而且为世人揭开了华尔街神秘的面纱；更重要的是，他的成功成为全世界梦想家的希望和承诺。

大家都对巴菲特的职业生涯略知一二，而这部奉为“投资者不可不读的投资经典”中，提供了更多有趣的细节。洛温斯坦的著作坦率地记录下巴菲特非凡的一生：从 1930 年出生于内布拉斯加州的奥马哈，到 11 岁初次购买股票；从受教于哥伦比亚大学的传奇人物——证券教授本杰明·格雷厄姆，到 27 岁时创建自己的帝国。作者洛温斯坦以巴菲特独有的投资风格和管理方式为焦点，对他充满传奇色彩的投资策略、人生哲学和管理智慧等进行深入透彻的描述和分析，并运用大量翔实的材料重现了几十年前巴菲特如何巧妙地寻找价值洼地，如何出其不意地挖掘潜在的投资价值，如何将伯克希尔·哈撒韦公司塑造成美国最大的集团企业的奥秘……本书不只是一个娓娓道来的大师传奇，更是一个无比成功的投资人的自画像：他凭正义和品德战胜了大都市的尔虞我诈，并且用自己的执著甚至顽固引领瞬息万变的投资世界。虽然该书并未充分地表达出巴菲特的风趣、谦恭和魅力，但他的独特个性却已跃然纸上。恐怕每一位读者掩卷后都会这样想："嗯，我喜欢这家伙。"

巴菲特对自己投资购买的股票向来是三缄其口，而对于投资理论却开诚布公，巴菲特认为"要想成功地进行投资，你不需要懂得什么Beta值、有效市场、现代投资组合理论、期权定价或是新兴市场。事实上大家最好对这些东西一无所知。当然我的这种看法与大多数商学院的主流观点有着根本的不同，这些商学院的金融课程主要就是那些东西。我们认为，学习投资的学生们只需要接受两门课程的良好教育就足够了，一门是如何评估企业的价值，另一门是如何思考市场价格"。通过阅读本书，我们可以从巴菲特的成长经历了解他的投资理念形成的原因，在商业及投资方面受益匪浅。此外，这本书远远超过了一本普通传记的范畴，它还翔实记录了美国经济演进的完整过程。

先睹为快

巴菲特的职业前提是，合理的分析（尽管很难且带主观性）可以帮助股票选择。常常有些股票的价格会比它的实际价值低，精明的投资者买了它就能获利。

学者们则提出了一种简单但吸引人的理论，有效市场原理。它认为不论什么时候，一个公司的所有可公开获得的信息都可从它的股价中反映出来。

当某种股票的变动公开后，贸易商会迅速行动起来，或买或卖直到它的价格重新达到平衡。它的前提是，股票原来的价格就已很合理，因此，以后的价格变化也很合理。交易商的作用只是推行了亚当·斯密的看不见的手的理论。

既然股价已经反映出公司的必要信息，那么风险分析其实只是引用一些众人皆知的信息，“基本上是无价值和不完整的”。股票的走向仍取决于（未知的）新信息。它仍是不可测的，随机的。

如果市场是随机的，那么投资就是一种碰运气的游戏。巴菲特也只是一个走运的人，谈不到老练。就像一个扔硬币老能获得正面的人，只能算运气好，不叫掷币高手。这种说法直接对巴菲特的内在能力提出了质疑。

巴菲特的纪录则是另一个挑战，它是不遵循任何法则而建立的。他事业上的成功就是对学者们的嘲弄，好像在问：“你们这么聪明，你们倒说说我为什么这么富?”

但是所有的商学院和经济系都把有效市场理论当做经典。人们认为它无疑是完全正确的，不同的理论到处被禁止。该理论作为投资理论和依据也渗透到华尔街。实际上它受绝大多数的投资者的青睐，成了分析不确定性的理论基础，并逐渐发展应用于各个领域。早期为它做出贡献的是麻省理工学院的经济学家和教材编著者保·A. 萨缪尔森。他是个凯恩斯学说的支持者。

但凯恩斯伯爵讽刺股市是个赌场，而萨缪尔森却热衷于市场价格。在1950年前后，他购了一种要价为125美元的附票债券。不久他就断言说，如果发行公司的经营真的是“公开”的话，它的要价就不止125美元，而且也不会把附票送到别人手中了。有一个关于有效市场理论家的笑话，说的是两位经济学家在校园里漫步时，看到地上有张十块钱的钞票，其中一人弯下腰去捡，另一个说：“别费劲儿了，如果它真的值十块钱就不会在那儿了。”萨缪尔森的里程碑是他在1965年出版的《论准确预测价格的随机性》，给这种观点披上了学术的外衣。他的吸引人的观点就是，将来要发生的事“总是有影子的”——即，它们会反映在价格上。

当你确认价格将上升时，它已经上升了……你不可能不花代价就获得什么。

两年后，萨缪尔森站到了参议院委员会的讲台上，谈了他对信托基金会的看法。我们曾说过，投机时代的信托基金的要价是很高的，但它的经理们并不配要这么高的价，典型的基金甚至都达不到市场的平均水平。萨缪尔森的解释是，“聪明人一直在寻找有价值的东西”，他们买进的是便宜货，卖出的是好价钱，甚至当机会还没完全出现时就被他们抓住了。信托公司的纪录如此糟糕，它们本该做得像掷飞镖一样好的。委员会的主席乔尼·斯巴克曼愣住了，萨缪尔森说的是飞镖吗?

延展阅读

《拯救华尔街》

1994 年，华尔街一家名为长期资本管理公司的对冲基金成立了。这家基金是天才的“梦之队”，号称“每平方英寸智商密度高于地球上任何其他地方”，在成立之初就毫不费力地说服 80 名创始投资者每人至少拿出 1000 万美元。瑞士联合银行几乎在一夜之间，就把长期资本管理公司定位为其最大的投资对象。在 50 个月之内，该基金的资本由最初的 12.5 亿美元上升到 48 亿美元，实现了约 40% 的年均回报率和 185% 的总资本收益率。然而，在 1998 年 3—9 月的短短 6 个月内，该基金却整整亏掉50 亿美元，甚至在一天之内就亏掉 5.53 亿美元。最后濒临破产，引发了华尔街历史上的一场灾难，连美联储都不得不出面召集由 14 家大银行组成的银团对其救助……

洛温斯坦用他光彩炫目的才华为我们揭开了套利世界的神秘面纱。他的《拯救华尔街》讲述的是一个有史以来最生动的资本市场案例，揭示了投资市场上的成功以及隐藏在其背后的风险、傲慢与贪婪。作者将长期资本管理公司的崛起以及陨落一一道来，是一本足以让投资者、基金管理者和监管当局深思的金融巨著。

《对冲基金风云录》

巴顿·比格斯，在摩根士丹利工作了30年，曾任该公司的首席战略官。在此期间，他创立了摩根士丹利的研究部，并使之成为世界上最优秀的投资银行研究部门。他还曾一手创办公司的投资管理业务部，并担任其主席达30年之久。到20世纪90年代中期，摩根士丹利投资管理部每年赢得的新客户超过任何竞争对手。比格斯多次被《机构投资者》杂志评选为“美国第一投资策略师”；1996年到2003年，他一直在全球投资策略师评比中名列前茅。2003年6月，比格斯离开摩根士丹利，与两位同事共同发起了Traxis合伙基金，那是2003年规模最大的新发对冲基金。如今，Traxis管理的资金超过10亿美元。

第一手经验是最好的老师，很少有人能像巴顿·比格斯那样看到华尔街如此多的起落，获得如此丰富的经验。他在《对冲基金风云录》中以印象派的笔法讲述了一段又一段投资冒险与个人奋斗的经历，展示了投资家们形形色色的生活方式和经营手法。作品像作者本人一样率直、机智、充满魅力，它揭开一层层神秘的幕布，让我们走进华尔街的总裁办公室和晚餐会，借助作者的眼睛看到残酷而诱人的对冲基金世界的真实景象。

《旁观者：管理大师德鲁克回忆录》

〔美〕彼得·德鲁克 著

关于作者

彼得·德鲁克（1909—2005）对世人有卓越贡献及深远影响，被尊为“大师中的大师”。德鲁克以他建立于广泛实践基础之上的30余部著作，奠定了其现代管理学开创者的地位，被誉为“现代管理学之父”。

1909年11月19日，彼得·德鲁克出生于奥匈帝国统治下的维也纳，祖籍荷兰。其家族在17世纪时就从事书籍出版工作。德鲁克从小生长在富于文化的环境之中，父亲是奥国负责文化事务的官员，曾创办萨尔斯堡音乐节；他的母亲是奥国率先学习医科的妇女之一。他先后在奥地利和德国受教育，1929年后在伦敦任新闻记者和国际银行的经济学家。于1931年获法兰克福大学法学博士学位。

1937年，德鲁克移民美国，曾在一些银行、保险公司和跨国公司任经济师与管理顾问，1943年他加入了美国国籍。在美国他曾担任由美国银行和保险公司组成的财团的经济学者，以及美国通用汽车公司、克莱斯勒公司、IBM公司等大企业的管理顾问。

尽管被称为“现代管理学之父”，但德鲁克一直认为自己首先是一名作家和老师。作为作家，德鲁克曾连续20年每月为《华尔街日报》撰写专栏文章，一生在《哈佛商业评论》上共发表38篇文章，至今无人打破这项纪录。他著述颇丰，包括《管理的实践》、《卓有成效的管理者》、《管理：使命、责任、实务》、《旁观者：管理大师德鲁克回忆录》（以下简称《旁观者》）等几十本著作，以30余种文字出版，总销售量超过600万册。其中《管理的实践》奠定了他作为管理学科开创者的地位，而《卓有成效的管理者》已成为全球管理者必读经典。他文风清晰练达，对许多问题提出了自己的精辟见解。杰克·韦尔奇、比尔·盖茨等人都深受其思想的影响，无怪乎《纽约时报》赞誉他为“当代最具启发性的思想家”。作为老师，德鲁克曾在贝宁顿学院任哲学教授和政治学教授，并在纽约大学研究生院担任了20多年的管理学教授。为了纪念其在管理领域的杰出贡献，克莱蒙特大学的管理研究院以他的名字命名。

1990年，为提高非营利组织的绩效，由弗朗西斯·赫塞尔本等人发起，借助德鲁克的声望，在美国成立了“德鲁克非营利基金会”。该基金会十余年来选拔优秀的非营利组织，举办研讨会，出版教材、书籍及刊物多种，对社会产生巨大影响。

为表彰他为非营利领域所带来的巨大影响，国际慈善机构“救世军”授予德鲁克救世军最高奖项“伊万婕琳·布斯奖”。他曾7次获得“麦肯锡奖”；2002年6月20日，获得当年的“总统自由勋章”，这是美国公民所能获得的最高荣誉。

2005年11月11日，德鲁克在加州克莱蒙特的家中溘然长逝，享年95岁。

荐读理由

作为第一个提出“管理学”概念的人，当今世界，很难找到一个比彼得·德鲁克更能引领时代的思考者：20 世纪 50 年代初，指出计算机终将彻底改变商业；1961 年，提醒美国应关注日本工业的崛起；20 年后，又是他首先警告这个东亚国家可能陷入经济滞胀；90 年代，率先对“知识经济”进行了阐释。德鲁克著书和授课未曾间断，自 1971 年起，一直任教于克莱蒙特大学的彼得·德鲁克管理研究生院。德鲁克至今已出版超过 30 本书籍，被翻译成 30 多种文字，传播至 130 多个国家，甚至在苏联、波兰、南斯拉夫、捷克等国也极为畅销。媒体对他的最恰当评价是：“在一个充斥着自大狂和江湖骗子的行业中一个真正的具有原创性的思想家。”在商界，包括杰克·韦尔奇在内的众多杰出经理人对其理论积极履践，这恰好符合德鲁克的理论：“管理是一种实践，其本质不在于‘知’而在于‘行’；其验证不在于逻辑，在于成果。”

在德鲁克的著作中，没有一本反刍的时间像这本这么长——20 年，那就是他的回忆录：《旁观者》。这本书虽不是德鲁克“最重要”的著作，却是他个人最喜爱的一本。他对自己这本书所下的注脚是：“我希望借此呈现社会的图像，捕捉并传达这一代的人难以想象的那种神髓、韵味和感觉。”

《旁观者》是德鲁克知识及人生旅程的记录，但这首先是一本有关“人”的书，而不是以德鲁克个人为主题。全书 15 个章节、15 组人物，并非即兴式的思念忆旧，每一组人与事都扣合着 20 世纪里最重要的某些领域和特性，可以说是一本短篇故事集，每一章都可个别独立。这也是 20 世纪一部“管理”的演进史。德鲁克许许多多的管理概念的创见，诸如目标管理与自我控制、顾客导向与创造顾客、结构追随策略、效能与效率、知识工作与知识员工、分权化、知识组织与知识社会等都在其中清晰可见。而就在夹叙夹议中，真正的德鲁克也就格外清晰地浮现出来。他则作为一个“旁观者”，寂寞地同这个纷繁的经济世界保持着守望的距离。

先睹为快

“还有个问题相当严重，我却还没找到解决之道，”他说，“我实在不知道要如何使工会的领导人发挥他的才干。举例来说，多年担任美国汽车工会理事长的鲁瑟可说是美国企业界最有能力的人。通用下一任最高执行主管应该是他，而不是我。事实上，如果他早出生几年，在1927年通用濒临破产以前进通用的话，就有可能晋身管理阶层。可惜，在那之后，技工升迁至主管阶级的管道已被完全切断。要不然，他就是今天通用的董事长了。现在，由于工会的成规，他的发展就到此为止。如果这个问题不能解决的话，美国的工会在20年内都不可能出现像鲁瑟这样的人物了。有才干的年轻人都上大学去了，日后成为身价不凡的会计师或是主管人才；继承工会的，只剩一些二流货色。”很不幸，这个预言在今天已经成真。

威尔逊对我提出的有关员工工作和厂房社区的理念表现出特别兴趣。

“德鲁克先生，你的意思是不是指我们已经成功地使劳动阶级生产效能提高、让他们得到不错的薪水，并得以成为中产阶级。正如当初我们使他们成为生产者，现在必须更进一步使他们发挥公民的力量。这一点，很值得研究。”大战一结束，威尔逊就汲汲于一项大型研究计划，想找出通用员工真正觉得重要之处。

“你已经帮我找出一些答案了。”他说，“我觉得你的意见可圈可点。我也学会了一件事，要亲自去发掘，而不要自以为聪明。”

起初，他想大规模地进行员工意见调查，但可能只能回收5%的问卷。他说：“这样是不够的。”于是他和部属想出一个办法——举行征文比赛，就以“我为何喜欢自己的工作”为题，准备了许许多多的小奖品，并请外界人士当评审（我是其中一个，另一位是前战前劳委会的主席泰勒）。这项比赛证明威尔逊和我的假设正确无误；也证实了“工业心理学”的研究结果，如密西根的利科特和赫茨伯格对工作的探讨。这些研究显示，工作的外在奖励如酬劳或升迁等，即赫茨伯格所谓的“保健因子”若是有所不满，就会造成工作动机减低、失去工作的诱因；反之，对这些因素满意对员工而言并不一定特别要紧，甚至只能激励少数。成就、贡献和责任——这些才是最重要的动机和诱因。

从这次比赛也可看出，员工希望能对自己的工作感到满意，而他们最无法忍受的就是被剥夺工作的权利，不管是从事何种工作。他们也愿意敬重公司、尊敬管理阶层和上司；此外，他们认为忠于工会和对公司效忠是可并行不悖的。（然而，对于我提出的这点看法，威尔逊却强烈表示质疑）。他们希望自己是工会的一员，也是公司的一分子，因为公司各有不同的需求，而且希望同时尊重工会和公司。

威尔逊认为这次以“我的工作”为题的征文比赛是他在通用工作生涯中登峰造极之作。从某个角度来看，确是如此。通用的员工有2/3 共襄盛举，参加人数多达 20 万人。但是，这空前的成功正是这项比赛的杀手。虽然每一位评审都尽力读了数万份，加上幕后有不少人协助整理、造册，这 20 万篇文章还是无法消化。看到这次征文的成功，工会更是大惊失色，猛烈地加以抨击，不许再有更进一步的研究，并以要求调薪要挟，否则将进行罢工。

延展阅读

《德鲁克日志》

《德鲁克日志》采撷了德鲁克毕生作品的精华，向我们提供了理解德鲁克思想的金钥匙。对德鲁克已经发表的作品的知识“框架”进行提炼和综合，最后选编了 366 篇文章，以全年而论，每日一篇，每篇探讨一个重要的主题。对于目前忙碌没有时间读大部头著作的很多人来说，这相当于做了一个精华汇总，非常方便而不失原来的精彩滋味。它不仅仅是对德鲁克一生著述精髓的回顾，更是一本行动手册。正如德鲁克自己写的那样：“书中每页最下端空白处的‘行动指南’部分是本书中最为重要的。”这本书是经理人有效管理的全面指南，是德鲁克本人对自己主要的重要管理观点的汇总。

《银元时代生活史》

陈存仁　著

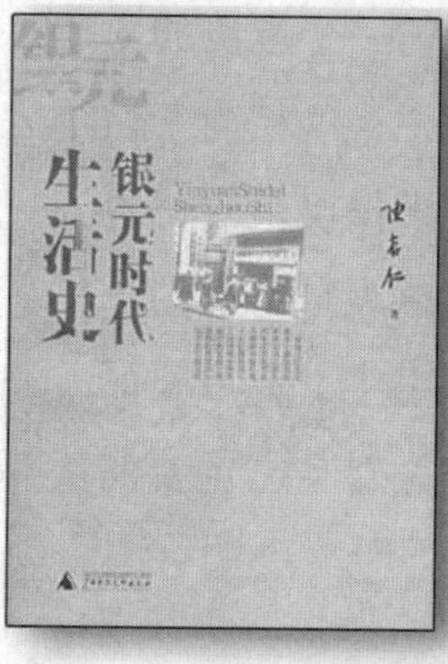

关于作者

陈存仁（1908—1990）是我国近代中医界的一位颇具传奇性的人物，在20世纪30年代就有“中医界才子”之称。他既不是出身于中医世家，又非名门贵胄，但靠自己的奋斗，在名医如林的上海，崭露头角，一步步跻入名医之列。

1908年，陈存仁出生在上海老城厢一衰落绸缎商人家。在上海中医专门学校毕业后，师从丁甘仁、丁仲英父子。读书期间，在学者和理财家丁福保门下打工，帮助他编辑《古钱大辞典》和《说文解字诂林》。毕业时，不到20岁，在从医的同时，他创办了中国第一份普及医药和保健知识的报纸——《康健报》。这张报纸，创意新颖，一炮打响，第一期就发行了一万四千份（当时最老的报纸——《申报》才发行十万份），有了八千固定订户。于是，陈存仁在医学界崭露头角。

1929年2月，卫生部召开中央卫生委员会议，讨论了四项“废止中医”的提案，最后通过了一项逐步取消中医的提案——《规定旧医登记原则》。消息传出以后，社会舆论哗然，纷纷发表通电，谴责政府。中医学界成立了请愿团，上海名医谢利恒被推选为请愿团团长，陈存仁为总干事。请愿团到南京后，首先会见了国民党各位元老，后来蒋介石正式召见了请愿代表，表明政府不会废止中医。经过这次抗议活动，中医的处境得到了改善。陈存仁和谢利恒都被卫生部聘为中医顾问。中医界为了巩固自己的地位，也开始加快发展的速度。

1935 年，陈存仁主编了一部三百多万字的《中国药学大辞典》。在编纂此书过程中，他遇到许多困难，百折不挠，为此到全国药材的转运中心——汉口去考察，并到汉口附近的蕲春去拜谒《本草纲目》作者李时珍的墓与祠堂。这部辞典在抗日战争爆发之前就印过 27 版。此后他还主编了《皇汉医学丛书》，收录中医著作四百余种。他还创办了国医研究所，担任中国医学院的常务董事。但是中医最终被取缔的命运并没有改变。1946 年 2 月，南京国民政府颁布政令，要求各地中医院校一律停办，禁止中医收徒，停发从业执照。上海最著名的三所中医院校，都被上海市教育局明令取缔。上海中医界普遍感到“心灰意冷，生机断绝”。陈存仁正是怀着这种心情，离开上海前去香港。

在香港，不论行医写作，还是在医学教育方面，陈存仁先生皆倾其全力，做得很有成绩。他陆续编纂了《中医手册》、《医药常识丛书》、《中国医学史》、《中国药学大典》。并应邀在香港销路最大的《星岛晚报》综合版的特定位置上开辟专栏“津津有味谭”，专门谈如何吃的问题，他还提倡在汤菜中加些中药的饮食疗法。这个专栏一办就是 20 年，一天千八百字，一年 365 天，天天不断。1990 年 9 月 9 日，他在美国洛杉矶的寓所病逝。

荐读理由

陈存仁出身于世代经营绸缎的富贵家族。但是出生不久就家道中落，父亲早亡，很小就经历了大家族一夜之间极盛而衰的悲剧和父亲无钱下葬的惨剧。他从一个少爷变成三餐青菜、十天一肉的贫家小子。但是，凭借他个人的努力、头脑以及运气，成了著名的中医师、报社老板、业界领袖，从而重振门庭。他的《银元时代生活史》讲述了这一段个人史，本来是给香港《大人》杂志的专栏，可作为个人励志教材，让 21 世纪的我们了解到近一个世纪之前的中国人是如何立身处世的。他在成长过程中得到过的长辈和朋友的诸多教义，在今天依然令人受益。

陈存仁先生是一位末代儒医，他读的是中医专科学校，接受的是传统的经典的教育，他拜的老师章太炎、姚公鹤（曾任《申报》主笔）、丁福保，和在老师影响下所往来的董康、胡朴安、孟森、叶楚伧、陈冷血、陈布雷等也都是旧学中颇有影响的人物。因此，这部著作许多地方流露出神情蔼然的儒者之风。

陈存仁的笔记具有现场感的特点。他始终像一位老朋友向你娓娓道来，使你读着读着，走进历史的记忆里去。陈存仁是一介平民，但是他又能接触到各色人等。他写的是个人生活史，但个人只是轴心，他由此写出了整个社会。旧上海的人物风情，由他娓娓道来，比如章太炎的孤傲、吴稚晖的幽默、于右任的多情……作者从市民的视角出发揭示了这些人物普通生活的一面。书中，作者细致地刻画出了上海在那 30 年间，社会、经济和政治各方面的变迁，对老上海的民情风俗、市井生活有着详细而真实的描写，堪称旧上海的百科全书。

这本书始终抓住经济这个主题，自始至终，每篇都要谈到一块银元能买多少东西。在银元购买力的高低变化之中，等于是一部旧上海的金融史，可以让读者在几十年后了解当时一户普通人家每月的消费结构，以及怎么娱乐，怎么请客，怎么过年。这种针对普通家庭的真切目光，在 21 世纪的今天也依然让人觉得亲切。由于书中多次谈到了理财、赚钱的方法，明确提出了地产才是致富最快的途径，因此，又被许多人当成是一本理财的书籍。

本书的出版得到了众多作家、学者的鼎力推荐。作家阿城认为，该书是他所读过的写老上海的书中最好的一本。学者沈昌文说，读这样的书，让他这个当年上海的“小瘪三”大开眼界。雷颐评价道，陈存仁在诊治病人的同时，也对社会“望、闻、问、切”，将鲜为人知的深层世态披露出来。

先睹为快

我们应邀出席卫生部之宴，薛部长对我们客气之至，说：“今天你们到来，我很高兴，同时还邀了从西北考察归来的哈定博士，来演讲考察经过，希望你们在席上讲话，不要过分攻击中卫会，陈代表你年纪最轻，驳复褚民谊的一篇文章，我也读过了，我为了要表示提倡中医中药起见，准备聘请你们之中两位为卫生部顾问，以便本部与中医界多有联络，消除隔阂。”正在谈话时，哈定博士到了，携带着一个手提电影放映机和银幕，卫生部许多司长，都是西医出身，用英语和哈定博士谈话，谁知哈定说得一口中国话，放映电影时，他也用中国国语讲述，影片放映了两小时之久。本来卫生部排定了宴席的座位，用中菜西吃的方式，但是哈定博士很随便，他说：“我们不妨一面吃一面看，不要太拘束。”

吃罢之后，时间已经不早，薛笃弼极诚恳地对我们逐一寒暄，说：“我当一天部长，绝不容许这个提案获得实行。”正在说这话时，哈定博士起身告辞，我们也认为极满意，不必多事费辞，欣然向薛部长称谢而别。

当晚我们就发了一个电报：报告中卫会议案搁置，不再执行。请愿完全胜利，定于翌晨启程返沪，约下午五时抵达北火车站。

那天晚上，又由南京医界领袖在鹿鸣春酒家设宴为我们饯行，我们就把经过的详情报告了一下。

宴会完毕，我们商量要在南京等候批示，因公文旅行需要相当时日，何必浪费时间，于是决定派张赞臣即晚先回上海，托他带口信，说我们明天下午返抵上海，请他先通知各报记者到火车站，以便分发“请愿经过报告书”。这样决定了行踪后，正要想回到旅馆，张简斋亲自来接我们到他家里，说有好消息，同时他的汽车等在门口，我们只好坐着他的汽车都到他家去。

原来这位张先生烟瘾特别大，在南京他抽大烟几乎尽人皆知的，每天要在下午二时才开诊，出诊都在晚上，要到十时后才回家，这时正是他诊务完毕之时，他家住在梅花巷一间旧宅，里面的陈设一点也不讲究。

我们一到他家里，他就带我们进他的吸烟室，他这时已精疲力竭，倒在榻上就抽起大烟来，张梅庵和蒋文芳两人也有同好，所以都先后卧在一旁陪他抽，三筒之后，张简斋才说出这次中卫会取缔中医的议案，薛笃弼要掼纱帽不干了，当局深恐得罪了冯玉祥，不但竭力挽留，而且还下手令说卫生部西医如再干涉中医行动，以后卫生经费，政府完全不负责，因此卫生部次长等噤若寒蝉，不再发言。

张简斋医术很高明，南京政界中人都请他诊病，所以他说这个消息是很可靠的，我们几人暗自庆幸。这样的谈话，谈到深夜二时，谢利恒老师这时已很疲倦，我也主张回去，说这份请愿报告书还没有起草，明天如何交代，张简斋见我们还有事要办，只好让司机把我们送回旅馆，几个人倒在床上就呼呼入睡。

翌日清晨，南京医界中人已得到消息，知道我们这次请愿已胜利完成，并且准备搭早车返沪，所以他们特地来送行，门口有十多辆汽车，排列成行，把我们送到下关车站，为我们买了头等车票，我们就在热闹的气氛中离开了南京。

延展阅读

《抗战时代生活史》

本书与《银元时代生活史》可以看做是陈存仁自传两部曲。书中描写了上海沦陷后，作者目睹的日军烧杀抢掠、无恶不作的残暴行径以及个人跌宕起伏、大喜大悲的生活经历，以个人经历贯穿城市历史，带有鲜明的个人色彩，弥补了上海沦陷期间普通上海市民日常生活记忆的空白，具备史的价值，是一部上海版抗战史话。书中记述了许多鲜为人知的故事，可读性强，情节曲折离奇，曾被美国某大学中国同学会改写为话剧剧本，在美国多所大学上演。

图书在版编目（CIP）数据

一生读书计划. 传记书架 / 潞潞主编 ; 编著苏婧, 刘新华. -- 太原 : 山西教育出版社, 2016.7

ISBN 978-7-5440-8271-6

Ⅰ. ①一… Ⅱ. ①潞… ②朱… Ⅲ. ①传记－推荐书目－世界 Ⅳ. ①Z835

中国版本图书馆CIP数据核字(2016)第010428号

yishengdushujihua zhuanjishujia

一生读书计划·传记书架

主　编　潞　潞　朱晋平

编　著　苏　婧　刘新华

出 版 人　雷俊林

选题策划　孙　铁

出版统筹　魏雪萍

责任编辑　魏雪萍

排版统筹　许艳秋

装帧设计　后声 HOPESOUND Pankouyugu@163.com 小海馬·书装

出版发行　山西出版传媒集团·山西教育出版社

（太原市水西门街馒头巷7号　邮编　030002）

印　　装　山东临沂新华印刷物流集团有限责任公司

开　　本　787×960　1/16

印　　张　30.25

字　　数　330千字

版　　次　2016年7月第2版　2016年7月第1次印刷

书　　号　ISBN 978-7-5440-8271-6

定　　价　49.90元
